重庆市职业教育在线精品课程配套教材
校企"双元"安全类专业立体化教材

安全生产法律法规简明教程

（第2版）

主　编　孙　辉　李增杰　王　浩
副主编　李治友　李子彬　梁冰瑞
参　编　陈茂源　李　盟　师　思　幸鼎松
主　审　武万军

高等职业教育安全类专业系列教材

重庆大学出版社

内容提要

本书是重庆市职业教育在线精品课程《安全生产法律法规》配套教材。全书共5个模块，包括安全生产法律法规基础知识、安全生产法、安全生产相关法律、安全生产行政法规及安全生产部门规章。内容以《安全生产法》为核心，以矿山安全、危险化学品安全、特种设备安全、消防安全等领域为重点，精心梳理整编了安全生产程序方面的规定，包括事故预防、应急管理、事故处理和法律责任，同时也选取了各重点领域安全生产必须掌握的实体法律法规。

本书可作为高等职业技术院校、高等专科院校安全类专业和其他相关专业的通用教材，也可作为政府安全监督管理人员、企业安全管理人员的培训教材。

图书在版编目(CIP)数据

安全生产法律法规简明教程 / 孙辉, 李增杰, 王浩主编. -- 2版. -- 重庆 : 重庆大学出版社, 2024.3

ISBN 978-7-5689-3290-5

Ⅰ. ①安… Ⅱ. ①孙… ②李… ③王… Ⅲ. ①安全生产法—中国—教材 Ⅳ. ①D922.54

中国国家版本馆CIP数据核字(2024)第065957号

安全生产法律法规简明教程

(第2版)

主　编　孙　辉　李增杰　王　浩

副主编　李治友　李子彬　梁冰瑞

主　审　武万军

责任编辑:杨粮菊　　版式设计:杨粮菊

责任校对:关德强　　责任印制:张　策

*

重庆大学出版社出版发行

出版人:陈晓阳

社址:重庆市沙坪坝区大学城西路21号

邮编:401331

电话:(023)88617190　88617185(中小学)

传真:(023)88617186　88617166

网址:http://www.cqup.com.cn

邮箱:fxk@cqup.com.cn (营销中心)

全国新华书店经销

重庆升光电力印务有限公司印刷

*

开本:787mm×1092mm　1/16　印张:19　字数:465千

2022年6月第1版　2024年3月第2版　2024年3月第2次印刷

ISBN 978-7-5689-3290-5　　定价:59.80元

第2版前言

本书自2022年出版后，以其全新的教学理念、鲜明的职业教育特色，得到全国广大院校师生的欢迎和使用。为了使本书内容紧扣产业升级和数字化改造，满足技术技能人才需求变化，体现当前我国安全生产的新形势、新特点、新要求，编者对本书进行了第2版修订。在修订过程中，编者团队认真听取了读者们的建议，依据《高等职业学校安全技术与管理专业教学标准》，对接职业标准和岗位（群）能力要求，以现行安全生产法律法规为基础，针对性地对教材内容进行了优化、补充和调整，实现将知识、能力和正确价值观的培养有机结合，并配套建设了在线精品课程，适应新时代高等职业教育信息化教学改革需要，满足任务学习、案例学习、模块化学习等学习方式要求。

本书的主要特点包括以下5个方面：

1.采用了新型立体化的教材建设方式，配套建设了微课视频、电子课件、典型案例、动画、拓展视频等丰富的数字化教材资源，为教与学提供全面支持和增值服务。

2.精准对接“职业道德教育、法治教育”两大课程思政建设重点，注重培养学生树牢安全发展理念，在安全生产管理工作中坚持人民至上、生命至上，强化安全意识、应急意识、法律意识、责任意识。

3.突出安全生产法律法规的实践应用，将理论与安全生产管理实际紧密结合，强调学生在学中用、在用中学，凸显职业教育特点。

4.采用最新制（修）订的国家安全生产法律法规，重点分析新条款、新内容，使教材内容与法律法规内容更新同步。

5.知识结构采用模块化、任务式设计，每个任务设置“学习目标”“知识准备”“任务训练”“巩固提升”和“拓展阅读”，通过任务驱动提高学生学习积极性，培养学生解决安全生产实际问题的能力。

第2版修订的主要内容包括以下3点：

1.新增了配套建设的数字化教材资源，教材内容更加形象直观、新颖活泼、可视性强，更容易调动学生学习的积极性。

2.结合全国职业院校技能大赛生产事故应急救援赛项理论知识测试模块，补充、完善了模块二《安全生产法》任务一至任务六“巩固提升”的测试题。

3.补充、调整了模块三中《中华人民共和国刑法》《中华人民共和国消防法》的部分内容，对《中华人民共和国劳动法》的相关内容进行了适当删减。

本书第2版是在第1版的基础上修订而成的，参与本次修订工作的有重庆安全技术职业学院孙辉、李增杰、李子彬、梁冰瑞、陈茂源、李盟、师思，江苏安全技术职业学院王浩，重庆市安全生产科学研究有限公司高级工程师李治友，中国船舶重工集团衡远科技有限公司安全环保部副部长幸鼎松。修订分工为：模块一由王浩修订；模块二中的任务一至任务四由李增杰修订；模块二中的任务五由李盟修订；模块二中的任务六由幸鼎松修订；模块三中的任务一至任务三由李子彬修订；模块三中的任务四至任务七由李治友修订；模块四由孙辉修订，模块五中的任务一由陈茂源修订；模块五中的任务二由师思修订；模块五中的任务三和任务五由梁冰瑞修订；全书由孙辉统稿，由重庆安全技术职业学院武万军教授主审。

本书在编写和修订过程中，参考了一系列安全生产法律、行政法规、部门规章和多位同行老师的著作及文献资料，在此深表感谢。

由于编写人员水平有限，书中可能存在疏漏和不妥之处，诚请广大读者批评指正，提出宝贵意见。

编　者

2024年1月

第1版前言

党和国家高度重视安全生产工作,习近平总书记在党的十九大报告中明确指出,我们要树立安全发展的理念,弘扬生命至上、安全第一的思想,健全公共安全体系,完善安全生产责任制,坚决遏制重特大安全事故,提升防灾减灾救灾能力。《中华人民共和国国民经济和社会发展第十四个五年规划和 2035 年远景目标纲要》中以专篇形式对"统筹发展和安全,建设更高水平的平安中国"作出战略部署,强调要坚持总体国家安全观,把安全发展贯穿国家发展各领域和全过程。2021 年 6 月 10 日,全国人大常委会表决通过了关于修改《中华人民共和国安全生产法》的决定,此次修改以习近平新时代中国特色社会主义思想为指导,将习近平总书记关于安全生产工作一系列重要指示批示精神转化为法律规定,增加了安全生产工作坚持人民至上、生命至上,把保护人民生命安全摆在首位,树牢安全发展的理念,从源头上防范化解重大安全风险,为统筹发展和安全两件大事提供了坚实的法律保障。

为了深化职业教育安全类专业教学改革,满足用人单位对安全生产管理技术技能人才的迫切需要,编写团队在充分调研的基础上编写了本书。本书主要特点:一是突出安全生产法律法规的实践应用,将理论与安全生产管理实际紧密结合,强调学生在学中用、在用中学,凸显职业教育特点;二是采用最新制(修)订的国家安全生产法律法规,重点分析新条款、新内容,使教材内容与法律法规内容更新同步;三是通过任务驱动结合生产安全事故案例分析来讲解安全生产法律法规,增加学习的趣味性,实现安全生产法律法规的理解与实际的应用融会贯通;四是注重培养学生树牢安全发展理念,在安全生产管理工作中坚持人民至上、生命至上,强化安全意识、应急意识、法律意识、责任意识。

本书由重庆安全技术职业学院孙辉、李增杰和江苏安全技术职业学院王浩任主编，重庆助安科技有限公司副总经理何朝远（重庆市应急管理专家）和重庆安全技术职业学院李子彬、梁冰瑞任副主编，重庆安全技术职业学院陈茂源、李盟、师思和重庆市应急管理局综合行政执法总队副总队长汪浩参与了编写。编写分工为：模块一由王浩编写；模块二中的任务一至任务四由李增杰编写；模块二中的任务五由李盟编写；模块二中的任务六由汪浩编写；模块三中的任务一至任务三由李子彬编写；模块三中的任务四至任务七由何朝远编写；模块四由孙辉编写，模块五中的任务一由陈茂源编写；模块五中的任务二由师思编写；模块五中的任务三至任务五由梁冰瑞编写；全书由孙辉统稿。

在编写本书的过程中，参考了一系列安全生产法律、行政法规、部门规章和相关专著及文献资料，在此深表感谢。

由于编写人员水平有限，书中可能存在疏漏和不妥之处，诚请广大读者批评指正，提出宝贵意见。

编　者

2022 年 3 月

配套微课视频清单

序号	微课内容	二维码
1	安全生产立法的必要性	
2	安全生产法律法规的体系	
3	《安全生产法》的基本知识	
4	主要负责人的职责与要求	
5	安全生产管理机构及人员的设置与职责	
6	全员安全生产责任制	
7	安全生产资金的投入	
8	安全生产教育与培训	

续表

序号	微课内容	二维码
9	安全风险分级管控与事故隐患排查治理	
10	危险物品的安全管理	
11	安全设备的管理	
12	重大危险源的安全管理	
13	危险作业的现场安全管理	
14	建设项目安全设施“三同时”	
15	特殊建设项目的安全管理	
16	生产经营项目和施工项目的安全管理	
17	同一作业区域安全生产协作管理	

续表

序号	微课内容	二维码
18	工伤保险和安全生产责任保险	
19	安全警示标志和劳动防护用品的管理	
20	生产经营场所和员工宿舍安全要求	
21	安全生产事项的审批和验收	
22	安全生产监督检查职责和配合	
23	安全生产监督检查的职权范围	
24	安全生产监督检查的具体要求	
25	居委会和村委会的安全监督	
26	知情权和建议权	

续表

序号	微课内容	二维码
27	批评、检举、控告、拒绝权	
28	紧急处置权和事故救治赔偿权	
29	事故隐患和不安全因素报告义务	
30	服从安全管理和接受安全教育培训义务	
31	事故应急救援预案	
32	事故应急救援队伍	
33	事故现场抢救	
34	事故报告	
35	事故调查处理	

目录

模块一
安全生产法律法规基础知识

【模块背景】

为了保障人民群众的生命财产安全，有效遏制生产安全事故的发生，我国颁布了以《中华人民共和国安全生产法》(以下简称《安全生产法》)为代表的一系列法律法规。安全生产法律法规是指调整在生产过程中产生的同劳动者或生产人员的安全与健康，以及生产资料和社会财富安全保障有关的各种社会关系的法律规范的总和，是国家法律体系的重要组成部分。

【学习目标】

知识目标：了解法的定义及相关概念；掌握法的特征和分类；理解安全生产立法的目的、意义；掌握我国的安全生产法律法规体系。

能力目标：学会用法律思维分析问题、解决问题。

素质目标：培养学生树立社会主义法治理念，强化法律意识，提高法治素养。

任务一　法的概念、特征、分类等基础知识

【任务目标】

1.了解法的定义及相关概念。

2.掌握法的特征和分类。

【知识准备】

法治兴则国家兴，全面依法治国是中国特色社会主义的本质要求和重要保障。依法治国是党领导人民治理国家的基本方略，是发展社会主义市场经济的客观需要，是社会文明进步

的重要标志，是国家长治久安的重要保障。

一、法的概念

（一）法的定义

“法律”一词通常在广、狭两义上使用。广义的“法律”，是指法律的整体。例如，就我国现在的法律而论，它包括作为根本法的宪法、全国人大及其常委会制定的法律、国务院制定的行政法规、国务院有关部门制定的部门规章、地方国家机关制定的地方性法规和地方政府规章等。狭义的法律，仅指全国人大和人大常委会制定的法律。在人们日常生活中，使用“法律”一词多是从广义上来说的，如“执法必严”“违法必究”“人人守法”“法律面前一律平等”，其中涉及的“法”和“法律”都是从广义上讲的。《中华人民共和国宪法》（以下简称《宪法》）第六十二条和第六十七条规定全国人大和全国人大常委会有权制定法律，这两条中所讲的“法律”，是在狭义上使用的。为了加以区别，有的法学著作将广义的“法律”称为“法”，但在很多场合下，仍根据约定俗成原则，统称法律，即有时作广义解，有时作狭义解。

（二）法的本质

法的本质即法的根本属性，是指法这一事物的内在必然联系。它是由其本身所包含的特殊矛盾构成的。任何事物都有本质和现象这两个方面，它们密切联系，本质要通过现象表现出来，现象是外在的，本质是内在的。透过现象分析本质是人们研究问题的关键。古往今来，法学界对法的本质的研究文献浩如烟海，由于意识形态的差异，可以把这些对法的本质的著述分为非马克思主义法学关于法的本质的观点和马克思主义法学关于法的本质的观点。

1.非马克思主义法学关于法的本质的观点

1）意志说、理性说、正义说

意志说把法的本质归结为意志，可分为：神意论，即将法的本质归结为神的意志；公意论，即将法的本质认为是公共意志或共同意志。理性说认为法的本质体现了上帝的理性、人的理性和本性。正义说把法的本质归结为正义，即法应体现善和公正。

2）权力说、规范说、工具说

权力说认为法的本质是国家对臣民的命令，法是掌握主权者的命令，如不服从就以制裁的威胁作后盾。规范说认为法的本质是一种规范或规则，是一个社会决定什么行为应受公共权力加以惩罚或强制而直接或间接使用的一种特殊的行为规范或规则。工具说认为法的本质是达到某种目的的工具。

2.马克思主义法学关于法的本质的观点

马克思主义认为，法是统治阶级意志的体现，这个意志的内容是由统治阶级的物质生活条件决定的，是阶级社会的产物，说明了法的本质的根本属性是由阶级性、物质性、社会性等组成，法的这个根本属性对说明法的本质是缺一不可的。当前，我国正在努力实现国家各项工作法治化，向着建设法治中国不断前进。正确认识法的本质，对我们自觉坚持、扎实推进依法治国意义重大。我们应以辩证的思维，全面理解法的本质。

1）法是主观性与客观性的统一

法律的内容具有客观性，形式上则具有主观性，是二者的统一。

2）法是阶级性与共同性的统一

法的阶级性是法由统治阶级制定或认可并由国家强制力保证实施的统治阶级意志。法的共同性是指某些法律内容、形式、作用效果并不以阶级为界限，而是带有相同或相似性。阶级性与共同性并不矛盾，随着世界交往的密切发展，人类共同问题的凸显，不同意识形态的文明相互借鉴，各国求同存异，采取了大量的全球统一的法律措施，使法律的共同性具有了鲜明的时代特征。

3）法是利益性与正义性的统一

利益和正义是法律的两类价值，法律确认、分配和调整利益，法律对利益的调整目的应当是实现社会正义，只有实现正义，各个主体在追求利益时才能有保证。法是利益性与正义性的统一。

（三）法的特征

法作为上层建筑，具有以下 4 个基本特征：

1.法是调整人们行为的规范

这是它与思想意识、国家、政党的区别之一。每一法律规范都是由行为模式和法律后果两部分组成的。通过行为模式和法律后果来规制人们的行为。

2.法是由国家制定或认可并具有普遍的约束力

制定和认可是国家创制法律的两种形式，表明了法律的国家意志性。其他如道德、宗教、政党团体的规章等均不具有国家意志的属性。

3.法通过规定人们的权利和义务来调整社会关系

法作为特殊的社会规范，是以规定人们的权利和义务作为主要内容的。法对社会关系的调整，总是通过规定人们在一定关系中的权利与义务来实现的。

4.法通过一定的程序由国家强制力保证实施

国家强制力指国家的军队、警察、法庭、监狱等有组织的国家暴力。如果没有国家强制力为后盾，法律就会对公民违法行为失去权威性，法律所体现的意志就得不到贯彻和保障。

（四）法的要素

1.法的要素概述

法的要素是指法的现象是由哪些因素或部分组成的。法的构成要素主要是规范。一般来说，法由法律概念、法律原则、法律技术性规定及法律规范 4 个要素构成。法律概念是指法律上规定的或人们在法律推理中通用的概念。法律概念是法律规范或法律原则的必不可少的因素。法律原则是指法律上规定的用以进行法律推理的准则。它没有规定的事实状态，也没有规定具体的法律后果，但在立法、执法、司法和法律监督中是不可或缺的。

法律原则比法律规范更抽象、概括，对理解、适用法律规范或进行法律推理，具有指导意义。一般来说，法律、法规中的总则和宪法中大部分条文规定了法律原则，法律总则和分则中往往包括了有关法律概念。法律、法规中关于该法何时开始生效、凡与该法抵制者无效等的规定，则属于法律技术性规定。法的主体是法律规范。

2.法律规则的逻辑构成

从逻辑上说，每个法律规范由行为模式和法律后果两个部分构成。行为模式大体上可分为 3 类：可以这样行为、应该这样行为、不应该这样行为。这 3 种行为规范就意味着有 3 种法律规范:授权性法律规范、命令性法律规范、禁止性法律规范。授权性法律规范赋予人们权利,而且是受法律保护的。命令性法律规范和禁止性规范规定的义务人们必须遵守,不遵守就意味着违法犯罪,法律就要惩罚违法犯罪的行为,以确保法律的权威。因此,后两类法律规范合称义务性规范。法律后果大体上可分为两类:一是肯定性法律后果,即法律承认这种行为合法、有效并加以保护以至奖励;二是否定性法律后果,即法律不予承认,加以撤销以至制裁。

3.法律规则的分类

(1)根据不同的行为模式,可分为授权性法律规范、命令性法律规范和禁止性法律规范。

(2)根据法的效力的强弱程度,可分为:强行性规范,即不问个人意愿如何,必须加以适用的规范;任意性规范,即适用与否由个人自行选择的规范。

(3)根据法律规范的内容是否确定,可分为:确定性规范,即明确规定一定行为,不必再援用其他规则;委托性规范,即这种规范本身未规定行为规则,而规定委托(授权)其他机关加以规定;准用性规范,即并未规定行为规则,而规定参照、援用其他法律条文或其他法规。

(五)法的渊源

法的渊源简称"法源",通常是指法的创立方式及表现为何种法律文件形式,在中国也称法的形式,用以指称法的具体的外部表现形态。当代中国法的渊源主要为以宪法为核心的各种制定法,包括宪法、法律、行政法规、地方性法规、自治法规、行政规章、特别行政区法及国际条约。

1.宪法

宪法是国家的根本法,具有最高的法律地位和法律效力。宪法的特殊地位和属性,体现在以下 4 个方面:一是宪法规定国家的根本制度、国家生活的基本准则。如我国宪法就规定了中华人民共和国的根本政治制度、经济制度、国家机关和公民的基本权利和义务。宪法所规定的是国家生活中最根本、最重要的原则和制度。因此,宪法成为立法机关进行立法活动的法律基础,宪法被称为"母法""最高法"。但是,宪法只规定立法原则,并不直接规定具体的行为规范,故它不能代替普通法律。二是宪法具有最高法律效力,即具有最高的效力等级,是其他法的立法依据或基础,其他法的内容或精神必须符合或不得违背宪法的规定或精神,否则无效。三是宪法的制定与修改有特别程序。我国宪法草案是由宪法修改委员会提请全国人民代表大会审议通过的。四是宪法的解释、监督均有特别规定。我国 1982 年宪法规定,全国人民代表大会和全国人民代表大会常务委员会监督宪法的实施,全国人民代表大会常务委员会有权解释宪法。

2.法律

这里所谓的法律,是指狭义上的法律,是由全国人大及其常委会依法制定和变动的,规定和调整国家、社会和公民生活中某一方面带根本性的社会关系或基本问题的一种法。法律的地位和效力低于宪法而高于其他法,是法的形式体系中的二级大法。法律是行政法规、地方性法规和行政规章的立法依据或基础,行政法规、地方性法规和行政规章不得违反法律,否则无效。法律分为基本法律和基本法律以外的法律两种。基本法律由全国人大制定和修改,在全国人大闭会期间,全国人大常委会也有权对其进行部分补充和修改,但不得同其基本原则相抵触。基本法律规定国家、社会和公民生活中具有重大意义的基本问题,如刑法、民法等。

基本法律以外的法律由全国人大常委会制定和修改，规定由基本法律调整以外的国家、社会和公民生活中某一方面的重要问题，其调整面相对较窄，内容较具体，如安全生产法、商标法、文物保护法等。两种法律具有同等效力。全国人大及其常委会还有权就有关问题作出规范性决议或决定，它们与法律具有同等地位和效力。

3.行政法规

行政法规专指最高国家行政机关即国务院制定的规范性文件。行政法规的名称通常为条例、规定、办法、决定等。行政法规的法律地位和法律效力次于宪法和法律，但高于地方性法规、行政规章。行政法规在中华人民共和国领域内具有约束力。这种约束力体现在以下两个方面：一是具有拘束国家行政机关自身的效力。作为最高国家行政机关和中央人民政府的国务院制定的行政法规，是国家最高行政管理权的产物，它对一切国家行政机关都有拘束力，都必须执行。其他所有行政机关制定的行政措施均不得与行政法规的规定相抵触；地方性法规、行政规章的有关行政措施不得与行政法规的有关规定相抵触。二是具有拘束行政管理相对人的效力。依照行政法规的规定，公民、法人或者其他组织在法定范围内享有一定的权利，或者负有一定的义务。国家行政机关不得侵害公民、法人或者其他组织的合法权益；公民、法人或者其他组织如果不履行法定义务，也要承担相应的法律责任，受到强制执行或者行政处罚。

4.地方性法规

地方性法规是指地方国家权力机关依照法定职权和程序制定和颁布的、施行于本行政区域的规范性文件。地方性法规的法律地位和法律效力低于宪法、法律、行政法规，但高于地方政府规章。根据我国宪法和立法等有关法律的规定，地方性法规由省、自治区、直辖市的人民代表大会及其常务委员会，在不同宪法、法律、行政法规相抵触的前提下制定，报全国人大常委会和国务院备案。省、自治区的人民政府所在地的市、经济特区所在地的市和经国务院批准的较大的市的人民代表大会及其常委会根据本市的具体情况和实际需要，在不同宪法、法律、行政法规和本省、自治区的地方性法规相抵触前提下，可以制定地方性法规，报所在的省、自治区的人民代表大会常务委员会批准后施行。

5.自治法规

自治法规是民族自治地方的权力机关所制定的特殊的地方规范性法律文件即自治条例和单行条例的总称。自治条例是民族自治地方根据自治权制定的综合性法律文件；单行条例则是根据自治权制定的调整某一方面事项的规范性法律文件。各民族自治地方的人大都有权按照当地民族的政治、经济、文化特点，制定自治条例和单行条例。自治区的自治条例和单行条例报全国人大常委会批准后生效。自治州、自治县的自治条例和单行条例，报省或自治区人大常委会批准后生效，并报全国人大常委会备案。自治条例和单行条例同地方性法规在立法依据、程序、层次、构成方面有区别，同宪法和其他规范性法律文件也有区别。自治条例和单行条例在我国法的渊源中是低于宪法、法律的一种形式。自治条例和单行条例可作民族自治地方的司法依据。

6.行政规章

行政规章是有关行政机关依法制定的事关行政管理的规范性文件的总称。分为部门规章和政府规章两种。部门规章是国务院所属部委根据法律和国务院行政法规、决定、命令，在本部门的权限内,所发布的各种行政性的规范性文件,也称部委规章。其地位低于宪法、法律、行政法规,不得与它们相抵触。政府规章是有权制定地方性法规的地方人民政府根据法律、行政法规制定的规范性文件,也称地方政府规章。政府规章除不得与宪法、法律、行政法规相抵触外,还不得与上级和同级地方性法规相抵触。

7.国际条约

国际条约是指两个或两个以上国家或国际组织间缔结的确定其相互关系中权利和义务的各种协议,是国际交往的一种最普遍的法的渊源或法的形式。国际条约本属国际法范畴,但对缔结或加入条约的国家的国家机关、公职人员、社会组织和公民也有法的约束力;在这个意义上,国际条约也是该国的一种法的渊源或法的形式,与国内法具有同等约束力。随着中国对外开放的发展,与别国交往日益频繁,与别国缔结的条约和加入的条约日渐增多。这些条约也是中国司法的重要依据。

8.其他法源

除上述法的渊源外,在中国还有以下几种成文的法的渊源:一是“一国两制”条件下特别行政区的规范性文件;二是中央军事委员会制定的军事法规和军内有关方面制定的军事规章;三是有关机关授权别的机关所制定的规范性文件。

经济特区的规范性文件,如果是根据宪法和地方组织法规定的权限制定的,属于地方性法规;如果是根据有关机关授权制定的,则属于根据授权而制定的规范性文件的范畴。

(六)法的分类

法的分类是指从不同的角度,按照不同的标准将法律规范划分为若干不同的种类。从不同角度或标准,可对法作不同分类。

(1)根据法的创制和适用主体的不同,可将法分为国内法和国际法。

(2)根据法的效力、内容和制定程序的不同,可将法分为根本法和普通法。根本法即宪法,普通法即宪法以外的其他法律,这里的普通法不是指英美法系中的普通法。

(3)根据法的适用范围的不同,可将法分为一般法和特别法。一般法是指对一般人、一般事项、一般时间、一般空间范围有效的法律;特别法是指对特定部分人、特定事、特定地区、特定时间有效的法律。

(4)根据法律规定的内容的不同,可将法分为实体法和程序法。实体法是指规定主要权利和义务(职权和职责)的法律,如民法、刑法等;程序法一般是指保证权利和义务得以实施的程序的法律,如民事诉讼法、刑事诉讼法等。

(5)根据法律的创制和表达形式的不同,可将法分为成文法和不成文法。成文法是指由国家机关制定和公布,以成文形式出现的法律,故称制定法;不成文法是指由国家认可其具有法律效力的法律,又称习惯法。

(6)根据国家意识形态的不同,可将法分为社会主义法和资本主义法。

二、法的作用

法的作用是指法对人与人之间所形成的社会关系所发生的一种影响。它表明了国家权力的运行和国家意志的实现。法的作用可分为规范作用和社会作用。规范作用是从法是调整人们行为的社会规范这一角度提出来的;社会作用是从法在社会生活中要实现一种目的的角度来认识的。规范作用是手段,社会作用是目的。

(一)法的规范作用

根据行为的不同主体,法的规范作用可分为指引、评价、教育、预测及强制。

1.指引作用

1)对个人行为的指引

对个人行为的指引有两种:一是个别指引(或称个别调整),即通过一个具体的指示就具体的人和情况的指引;二是规范性指引(或称规范性调整),即通过一般的规则就同类的人或情况的指引。

2)确定的指引和有选择的指引

确定的指引是指人们必须根据法律规范的指引而行为;有选择的指引是指人们对法律规范所指引的行为有选择余地,法律容许人们自己决定是否这样行为。

2.评价作用

1)对他人行为的评价

作为一种社会规范,法律具有判断、衡量他人行为是否合法有效的评价作用。

2)法律是一种评价准则

法是一个重要的评价准则,即根据法来判断某种行为是否正当。

3.教育作用

教育作用即通过法的实施而对一般人今后的行为所发生的影响。一部法律能否真正起教育作用或起教育作用的程度,归根结底要取决于法律规定本身能否真正体现绝大多数社会成员的利益。

4.预测作用

法律的预测作用,或者说法律有可预测性的特征,即依靠作为社会规范的法律,人们可预先估计到他们之间将如何行为。

5.强制作用

这种规范作用的对象是违法者的行为。法的强制作用不仅在于制裁违法犯罪行为,而且在于预防违法犯罪行为、增进社会成员的安全感。

(二)法的社会作用

法的社会作用是相对于法的规范作用而言的,是指法律对社会和人的行为的实际影响。我国社会主义法的社会作用大体可归纳为以下6个方面:

(1)维护秩序,促进建设与改革开放,实现富强、民主与文明。

(2)根据一定的价值准则分配利益,确认和维护社会成员的权利和义务。

(3)为国家机关及其公职人员执行任务的行为提供法律依据,并对他们滥用权力或不尽职责的行为实行制约。

(4)预防和解决社会成员之间以及与国家机关之间或国家机关之间的争端。

(5)预防和制裁违法犯罪行为。

(6)为法律本身的运作与发展提供制度和程序。法的规范作用与法的社会作用是相辅相成的,法是以自己特有的规范作用实现其社会作用的。

(三)法的局限性

法的局限性在于:

(1)法律并不是调整社会关系的唯一手段。除法律外,还有经济、政治、行政、道德等手段,法律不是唯一的社会规范。

(2)法的稳定性、抽象性与现实生活多变性、具体化存有矛盾。

(3)法的作用发挥,需要其他各种条件的配合。“徒善不足以为政,徒法不足以自行。”法律作为国家制定或认可的社会规范体系,需要合适的人去正确执行和适用。因此,执法人员的专业知识和思想道德水平、公民的自觉守法,良好的法律文化氛围和全社会对法的充分信任,这些都是一个国家实现法治所必要的。法的局限性可通过其他途径加以辅助来弥补。

三、法律体系与法的效力

(一)法律体系

1.法律体系的概念、特征

1)法律体系的概念

法律体系是按照一定的原则和标准划分的同类法律规范组成法律部门而形成一个有机联系的整体,即部门法体系。法律体系的外部结构表现为宪法、基本法律、法律、地方性法规以及有法律效力的解释等,其主干是各种部门法。法律体系的外部结构要求各个部门法门类齐全、严密完整。法律体系的内部结构的基本单位是各种法律规范。各种法律规范的和谐一致是法律部门内部和相互之间以至整个体系协调统一的基础。

2)法律体系的特征

由于各种因素的影响,各国法的体系在结构上不尽相同,但在以下 4 个方面是很相近或相同的:一是法的体系的结构具有高度的组织性;二是法的体系结构的确立,是以社会结构为基础,以法律自身的规律为中介;三是法律体系结构的发展具有历史的连续性和继承性;四是法律体系的结构具有一定的开放性。上述 4 个方面既是法律体系在结构上的一般特点,又是确立法律体系在结构上的一般要求。

2.法律体系与法律部门

法律部门的划分是人们对一国现行法律规范,按照一定的标准和原则,按照法律调整社会关系的不同领域和不同方法所划分的同类法律规范的总和。所作的分类,属于主观认识的范畴。但是,划分标准的确定必须符合法律部门形成和发展的客观实际。法律部门是法的体系的中观构成要素,各个不同的法律部门的有机结合,便成为一国的法律体系。

3.我国现行法律体系

我国社会主义法律体系主要包括:

1)宪法

宪法又称国家法,规定国家的社会制度和国家制度的基本原则、国家机关的组织和活动的基本原则以及公民的基本权利和义务等重要内容的规范性文件,是国家的根本法。

2)行政法

行政法是有关行政管理活动的各种法律规范的总和。

3)财政法

财政法是调整国家机关的财政活动,主要是财政资金的积累和分配的法律规范的总和。

4)民法

民法是调整平等主体之间的财产关系和人身关系的法律规范的总称。

5)经济法

经济法是国家领导、组织、管理经济的法律规范的总和。

6)劳动法

劳动法是调整劳动关系以及由此而产生的其他关系的法律规范的总称。

7)婚姻法

婚姻法是调整婚姻关系和家庭关系的法律规范的总和。

8)刑法

刑法是关于犯罪和刑罚的法律规范的总称。

9)诉讼法

诉讼法是关于诉讼程序的法律规范的总称。

10)国际法

国际法是调整国际交往中国家间相互关系的法律规范的总称。

(二)法的效力

1.法的效力概述

法的效力,通常有广、狭两种理解。从广义上说,法的效力是泛指法律的约束力。不论是规范性法律文件,还是非规范性法律文件,对人们的行为都产生法律上的约束作用。狭义上的法的效力,是指法律的具体生效的范围,对什么人,在什么地方和在什么时间适用的效力。正确理解法的效力问题,是适用法律的重要条件。本模块所讲的法的效力,是就狭义而言的。

2.法的效力层次

我国现行立法体制是“一元、两级、多层次、多类别”。与此相适应,我国立法的效力是有层次的。法的效力层次是指规范性法律文件之间的效力等级关系。根据《中华人民共和国立法法》(以下简称《立法法》)的有关规定,法律效力的层次主要内容如下:

(1)上位法的效力高于下位法。

①宪法规定了国家的根本制度和根本任务,是国家的根本法,具有最高的法律效力。

②法律效力高于行政法规、地方性法规、规章。

③行政法规效力高于地方性法规、规章。

④地方性法规效力高于本级和下级地方政府规章。

⑤自治条例和单行条例依法对法律、行政法规、地方性法规作变通规定的,在本自治地方适用自治条例和单行条例的规定。

⑥部门规章与地方政府规章之间具有同等效力,在各自的权限范围内施行。

(2)在同一位阶的法之间,特别规定优于一般规定,新的规定优于旧的规定。

3.法的效力范围

法的效力范围也称适用范围,是指法适用于哪些地方、适用于什么人,在什么时间生效。

1)法的时间效力

法的时间效力是指法从何时开始生效,到何时终止生效,以及对其生效以前的事件和行为有无溯及力的问题。

2)法的空间效力

法的空间效力是指法生效的地域(包括领海、领空),即法在哪些地方有效,通常全国性法律适用于全国,地方性法规仅在本地区有效。

3)法对人的效力

法对人的效力是指法适用于哪些人。在世界各国的法律实践中先后采用过4种对自然人的效力的原则:一是属人主义;二是属地主义;三是保护主义;四是以属地主义为主,与属人主义、保护主义相结合的"折中主义",这是近代以来多数国家所采用的原则,我国也是如此。采用这种原则的原因是:既要维护本国利益,坚持本国主权,又要尊重他国主权,照顾法律适用中的实际可能性。

【任务训练】

如果你母亲和你女朋友同时掉到河里,你只能救一个人,请问你会救谁?为什么?

对这个大家耳熟能详的问题,看起来似乎很难回答,但又似乎很容易回答。说这个问题难,是因为在现实中,如果真的遇到这个情况,你真的是很难做出选择的,而且如果问你这个问题的是你的女朋友,那你就更难答了。说这个问题简单:是因为在每个人的心里,这个问题的"标准"答案是先救自己的母亲,因为你只能这样回答,否则你就要受到"娶了媳妇忘了娘"之类的道德谴责。那你觉得这是一个道德问题?还是一个法律问题?简述你的理由。

【巩固提升】

1.下列关于法的分类和效力的说法中,正确的有(　　)。

A.根据法的适用范围不同,可将法分为成文法和不成文法

B.按照法的创制和表达形式的不同,可将法分为特殊法和一般法

C.按照法的创制和适用主体不同,可将法分为国内法和国际法

D.按照法规定的内容不同,可将法分为一般法和普通法

2.某省人大常务委员会公布实施了《某省安全生产条例》,随后省政府公布实施了《某省生产经营单位安全生产主体责任规定》,下列关于两部法律地位和效力的说法,正确的是(　　)。

A.《某省安全生产条例》属于行政法规

B.《某省生产经营单位安全生产主体责任规定》属于地方性法规

C.《某省安全生产条例》和《某省生产经营单位安全生产主体责任规定》具有同等法律效力

D.《某省生产经营单位安全生产主体责任规定》可对《某省安全生产条例》没有规定内容作出规定

3.(多选题)下列关于安全生产法律效力的说法中,正确的有(　　)。

A.《安全生产法》在安全生产领域具有普遍适用的法律效力

B.《中华人民共和国消防法》的法律效力高于《消防监督检查规定》
C.应急管理部制定的规范性文件的效力高于地方政府的规章
D.同一层次的安全生产立法对同一问题规定不一致时，特殊法优于普遍法
E.地方政府规章的效力高于行政法规

【拓展阅读】

1.《中华人民共和国宪法》。
2.《中华人民共和国立法法》。
3.《中央宣传部、司法部关于开展法治宣传教育的第八个五年规划》。

任务二　安全生产立法的必要性及其重要意义

【任务目标】

1.了解安全生产立法的相关概念。
2.掌握安全生产立法的必要性及其重要意义。

【知识准备】

立法有两层含义：广义的立法，泛指国家立法机关或其授权的其他机关按照立法程序制定、修改或废止法律的活动；狭义的立法，专指国家制定的现行法律、法规、法令、规章等规范性文件，与“法规”同义。如经济立法特指国家制定的有关经济管理方面的法规。

一、安全生产立法的含义

（一）安全生产的含义

所谓“安全生产”，是指在生产经营活动中，为避免造成人员伤害和财产损失事故，有效消除或控制危险和有害因素而采取系列措施，使生产过程在符合规定的条件下进行，以保证从业人员的人身安全与健康以及设备和设施免受损坏，保证生产经营活动得以顺利进行的相关活动。“安全生产”一词中所讲的“生产”，是广义的概念，不仅包括各种产品的生产活动，也包括各类工程建设和商业、娱乐业以及其他服务业的经营活动。安全生产工作，则是为了达到安全生产目标，在党和政府的组织领导下所进行的系统性管理的活动。它由源头管理、过程控制、应急救援及事故查处4个部分构成。安全生产工作的内容主要包括生产经营单位自身的安全防范，政府及其有关部门实施市场准入（行政许可）、监管监察、应急救援和事故查处，以及社会中介组织和其他组织的安全服务、科研教育和宣传培训等。从事安全生产工作的社会主体包括企业责任主体、中介服务主体、政府监管主体以及从事安全生产的从业人员。

在市场经济条件下，从事生产经营活动的市场主体为了追求利益的最大化，在生产经营活动中往往都是以营利为目的，但决不能以牺牲从业人员甚至公众的生命安全为代价。如果不注重安全生产，一旦发生事故，不但给他人的生命财产造成损害，生产经营者自身也会遭受

重大损失。因此,保证安全生产,首先是生产经营单位自身的责任,既是对社会负责,也是对生产经营者自身利益负责。同时,国家作为社会公共利益的维护者,为了保障人民群众的共同利益,也必须运用国家权力,加强安全生产工作,对安全生产实施有效的监督管理。

(二)安全生产立法的含义

安全生产立法有两层含义:一是泛指国家立法机关和行政机关依照法定职权和法定程序制定、修订有关安全生产方面的法律、法规、规章的活动;二是专指国家制定的现行有效的安全生产法律、行政法规、地方性法规和部门规章、地方政府规章等安全生产规范性文件。安全生产立法在实践中通常特指后者。

二、加强安全生产立法的必要性

安全生产事关人民群众生命财产安全,事关改革开放、经济发展及社会稳定大局,事关党和政府的形象和声誉。党中央、国务院历来高度重视安全生产工作。中央领导同志多次就安全生产工作提出要求,强调安全生产是人命关天的大事,是不可逾越的“红线”,发展决不能以牺牲安全为代价;要深刻吸取用生命和鲜血换来的教训,筑牢科学管理的安全防线;安全生产既是攻坚战,也是持久战,要树立以人为本、安全发展理念,创新安全管理模式,落实企业主体责任,提升监管执法和应急处置能力;要坚持预防为主、标本兼治、健全各项制度,严格安全生产责任,对安全隐患实行“零容忍”,切实保障人民群众的生命安全。

安全生产立法是安全生产法治建设的前提和基础,安全生产法治建设是做好安全生产工作的重要制度保障。在新时期新形势下,全面加强我国安全生产立法建设,激发全社会对公民生命权的珍视和保护,提高全民族的安全法律意识,规范生产经营单位的安全生产,强化安全生产监督管理,对遏制各类事故尤其是重特大事故的发生,促进经济发展和保持社会稳定,都具有重大的现实意义和长远的历史意义。

近年来,在党中央、国务院正确领导下,通过各方面的共同努力,全国安全生产工作不断得到加强,呈现总体稳定、持续好转的发展态势。一是事故总量连年下降;二是重特大事故有所遏制;三是以煤矿为重点的工矿商贸领域安全状况明显改善;四是反映安全发展水平的主要相对指标如亿元 GDP 事故死亡率、工矿商贸十万就业人员事故死亡率、道路交通万车死亡率、煤矿百万吨死亡率趋好。同时,还要清醒地看到安全生产形势依然严峻。一方面,事故总量仍然偏高;另一方面,我国目前仍处于生产安全事故易发多发期,事故总量仍然较大,重特大事故尚未得到有效遏制,特别是煤矿瓦斯爆炸,工厂、库房、市场等火灾,输油管线和危险化学品运输车辆泄漏爆燃,道路交通翻车追尾和隧道交通等重特大事故,给人民生命财产带来重大损失,社会影响恶劣,令人十分痛心。造成当前事故多发、安全生产形势严峻的原因是多方面、深层次的,其中,安全生产法治建设滞后于形势发展的需要是主要原因之一。因此,进一步加强安全生产立法十分紧迫和必要。

(一)亟待通过加强立法进一步提高公民的安全生产法律意识和安全素质

从总体上看,公民在生产经营活动中的自我保护和安全生产意识比较淡薄、安全素质不够高,一些生产经营单位特别是非国有企业负责人依法安全生产经营的意识也很淡薄、安全素质偏低,这些单位的负责人或不懂法律,或明知故犯,没有依法为从业人员提供必要的安全生产条件和劳动安全保护,使从业人员在十分恶劣和危险的条件下作业,以致发生事故,造成大量人身伤亡。有些地方政府领导人和私营企业老板只要经济效益，片面地追求利润最大化，忽视甚至放弃安全生产，没有意识到这是一种严重侵犯人权的违法行为，没有意识到它所产生的法律后果。总之，安全生产还没有成为所有地方政府和生产经营单位的自觉行动，没有从安全生产是法定义务和责任的高度引起足够的认识和重视。为此，必须进一步强化安全生产立法，并加强对立法的宣传贯彻，提高生产经营单位从业人员、其他公民和全社会的安全生产法律意识，为依法治安夯实基础。

（二）安全生产出现了新情况、新问题，亟待制修订相关立法，依法规范

客观上看，一是我国目前仍处在工业化快速发展时期，社会生产活动和劳动就业规模大，加大了安全生产工作的压力；二是经济结构不合理、发展方式落后，主要是采掘业、重化工、危险化学品、建筑业等高危行业比重过大，安全保障能力低，这些行业是转方式、调结构的重中之重；三是城镇化快速发展，城市地下管网、高层建筑、轨道交通等建设项目大量增加，规划设计的安全标准偏低，安全隐患日益突出。

主观上看，一是科学发展、安全发展的理念树立得不牢，吸取教训不深刻，防范措施不严密，导致同类事故重复发生；二是安全投入不足，安全基础薄弱；三是安全责任体系不健全，企业主体责任和管理不到位，应急处置不得力；四是监管执法工作有待加强，打非治违任重道远；五是教育培训不到位，从业人员安全知识匮乏、安全意识淡薄。因此，必须适应安全生产的新形势，不断加强立法，健全完善相关法律制度，避免造成法律调整的“空白”和监督管理的“漏洞”和“缺位”。

（三）安全生产监督管理体制尚待通过立法进一步完善

安全生产综合监督管理部门和安全生产专项监督管理部门的职能划分问题，也需要通过立法很好地解决，实践中依然存在综合监管和专项监管职责不清、监督管理效率亟待提高的问题。各执法部门在证照管理和监督执法等方面职能交叉重叠，因职责界定不清所产生的职能交叉或管理缺位在中央和地方都不同程度地存在着，使得安全生产管理责任不够明确，各部门之间推诿扯皮以及重复执法、重复检查现象仍有发生，一些人力、物力、财力等宝贵资源被无谓消耗，而一些亟待强化的环节和方面执法监管又跟不上，也增加了企业的负担，长此以往，不利于我国安全生产工作的开展和安全生产形势的根本好转。2021 年新《安全生产法》颁布实施后，还需要配套制定、修订相关法律、法规、规章，落实新《安全生产法》对综合监管和专项监管的职责分工规定，进一步完善我国安全生产监督管理体制，落实政府监管责任。政府监管和企业内部监督管理的关系也有待界定清楚，使我国安全生产监督管理体制既尊重企业市场经济主体地位和市场经济规律，又进一步强化政府安全生产监管，使企业安全生产主体责任得到充分发挥。

（四）现行安全生产立法尚存一些问题亟待完善

1.一些现行法律法规因形势变化亟待修订

一些已经颁布实施的法律、法规、规章在实践过程中，暴露出不少问题，一些立法的背景已经发生了明显变化，不少规定不能完全适应形势发展的需要，现有规范的滞后性阻碍着法律的良性运行，不利于安全生产法治建设，亟待修订。

2.一些与现行安全生产法律、法规配套的、起支撑作用的立法亟待制定

一些涉及安全生产的行业和领域依然缺少相应的法律规范进行调整，不少配套立法亟待

制定。2021 年新《安全生产法》颁布实施后，许多省区的《安全生产条例》等相关地方性配套安全生产立法工作亟待加强，以满足安全生产工作的实际需要。

3.不同法律法规的内容不够配套和衔接

因各具体行业的安全状况和立法思路不同，各法律法规起草制定的时代背景不同等，不可避免地出现了法律法规规定内容之间存在矛盾和冲突、相关立法不够配套和衔接等问题。

4.安全生产立法的速度有待于进一步加快，质量还有待进一步提高

一些法律可操作性需要进一步提高和增强。对安全生产工作中出现的新情况、新问题，亟待更高层次的立法加以规范。

（五）经济发展和社会发展对立法保障人民群众安全健康提出了更新更高要求

随着经济社会的不断发展和进步，社会公众安全素质、安全意识不断提高，安全生产合法权益保护意识、保护能力不断增强，全社会对安全生产的期望不断提高，广大从业人员安全生产、安全经营、“体面劳动”观念不断增强，对加强安全监管、改善作业环境、保障职业安全健康等方面的要求越来越高，对安全生产立法的数量、质量提出更新更高的要求，必须大力加强安全生产立法工作。

总之，目前我国正处于一个新的历史发展时期。在新形势下的安全生产工作面临许多新情况、新问题、新特点，对安全生产监督管理工作也提出了新的更高要求。但是，我国在安全立法以及法治建设其他方面与国外发达国家和地区相比，一些环节和领域仍显得落后，与我国安全生产现状和保障人民群众的生命财产安全的目标相比仍有一定差距，必须进一步加强立法建设，完善我国安全生产法律制度，加强安全生产法治建设，充分运用法律手段加强监督管理，这是从根本上改变我国安全生产状况、加快实现安全生产形势根本好转的主要措施，也是贯彻依法治国基本方略的客观要求和建设社会主义法治国家的必然选择。加强安全生产法治建设的首要问题是有法可依，为此，全面加强我国安全生产立法势在必行。我们要以贯彻落实新《安全生产法》为契机，以中央方针政策为指导，进一步总结实践经验，制定、修订相关行政法规、地方性法规、部门规章和地方政府规章，完善我国安全生产法律体系，加强安全生产法治化建设，大力推进依法治安、法治兴安，促进全国安全生产形势加快实现根本好转。

【任务训练】

请根据以下案例，分析安全生产立法的重要性和意义。

2021 年 9 月 1 日，无锡市应急管理综合执法监督支队执法人员在对无锡市生辉机械制造有限公司以“三位一体”执法模式开展检查。该单位 6 名员工未经专门培训取得特种作业操作证上岗焊接作业，喷涂车间和调漆房未安装可燃气体报警装置，除尘器未安装泄爆装置；主要负责人未健全本单位全员安全生产责任制。依据新《安全生产法》第九十四条第一款、第九十七条第七项、第九十九条第二项，责令该单位限期整改，处人民币 13.42 万元罚款，对主要负责人处人民币 2.54 万元罚款。

【巩固提升】

1.简述安全生产立法的意义。

2.简述加强安全生产立法的必要性。

【拓展阅读】

1.《关于修改〈中华人民共和国安全生产法〉的决定》。
2.《生产安全事故应急条例》。

任务三　安全生产法律法规体系

【任务目标】

1.理解安全生产法律法规体系的概念和特征。
2.掌握安全生产法律法规体系的基本框架。

【知识准备】

所谓安全生产法律法规，就是调整和规范人们安全生产行为的有关法律法规的总和。它是国家法律体系的重要组成部分，归属于行政法的范畴。

一、安全生产法律体系的概念和特征

(一)安全生产法律体系的概念

安全生产法律体系是指我国全部现行的、不同的安全生产法律规范形成的有机联系的统一整体。

(二)安全生产法律体系的特征

具有中国特色的安全生产法律体系正在构建之中。这个体系具有以下 3 个特点:

1.法律规范的调整对象和阶级意志具有统一性

习近平总书记明确指出，人命关天，发展决不能以牺牲人的生命为代价。这必须作为一条不可逾越的红线。加强安全生产工作，防止和减少生产安全事故，保障人民群众生命和财产安全，促进经济社会持续健康发展，是各级党委与政府的首要职责和根本宗旨。我国的安全生产立法，体现了工人阶级领导下的最广大的人民群众的最根本利益，都围绕着“三个代表”重要思想、科学发展观和习近平新时代中国特色社会主义思想，围绕着执政为民这一根本宗旨，围绕着基本人权的保护这个基本点而制定。安全生产法律规范是为巩固社会主义经济基础和上层建筑服务的，它是工人阶级乃至国家意志的反映，是由人民民主专政的政权性质所决定的。生产经营活动中所发生的各种社会关系，需要通过一系列的法律规范加以调整。不论安全生产法律规范有何种内容和形式，它们所调整的安全生产领域的社会关系，都要统一服从和服务于社会主义的生产关系、阶级关系，紧密围绕着“三个代表”重要思想、科学发展观、习近平新时代中国特色社会主义思想、执政为民和基本人权保护而进行。

2.法律规范的内容和形式具有多样性

安全生产贯穿于生产经营活动的各个行业领域,各种社会关系非常复杂。这就需要针对不同生产经营单位的不同特点,针对各种突出的安全生产问题,制定各种内容不同、形式不同的安全生产法律规范,调整各级人民政府、各类生产经营单位、公民相互之间在安全生产领域中产生的社会关系。这个特点就决定了安全生产立法的内容和形式又是各不相同的,它们所反映和解决的问题是不同的。

3.法律规范的相互关系具有系统性

安全生产法律体系是由母系统与若干个子系统共同组成的。从具体法律规范上看,它是单个的;从法律体系上看,各个法律规范又是母体系不可分割的组成部分。安全生产法律规范的层级、内容和形式虽然有所不同,但它们之间存在着相互依存、相互联系、相互衔接、相互协调的辩证统一关系。

二、安全生产法律体系的基本框架

安全生产法律体系究竟如何构建,这个体系中包括哪些安全生产立法,尚在研究和探索之中。我们可从上位法与下位法、一般法与特别法和综合性法与单行法 3 个方面来认识并构建我国安全生产法律体系的基本框架。

(一)根据法的不同层级和效力位阶,可分为上位法与下位法

法的层级不同,其法律地位和效力也不同。上位法是指法律地位、法律效力高于其他相关法的立法。下位法相对于上位法而言,是指法律地位、法律效力低于相关上位法的立法。不同的安全生产立法对同一类或者同一个安全生产行为作出不同法律规定的,以上位法的规定为准,适用上位法的规定。上位法没有规定的,可适用下位法。下位法的数量一般多于上位法。

1.法律

法律是安全生产法律体系中的上位法,居于整个体系的最高层级,其法律地位和效力高于行政法规、地方性法规、部门规章、地方政府规章等下位法。国家现行的有关安全生产的专门法律有《安全生产法》、《中华人民共和国消防法》(以下简称《消防法》)、《中华人民共和国道路交通安全法》(以下简称《道路交通安全法》)、《中华人民共和国海上交通安全法》(以下简称《海上交通安全法》)、《中华人民共和国矿山安全法》(以下简称《矿山安全法》),与安全生产相关的法律主要有《中华人民共和国劳动法》(以下简称《劳动法》)、《中华人民共和国职业病防治法》(以下简称《职业病防治法》)、《中华人民共和国工会法》(以下简称《工会法》)、《中华人民共和国矿产资源法》、《中华人民共和国铁路法》(以下简称《铁路法》)、《中华人民共和国公路法》、《中华人民共和国民用航空法》(以下简称《民用航空法》)、《中华人民共和国港口法》、《中华人民共和国建筑法》(以下简称《建筑法》)、《中华人民共和国煤炭法》(以下简称《煤炭法》)、《中华人民共和国电力法》等。

2.法规

安全生产法规分为行政法规和地方性法规。

1)行政法规

安全生产行政法规的法律地位和法律效力低于有关安全生产的法律,高于地方性安全生

产法规、地方政府安全生产规章等下位法。国家现有的安全生产行政法规有《安全生产许可证条例》《生产安全事故报告和调查处理条例》《危险化学品安全管理条例》《建设工程安全生产管理条例》《煤矿安全监察条例》等。

2）地方性法规

地方性安全生产法规的法律地位和法律效力低于有关安全生产的法律、行政法规，高于地方政府安全生产规章。经济特区安全生产法规和民族自治地方安全生产法规的法律地位和法律效力与地方性安全生产法规相同。安全生产地方性法规有《北京市安全生产条例》《天津市安全生产条例》《河南省安全生产条例》等。

3.规章

安全生产行政规章分为部门规章和地方政府规章。

1）部门规章

国务院有关部门依照安全生产法律、行政法规的规定或者国务院的授权制定发布的安全生产规章与地方政府规章具有同等效力，在各自的权限范围内施行。

2）地方政府规章

地方政府安全生产规章是最低层级的安全生产立法，其法律地位和法律效力低于其他上位法，不得与上位法相抵触。

4.法定安全生产标准

虽然目前我国没有技术法规的正式用语且未将其纳入法律体系的范畴，但国家制定的许多安全生产立法却将安全生产标准作为生产经营单位必须执行的技术规范而载入法律。安全生产标准法律化是我国安全生产立法的重要趋势。安全生产标准一旦成为法律规定必须执行的技术规范，它就具有了法律上的地位和效力。执行安全生产标准是生产经营单位的法定义务，违反法定安全生产标准的要求，同样要承担法律责任。因此，将法定安全生产标准纳入安全生产法律体系范畴来认识，有助于构建完善的安全生产法律体系。法定安全生产标准分为国家标准和行业标准，两者对生产经营单位的安全生产具有同样的约束力。法定安全生产标准主要是指强制性安全生产标准。

1）国家标准

安全生产国家标准是指国家标准化行政主管部门依照《中华人民共和国标准化法》（以下简称《标准化法》）制定的在全国范围内适用的安全生产技术规范。

2）行业标准

安全生产行业标准是指国务院有关部门和直属机构依照《标准化法》制定的在安全生产领域内适用的安全生产技术规范。行业安全生产标准对同一安全生产事项的技术要求，可以高于国家安全生产标准，但不得与其相抵触。

（二）根据同一层级的法的适用范围不同，可分为一般法与特别法

我国的安全生产立法是多年来针对不同的安全生产问题而制定的，相关法律规范对一些安全生产问题的规定有所差别。有的侧重解决一般的安全生产问题，有的侧重或者专门解决某一领域的特殊的安全生产问题。因此，在安全生产法律体系同一层级的安全生产立法中，安全生产法律规范有一般法与特别法之分，两者相辅相成、缺一不可。这两类法律规范的调整对象和适用范围各有侧重。一般法是适用于安全生产领域中普遍存在的基本问题、共性问

题的法律规范,它们不解决某一领域存在的特殊性、专业性的法律问题。特别法是适用于某些安全生产领域独立存在的特殊性、专业性问题的法律规范,它们往往比一般法更专业、更具体、更有可操作性。如《安全生产法》是安全生产领域的一般法,它所确定的安全生产基本方针原则和基本法律制度普遍适用于生产经营活动的各个领域。但是,对消防安全、道路交通安全、铁路交通安全、水上交通安全及民用航空安全领域存在的特殊问题,其他有关专门法律另有规定的,则应适用《消防法》《道路交通安全法》等特别法。据此,在同一层级的安全生产立法对同一类问题的法律适用上,应当适用特别法优于一般法的原则。

(三)根据法的内容、适用范围和具体规范,可分为综合性法与单行法

安全生产问题错综复杂,相关法律规范的内容也十分丰富。从安全生产立法所确定的内容、适用范围和具体规范看,可将我国安全生产立法分为综合性法与单行法。综合性法不受法律规范层级的限制,而是将各个层级的综合性法律规范作为整体来看待,适用于安全生产的主要领域或者某一领域的主要方面。单行法的内容只涉及某一领域或者某一方面的安全生产问题。

在一定条件下,综合性法与单行法的区分是相对的、可分的。《安全生产法》就属于安全生产领域的综合性法律,其内容涵盖了安全生产领域的主要方面和基本问题。与之相对,《矿山安全法》就是单独适用于矿山开采安全生产的单行法律。但是,对于矿山开采安全生产的整体而言,《矿山安全法》又是综合性法,各个矿种开采安全生产的立法则是矿山安全立法的单行法。例如,《煤炭法》既是煤炭工业的综合性法,又是安全生产和矿山安全的单行法。又如,《煤矿安全监察条例》既是煤矿安全监察的综合性法,又是《安全生产法》和《矿山安全法》的单行法和配套法。

【任务训练】

请根据我国安全生产法律体系的基本框架,划分以下法律法规的层级:《安全生产法》《消防法》《道路交通安全法》《海上交通安全法》《矿山安全法》《安全生产许可证条例》《生产安全事故报告和调查处理条例》《危险化学品安全管理条例》《北京市安全生产条例》《天津市安全生产条例》《特种作业人员安全技术培训考核管理办法》《重庆市电梯安全管理办法》。

<table>
<tr><th colspan="2">层级</th><th>法规名称</th></tr>
<tr><td colspan="2">法律</td><td></td></tr>
<tr><td colspan="2">行政法规</td><td></td></tr>
<tr><td colspan="2">地方性法规</td><td></td></tr>
<tr><td rowspan="2">行政规章</td><td>部门规章</td><td></td></tr>
<tr><td>地方政府规章</td><td></td></tr>
</table>

【巩固提升】

1.法的效力层次是指规范性法律文件之间的效力等级关系。根据《立法法》,关于我国安全生产法律法规规章效力层次的说法,正确的是(　　)。

A.《安全生产法》的效力高于《突发事件应对法》

B.国务院安全生产行政法规的效力高于某省安全生产地方性法规

C.应急管理部安全生产规章的效力高于某省政府安全生产规章

D.民族自治区安全生产地方性法规的效力低于民族自治区政府安全生产规章

2.根据法的不同效力层级，下列安全生产法律法规和规章中，属于最低层级的安全生产立法是(　　)。

A.国务院通过的《安全生产许可证条例》

B.某直辖市人大常委会通过的《××市安全生产条例》

C.某省人民政府通过的《××省煤矿安全生产监督管理规定》

D.全国人大常委会通过的《特种设备安全法》

3.下列关于我国安全生产法律体系的基本框架和效力的说法，正确的是(　　)。

A.安全生产立法分为上位法和下位法，法律是安全生产法律体系中的上位法

B.安全生产法规分为行政法规、部门法规和地方性法规

C.安全生产行政法规分为国务院行政法规、部门行政法规和地方行政法规

D.安全生产行政规章分为国务院规章、部门规章和地方政府规章

【拓展阅读】

1.《中华人民共和国矿山安全法》。

2.《中华人民共和国矿山安全法实施条例》。

3.《关于修改〈中华人民共和国道路交通安全法〉等八部法律的决定》。

模块二
安全生产法

【模块背景】

《中华人民共和国安全生产法》作为我国安全生产领域最重要的基础性法律之一，是各类生产经营单位及其从业人员实现安全生产所必须遵循的行为准则，是各级人民政府及其有关部门进行监督管理和行政执法的法律依据，是制裁各种安全生产违法犯罪行为的有力武器。对于全面加强我国安全生产法治建设，强化安全生产监督管理，规范生产经营单位的安全生产，遏制重大、特大事故，促进经济发展和保持社会稳定，具有重大而深远的意义。

【学习目标】

知识目标：了解《安全生产法》的适用范围；掌握《安全生产法》关于安全生产的总体要求、生产经营单位的安全生产保障、从业人员的安全生产权力义务、安全生产的监督管理、生产安全事故的应急救援与调查处理、安全生产违法行为应负的法律责任。

能力目标：学会应用《安全生产法》进行企业安全生产管理、生产安全事故分析，并提出事故预防控制措施和建议。

素质目标：培养学生树立牢固的安全发展理念，在企业安全管理工作中坚持人民至上、生命至上，强化安全意识、应急意识、法律意识、责任意识。

任务一　安全生产的总体要求

【任务目标】

1.了解《安全生产法》的适用范围。

2.掌握《安全生产法》关于安全生产的总体要求。

【知识准备】

为了加强安全生产工作,防止和减少生产安全事故,保障人民群众生命和财产安全,促进经济社会持续健康发展,《中华人民共和国安全生产法》由中华人民共和国第九届全国人民代表大会常务委员会第二十八次会议于2002年6月29日通过公布,自2002年11月1日起施行。2009年8月27日第十一届全国人民代表大会常务委员会第十次会议通过《关于修改部分法律的决定》,第一次修正《安全生产法》。2014年8月31日第十二届全国人民代表大会常务委员会第十次会议通过《全国人民代表大会常务委员会关于修改的决定》,第二次修正《安全生产法》自2014年12月1日起施行。2021年6月10日第十三届全国人民代表大会常务委员会第二十九次会议通过《全国人民代表大会常务委员会关于修改的决定》,第三次修正《安全生产法》自2021年9月1日起施行。

一、适用范围

1.本法适用于生产经营单位的安全生产

安全涵盖范围较广,除生产安全外,还包括政治安全、公共安全和社会治安等,这些方面的安全与生产安全性质不同,管理的制度、方法、手段也有很大不同。《安全生产法》将适用范围限定在生产经营单位的安全生产,主要是为了将生产安全与政治安全、公共安全和社会治安等加以区别,即《安全生产法》只调整生产经营单位的安全生产,其他方面的安全不在本法的调整范围内。所谓"生产经营单位",是指从事商品生产、销售以及提供服务的法人和其他经济组织,不论其所有制性质、企业组织形式和经营规模大小,只要从事生产经营活动的,都应遵守本法的规定。

2.对特定领域安全管理的法律适用做出灵活处理

在明确《安全生产法》适用于生产经营单位安全生产的同时,本条还进一步规定,有关法律、行政法规对消防安全、道路交通安全、铁路交通安全、水上交通安全、民用航空安全以及核与辐射安全、特种设备安全另有规定的,适用其规定。这些领域的安全既有一般生产经营单位安全生产的共性,又有明显的特点和差异性。例如,消防安全涉及社会各类单位和个人,不限于生产经营单位,火灾预防和扑救与一般生产安全事故的预防和救援也有明显不同;又如,道路交通安全、铁路交通安全、水上交通安全、民用航空安全都属于流动过程中的安全,其中既涉及生产经营单位,又涉及其他单位和个人。《安全生产法》规定的相关制度和措施,不能完全适应这些行业和领域的实际情况和特点。同时,这些领域的安全管理都有专门的法律、行政法规,如《消防法》《海上交通安全法》《民用航空法》《道路交通安全法》《铁路法》《铁路安全管理条例》等。诸如此类的法律、行政法规对相关领域的安全管理作出了较全面且具体的规定。明确上述法律、行政法规对相关领域的安全管理另有规定的,适用其规定,符合实际情况。需要注意的是,本条规定不是适用除外的规定,并没有排除《安全生产法》在这些领域的适用,只是明确相关法律优先适用。相关法律、行政法规没有作出特别规定的,仍然适用。

🔔**案例**

甘肃省平凉市崆峒区应急管理局执法人员在辖区某药品批发企业开展执法检查过程中,当被问及《安全生产法》规定的企业安全生产管理职责落实情况时,该企业安全管理人员明确提出《安全生产法》对他们企业不适用。

所谓法律的适用范围,也称法律的效力范围,包括时间效力和空间效力。《安全生产法》作为我国行政法律体系的重要组成部分,其适用主体范围,是指在中华人民共和国领域内从事生产经营的单位(但不包括香港和澳门特别行政区,《安全生产法》并未列入特别行政区基本法附件中)。关于什么是生产经营单位,不可简单地理解为取得工商营业执照的企业,2007年原国家安全生产监督管理总局下发的《关于生产安全事故认定若干意见问题的函》文件规定,《安全生产法》所称的生产经营单位,是指从事生产活动或者经营活动的基本单元,既包括企业法人,也包括不具有企业法人资格的经营单位、个人合伙组织、个体工商户和自然人等其他生产经营主体;既包括合法的基本单元,也包括非法的基本单元。综上,中华人民共和国领域内从事生产经营的单位都属于《安全生产法》的调整范围,案例中企业安全管理人员的说法纯属无稽之谈。

二、总体要求

(一)安全生产工作指导思想、方针、原则、机制

📖原文条款

第三条　安全生产工作坚持中国共产党的领导。

安全生产工作应当以人为本,坚持人民至上、生命至上,把保护人民生命安全摆在首位,树牢安全发展理念,坚持安全第一、预防为主、综合治理的方针,从源头上防范化解重大安全风险。

安全生产工作实行管行业必须管安全、管业务必须管安全、管生产经营必须管安全,强化和落实生产经营单位主体责任与政府监管责任,建立生产经营单位负责、职工参与、政府监管、行业自律和社会监督的机制。

1.安全生产工作的指导思想

1)安全生产工作坚持中国共产党的领导

随着我国工业化、城镇化进程的不断推进,同时伴随新兴产业蓬勃发展,新业态、新行业、新领域企业大量涌现,传统风险与新型风险并存,使得我国安全生产工作依然面临着严峻的风险挑战。为此,党中央总揽全局、协调各方,持续推动安全生产领域改革发展取得新进展,在2016年中共中央、国务院印发了《关于推进安全生产领域改革发展的意见》,该文件是我国第一个以党中央、国务院名义出台的安全生产工作的纲领性文件,对推动我国安全生产工作具有里程碑式的重大意义。2020年4月,国务院安委会印发了《全国安全生产专项整治三年行动计划》,明确了2个专题实施方案、9个专项整治实施方案,范围之广、时间之久,也是历史上的第一次。另外,经过多年实践发现,坚持党的领导,是我国安全生产形势持续向好的决定性因素。《安全生产法》中明确规定,安全生产工作坚持中国共产党的领导,有利于统筹推进安全生产系统治理,大力提升我国安全生产整体水平。

2)安全生产工作的基本理念

随着社会发展,安全生产工作的理念得到不断发展、丰富和完善。党的十九届五中全会提出,坚持人民至上、生命至上,把保护人民生命安全摆在首位,全面提高公共安全保障能力。

(1)安全生产工作应当以人为本,坚持人民至上、生命至上,把保护人民生命安全摆在首

位。以人为本,就是要以人的生命和健康为本。作为生产经营单位,在生产经营活动中,要做到以人为本,就要以尊重职工、爱护职工、维护职工的人身安全为出发点,以消除生产经营活动中的潜在隐患为主要目的。要关心职工人身安全和身体健康,不断改善劳动环境和工作条件。真正做到以人为本,决不能以牺牲人的生命作为代价发展经济。当人的生命健康与生产经营单位经济效益、财产保护发生冲突时,首先应当考虑人的生命健康,而不是考虑经济效益和财产利益。

(2)树牢安全发展理念。坚持以人民为中心的发展思想,既要让人民富起来,又要让人民的安全和健康得到切实保障。发展是安全的基础和保障,安全是发展的前提和条件。2020 年 4 月,习近平总书记就安全生产工作作出重要指示并强调,各级党委和政府务必把安全生产摆到重要位置,树牢安全发展理念,绝不能只重发展不顾安全。安全发展理念要求在安全生产工作中坚持统筹兼顾,协调发展,正确处理安全生产与经济社会发展、安全生产与速度质量效益的关系,坚持把安全生产放在重要位置,促进区域、行业领域的科学、安全、可持续发展,决不能以牺牲人的生命健康换取一时的发展。血的教训表明,诸多事故都是“重发展轻安全、重效益轻安全”种下的苦果。发展理念上的失向、失序、失衡,往往是最大的风险隐患。

案例

2008 年 9 月 8 日,山西省襄汾县新塔矿业有限公司新塔矿区 980 平硐尾矿库发生特别重大溃坝事故,造成 277 人死亡、4 人失踪、33 人受伤,直接经济损失达 9 619.2 万元。经查,该起事故是一起由于违法违规生产而导致的特别重大责任事故。

事故直接原因:新塔公司非法违规建设、生产,致使尾矿堆积坝坡过陡。同时,采用库内铺设塑料防水膜防止尾矿水下渗和黄土贴坡阻挡坝内水外渗等错误做法,导致坝体发生局部渗透破坏,引起处于极限状态的坝体失去平衡、整体滑动,造成溃坝。

事故间接原因:一是新塔公司无视国家法律法规,非法违规建设尾矿库并长期非法生产,安全生产管理混乱;二是地方各级政府有关部门不依法履行职责,对新塔公司长期非法采矿、非法建设尾矿库和非法生产运营等问题监管不力,少数工作人员失职渎职、玩忽职守;三是地方各级政府贯彻执行国家安全生产方针政策和法律法规不力,未依法履行职责,有关领导干部存在失职渎职、玩忽职守问题。

2.安全生产工作的基本方针

依据本条规定,我国安全生产工作应当坚持安全第一、预防为主、综合治理的方针,从源头上防范化解重大安全风险。这一方针是开展安全生产工作总的指导方针,是长期实践的经验总结。

1)安全第一

在生产经营活动中,在处理保证安全与实现生产经营活动的其他各项目标的关系上,实行“安全优先”的原则,要始终把安全放在首要位置,特别是从业人员、其他人员的人身安全。在处理保证安全与发展生产关系的问题上,始终把安全放在首位,坚决做到生产必须安全、不安全不生产,把安全生产作为一条不可逾越的“红线”,坚决不要“带血的 GDP”。这体现了以人民为中心的发展思想,是预防为主、综合治理的统帅,没有安全第一的思想,预防为主就失去了思想支撑,综合治理就失去了整治依据。

2）预防为主

预防为主是安全生产工作的重要任务和价值所在，是实现安全生产的根本途径。所谓预防为主，就是要把预防生产安全事故的发生放在安全生产工作的首位，必须未雨绸缪，防患于未然，采取各种行之有效的措施，及时消除可能引发事故的各类隐患，防止和减少事故的发生。对于安全生产管理工作，不允许“试错”，其方向和重心是事前预防，而不是事后去组织抢救，进行事故调查，找原因、追责任、堵漏洞。只有将关口前移，超前防范事故隐患，才能有效避免和减少事故，实现安全第一。

3）综合治理

综合治理是对我国安全生产工作实践经验的总结，也是对安全生产工作规律认识的不断深化。所谓综合治理，就是要综合运用法律、经济、行政等手段，从发展规划、行业管理、安全投入、科技进步、经济政策、教育培训、安全文化及责任追究等方面着手，建立安全生产长效机制。综合治理，秉承“安全发展”的理念，从遵循和适应安全生产的规律出发，运用法律、经济、行政等手段，多管齐下，并充分发挥社会、职工、舆论的监督作用，形成标本兼治、齐抓共管的格局。综合治理是一种新的安全管理模式，它是保证“安全第一，预防为主”的安全管理目标实现的重要手段和方法，只有不断健全和完善综合治理工作机制，才能有效贯彻安全生产方针。

4）从源头上防范化解重大安全风险

2019 年 11 月 29 日，习近平总书记在主持中央政治局第十九次集体学习时讲话指出，要健全风险防范化解机制，坚持从源头上防范化解重大安全风险，真正把问题解决在萌芽之时、成灾之前。这一重要论述是对安全生产基本方针的进一步提炼和升华，对安全生产具有很强的指导意义。实践一再表明，许多事故的发生，都经历了从无到有、从小到大、从量变到质变的动态发展过程。因此，从以事故处置为主的被动反应模式向以风险预防为主的主动管控模式转变，是一种更经济、更安全、更有效的应急管理策略。具体而言，就是要严格安全生产市场准入，经济社会发展要以安全为前提，严防风险演变、隐患升级导致生产安全事故发生。

3.安全生产工作的基本原则

为厘清安全生产综合监管与行业监管关系，明确各有关部门安全生产工作职责，并落实到部门工作职责，本条明确了“管行业必须管安全、管业务必须管安全、管生产经营必须管安全和谁主管谁负责”的工作原则。《安全生产法》规定“三管三必须”原则，对进一步明确各方面的安全生产责任，健全完善安全生产综合监管与行业监管相结合的工作机制具有十分重要的意义，也有利于加强协作、形成合力，建立比较完善的责任体系。

“三管三必须”原则明确了政府部门的安全监管职责，要求“管行业必须管安全”，负有安全监管职责的各个部门在各自的职责范围内，要对其所负责行业、领域的安全生产工作实施监督管理。同时，“三管三必须”原则也明确了生产经营单位的决策层和管理层的安全管理职责，要求“管业务必须管安全，管生产经营必须管安全”，具体到生产经营单位中，就是主要负责人是安全生产的第一责任人，其他负责人都要根据分管的业务，对安全生产工作承担一定的职责，负担一定的责任。在厘清责任、分清界限的同时，“三管三必须”原则还要求负有安全监管职责的部门之间要相互配合、齐抓共管、信息共享、资源共用，依法加强安全生产监督管理工作，切实形成监管合力。

4.生产经营单位主体责任与政府监管责任

1)生产经营单位主体责任

生产经营单位是生产经营活动的主体,是保障安全生产的根本和关键所在。做好安全生产工作,强化和落实生产经营单位主体责任是根本。生产经营单位必须认识到安全生产既是坚持新发展理念的内在要求,也是生产经营单位生存与发展的必然选择。

生产经营单位安全生产主体责任是指生产经营单位依照法律、法规规定,应当履行的安全生产法定职责和义务。生产经营单位承担的安全生产主体责任是指生产经营单位在生产经营活动全过程中必须按照本法和有关法律法规的规定履行义务、承担责任。例如,生产经营单位应当按要求设置安全生产管理机构或者配备安全生产管理人员,保障安全生产条件所必需的资金投入,对从业人员进行安全生产教育和培训,建设工程项目的安全设施必须与主体工程同时设计、同时施工、同时投入生产和使用等。

2)政府监管责任

政府监管责任与生产经营单位主体责任联系是十分紧密的。按照"三管三必须"和谁主管谁负责的原则,政府有关部门对安全生产负有监督管理的职责。应急管理部门负责安全生产法规标准和政策规划制定修订、执法监督、事故调查处理、应急救援管理、统计分析、宣传教育培训等综合性工作,承担职责范围内行业领域安全生产监管执法职责。负有安全生产监督管理职责的有关部门依法依规履行相关行业领域安全生产监管职责,强化监管执法,严厉查处违法违规行为。其他行业领域主管部门负有安全生产管理责任,要将安全生产工作作为行业领域管理的重要内容,从行业规划、产业政策、法规标准、行政许可等方面加强行业安全生产工作,指导督促企事业单位加强安全管理。

5.安全生产工作机制

根据本条规定,安全生产工作要建立生产经营单位负责、职工参与、政府监管、行业自律和社会监督的机制。建立这一工作机制的主要目的,是形成安全生产齐抓共管的工作格局。

1)生产经营单位负责

生产经营单位要落实本单位的安全生产主体责任,严格遵守和执行安全生产法律法规、规章制度与技术标准,依法依规加强安全生产,加大安全投入,健全安全管理机构,加强对从业人员的培训,保持安全设施设备的完好有效。

2)职工参与

安全生产工作离不开广大职工的共同参与。通过安全生产教育,提高广大职工的自我保护意识和安全生产意识,职工有权对本单位的安全生产工作提出建议,对本单位安全生产工作中存在的问题,有权提出批评、检举和控告,有权拒绝违章指挥和强令冒险作业。另外,通过充分发挥工会、共青团、妇联组织的作用,依法维护和落实生产经营单位职工对安全生产的参与权与监督权,鼓励职工监督举报各类安全隐患,对举报者予以奖励。

3)政府监管

负有安全生产监督管理职责的部门要切实履行其安全生产管理和监督职责。健全完善安全生产综合监管与行业监管相结合的工作机制,强化应急管理部门对安全生产的综合监管,全面落实行业主管部门的专业监管、行业管理和指导职责。各部门要加强协作,形成监管合力,在各级政府统一领导下,严厉打击违法生产、经营等影响安全生产的行为,对拒不执行监管监察指令的生产经营单位，要依法依规从重处罚。

4）行业自律

行业协会等行业组织作为连接政府与企业的纽带，必须充分发挥其作用，加快形成政社分开、权责明确、依法自治的现代社会组织体制，强化行业自律，使其真正成为提供服务、反映诉求、规范行为的重要社会自治力量。通过行业自律，促使相当一部分生产经营单位能从自身安全生产的需要和保护从业人员生命健康的角度出发，自觉开展安全生产工作，切实履行生产经营单位的法定职责和社会责任。

5）社会监督

安全生产工作涉及方方面面，必须充分发挥包括工会、基层群众自治组织、新闻媒体以及社会公众的监督作用，实行群防群治，将安全生产工作置于全社会的监督之下。任何单位和个人均有权对违反安全生产的行为进行检举和控告。新闻媒体也要发挥其舆论监督作用。有关部门和地方要进一步畅通安全生产的社会监督渠道，通过设立举报电话等形式，接受人民群众的公开监督。

案例

2019 年 12 月 3 日，位于顺义区牛栏山镇的北京京日东大食品有限公司一期生产车间内发生燃气爆炸事故，造成 4 人死亡、10 人受伤，直接经济损失超过 1 400 万元。

经调查，2004 年京日东大公司委托方某，作为新建本部工厂项目驻施工现场代表，在施工合同履行期间负责该工程全部工作。施工期间，该公司在未经相关部门审核的情况下，将设计图纸中本应存放化学易燃易爆物品的“LPG 钢瓶间”变更为“备用间”。方某还带领不具有相应资质的施工人员，自行安装燃气管道，而液化气瓶正放在图纸中的“备用间”处。2018 年，在方某负责新冷藏库建设期间，某公司按照方某图纸施工，将部分管道、阀门等燃气设施封闭在相对密闭的场所内，且未按照国家标准设置通风、燃气泄漏报警等安全设施。

方某于 2019 年 4 月 15 日离职，在其离职的 8 个月后，即 2019 年 12 月 3 日凌晨，京日东大公司生产车间发生爆炸。经北京市人民政府调查，该事故为气体爆炸事故，爆炸中心位于冷藏库区域，爆炸气体为液化石油气，造成事故的部分原因是违规建设燃气设施、未按标准设置安全设施，故当时向施工公司提供图纸并进行对接工作的总经理助理方某，对事故发生负有直接责任。

法院经审理后认为，被告人方某在生产作业中违反有关安全管理的规定，因而发生重大伤亡事故，负事故主要责任，其行为已构成重大责任事故罪，应予惩处，故判决被告人方某犯重大责任事故罪，判处有期徒刑 3 年 6 个月。

一审后，方某要求上诉并请求改判为缓刑，上诉理由为其在建厂时仅是总经理助理，不具有施工的决定权；系自首且如实供述基本犯罪事实。

二审法院经审理后认为，事故调查报告证实京日东大公司违规建设燃气设施、未按标准设置安全设施是事故发生的间接原因之一，方某作为修建冷藏库的负责人应承担主要责任；方某在一审法院及本院审理期间虽表示认罪，但关于自己不是负责人、没有决定权的辩解，实际上是否认了关键犯罪事实，不能认定为自首。因此，认为一审法院对方某的量刑并无不当，驳回方某的上诉，维持原判。

《安全生产法》明确了“三管三必须”的新格局，在第三条规定，安全生产工作实行管行业必须管安全、管业务必须管安全、管生产经营必须管安全，强化和落实生产经营单位主体责任与政府监管责任，建立生产经营单位负责、职工参与、政府监管、行业自律和社会监督的机制。

（二）各级人民政府安全生产职责

🕮原文条款

第八条　国务院和县级以上地方各级人民政府应当根据国民经济和社会发展规划制定安全生产规划，并组织实施。安全生产规划应当与国土空间规划等相关规划相衔接。

各级人民政府应当加强安全生产基础设施建设和安全生产监管能力建设，所需经费列入本级预算。

县级以上地方各级人民政府应当组织有关部门建立完善安全风险评估与论证机制，按照安全风险管控要求，进行产业规划和空间布局，并对位置相邻、行业相近、业态相似的生产经营单位实施重大安全风险联防联控。

1.安全生产规划的制定

“不谋全局者，不足以谋一域”，安全生产规划是各级人民政府制定的比较全面长远的安全生产发展计划，是对未来整体性、长期性、基本性问题的考量，设计未来整套行动的方案，具有综合性、系统性、时间性、强制性等特点。按照本条第一款的规定，国务院和县级以上地方各级人民政府应当根据国民经济和社会发展规划制定安全生产规划，并组织实施。2021 年 3 月，十三届全国人大四次会议通过的《中华人民共和国国民经济和社会发展第十四个五年规划和 2035 年远景目标纲要》，其中对提高安全生产水平提出了具体要求。各级政府对所制定的安全生产规划要组织实施，予以落实。根据本条规定，安全生产规划应当与国土空间规划等相关规划相衔接。2019 年印发的《中共中央 国务院关于建立国土空间规划体系并监督实施的若干意见》提出，国土空间规划是国家空间发展的指南、可持续发展的空间蓝图，是各类开发保护建设活动的基本依据；建立国土空间规划体系并监督实施，将主体功能区规划、土地利用规划、城乡规划等空间规划融合为统一的国土空间规划，实现“多规合一”，强化国土空间规划对各专项规划的指导约束作用。国土空间规划综合考虑人口分布、经济布局、国土利用、生态环境保护等因素，与安全生产密切相关。安全生产规划与国土空间规划相衔接，主要是指安全生产规划中涉及国土空间规划的内容应当与其相衔接，如安全生产规划中涉及危险化学品的化工园区、港区建设，化工产业布局等要求，应当与国土空间规划相衔接，保证从规划初期就充分考虑科学布局生产空间、生活空间、生态空间等方面要求。同时，在编制国土空间规划等相关规划时，也应当考虑安全生产因素。

2.安全生产基础设施和监管能力建设

安全生产工作是关系人民群众的生命财产安全、关系国家经济发展和社会稳定的大事。2021 年新修订的《安全生产法》增加了第二款，提出各级人民政府应当加强安全生产基础设施建设和安全生产监管能力建设，所需经费列入本级预算。各级人民政府承担安全生产监督管理的领导责任，就必须从“硬件”和“软件”两个方面入手，加强安全生产基础建设。

1）安全生产基础设施建设

应当进一步落实安全生产责任制体系，坚持从制度、体制、机制等方面入手，优化升级监管手段，加强安全生产执法能力建设，推进安全科技创新，强化应急救援能力，健全责任考核机制，严格责任追究制度。同时，要加强安全基础设施建设，提高基础设施安全配置标准，提升建筑、交通、管网、消防等基础设施建设质量、安全标准和管理水平,实施公路安全生命防护工程、城市生命线工程等一批安全基础工程,加强安全基础建设的检测维护。

2)安全生产监管能力建设

习近平总书记强调,要加强安全生产监管,分区分类加强安全监管执法,强化企业主体责任落实,牢牢守住安全生产底线,切实维护人民群众生命财产安全。加强安全生产监管能力建设,要求各级负有安全生产监管职责的部门的执法人员提高政治站位,牢固树立人民至上、生命至上的理念,强化履职尽责,努力提升业务素质和行政执法能力,敢于动真碰硬,精准执法,杜绝监管执法中的“宽松软”现象,党委政府和有关部门要加强安全监管队伍建设,进一步加大组织领导、政策支持、经费保障力度,关心关爱安全监管人员,坚持严管和厚爱相结合,提升安全监管队伍职业荣誉感。

3)所需经费保障列入本级预算

预算是指经批准核定的一定时期内国家财政收支的预计。它是国家基本的财政计划,是国民经济计划的重要组成部分。预算法规定,政府的全部支出都应当纳入预算。加强安全生产基础设施建设和安全生产能力建设是各级人民政府承担的重要职责,相关经费来源于政府财政收入,因此应当列入本级预算予以安排和保障。

3.安全风险评估与论证机制

随着我国社会经济快速发展,新行业、新领域、新业态不断涌现,开发建设和生产经营活动中潜藏着许多新的安全风险,但部分安全风险由于各种原因并没有被准确识别或纳入管控范围。近年来发生的一些重特大生产安全事故暴露出项目建设初期把关不严、风险管控不力等问题。《关于进一步加强和改进安全生产工作的意见》要求,地方各级政府要建立完善安全风险评估与论证机制,科学合理确定企业选址和基础设施建设、居民生活区空间布局。2021年新修订的《安全生产法》新增了本条第三款,要求县级以上地方各级人民政府建立安全风险评估与论证机制,按照安全风险管控要求,进行产业规划和空间布局。位置相邻、行业相近、业态相似的生产经营单位在安全风险管控方面有着共同的、相似的要求,通过统筹管理建立完善重大安全风险联防联控机制,能够将相邻或者相似的安全风险管控力量进行整合,形成管控合力,节约管控成本,提升管控效能,提高安全风险管控能力和水平。实施重大安全风险联防联控机制,可以通过建立联席会议制度、编制应急联动方案组建区域通信联络和应急响应机制、定期组织安全生产交叉检查、开展联合应急救援演练和应急调度测试等方式,推动地区、行业间的信息资源共享,打破传统的区域、行业分割壁垒。

(三)安全生产监督管理职责

📖**原文条款**

第九条　国务院和县级以上地方各级人民政府应当加强对安全生产工作的领导,建立健全安全生产工作协调机制,支持、督促各有关部门依法履行安全生产监督管理职责,及时协调、解决安全生产监督管理中存在的重大问题。

乡镇人民政府和街道办事处,以及开发区、工业园区、港区、风景区等应当明确负责安全生产监督管理的有关工作机构及其职责,加强安全生产监管力量建设,按照职责对本行政区域或者管理区域内生产经营单位安全生产状况进行监督检查,协助人民政府有关部门或者按照授权依法履行安全生产监督管理职责。

1.国务院和县级以上地方各级人民政府的职责

1)加强对安全生产工作的领导

按照政府职能转变要求,政府不应干预企业内部的生产经营活动,但安全生产作为生产经营活动中的重要环节,与可以由市场调节的其他环节和要素不一样,其直接关系从业人员的生命,也关系社会公共安全,必须要由政府这只“看得见的手”来发挥监督管理的作用。各级人民政府应当充分认识到加强安全生产工作领导的重要性和必要性,依法履行对本地区安全生产工作的领导责任,落实地方各级人民政府安全生产行政首长负责制和领导班子成员安全生产“一岗双责”制度,健全安全生产监管体制,认真研究解决本地区安全生产中的重大问题;确保有关法律、法规和国家关于安全生产方针政策的贯彻执行;要加强对事故预防工作的领导,按规定对危险性大、职业危害严重及重点项目的建设把好审批立项关,对威胁公众安全的重大事故隐患和危险设施、场所,要组织有关部门进行安全性评估;要加强安全生产的宣传教育,努力提高广大人民群众遵章守纪的自觉性和安全生产意识等。

2)建立健全安全生产工作协调机制

安全生产工作涉及的行业领域广,监管部门多,组织任务重,协调难度大,需要建立健全安全生产工作协调机制。安全生产委员会是各级党委和政府组织领导安全生产工作的议事协调机构。2003年,国务院成立了安全生产委员会,主任由国务院副总理担任。目前,全国各地均已成立了安全生产委员会,多数由政府主要领导任安委会主任,对指导推动本地区安全生产工作发挥了重要作用。安委会的主要职责是:加强组织领导,研究部署本地区安全生产工作;指导各有关部门单位切实履行职责,形成齐抓共管的局面;加强统筹协调,分析安全生产形势,提出安全生产工作政策措施,切实解决存在的突出矛盾和问题。

3)支持、督促各有关部门依法履行安全生产监督管理职责

本法规定了各级人民政府应急管理部门和其他依法负有安全生产监督管理职责的部门对安全生产负监督管理职责。县级以上各级人民政府对本级政府所属各有关部门依法履行安全生产监督管理的职责,负有领导、支持和督促的责任。

4)及时协调、解决安全生产监督管理中存在的重大问题

安全生产监督管理中的一些重大问题,如关闭不符合安全生产条件的企业的问题,淘汰安全隐患较多的落后生产工艺、设备的问题,对重大安全事故的抢救组织工作及事故的调查处理问题等,仅依靠应急管理部门或者其他有关部门难以解决,需要通过安全生产委员会等协调议事机构统筹协调,依法解决。

2.乡镇人民政府、街道办事处以及开发区等部门的职责

1)乡镇人民政府、街道办事处

乡镇人民政府、街道办事处是我国政府管理的末端触角。随着我国社会经济的高速发展和乡村振兴战略的有力实施,在县乡基层广泛分布着大量中小企业,其中不乏从事高危行业领域生产经营活动的企业。部分企业规模较小,安全基础薄弱,人员素质参差不齐,安全管理水平低下,极易发生生产安全事故。乡镇人民政府、街道办事处熟悉本地情况,通过加强其安全监管能力,积极探索优化基层监管执法模式,能够直接发挥属地管理优势。

2)开发区、工业园区、港区、风景区等部门

伴随我国开发区、工业园区、港区、风景区等功能区迅速发展,聚集了大量企业,形成了专

业化、集群化产业发展结构，推动了经济快速发展。但是，部分功能区在安全生产监督管理方面仍存在监管体制不健全、条块交叉、职责不清、责任不落实等问题，一些开发区、工业园区受到投资结构管理模式等方面影响，政企不分、监管力量薄弱甚至缺位等问题突出。

案例

2014 年 8 月发生的江苏苏州昆山市中荣金属制品有限公司特别重大爆炸事故，事故当日造成 75 人死亡、185 人受伤。事故调查发现，苏州市、昆山市和昆山开发区安全生产红线意识不强，对安全生产工作重视不够，负有安全生产监督管理责任的有关部门未认真履行职责，审批把关不严，监督检查不到位，专项治理工作不深入、未落实，是事故发生的重要原因。

案例

2015 年 8 月 12 日发生的天津滨海新区天津港瑞海公司危险品仓库火灾爆炸事故，造成 165 人遇难、8 人失踪、798 人受伤。事故调查发现，有关地方党委、政府和部门存在有法不依、执法不严、监管不力、履职不到位等问题。天津交通、港口、海关、安监、规划和国土、市场和质检、海事、公安，以及滨海新区环保、行政审批等部门单位，未认真贯彻落实有关法律法规，未认真履行职责，违法违规进行行政许可和项目审查，日常监管严重缺失；有些负责人和工作人员贪赃枉法、滥用职权。天津市委、市政府，以及滨海新区区委、区政府未全面贯彻落实有关法律法规，对有关部门、单位违反城市规划行为和在安全生产管理方面存在的问题失察失管。交通运输部作为港口危险货物监管主管部门，未依照法定职责对港口危险货物安全管理督促检查，对天津交通运输系统工作指导不到位。海关总署督促指导天津海关工作不到位。有关中介及技术服务机构弄虚作假，违法违规进行安全审查、评价和验收等。

为了解决安全生产地方监管和部门监管责任不清的问题，《关于进一步加强和改进安全生产工作的意见》要求，完善各类开发区、工业园区、港区、风景区等功能区安全生产监管体制，明确负责安全生产监督管理的机构，以及港区安全生产地方监管和部门监管责任。适应我国各类功能区发展的实际情况，进一步明确开发区、工业园区、港区、风景区等功能区职责，有利于解决功能区行业、属地监管责任不清晰、不明确等安全监管问题。

3）乡镇人民政府、街道办事处和开发区等功能区的职责

2021 年新修订的《安全生产法》，完善了乡镇人民政府、街道办事处以及开发区等功能区监管体制，以及有关机构建设和职责方面作了进一步明确规定，具体包括 3 个方面：一是应明确负责安全生产监督管理的有关工作机构及其职责，加强安全监管力量建设；二是按照职责对本行政区域或者管理区域内生产经营单位安全生产状况进行监督检查；三是协助人民政府有关部门或者按照授权依法履行安全生产监督管理职责。

（四）安全生产监督管理体制

原文条款

第十条　国务院应急管理部门依照本法，对全国安全生产工作实施综合监督管理；县级以上地方各级人民政府应急管理部门依照本法，对本行政区域内安全生产工作实施综合监督管理。

国务院交通运输、住房和城乡建设、水利、民航等有关部门依照本法和其他有关法律、行政法规的规定，在各自的职责范围内对有关行业、领域的安全生产工作实施监督管理；县级以上地方各级人民政府有关部门依照本法和其他有关法律、法规的规定，在各自的职责范围内

对有关行业、领域的安全生产工作实施监督管理。对新兴行业、领域的安全生产监督管理职责不明确的，由县级以上地方各级人民政府按照业务相近的原则确定监督管理部门。

应急管理部门和对有关行业、领域的安全生产工作实施监督管理的部门，统称负有安全生产监督管理职责的部门。负有安全生产监督管理职责的部门应当相互配合、齐抓共管、信息共享、资源共用，依法加强安全生产监督管理工作。

2013 年 7 月，习近平总书记在中央政治局会议上关于安全生产的讲话中提出，坚持管行业必须管安全、管业务必须管安全、管生产必须管安全，并强调安全生产工作要党政同责、一岗双责、齐抓共管。因此，2021 年新修订的《安全生产法》中，新增加了国务院和地方政府有关部门在各自的职责范围内对有关“行业、领域”的安全生产实施监督管理的内容。通过明确“行业和领域”的主要目的是强化各级政府安全监管职责，落实安全生产负责制，落实行业主管部门直接监管、应急管理部门综合监管、地方政府属地监管的管理体制。

1.应急管理部门的安全生产监督管理职责

依据本法规定及其他相关要求，国务院应急管理部门和县级以上地方各级人民政府应急管理部门负责安全生产综合监督管理和工矿商贸行业安全生产监督管理等职能。应急管理部门承担的综合监管职责主要包括两个方面：一是承担本级安全生产委员会的日常工作；二是指导协调、监督检查、巡查考核本级政府有关部门和下级政府安全生产工作。

2.其他有关部门的安全生产监督管理职责

除应急管理部门外，国务院有关部门和县级以上人民政府有关部门依照法律、行政法规、地方性法规等，对有关行业、领域的安全生产工作实施监督管理。2021 年新修订的《安全生产法》，在原规定的基础上，突出强调了交通运输、住房和城乡建设、水利、民航部门的安全监管职责，主要是考虑这些部门负责监管的安全生产工作具有较强的行业特征，长期以来形成了较为完整和成熟的监督管理体系。

3.新兴行业、领域监管职责不明确时的处理原则

随着经济社会的快速发展，出现的一些新兴行业、领域，性质比较特殊、情况比较复杂，在安全生产监管上可能涉及多个部门。例如，平台经济中的外卖行业，涉及食品安全、交通安全、网络安全等领域；综合性较强的新型农家乐，涉及旅游、餐饮、农业农村等领域。按照现有的规定，这些新兴的行业、领域可能一时难以归入某个具体的部门进行专门监管。为防止出现安全生产监管盲区，需要由县级以上地方人民政府明确监督管理部门或者确定牵头的监督管理部门。因此，2021 年新修订的《安全生产法》规定，对新兴行业、领域的安全生产监督管理职责不明确的，由县级以上地方各级人民政府按照业务相近的原则确定监督管理部门。按照业务相近的原则，需要人民政府组织对这些行业、领域涉及的安全问题进行分析和判断，对应到现有的最为接近的行业、领域，并归口到相应的部门进行监督管理。

4.负有安全生产监督管理职责的部门加强合作

根据本条第三款的规定，应急管理部门和对有关行业、领域的安全生产工作实施监督管理的部门，是对安全生产进行监督检查和行政执法的部门，依照本法规定的职责开展执法工作，统称负有安全生产监督管理职责的部门。2021 年新修订的《安全生产法》，增加规定了负有安全生产监督管理职责的部门之间的工作机制和要求，即应当相互配合、齐抓共管、信息共享、资源共用，依法加强安全生产监督管理工作。

（五）安全生产有关标准

📖**原文条款**

第十一条　国务院有关部门应当按照保障安全生产的要求，依法及时制定有关的国家标准或者行业标准，并根据科技进步和经济发展适时修订。

生产经营单位必须执行依法制定的保障安全生产的国家标准或者行业标准。

第十二条　国务院有关部门按照职责分工负责安全生产强制性国家标准的项目提出、组织起草、征求意见、技术审查。国务院应急管理部门统筹提出安全生产强制性国家标准的立项计划。国务院标准化行政主管部门负责安全生产强制性国家标准的立项、编号、对外通报和授权批准发布工作。国务院标准化行政主管部门、有关部门依据法定职责对安全生产强制性国家标准的实施进行监督检查。

1.国务院有关部门应当及时制定有关国家标准或者行业标准

加强对安全生产工作的监督管理，保障劳动者的人身安全，是国家应当承担的责任。按照保障安全生产的要求，科学、合理地制定有关安全生产条件的国家标准或者行业标准，包括生产作业场所的安全标准，生产作业、施工的工艺安全标准，安全设备、设施、器材和安全防护用品的产品安全标准等，并要求在生产经营活动中严格执行，是国家履行加强对安全生产工作监督管理职责的重要方面。

强制性国家标准是经济社会活动的重要技术依据，在国家治理体系和治理能力现代化建设中，发挥着基础性、引领性、战略性作用。国务院标准化行政主管部门、应急管理部门及有关部门在安全生产国家强制性标准方面的职责，主要包括 4 个方面：一是标准起草，国务院有关部门按照职责分工负责安全生产强制性国家标准的项目提出、组织起草、征求意见、技术审查；二是立项计划，国务院应急管理部门统筹提出安全生产强制性国家标准的立项计划；三是批准发布，国务院标准化行政主管部门负责安全生产强制性国家标准的立项、编号、对外通报和授权批准发布工作；四是监督检查，国务院标准化行政主管部门、有关部门依据法定职责对安全生产强制性国家标准的实施进行监督检查。

2.安全生产的国家标准或者行业标准应当适时加以修订

随着科学技术的进步，人们对保证安全生产规律的认识以及安全事故的防范措施和手段会不断完善。一方面，随着经济的发展，科技的进步，可采用更先进、更安全的设施、设备、工具和工艺方法，以防止安全事故的发生；另一方面，生产经营活动中大量新产品、新材料和新工艺的使用，可能产生新的安全问题。国务院标准化行政主管部门和有关部门应当根据新情况和新问题，及时制定新的标准或者对原有的标准进行修订，以适应保障安全生产的要求。《标准化法》对标准的修订和废止工作提出了要求，标准实施后，制定标准的部门应当根据科学技术的发展和经济建设的需要适时进行复审，以确认现行标准继续有效或者予以修订、废止。本条再次明确安全生产的标准应当适时加以修订，以适应新形势的需要。

3.生产经营单位必须执行国家标准或者行业标准

根据《标准化法》的规定，国家标准、行业标准分为强制性标准和可以自愿采用的推荐性标准，前者必须强制执行，后者可以自愿采用。保障人体健康，人身、财产安全的标准和法律、行政法规规定强制执行的标准为强制性标准，其他标准为推荐性标准。省、自治区、直辖市标准化行政主管部门制定的工业产品的安全、卫生要求的地方标准，在本行政区域内是强制性标准。本条关于生产经营单位必须遵守有关安全生产的国家标准或者行业标准的规定，与《标准化法》的规定相互衔接，是保证安全生产的一项重要措施。目前，国务院有关部门已经制定了一系列有关安全生产的国家标准和行业标准，这些标准是保障安全生产的技术准则，生产经营单位应严格执行。

（六）安全生产宣传

原文条款

第十三条　各级人民政府及其有关部门应当采取多种形式，加强对有关安全生产的法律、法规和安全生产知识的宣传，增强全社会的安全生产意识。

1.安全生产宣传形式

我国历来十分重视安全生产的宣传和教育工作。2002 年，中共中央宣传部、原国家安全生产监督管理局等部门结合当时安全生产工作的形势，在总结经验的基础上，确定从 2002 年开始，每年 6 月份开展安全生产月活动，通过对典型事故和身边事故案例进行剖析等形式，增强企业自我防范意识和自主保护能力，采取切实有效的措施防止同类事故发生，坚决遏制重特大事故。近几年，根据安全生产规划要求，各级人民政府及有关部门鼓励主流媒体开办安全生产电视栏目，加大安全生产公益宣传、知识技能培训、案例警示教育等工作力度，加强微博、微信和客户端建设，形成新媒体传播模式，推动传统媒体与新兴媒体融合发展，构建以“传媒云集市、信息高速路、卫星互联网”为标志的安全生产新闻宣传渠道，制定实施安全生产新闻宣传专业人才成长规划，加强新闻发言人、安全生产理论专家、通讯员和社会监督员等队伍建设等。同时，各级人民政府及其有关部门还积极鼓励和引导社会力量参与安全文化产品创作和推广，广泛开展面向群众的安全教育活动，推动安全知识、安全常识进企业、进学校、进机关、进社区、进农村、进家庭，推动安全文化示范企业、安全发展示范城市等建设。

2.安全生产宣传的内容和目的

安全生产不仅与生产经营单位及职工有关，而且是全社会都应当关注和重视的问题。根据本条规定，加强对有关安全生产的法律、法规和安全生产知识的宣传的主要目的，是增强全社会的安全生产意识。通过宣传和教育，充分发挥职工和公众的监督作用，对政府及其有关部门和生产经营单位进行监督，保证有关安全生产的法律、法规的贯彻落实，充分发挥社会监督、舆论监督和群众监督的作用。同时，政府及有关部门要针对不同行业生产经营活动的特点，对包括生产经营单位负责人在内的全体职工进行有关安全生产知识的宣传教育，引导和推动各级管理人员和职工群众掌握本职工作所需要的安全生产知识，做到管理人员不违章指挥，作业人员不违章作业，人人增强安全生产意识，加强自我保护，尽可能防止和减少生产安全事故的发生。

（七）协会组织职责

原文条款

第十四条　有关协会组织依照法律、行政法规和章程，为生产经营单位提供安全生产方面的信息、培训等服务，发挥自律作用，促进生产经营单位加强安全生产管理。

随着社会组织管理体制改革，协会组织逐渐成为为行业提供服务、反映诉求、规范行为的主体。安全生产有关的协会组织应当立足“提供服务、反映诉求、规范行为”的职责定位，在促进我国安全生产状况的根本好转方面发挥更大的作用。协会组织是依法成立的社团法人，依据其成员共同制定的章程体现其组织职能，维护本行业企业的权益，规范市场行为，增强抵御市场风险的能力。协会组织的主要功能：一是协调职能，协会组织作为行业整体的代表，能利用行业整体实力较好地处理和协调各类关系，从而减少单个企业的运作成本，提高效率；二是服务职能，协会组织为会员单位、政府等机构提供各种市场信息，提供法律方面的咨询与服务，协调与仲裁贸易纠纷，举办产品信息发布和展销，进行业务培训等；三是监督职能，对本行业产品和服务质量、竞争手段等进行严格监督，维护行业信誉，鼓励公平竞争。

(八)安全生产技术、管理服务中介机构

🕮原文条款

第十五条　依法设立的为安全生产提供技术、管理服务的机构，依照法律、行政法规和执业准则，接受生产经营单位的委托为其安全生产工作提供技术、管理服务。

生产经营单位委托前款规定的机构提供安全生产技术、管理服务的，保证安全生产的责任仍由本单位负责。

企业需要依照法律、法规的规定对安全生产条件和工程建设项目进行安全评价，对有关设施、设备进行安全性能的检测、检验或者认证，并对生产经营单位的有关人员进行安全生产管理、安全教育等方面的培训。这些技术、管理方面的服务往往需要由专业的机构提供。

1.安全生产服务机构的资质和要求

为了保证有关安全性评价、检测、检验或认证等工作的客观性、公正性和权威性，要求承担相关工作的机构具有一定的专业性和中立性。因此，这些工作应当由既独立于政府监督管理部门，又独立于生产经营单位的第三方机构承担。同时，安全生产管理中的许多工作，专业性和技术性较强，需要由具有专门知识和丰富经验的专业人员来完成。而一些生产经营单位，特别是一些中小企业，缺少具有专门知识和经验的安全工程技术人员，希望能从有关机构聘请到专业人员为其安全生产工作提供技术、管理服务。为了适应安全生产工作对有关服务、管理的需求，规范安全生产服务机构的执业行为，完善安全生产的社会化服务体系，本条对有关安全生产服务机构作了专门规定。从事专业安全生产服务机构必须要符合法律、法规等规定的设立条件，其人员也要有一定的资质条件，以保证能提供专业化的服务。专业安全生产服务机构可以申请专业技术服务资质证书，并在许可的范围内开展活动。安全生产服务机构开展安全生产技术服务，应当遵守公开、公正、诚信和自愿的原则，按照政府指导价或者行业自律价，与委托方签订委托协议，明确双方的权利和义务。安全生产服务机构必须遵守法律、行政法规的有关规定和执业准则，按照生产经营单位的委托，提供有关的安全评价、检测、检验、认证、咨询、培训、管理等服务。生产经营单位对安全生产服务机构有自主选择权。有关政府部门不得强令生产经营单位接受其指定机构的服务。

2.委托提供技术、管理服务的责任承担

接受生产经营单位的委托后，安全生产服务机构与生产经营单位之间是一种委托关系。按照《中华人民共和国民法典》(以下简称《民法典》)的规定，在委托范围之内，受托机构的一切行为后果都由委托的生产经营单位承担。生产经营单位委托相关机构为其安全生产提供技术、管理服务，属于单位内部安全生产管理的一种方式，对生产经营单位的安全生产责任本身没有任何影响，其安全生产责任并不因委托相关机构就减轻或免除。因此，本条第二款特别强调，生产经营单位委托机构提供技术、管理服务的，保证安全生产的责任仍由本单位负责，不论通过合同和任何其他形式，企业的主体责任不可免除或者逃避。

（九）事故责任追究制度

📖原文条款

第十六条　国家实行生产安全事故责任追究制度，依照本法和有关法律、法规的规定，追究生产安全事故责任单位和责任人员的法律责任。

依照本法和有关法律、行政法规的规定，生产安全事故责任单位和责任人员承担的法律责任主要有：

1.行政责任

行政责任是指违反有关行政管理的法律、法规的规定所依法应当承担的法律后果。行政责任包括政务处分和行政处罚。

政务处分是对公务员、参公管理人员和法律、法规授权或者受国家机关依法委托管理公共事务的组织中从事公务的人员、国有企业管理人员等人员违法违纪行为给予的制裁性处理。按照《中华人民共和国公务员法》《中华人民共和国公职人员政务处分法》的有关规定，政务处分的种类包括警告、记过、记大过、降级、撤职、开除等。

行政处罚是指行政机关依法对违反行政管理秩序的公民、法人或者其他组织，以减损权益或者增加义务的方式予以惩戒的行为。按照《中华人民共和国行政处罚法》（以下简称《行政处罚法》）的规定，行政处罚的种类包括：警告、通报批评；罚款、没收违法所得、没收非法财物；暂扣许可证件、降低资质等级、吊销许可证件；限制开展生产经营活动、责令停产停业、责令关闭、限制从业；行政拘留；法律、行政法规规定的其他行政处罚。

2.民事责任

依照《民法典》的有关规定，因生产安全事故造成人员、他人财产损失的，生产事故责任单位和责任人员应当承担赔偿责任。赔偿责任主要包括造成人身和财产损害两个方面的责任。侵害他人造成人身损害的，应当赔偿医疗费、护理费、交通费等为治疗和康复支出的合理费用，以及因误工减少的收入。造成残疾的，还应当赔偿残疾生活辅助器具费和残疾赔偿金。造成死亡的，还应当赔偿丧葬费和死亡赔偿金。侵害他人财产的，财产损失按照损失发生时的市场价格或者其他方式计算。

3.刑事责任

刑事责任是指有依照刑法规定构成犯罪的严重违法行为所应承担的法律后果。《中华人民共和国刑法》（以下简称《刑法》）在“危害公共安全罪”一章中规定了重大责任事故罪、重大劳动安全事故罪、危险物品肇事罪、工程重大安全事故罪、危险作业罪等重大责任事故犯罪的刑事责任。本法“法律责任”一章对生产安全事故造成严重事故后果的，明确依照《刑法》追究刑事责任。

（十）安全生产权利和责任清单

📖原文条款

第十七条　县级以上各级人民政府应当组织负有安全生产监督管理职责的部门依法编制安全生产权力和责任清单，公开并接受社会监督。

推行政府部门权责清单制度，是贯彻落实党的十九届三中、四中全会精神的重要举措，是党中央、国务院部署的重要改革任务，也是推进国家治理体系和治理能力现代化的重要基础性制度。根据党中央要求和新的形势任务需要，2021 年新修订的《安全生产法》中，增加了编制安全生产权力和责任清单的规定。依法编制安全生产权力和责任清单，需要负有安全生产监督管理职责的部门通过梳理、编制权责清单，全面履行核心职能，切实发挥权责清单的基础性制度作用，加快形成边界清晰、分工合理、权责一致、协同合作、运转高效的安全生产管理体系。依法开展权责清单编制工作，要充分发挥县级以上各级人民政府的组织领导作用，强化协作配合和统筹协调，确保负有安全生产监督管理职责的部门步调一致、协调统一，按时间进度、高质量完成编制工作。

（十一）安全生产科学技术研究

📖原文条款

第十八条　国家鼓励和支持安全生产科学技术研究和安全生产先进技术的推广应用，提高安全生产水平。

1.国家鼓励和支持安全生产科学技术研究

为了预防和减少生产安全事故的发生，需采取有效措施加以防范，加强安全生产科学技术的研究工作是关键。政府及政府有关部门应当从资金、税收、人才等方面采取优惠措施，鼓励和支持安全生产的科学技术研究工作，加强安全生产理论和政策研究，运用大数据技术开展安全生产规律性、关联性特征分析，提高安全生产决策科学化水平。结合各行业生产经营活动的特点，加强对安全高效的设备、工具、工艺方法和有效的安全防护用品的研究开发，加强安全生产关键技术装备的换代升级，特别是加大对高危行业安全技术、装备、工艺和产品研发的支持力度，推动工业机器人、智能装备在危险工序和环节广泛应用，引导高危行业提高机械化、自动化生产水平。

2.国家鼓励和支持安全生产先进技术的推广应用

生产经营单位应当以高度负责的态度，优先采用保障生产安全的先进技术。政府及有关部门应当采取有效的措施，鼓励和支持安全生产技术的推广应用。例如，根据国务院的相关规定，要求矿山制定和实施生产技术装备标准，安装监测监控系统、井下人员定位系统、紧急避险系统、压力自救系统、供水施救系统和通信联络等技术装备；运输危险化学品、烟花爆竹、民用爆炸物品的道路专用车辆要安装使用具有行驶记录功能的卫星定位装置；大型尾矿库安装全过程在线监控系统；大型起重机械要安装安全监控系统等。国家要大力推广保障安全生产的新工艺、新设备、新材料等的应用以及信息化建设，努力提高生产经营单位的安全防护水平。

（十二）安全生产工作奖励

📖原文条款

第十九条　国家对在改善安全生产条件、防止生产安全事故、参加抢险救护等方面取得显著成绩的单位和个人，给予奖励。

为了保证生产安全，预防和减少事故的发生，保障国家和人民群众的生命财产安全，有关单位和个人在安全生产方面取得显著成绩的，国家应当给予奖励，通过彰显他们的先进事迹，在全社会树立榜样，提高全社会的安全意识，推动安全生产工作。

1.奖励的情形

根据本条规定，在以下 3 个方面为安全生产工作取得显著成绩的，由国家给予奖励：

1)在改善安全生产条件方面做出显著成绩的

例如,通过发明创造、技术革新,发明了新的安全高效的机器、设备、工具;或者对原有的机器、设备、工具做了改进,显著提高了安全性能;或者改进了作业场所的安全生产条件;或者改进了工艺方法,大大减少了作业中的危险性;或者发明了更为安全有效的防护用品等,使生产经营活动中的安全条件显著提高的,都应当给予奖励。

2)在防止生产安全事故方面做出显著成绩的

例如,及时发现、消除了安全事故隐患,防止了重大事故的发生;提出了行之有效的事故预防、控制方法等。

3)参加抢险救护做出显著成绩的

在事故的抢险救护工作中尽职尽责、见义勇为、不怕牺牲、不畏艰险,为抢救国家和人民的生命财产做出重要贡献的。

2.奖励的范围

给予奖励的主体可以是各级人民政府,也可以是政府有关部门、行业组织或者生产经营单位。受奖励的主体,可以是单位,也可以是个人。

3.奖励的方式

奖励的方式有荣誉奖励、物质奖励等形式。例如,授予安全生产先进单位或先进工作者等荣誉称号,颁发奖状、奖旗、记功、通令嘉奖等,给予奖金、奖励住房等实物,对相关人员提职、晋级奖励等方式。这些奖励方式,可以单独实施,也可以共同实施。除了国家层面的奖励外,生产经营单位也应当按照本单位内部的奖惩制度,对在安全生产方面取得显著成绩的集体和个人给予奖励。

【任务训练】

结合以下案例,分析讨论案例中事故责任者有哪些违法行为,并说明理由。

2021 年 12 月,赣州经开区应急管理局执法人员对区内某公司开展检查时发现,该公司生产车间破碎机链条驱动部位未安装防护罩,存在安全设备不符合国家标准的情况,随即对该公司进行立案调查。经查明,该公司涉嫌违反了《安全生产法》相关规定,赣州经开区应急管理局对该公司作出罚款人民币 1 万元整的行政处罚。

【巩固提升】

1.关于《安全生产法》的立法目的,下列表述中不准确的是(　　)。

A.加强安全生产工作

C.防止和减少生产安全事故

B.保障人民群众生命和财产安全

D.提升经济发展速度

2.下列关于《安全生产法》适用范围的理解,正确的是(　　)。

A.生产经营单位的安全生产适用本法,但消防安全和道路交通安全、铁路交通安全、水上交通安全、民用航空安全以及核与辐射安全、特种设备安全除外

B.生产经营单位的安全生产,适用本法;有关法律、行政法规对消防安全和道路交通安

全、铁路交通安全、水上交通安全、民用航空安全以及核与辐射安全、特种设备安全另有规定的，适用其规定

C.生产经营单位的安全生产，适用本法；消防安全和道路交通安全、铁路交通安全、水上交通安全、民用航空安全以及核与辐射安全、特种设备安全，参照适用本法有关规定

D.生产经营单位的安全生产，适用本法；消防安全和道路交通安全、铁路交通安全、水上交通安全、民用航空安全以及核与辐射安全、特种设备安全，适用其他有关法律、行政法规的规定

3.我国的安全生产工作机制是(　　)。

A.单位负责、职工参与、政府监管、行业自律和群众监督

B.单位负责、职工参与、政府监管、行业自律和社会监督

C.政府负责、单位参与、社会监督、行业自律

D.政府负责、单位参与、群众监督、行业自律

4.根据《安全生产法》要求，生产经营单位应建立健全(　　)和安全生产规章制度。

A.安全生产责任制　　B.全体安全生产责任制

C.全员安全生产责任制　　D.安全生产操作规程

5.如何理解我国《安全生产法》的十二字方针？

【拓展阅读】

1.《中共中央、国务院关于推进安全生产领域改革发展的意见》。

2.《安全生产治本攻坚三年行动方案(2024—2026)》。

任务二　生产经营单位的安全生产保障

【任务目标】

掌握生产经营单位的安全生产保障的主要内容。

【知识准备】

各类生产经营单位既是生产经营活动的主体，也是安全生产工作的责任主体。能否实现安全生产，关键是生产经营单位能否具备法定的安全生产条件，保障生产经营活动的安全。为了保证生产经营单位依法从事生产经营活动，防止和减少生产安全事故，《安全生产法》确立了生产经营单位安全生产保障制度，明确了主体责任、机构设置、人员配备、教育培训、风险分级管控、安全投入、“三同时”管理等要求，对生产经营活动安全实施全面的法律调整。

一、原则性规定

原文条款

第四条　生产经营单位必须遵守本法和其他有关安全生产的法律、法规，加强安全生产

管理，建立健全全员安全生产责任制和安全生产规章制度，加大对安全生产资金、物资、技术、人员的投入保障力度，改善安全生产条件，加强安全生产标准化、信息化建设，构建安全风险分级管控和隐患排查治理双重预防机制，健全风险防范化解机制，提高安全生产水平，确保安全生产。

平台经济等新兴行业、领域的生产经营单位应当根据本行业、领域的特点，建立健全并落实全员安全生产责任制，加强从业人员安全生产教育和培训，履行本法和其他法律、法规规定的有关安全生产义务。

（一）生产经营单位必须遵守有关安全生产的法律、法规

遵守我国有关安全生产的法律、法规，是生产经营单位的基本义务，也是保障安全生产的重要前提。目前，我国进一步健全、完善有关安全生产的法律、法规，关键是坚决贯彻实施，解决有法不依的问题。因此，本条强调生产经营单位应当遵守有关安全生产的法律、法规，具有很强的针对性。

（二）加强安全生产管理

安全生产管理是企业管理的重要内容。生产经营单位必须严格遵守安全生产法律法规，依法依规加强安全生产，要依法设置安全生产管理机构、配备安全生产管理人员，建立健全本单位安全生产的各项规章制度并组织实施，保持安全设备设施完好有效。生产经营单位的主要负责人、实际控制人要切实承担起安全生产第一责任人的责任，带头执行现场带班等制度，加强现场安全管理。做好对从业人员的安全生产教育和培训，企业主要负责人、安全管理人员、特种作业人员一律经严格考核，持证上岗，职工必须全部经培训合格后才能上岗，坚持不安全不生产，搞好生产作业场所、设备、设施的安全管理等。

（三）建立健全全员安全生产责任制和安全生产规章制度

全员安全生产责任制，是根据我国的安全生产方针"安全第一、预防为主、综合治理"和安全生产法规建立的生产经营单位各级领导、职能部门、工程技术人员、岗位操作人员在劳动生产过程中对安全生产层层负责的制度。全员安全生产责任制是生产经营单位岗位责任制的细化，是生产经营单位中最基本的一项安全制度，也是生产经营单位安全生产、劳动保护管理制度的核心。全员安全生产责任制综合各种安全生产管理、安全操作制度，对生产经营单位及其各级领导、各职能部门、有关工程技术人员和生产工人在生产中应负的安全责任予以明确，主要包括各岗位的责任人员、责任范围和考核标准等内容。在全员安全生产责任制中，主要负责人应对本单位的安全生产工作全面负责，其他各级管理人员、职能部门、技术人员和各岗位操作人员，应当根据各自的工作任务、岗位特点，确定其在安全生产方面应做的工作和应负的责任，并与奖惩制度挂钩。实践证明，凡是建立、健全了全员安全生产责任制的生产经营单位，各级领导重视安全生产工作，切实贯彻执行党的安全生产方针、政策和国家的安全生产法规，在认真负责地组织生产的同时，积极采取措施，改善劳动条件，生产安全事故就会减少。反之，就会职责不清，相互推诿，而使安全生产工作无人负责，无法进行，生产安全事故就会不断发生。

安全生产规章制度，是以全员安全生产责任制为核心制定的，指引和约束人们在安全生产方面行为的制度，是安全生产的行为准则。其作用是明确各岗位安全职责，规范安全生产行为，建立和维护安全生产秩序。安全生产规章制度包括全员安全生产责任制、安全操作规

程和基本的安全生产管理制度,是生产经营单位制定的组织生产过程和进行生产管理的规则和制度的总和,也称为内部劳动规则,是生产经营单位内部的"法律"。安全生产规章制度的建立与健全是生产经营单位安全生产管理工作的重要内容,实践中一些生产经营单位不重视安全生产,尤其是不重视规章制度建设,有的甚至没有规章制度,全员安全生产责任制不落实,极易出现生产安全事故,因此,本法强调生产经营单位要建立健全安全生产规章制度。

(四)加大对安全生产的投入保障力度,改善安全生产条件

安全生产投入是生产经营单位实现安全发展的前提,是做好安全生产工作的基础,安全生产投入总体上包括资金、物资、技术、人员等方面的投入。安全生产条件,是指生产经营单位在安全生产中的设施、设备、场所、环境等"硬件"方面的条件,这些条件是与安全生产责任制度相配套的。生产经营单位必须加大投入保障力度,保障安全生产的各项物质技术条件,其作业场所和各项生产经营的设施、设备、器材和从业人员防护用品等方面,都必须符合保障安全生产的要求。为了实现安全生产,生产经营单位要做出一切努力,包括硬件设施,如为工人配备安全帽等劳动防护用品,还包括软件方面,如安全生产教育、岗位培训等。国务院有关部门制定的有关行业的安全规程、规范和有关国家标准中,针对不同行业的生产经营特点及潜在的危险因素,规定了生产经营单位应当达到的基本安全生产条件,对国家的这些规定,生产经营单位必须严格执行,达不到规定的安全生产条件的,不得从事相关的生产经营活动。同时,要求生产经营单位在符合安全生产条件的基础上,还要不断改善安全生产条件,从根本上促进安全生产水平的提升。

(五)加强安全生产标准化、信息化建设

1.安全生产标准化建设

安全生产标准化体现了"安全第一、预防为主、综合治理"的方针,强调生产经营单位安全生产工作的规范化、科学化、系统化和法制化,强化风险管控和过程控制,注重绩效管理和持续改进,符合安全管理的基本规律,代表了现代安全管理的发展方向,是现代安全管理思想与我国传统安全管理方法、生产经营单位具体实际的有机结合,能有效提高企业安全生产水平,从而推动我国安全生产状况的持续稳定好转。2014 年安全生产法修改时,提出推进安全生产标准化建设,经过多年推动实施,安全生产标准化建设已成为规范生产经营单位安全生产工作、提升生产经营单位安全管理水平和保障能力的重要抓手,应当把加强安全生产标准化作为生产经营单位落实主体责任的重要手段之一进行全面推广。

安全生产标准化包含安全目标、组织机构和人员、安全责任体系、安全生产投入、法律法规与安全管理制度、队伍建设、生产设备设施、科技创新与信息化、作业管理、隐患排查和治理、危险源辨识与风险控制、安全文化、应急救援、事故的报告和调查处理、绩效评定和持续改进等方面,目的是提高安全生产水平,确保安全生产。

2.安全生产信息化建设

加强信息化建设是提高安全生产管理水平的重要手段,是增强安全生产各项管理工作时效性的重要保障。安全生产信息化建设是安全生产的一项基础性工作,为各项安全管理提供技术保障。随着经济社会发展和科技进步,生产经营管理模式多样化,安全设施设备日益复杂,相关数据信息急剧增加,在这些因素作用下,安全管理工作任务变得日益繁重。因此,加强信息化建设,运用现代通信、大数据和互联网等科技手段服务于安全生产工作,建立稳定、

高效、可靠的信息化支撑体系，有助于生产经营单位有关人员全面掌握安全生产动态，有效管控安全风险，及时发现并处置事故隐患，提升事故应急救援能力，切实提高本质安全水平。同时，生产经营单位加强信息化建设，能为安全生产监管信息平台及时汇集和提供安全生产的基础数据，通过覆盖全面的信息平台实现安全生产基础信息规范完整、动态信息随时调取、执法过程便捷可溯、应急处置快捷可视、事故规律科学可循，全面提升安全生产信息化水平。

（六）构建安全风险双重预防机制

企业要定期开展风险评估和危害辨识，针对高危工艺、设备、物品、场所和岗位，建立分级管控制度，制定生产安全事故隐患分级和排查治理标准。构建安全风险分级管控和隐患排查治理双重预防机制，健全风险防范化解机制的主要要求包括：一是坚持关口前移，超前辨识预判岗位、企业、区域安全风险，对辨识出的安全风险进行分类梳理，采取相应的风险评估方法确定安全风险等级，通过实施制度、技术、工程、管理等措施，有效管控各类安全风险；二是强化隐患排查治理，加强过程管控，完善技术支撑、智能化管控、第三方专业化服务的保障措施，通过构建隐患排查治理体系和闭环管理制度，强化监管执法，及时发现和消除各类事故隐患，防患未然；三是强化事后处置，及时、科学、有效应对各类重特大事故，最大限度减少事故伤亡人数、降低损害程度。2021 年新修订的《安全生产法》，增加构建安全风险分级管控和隐患排查治理双重预防机制的规定，主要目的是落实党中央、国务院有关工作要求，坚持把安全风险管控挺在隐患前面，把隐患排查治理挺在事故前面，实现生产经营单位安全风险自辨自控、隐患自查自治，形成政府领导有力、部门监管有效、企业责任落实、社会参与有序的工作格局。

（七）平台经济等新兴行业、领域的生产经营单位的义务

近年来，我国经济产业结构转型升级加快，以平台经济为代表的新兴行业领域快速发展，新兴产业大量涌现，经济活动日益多元化，新兴行业领域在经济社会发展全局中的地位和作用日益凸显，在提高资源配置效率、促进社会充分就业等方面发挥了积极作用。新兴行业领域的生产经营活动涉及多专业、多领域交叉，部分行业领域涉及新工艺、新技术、新材料、新模式。随着新情况、新问题、新业态大量出现，“认不清、想不到、管不到”的问题突出，一些新兴行业领域相关法律法规及专业技术标准还不健全，特别是部分平台企业主体责任落实和从业人员安全权益保障不到位，从业人员安全意识和能力薄弱等问题也较为突出，一些重点领域、关键环节存在监管盲区，存在大量安全风险和事故隐患。2021 年新修订的《安全生产法》，增加规定“平台经济等新兴行业、领域的生产经营单位应当根据本行业、领域的特点，建立健全并落实全员安全生产责任制，加强从业人员安全生产教育和培训，履行本法和其他法律、法规规定的有关安全生产义务”，就是要督促平台企业等生产经营单位统筹发展与安全，履行安全生产法定义务，从全员安全生产责任制、规章制度、安全培训、安全投入等方面进行规范，牢固树立安全“红线”意识，始终把从业人员生命安全放在首位。

二、安全生产主体责任

（一）安全生产条件

📖原文条款

第二十条　生产经营单位应当具备本法和有关法律、行政法规和国家标准或者行业标准规定的安全生产条件；不具备安全生产条件的，不得从事生产经营活动。

1.生产经营单位应当具备本法和有关法律、行政法规和国家标准或者行业标准规定的安全生产条件

生产经营单位是生产、经营活动的直接承担者,也是保证安全生产的基石。生产经营单位要想安全生产,必须具备基本的安全生产条件,这是保障安全生产的前提和基础。从实际情况看,许多事故发生的重要原因是,生产经营单位不具备基本的安全生产条件,为追求更多的经济利益,不惜以牺牲安全为代价。《安全生产法》作为安全生产领域的综合性、基础性法律,对生产经营单位的安全生产条件作出原则规定,是非常必要的。

本条规定中所称的"安全生产条件",是指生产经营单位的各个系统、各生产经营环境、所有的设备和设施以及与生产相适应的管理组织、制度和技术措施等,能够满足保障安全的需要,在正常情况下不会导致人员的伤亡或者财产损失。考虑受行业、规模等因素的影响,不同生产经营单位应当具备的安全生产条件差异较大,很难作出统一规定,本条与有关安全生产的其他法律、行政法规和国家标准或行业标准做了衔接性的规定,明确了生产经营单位应当具备的安全生产条件的主要依据,包括 3 个层次:

(1)本法和有关法律对生产经营单位安全生产条件的具体规定,如《矿山安全法》《煤炭法》《建筑法》《消防法》《道路交通安全法》《铁路法》《民用航空法》等。

(2)有关行政法规对生产经营单位安全生产条件的具体规定,如《危险化学品安全管理条例》《烟花爆竹安全管理条例》《民用爆炸物品安全管理条例》《煤矿安全监察条例》等。

(3)有关国家标准或者行业标准对不同类型生产经营单位的安全生产条件的规定。需要明确的是,具备安全生产条件这一要求应当贯穿生产经营的全过程,不仅具备安全生产条件才能开始生产经营活动,而且在整个生产经营过程中都要持续地符合安全生产条件。

2.不具备安全生产条件的,不得从事生产经营活动

为了进一步强调安全生产条件对于保障安全生产的重要性,本条又从禁止性规范的角度,明确规定不具备安全生产条件的生产经营单位不得从事生产经营活动。这样规定主要是考虑安全生产条件是保障安全生产的基础,如果不具备安全生产条件,会给生产经营活动的安全留下严重隐患。因此,有必要从反面再次重申不具备安全生产条件的生产经营单位不得从事生产经营活动。

(二)单位主要负责人主体责任

🕮原文条款

第五条　生产经营单位的主要负责人是本单位安全生产第一责任人,对本单位的安全生产工作全面负责。其他负责人对职责范围内的安全生产工作负责。

1.主要负责人是安全生产第一负责人

生产经营单位的主要负责人是生产经营活动的决策者和指挥者,是生产经营单位的最高领导者和管理者。一般情况下,生产经营单位的主要负责人是其法定代表人,如公司制企业的董事长、执行董事或者经理,非公司制企业的厂长、经理等。对合伙企业、个人独资企业、个体工商户等,其投资人或者负责执行生产经营业务活动的人员就是主要负责人。需要注意的是,实践中存在法定代表人和实际经营决策人相分离的情况,如跨国集团公司的法定代表人并不具体负责企业的日常生产经营,或者生产经营单位的法定代表人因生病或学习等原因长期不在其位,由其他负责人主持生产经营单位的全面工作,在这种情况下真正全面组织、领导

企业生产经营活动的实际负责人则是本条所说的生产经营单位主要负责人。

由于主要负责人在生产经营单位处于决策者、指挥者、领导者、管理者的重要地位,生产经营单位的安全生产工作能否做好,关键在于主要负责人。因此,必须明确生产经营单位主要负责人的安全生产责任,促使其真正高度重视并全力抓好安全生产工作,保证生产经营单位的安全生产工作统一部署、指挥、推动、监督。本条明确规定生产经营单位的主要负责人对本单位的安全生产工作全面负责,使全面抓好安全生产工作成为生产经营单位主要负责人的一项法定义务。

如何理解生产经营单位主要负责人对本单位安全生产工作“全面负责”的含义?实践中应主要把握以下 3 个要素:

(1)对本单位安全生产工作的各个方面、各个环节都要负责,而不是仅仅负责某些方面或者部分环节。从建立健全并落实本单位全员安全生产责任制,加强安全生产标准化建设;组织制定并实施本单位安全生产规章制度和操作规程;组织制定并实施本单位安全生产教育和培训计划;保证本单位安全生产投入的有效实施;组织建立并落实安全风险分级管控和隐患排查治理双重预防工作机制,督促、检查本单位的安全生产工作,及时消除生产安全事故隐患;组织制定并实施本单位的生产安全事故应急救援预案;及时、如实报告生产安全事故等,均应担负起相应职责。

(2)对本单位安全生产工作全程负责。生产经营单位主要负责人在任职期间,对本单位安全生产工作始终负有责任,要确保本单位持续具备安全生产条件,不断提高安全生产管理水平。

(3)对本单位安全生产工作负最终责任。生产经营单位安全生产工作的总体状况、水平高低以及存在的问题等,最终由主要负责人承担。

2.其他负责人对职责范围内的安全生产工作负责

2021 年新修订的《安全生产法》,在强调主要负责人是本单位的安全生产第一责任人,对本单位的安全生产工作全面负责的同时,还明确“其他负责人对职责范围内的安全生产工作负责”。关于“其他负责人”及其责任的理解,应与本次修订新增的“三管三必须”相结合。

修改后的《安全生产法》第三条第三款规定,“安全生产工作实行管行业必须管安全、管业务必须管安全、管生产经营必须管安全”。第一个“必须”更多是对政府部门的要求,后两个“必须”主要是关于生产经营单位。按照“三管三必须”要求,生产经营单位除了主要负责人是安全生产的第一责任人以外,其他的副职都要根据分管的业务对安全生产工作负一定的职责。例如:一个集团公司与其子公司,集团公司董事长或总经理是企业安全生产的第一责任人,而各个副职对其分管领域的安全负责,包括人力资源、财务、采购、物流、销售等部门在内,各部门的负责人都应当在其职责范围内对安全生产工作负责。集团子公司,作为一个独立法人,其内部安全管理也是如此。“其他负责人”不能只抓分管的业务,不顾安全,否则一旦出了事故以后,管业务的是要负责任的。

因此,公司企业除了董事长、总经理外,所有副职、各部门负责人,都是“其他负责人”,需要严格履行安全生产职责,真正做到“管业务必须管安全”。

三、安全生产管理机构设置和人员配备要求

🕮原文条款

第二十四条　矿山、金属冶炼、建筑施工、运输单位和危险物品的生产、经营、储存、装卸单位，应当设置安全生产管理机构或者配备专职安全生产管理人员。

前款规定以外的其他生产经营单位，从业人员超过一百人的，应当设置安全生产管理机构或者配备专职安全生产管理人员；从业人员在一百人以下的，应当配备专职或者兼职的安全生产管理人员。

（一）危险性较大的相关生产经营单位

危险性较大的相关生产经营单位应当设置安全生产管理机构或者配备专职安全生产管理人员。原则上，生产经营单位作为市场主体，其内部机构设置和人员配备应自主决定。但是，安全生产涉及社会公共安全和公共利益，对生产经营单位安全生产管理机构的设置和安全生产管理人员的配备，政府需要进行管理和干预。落实生产经营单位的安全生产主体责任，需要生产经营单位在内部组织架构和人员配置上对安全生产工作予以保障。安全生产管理机构和安全生产管理人员，是生产经营单位开展安全生产管理工作的重要前提，在生产经营单位的安全生产中发挥着不可或缺的重要作用。分析近年来发生的生产安全事故，生产经营单位没有设置相应的安全生产管理机构或者配备必要的安全生产管理人员，是重要原因之一。因此，明确生产经营单位在设置安全生产管理机构和配备安全生产管理人员方面的义务，对于加强安全生产管理工作十分必要。

本条第一款对危险性较大的生产经营单位设置安全生产管理机构和配备安全生产管理人员提出了要求，矿山、金属冶炼、建筑施工、运输单位和危险物品的生产、经营、储存、装卸单位，应当设置安全生产管理机构或者配备专职安全生产管理人员。这里的“安全生产管理机构”是指生产经营单位内部设立的专门负责安全生产管理事务的机构。“专职安全生产管理人员”是指在生产经营单位中专门负责安全生产管理，不兼作其他工作的人员。这些单位的危险因素大，无论其规模大小，都应设置安全生产管理机构或者配备专职安全生产管理人员。

须要说明的是，2021 年新修订的《安全生产法》，把危险物品装卸单位纳入本条第一款的适用范围，同时将“道路运输单位”修改为“运输单位”，主要是危险物品装卸单位的危险性也较大，运输单位的安全风险也不局限于道路运输，都需要加强内部日常安全生产管理。

实践中，关于如何设置安全生产管理机构和配备专职安全生产管理人员，本条未做具体规定。生产经营单位可以根据本单位的规模以及安全生产状况等实际情况，自主作出决定。一般来说，规模较小的生产经营单位，可只配备专职安全生产管理人员；规模较大的生产经营单位则应当设置安全生产管理机构。从根本上说，无论是设置安全生产管理机构还是配备专职安全生产管理人员，必须以满足本单位安全生产管理工作的实际需要为原则。

（二）其他生产经营单位

其他生产经营单位根据从业人员规模决定安全生产管理机构设置和安全生产管理人员配备。矿山、金属冶炼、建筑施工、运输单位和危险物品的生产、经营、储存、装卸单位以外的其他生产经营单位，危险性相对较小，一律要求其设置安全生产管理机构或者配备安全生产管理人员，既无必要也不可行。按照原则性与灵活性相结合的要求，本条对这些生产经营单

位设置安全生产管理机构或者配备安全生产管理人员的要求也相对灵活，给了生产经营单位更多自主权。即根据这些单位的不同规模，分别做出要求：对从业人员在100人以上的生产经营单位，考虑其规模较大，一旦发生事故，造成的损失也较大，因此也要求其设置安全生产管理机构或者配备专职安全生产管理人员。对从业人员在100人以下的生产经营单位，则不要求其必须设置安全生产管理机构，可以配备专职安全生产管理人员，也可以配备兼职安全生产管理人员。兼职安全生产管理人员是指生产经营单位中承担其他工作同时负责安全生产管理工作的人员。

此外，本条第二款原来规定从业人员数量较少的生产经营单位既可以配备专职或兼职安全生产管理人员，也可以委托具有国家规定的相关专业技术资格的工程技术人员提供安全生产服务。为体现从严掌握的要求，保证生产经营单位日常安全生产工作时时有人负责，从业人员数量较少的生产经营单位也应该有自己的专职或者兼职安全生产管理人员，不宜完全依靠委托他人提供安全生产管理服务。

四、安全生产责任

（一）全员安全生产责任制

原文条款

第二十二条　生产经营单位的全员安全生产责任制应当明确各岗位的责任人员、责任范围和考核标准等内容。

生产经营单位应当建立相应的机制，加强对全员安全生产责任制落实情况的监督考核，保证全员安全生产责任制的落实。

2021年新修订的《安全生产法》中，新修订了“全员安全生产责任制”，这要求生产经营单位要结合“三个必须”和“全员安全生产责任制”，重新审视现有的责任制，查看责任制是否涵盖了所有的部门、所有的岗位、所有的人员，并加强监督考核，让责任制真正落到实处，切忌停留在纸面上。

（二）单位主要负责人安全生产职责

原文条款

第二十一条　生产经营单位的主要负责人对本单位安全生产工作负有下列职责：

（一）建立健全并落实本单位全员安全生产责任制，加强安全生产标准化建设；

（二）组织制定并实施本单位安全生产规章制度和操作规程；

（三）组织制定并实施本单位安全生产教育和培训计划；

（四）保证本单位安全生产投入的有效实施；

（五）组织建立并落实安全风险分级管控和隐患排查治理双重预防工作机制，督促、检查本单位的安全生产工作，及时消除生产安全事故隐患；

（六）组织制定并实施本单位的生产安全事故应急救援预案；

（七）及时、如实报告生产安全事故。

2021年新修订的《安全生产法》，除了要求主要负责人要建立和完善全员安全生产责任制、规章制度和操作规程、加强安全生产标准化建设、建立安全风险分级管控和隐患排查治理双重预防工作机制外等制度性的内容外，还特别强调要“落实”和“实施”这些制度。因此，为了加强对安全事故的防范,减少安全事故的发生,主要负责人不能仅仅关注是否制定了这些制度,还要关注这些制度是否在真正得到落实,同时主要负责人需要有证据来证明自己已履行了相关法定职责,否则会被追究相关责任。

(三)安全生产管理机构及人员职责

📖原文条款

第二十五条　生产经营单位的安全生产管理机构以及安全生产管理人员履行下列职责:

(一)组织或者参与拟订本单位安全生产规章制度、操作规程和生产安全事故应急救援预案;

(二)组织或者参与本单位安全生产教育和培训,如实记录安全生产教育和培训情况;

(三)组织开展危险源辨识和评估,督促落实本单位重大危险源的安全管理措施;

(四)组织或者参与本单位应急救援演练;

(五)检查本单位的安全生产状况,及时排查生产安全事故隐患,提出改进安全生产管理的建议;

(六)制止和纠正违章指挥、强令冒险作业、违反操作规程的行为;

(七)督促落实本单位安全生产整改措施。

生产经营单位可以设置专职安全生产分管负责人,协助本单位主要负责人履行安全生产管理职责。

从实际情况看,生产经营单位安全生产管理机构以及安全生产管理人员的定位不清晰,责任不明确,承担的工作内容比较模糊,是安全生产工作面临的一个比较突出的问题。为了从法律上明确界定生产经营单位安全生产管理机构以及安全生产管理人员的职责,提高其工作地位和权威性,增强其责任心,促使其更好地履行职责,同时使生产经营单位其他有关部门、管理层以及主要负责人意识到安全生产管理机构和安全生产管理人员的职责所在,支持、配合他们的工作,本条明确列举规定了安全生产管理机构和安全生产管理人员的 7 项职责:

1.组织或者参与拟订本单位安全生产规章制度、操作规程和生产安全事故应急救援预案

这项规定主要是明确安全生产管理机构和安全生产管理人员在制度建设方面的职责。按照本法第二十一条的规定,生产经营单位主要负责人负责组织制定并落实本单位的安全生产规章制度、操作规程以及事故应急救援预案。为了将具体工作落实到机构和个人,让具有专业优势和实践经验的安全生产管理机构和安全生产管理人员组织或参与拟订上述重要文件,既是必要的,也是可行的。

2.组织或者参与本单位安全生产教育和培训,如实记录安全生产教育和培训情况

组织制定并实施本单位安全生产教育和培训计划是生产经营单位主要负责人的职责,而安全生产教育和培训的具体工作,应当由安全生产管理机构和安全生产管理人员组织或者参与,并由其如实记录安全生产教育和培训情况。

3.组织开展危险源辨识和评估,督促落实本单位重大危险源的安全管理措施

2021 年新修订的《安全生产法》,新增加“组织开展危险源辨识和评估危险源的辨识与评估”,将隐患排查、危险源管理工作更加细化,这里实际指的是“风险分级管控和隐患排查治理双重预防机制”。针对生产经营单位重大危险源的安全管理,本法以及其他有关法律、法规做了一系列规定。作为专门从事安全生产管理的机构和人员,有责任督促落实重大危险源的安

全管理措施。

4.组织或者参与本单位应急救援演练

应急救援演练是日常安全生产工作的重要组成部分。应急救援演练的频次、规模、方式等都需要有明确的组织安排，以使应急救援演练与生产经营单位的正常生产经营活动相协调，取得良好的效果。这项工作也应当交由安全生产管理机构和安全生产管理人员组织或参与落实。

5.检查本单位的安全生产状况，及时排查生产安全事故隐患，提出改进安全生产管理的建议

这项规定从日常管理的角度规定了安全生产管理机构和安全生产管理人员的职责。安全生产管理机构和安全生产管理人员要切实履行检查职责，随时关注本单位的安全生产状况，排查生产安全事故隐患，发现隐患的，要及时提出整改建议；没有发现隐患，但认为仍有加强和改进的必要时，也要提出改进安全生产管理的建议。

6.制止和纠正违章指挥、强令冒险作业、违反操作规程的行为

为了赶工期、赶进度，生产经营单位有关人员违章指挥、违规操作、冒险作业等情况屡见不鲜，对这些行为必须坚决予以制止和纠正。在法律上明确规定制止和纠正这些行为的职责非常必要。因为这些职责往往是“碰硬”和“得罪人”的事，职责不明确就无人敢干，无人愿意干。这一规定既明确了职责，也可以使安全生产管理机构和安全生产管理人员理直气壮地行使职责。

7.督促落实本单位安全生产整改措施

安全生产整改措施关键在落实，需要生产经营单位有专门机构和人员来督促。安全生产管理机构和安全生产管理人员是督促落实整改措施的第一责任人，应当采取切实有效措施将整改工作落实到位。

五、安全教育培训

（一）安全生产知识和管理能力

🕮原文条款

第二十七条　生产经营单位的主要负责人和安全生产管理人员必须具备与本单位所从事的生产经营活动相应的安全生产知识和管理能力。

危险物品的生产、经营、储存、装卸单位以及矿山、金属冶炼、建筑施工、运输单位的主要负责人和安全生产管理人员，应当由主管的负有安全生产监督管理职责的部门对其安全生产知识和管理能力考核合格。考核不得收费。

危险物品的生产、储存、装卸单位以及矿山、金属冶炼单位应当有注册安全工程师从事安全生产管理工作。鼓励其他生产经营单位聘用注册安全工程师从事安全生产管理工作。注册安全工程师按专业分类管理，具体办法由国务院人力资源和社会保障部门、国务院应急管理部门会同国务院有关部门制定。

1.对生产经营单位的主要负责人和安全生产管理人员安全生产知识和管理能力的一般性要求

生产经营单位主要负责人对本单位的安全生产工作全面负责，安全生产管理人员直接、

具体承担本单位日常的安全生产管理工作。生产经营单位的主要负责人和安全生产管理人员在安全生产方面的知识水平和管理能力,直接关系本单位安全生产管理工作水平。通过以往发生的事故发现,生产经营单位主要负责人和安全生产管理人员缺乏基本的安全生产知识,安全生产管理和组织能力不强、指挥不当、调度不及时、措施不得力等,是导致事故发生的重要原因之一。因此,从立法上对生产经营单位主要负责人和安全生产管理人员应当具备的安全生产知识和管理能力提出要求,使其既懂生产经营,也懂安全生产管理,对于提高生产经营单位的安全生产管理水平、保障安全生产,具有十分重要的意义。

本条首先明确了对生产经营单位主要负责人和安全生产管理人员在知识和能力方面的要求:必须具备与本单位所从事的生产经营活动相应的安全生产知识和管理能力。这是一项原则性要求,如何确定"相应的安全生产知识和管理能力",既要考虑单位的生产经营范围、规模,还要考虑单位的性质、危险程度等因素。一般说来,生产经营单位的主要负责人要熟悉和了解国家有关安全生产的法律、法规、规章以及方针政策,要对本单位所从事生产经营活动必需的安全知识有一定的了解,并能够较好地组织和领导本单位的安全生产工作。对安全生产管理人员来说,还需要对本单位所从事的生产经营活动需要的安全生产知识有比较具体的、深入的了解和掌握,并能够熟练地在安全生产管理工作中运用。

2.对危险物品的生产、经营、储存、装卸单位以及矿山、金属冶炼、建筑施工、运输单位的主要负责人和安全生产管理人员安全生产知识和能力的要求

由于危险物品的生产、经营、储存、装卸单位以及矿山、金属冶炼、建筑施工、运输单位专业性强、危险性大,属于事故多发的领域,对这类生产经营单位的主要负责人和安全生产管理人员的安全生产知识和管理能力应当有更高的要求。根据本款规定,危险物品的生产、经营、储存单位以及矿山、金属冶炼、建筑施工、道路运输单位的主要负责人和安全生产管理人员,应当由主管的负有安全生产监督管理职责的部门对其安全生产知识和管理能力考核合格。对上述单位的主要负责人和安全生产管理人员来说,不仅要具备相应的安全生产知识和管理能力,还要经有关主管部门考核合格,增加了一道考核程序,以确保其具备相应的安全生产知识和管理能力。

本条还规定有关部门对上述生产经营单位的主要负责人和安全生产管理人员的安全生产知识和管理能力进行考核,不得收取费用。这是考虑实践中考核乱收费的问题较为严重的现实而作出的针对性很强的规定,有利于防止重收费、轻考核,不注意考核实际效果的问题,也有利于改善政府部门的形象,减轻生产经营单位的负担,使考核工作能够顺利开展。

3.关于注册安全工程师制度的原则性规定

从立法层面上对企业的注册安全工程师配备提出要求,是2014年修订《安全生产法》以来最重要的"亮点"之一。实践发现,注册安全工程师对于提高生产经营单位安全生产管理的专业化、规范化水平,解决一些生产经营单位特别是中小企业安全生产无人管、不会管的问题,发挥了积极的作用。提升注册安全工程师的法律地位和层级,以更好地发挥其在安全生产管理中的专业技术优势,进一步提高生产经营单位的安全生产管理水平。本条专门对注册安全工程师制度做了原则性规定,主要有以下3个方面的内容:

(1)要求相关高危行业生产经营单位有注册安全工程师从事安全生产管理工作。危险物品的生产、储存单位以及矿山、金属冶炼单位危险性较大,对其安全生产管理人员的专业水平

和能力应当有更高的要求,要求这些单位有注册安全工程师从事安全生产管理工作。

(2)鼓励其他生产经营单位聘用注册安全工程师从事安全生产管理工作。对上述单位以外的其他单位,法律不强制要求其有注册安全工程师,但有一个比较明确的态度,就是鼓励其聘用注册安全工程师从事安全生产管理工作。本条规定既表明了立法态度,同时也留有余地。实践中生产经营单位可以根据自身情况,尽量聘请注册安全工程师从事安全生产管理工作。

(3)注册安全工程师按专业分类管理,具体办法由国务院有关部门制定。由于各行业、领域生产经营活动的性质、特点等差别很大,注册安全工程师不可能是“通才”“全才”,必须按专业分类管理,才能适应实际需要。按照《注册安全工程师分类管理办法》的规定,注册安全工程师分为煤矿安全、金属非金属矿山安全、化工安全、金属冶炼安全、建筑施工安全、道路运输安全、其他安全(不包括消防安全)七类。

(二)从业人员、实习学生安全生产教育和培训

📖原文条款

第二十八条　生产经营单位应当对从业人员进行安全生产教育和培训,保证从业人员具备必要的安全生产知识,熟悉有关的安全生产规章制度和安全操作规程,掌握本岗位的安全操作技能,了解事故应急处理措施,知悉自身在安全生产方面的权利和义务。未经安全生产教育和培训合格的从业人员,不得上岗作业。

生产经营单位使用被派遣劳动者的,应当将被派遣劳动者纳入本单位从业人员统一管理,对被派遣劳动者进行岗位安全操作规程和安全操作技能的教育和培训。劳务派遣单位应当对被派遣劳动者进行必要的安全生产教育和培训。

生产经营单位接收中等职业学校、高等学校学生实习的,应当对实习学生进行相应的安全生产教育和培训,提供必要的劳动防护用品。学校应当协助生产经营单位对实习学生进行安全生产教育和培训。

生产经营单位应当建立安全生产教育和培训档案,如实记录安全生产教育和培训的时间、内容、参加人员以及考核结果等情况。

人是生产活动的第一要素,从业人员是生产经营活动最直接的承担者,只有每个岗位从业人员的具体生产经营活动安全了,整个生产经营单位的安全生产才能有保障。因此,从制度上保证每个从业人员具有在本职工作岗位进行安全操作的知识和能力,是非常必要的。解决这一问题,最重要、最有效的途径就是加强对从业人员的安全生产教育和培训。由于我国尚属发展中国家,经济欠发达,从业人员的文化水平整体不高。特别是大量的农民工在危险性较大的矿山、建筑施工、危险物品生产等岗位从事生产经营活动,从业人员普遍存在安全意识差、缺乏安全生产知识以及防范和处理事故隐患及紧急情况的能力等问题。近年来发生的一些事故表明,生产经营单位没有搞好对从业人员的安全生产教育和培训,从业人员不具备必要的安全生产知识,不掌握安全生产规章制度和本岗位的安全操作规程、技能等,是事故发生的重要原因之一。因此,本条明确规定生产经营单位应当对从业人员进行安全生产教育和培训。

1.安全生产教育和培训的总体要求

本条第一款主要规定了 3 个方面的内容:一是明确规定对从业人员进行安全生产教育和

培训,是生产经营单位必须承担的法定义务。二是明确了安全生产教育和培训所要达到的基本目标,要通过教育和培训保证从业人员具备与本单位生产经营活动有关的安全生产知识,熟悉有关安全生产规章制度、安全操作规程,掌握本岗位的安全操作技能,了解事故应急处理措施,知悉自身在安全生产方面的权利和义务。基本目标是对安全生产教育和培训的基本要求,同时也明确了安全生产教育和培训的主要内容。生产经营单位要严格按照这些要求对从业人员进行教育和培训,不能"偷工减料"。安全生产教育和培训的形式可以多种多样,如组织专门的培训班、作业现场模拟操作培训、召开事故现场分析会等。无论采取什么样的形式,其效果必须达到本条规定的基本要求。这就要求生产经营单位必须真正重视对从业人员的安全生产教育和培训,确保教育和培训的效果,不能搞形式,走过场。三是明确规定禁止未经安全生产教育和培训的从业人员上岗作业。这是"防患于未然"的重要措施,也是对人民群众的生命和财产安全负责的重要体现。生产经营单位必须保证上岗的从业人员经安全生产教育和培训合格,如果发现未经安全生产教育和培训合格的从业人员上岗作业,生产经营单位要承担相应的法律责任。

需要说明的是,本次修改进一步完善了安全生产教育和培训应当包括的内容,增加规定了解事故应急处理措施以及知悉自身在安全生产方面的权利和义务两方面内容。事故应急救援知识作为培训的重要内容,从业人员应掌握这方面的知识,可以在发生生产安全事故时有效应对,在保护自身安全的同时,尽最大可能防止事故扩大,减少事故损失。从业人员知悉自身在安全生产方面的权利义务,既有利于更好地维护自身安全,对生产经营单位安全生产工作形成有效监督和制约,也有利于从业人员在生产活动中遵章守纪,严格按照操作规程办事。

2.对被派遣劳动者的安全生产教育和培训

劳务派遣是劳务派遣单位与被派遣劳动者签订劳动合同,并与用工单位签订劳务派遣协议,由被派遣劳动者向用工单位给付劳务的用工方式。在这种用工方式中,劳动合同关系存在于劳务派遣单位与被派遣劳动者之间,而劳动力给付的事实则发生于被派遣劳动者和用工单位之间。根据《中华人民共和国劳动合同法》(以下简称《劳动合同法》)的有关规定,劳动合同用工是我国企业的基本用工形式,劳务派遣工是补充形式,只能在临时性、辅助性或者替代性的工作岗位上实施。从实际情况看,这种用工方式在满足企业灵活用工需要的同时,也随之产生一些突出问题。从安全生产角度看,一个突出问题是用工单位对被派遣劳动者"另眼相看",不履行相应的义务,特别是未对被派遣劳动者进行安全生产教育和培训,或者不为被派遣劳动者提供必要的劳动保护条件。而劳务派遣单位也未对被派遣劳动者进行安全生产教育和培训。因此,《安全生产法》有该款规定,旨在重申和明确一个重要理念:安全是人类永恒的价值追求,无论用工方式有何不同,劳动者在安全生产方面的权利必须平等。

基于这个理念和原则,用工的生产经营单位和劳务派遣单位都应当对被派遣劳动者的安全生产教育和培训负责。被派遣劳动者是在生产经营单位从事劳动,其安全生产风险来自工作和劳动的过程中,这就要求生产经营单位切实负起责任,对被派遣劳动者和正式从业人员一视同仁,将被派遣劳动者纳入本单位从业人员统一管理,给予同等的权利和待遇,并使其履行同等的义务和责任。特别是,生产经营单位应当对被派遣劳动者进行岗位安全操作规程和安全操作技能的教育和培训,使其掌握岗位安全操作规程和操作技能,不得在未进行安全生产教育和培训的情况下，安排被派遣劳动者上岗作业。这一规定也与《劳动合同法》关于用工单位应当对在岗被派遣劳动者进行工作岗位所必需的培训的规定相衔接。

从劳动合同关系看，被派遣劳动者与劳务派遣单位签订了劳动合同，实质上是劳务派遣单位的员工，劳务派遣单位也应当对被派遣劳动者进行必要的安全生产教育和培训。由于劳务派遣单位主要从事劳务派遣业务，与生产经营单位相比，其安全生产教育和培训的能力相对要差一些，同时被派遣劳动者在不同的生产经营单位参加劳动，对被派遣劳动者的安全生产教育和培训应该主要由生产经营单位承担。因此，本条规定劳务派遣单位的义务是对被派遣劳动者进行“必要的安全生产教育和培训”，包括讲授一些常识性安全生产知识，开展安全生产法律法规、安全作业意识、遵章守纪方面的教育和培训等。这样规定一方面明确了劳务派遣单位的责任，同时也体现了实事求是的科学态度。

3.对实习学生的安全生产教育和培训

实践中，生产经营单位从各类中等职业学校、高等学校中接收实习学生的情况比较普遍。由于实习学生普遍缺乏相应的安全生产知识和技能，而生产经营单位认为实习学生不属于本单位，不安排其参加安全生产教育和培训，甚至不提供劳动防护用品，由此导致人身伤害的情况时有发生。因此，为加强对实习学生的保护，从法律层面规定了生产经营单位应当对接收的实习学生进行相应的安全生产教育和培训，提供必要的劳动防护用品。需要说明的是，由于实习学生不是正式从业人员，在实习中介入生产经营活动的方式、程度不完全相同，因此应根据具体情况，由生产经营单位对其进行相应的安全生产教育和培训，提供必要的劳动防护用品。同时，对于学校而言，其对实习学生的情况更为了解，对于实习学生也负有相应的管理职责。因此，本款规定还要求学校协助生产经营单位对实习学生进行安全生产教育和培训。

4.生产经营单位应建立安全生产教育和培训档案

实践中发现，生产经营单位存在安全生产教育和培训存在不落实、不规范甚至流于形式等问题，为了确保生产经营单位的安全生产教育和培训落到实处，保证教育和培训的效果，2021 年修订的《安全生产法》专门增加规定，生产经营单位应当建立安全生产教育和培训档案，如实记录安全生产教育和培训的时间、内容、参加人员以及考核结果等情况。信息记录和档案管理制度是教育和培训规范化、系统化、标准化的重要途径，有利于提高培训的计划性和针对性，保障培训效果。同时，也便于负有安全生产监督管理职责的部门通过查阅档案记录，加强监督检查，适时掌握生产经营单位安全生产教育和培训的实际情况，有针对性地提出改进意见和建议，保证生产经营单位的安全生产教育和培训取得应有的成效。

（三）新工艺、新技术、新材料、新设备的安全生产教育和培训

🕮原文条款

第二十九条　生产经营单位采用新工艺、新技术、新材料或者使用新设备，必须了解、掌握其安全技术特性，采取有效的安全防护措施，并对从业人员进行专门的安全生产教育和培训。

随着经济发展、科技进步以及引进国外先进技术和设备的增加，越来越多的新工艺、新技术、新材料或者新设备被广泛应用于生产经营活动中。如果对于新工艺、新技术、新材料或者使用的新设备了解和认识不足，对其安全技术性能掌握得不充分，或者没有采取有效的安全防护措施，对从业人员未进行专门的安全生产教育和培训，就有可能带来安全风险。因此，生产经营单位采用新工艺、新技术、新材料或者使用新设备，必须了解、掌握其安全技术特性，采

取有效的安全防护措施，并对从业人员进行专门的安全生产教育和培训，保证从业人员了解、掌握其安全技术特性、防护措施等，并能够在工作中加以运用。

（四）特种作业人员安全作业培训

📖原文条款

第三十条　生产经营单位的特种作业人员必须按照国家有关规定经专门的安全作业培训，取得相应资格，方可上岗作业。

特种作业人员的范围由国务院应急管理部门会同国务院有关部门确定。

本条规定的生产经营单位的特种作业人员，是指其作业的场所、操作的设备、操作内容具有较大的危险性，容易发生伤亡事故，或者容易对操作者本人、他人以及周围设施的安全造成重大危害的作业人员。如电工、焊工、起重机械操作工（含电梯工）、生产经营单位内机动车辆驾驶人员、登高架设作业人员、锅炉作业人员（含水处理人员）、压力容器操作人员、制冷作业人员、爆破作业人员、矿山通风作业人员（含瓦斯检验人员）、矿山排水作业人员等。特种作业人员的范围不是一成不变的。随着经济的发展，作业类型不断增加，特种作业人员的范围也会逐步增加。由于特种作业人员所从事的工作潜在危险性较大，一旦发生事故不仅会给作业人员自身的生命安全造成危害，而且也容易对其他从业人员以至人民群众的生命和财产安全造成威胁。因此，本条规定特种作业人员必须经过专门安全作业培训，取得相应资格，才能上岗作业。特种作业人员未经专门安全作业培训并取得相应资格的，不得上岗作业，否则就要追究其所在生产经营单位的责任。

如何对特种作业人员进行安全作业培训以及由谁负责培训，本条并未做具体规定。实践中，只要是有相关专业培训能力的，如院校、科研院所、专门的培训机构、有能力的生产经营单位以及政府有关部门等，都可以从事特种作业人员的培训工作。但无论谁从事培训工作，都必须遵守国家有关规定，做到培训的内容全面、准确，符合要求，培训工作严格、认真，注重实效。

特种作业人员的范围由国务院应急管理部门会同国务院有关部门确定，这是一项授权性规定。鉴于目前实践中对特种作业人员的范围存在不同认识，同时也为了提高政府管理的公开性和透明度，有必要对特种作业人员范围的确定机制作出明确规定。本条规定授权国务院应急管理部门会同国务院有关部门负责这项工作，其中有关部门是指与特种作业人员管理有关的部门，如国务院市场监督管理部门、公安部门等。有关部门应当相互协作，合理确定特种作业人员的范围。

六、安全风险分级管控制度和事故隐患排查治理制度

📖原文条款

第四十一条　生产经营单位应当建立安全风险分级管控制度，按照安全风险分级采取相应的管控措施。

生产经营单位应当建立健全并落实生产安全事故隐患排查治理制度，采取技术、管理措施，及时发现并消除事故隐患。事故隐患排查治理情况应当如实记录，并通过职工大会或者职工代表大会、信息公示栏等方式向从业人员通报。其中，重大事故隐患排查治理情况应当及时向负有安全生产监督管理职责的部门和职工大会或者职工代表大会报告。

县级以上地方各级人民政府负有安全生产监督管理职责的部门应当将重大事故隐患纳入相关信息系统，建立健全重大事故隐患治理督办制度，督促生产经营单位消除重大事故隐患。

2021 年新修订的《安全生产法》，突出了安全生产风险和隐患的管理，除了双重预防机制的提出以外，还新增了以下内容：一是突出了企业员工对于安全状况和隐患的知情权，本条要求企业排查的事故隐患通过职工大会、信息公示栏等形式公开并且向有关人员通报。这最主要是有关人员对于安全和风险的知情权，有利于采取措施保障自己和他人的安全，消除隐患。二是明确重大事故隐患报告、治理督办制度，不仅要求企业需及时向负有安全生产监督管理职责的部门和职工大会或者职工代表大会报告，也要求有关部门将重大隐患纳入相关信息系统，建立健全重大事故隐患治理督办制度，督促生产经营单位消除重大事故隐患。

七、安全生产资金投入

🕮原文条款

第二十三条　生产经营单位应当具备的安全生产条件所必需的资金投入，由生产经营单位的决策机构、主要负责人或者个人经营的投资人予以保证，并对由于安全生产所必需的资金投入不足导致的后果承担责任。

有关生产经营单位应当按照规定提取和使用安全生产费用，专门用于改善安全生产条件。安全生产费用在成本中据实列支。安全生产费用提取、使用和监督管理的具体办法由国务院财政部门会同国务院应急管理部门征求国务院有关部门意见后制定。

（一）保证安全生产资金投入的责任主体

生产经营单位要具备安全生产条件，必须有相应的资金投入。实践中，一些生产经营单位只顾追求经济效益，安全投入不足的现象较为普遍，“安全欠账”问题突出。解决这个问题，需要从法律上进一步明确保证生产经营单位安全生产资金投入的责任主体。

根据本条的规定，生产经营单位应当具备的安全生产条件所需的资金投入，由生产经营单位的决策机构、主要负责人或者个人经营的投资人予以保证。这一规定，一方面明确了资金投入的最低要求，即必须保证生产经营单位能够持续地具备本法和有关法律、法规、国家标准或者行业所规定的安全生产条件；另一方面明确了保证资金投入的责任主体，即生产经营单位的决策机构、主要负责人或者个人经营的投资人。对于设立了股东会、董事会等决策机构的生产经营单位，由其决策机构保证本单位安全生产的资金投入；没有设立决策机构的生产经营单位，由其主要负责人保证安全生产的资金投入；个人投资经营的生产经营单位，则由投资人保证安全生产的资金投入。生产经营单位的决策机构、主要负责人或者个人经营的投资人在本单位处于决策、领导的地位，明确把保证安全生产所需资金投入的义务赋予这些机构和人员，对于明确责任，切实保证安全生产所需资金的投入，具有重要的意义。

本条同时规定，生产经营单位的决策机构、主要负责人或者个人经营的投资人对安全生产所必需的资金投入不足导致的后果承担责任。这就明确了因安全生产资金投入不足而导致后果的责任主体，有利于增强生产经营单位的决策机构、主要负责人或者个人经营的投资人的责任心，促使他们认真履行法定义务，保证本单位安全生产资金投入满足安全生产的需要。

(二)安全生产费用提取和使用制度

本条规定了安全生产费用提取和使用制度。对危险性较大的生产经营单位提取安全生产费用,是实践中一项行之有效的做法。这一制度最早用于煤矿企业,后扩展到其他高危行业企业。2004 年,为建立煤矿安全生产长效投入机制,财政部、国家发展和改革委员会、国家煤矿安全监察局联合发布《煤炭生产安全费用提取和使用管理办法》,在所有煤炭生产企业建立提取煤炭生产安全费用制度。同年,《国务院关于进一步加强安全生产工作的决定》提出,借鉴煤矿提取安全费用的经验,在条件成熟后,逐步建立对高危行业生产企业提取安全费用制度。2010 年,《国务院关于进一步加强企业安全生产工作的通知》对此做了重申。为落实国务院要求,2012 年 2 月财政部、原国家安全生产监督管理总局制定了《企业安全生产费用提取和使用管理办法》,明确了提取安全生产费用的企业范围、安全生产费用的提取标准、使用范围以及监督检查等事项。根据该管理办法的规定,安全生产费用是指企业按照规定提取在成本中列支,专门用于完善和改进企业或者项目安全生产条件的资金。

实施安全生产费用提取和使用制度的效果比较明显,对于建立企业安全生产长效投入机制发挥了积极作用。为了进一步提升这项制度的权威性,更好地规范安全生产费用的提取和使用,需要将其上升为一项法律制度,明确规定有关生产经营单位应当按照规定提取和使用安全生产费用,专门用于改善安全生产条件。考虑对安全生产费用提取、使用和监督管理的具体办法难以在《安全生产法》中做具体规定,本条同时规定具体办法由国务院财政部门会同国务院应急管理部门征求国务院有关部门意见后制定,这样既符合目前的实际情况,也便于今后根据实际情况适时调整。

八、建设项目安全设施

(一)建设项目安全设施“三同时”

🕮原文条款

第三十一条　生产经营单位新建、改建、扩建工程项目(以下统称建设项目)的安全设施,必须与主体工程同时设计、同时施工、同时投入生产和使用。安全设施投资应当纳入建设项目概算。

生产经营单位建设项目是否配备安全设施,对于能否保障建设项目安全生产具有直接的影响。为了确保生产经营单位建设项目安全设施的建设,本条专门规定了安全设施与主体工程的“三同时”。所谓安全设施与主体工程“三同时”,是指生产经营单位建设项目的安全设施必须与主体工程同时设计、同时施工、同时投入生产和使用。同时设计,要求在编制建设项目的设计文件时,必须同时编制安全设施的设计,不得不编制或者延迟编制。安全设施设计还必须符合有关法律、法规、规章和国家标准的要求,不得降低要求。同时施工,要求建设项目施工过程中,必须严格按照设计要求,对安全设施同时进行施工,安全设施施工不得偷工减料,降低建设质量。同时投入生产和使用,要求安全设施必须与主体工程同时竣工并经验收合格后,同时投入生产和使用,不得只将主体工程投入生产和使用,而将安全设施不予使用。

建设项目概算,也称建设项目投资概算,是对工程建设预计花费的全部费用的计划。安全设施投资纳入建设项目概算,有利于保证安全设施设计、施工所需资金,对于落实安全设施与主体工程的“三同时”具有十分重大的意义。针对目前实践中大量存在的生产经营单位不重视安全设施建设资金投入的问题，本条有针对性地规定了建设项目的安全设施投资应当纳入建设项目概算。生产经营单位必须照此办理，切实按照建设项目概算落实安全设施投资。

（二）建设项目安全设施的设计与审查

📖原文条款

第三十三条　建设项目安全设施的设计人、设计单位应当对安全设施设计负责。

矿山、金属冶炼建设项目和用于生产、储存、装卸危险物品的建设项目的安全设施设计应当按照国家有关规定报经有关部门审查，审查部门及其负责审查的人员对审查结果负责。

1.建设项目安全设施的设计

建设项目安全设施设计的质量如何，对于安全设施能否真正起到保障安全的作用，具有决定性的影响。因此，为保证安全设施设计的质量，明确发生事故后的责任划分，建立建设项目安全设施设计人、设计单位对安全设施设计负责制，这具有十分重要的意义。建设项目安全设施的设计人、设计单位对安全设施设计负责，其含义主要是：

（1）相关法律、法规对设计人、设计单位有资格、资质要求的，设计人、设计单位必须依法取得相应的资格、资质，并按照资格、资质等级承担相应的安全设施设计任务，不得擅自超越业务范围承接设计任务。

（2）设计人、设计单位应当保证安全设施的设计质量。要严格按照技术标准和合同约定进行设计，加强设计过程的质量控制，保证设计文件符合有关法律、法规、工程设计技术标准和合同的规定；设计文件的深度，应满足相应设计阶段的技术要求。

（3）设计人、设计单位对因安全设施设计问题造成的后果负责。对于因安全设施设计不合格给生产经营单位造成损失的，应当承担赔偿责任；造成生产安全事故的，还应承担必要的行政责任；构成犯罪的，依法承担刑事责任。

2.矿山、金属冶炼建设项目和用于生产、储存、装卸危险物品的建设项目的安全设施的审查

要求矿山、金属冶炼建设项目和用于生产、储存、装卸危险物品的建设项目的安全设施设计报经有关部门审查，目的是对这几类危险性较大的建设项目的安全设施设计进一步严格把关。有关审查部门及其负责审查的人员应当认真履行审查职责，对符合要求的安全设施设计，予以批准；对于不符合要求的安全设施设计，可以要求有关设计人、设计单位重新设计或进行修改，经重新设计或修改后仍不符合安全要求的，不予批准。审查部门和负责审查的人员对于其审查结果负责。滥用职权、玩忽职守，对不符合要求的安全设施设计予以批准，造成生产安全事故的，依法追究审查部门有关负责人及负有直接责任的人员的责任；构成犯罪的，依法追究刑事责任。

（三）建设项目安全设施的施工与验收

📖原文条款

第三十四条　矿山、金属冶炼建设项目和用于生产、储存、装卸危险物品的建设项目的施工单位必须按照批准的安全设施设计施工，并对安全设施的工程质量负责。

矿山、金属冶炼建设项目和用于生产、储存、装卸危险物品的建设项目竣工投入生产或者使用前，应当由建设单位负责组织对安全设施进行验收；验收合格后，方可投入生产和使用。负有安全生产监督管理职责的部门应当加强对建设单位验收活动和验收结果的监督核查。

1.矿山、金属冶炼建设项目和用于生产、储存、装卸危险物品的建设项目的安全设施的施工

根据本条规定,矿山、金属冶炼建设项目和用于生产、储存、装卸危险物品的建设项目的施工单位必须按照批准的安全设施设计施工,任何单位和个人不得擅自决定不按照批准的安全设施设计施工或者擅自更改设计文件。凡属安全设施设计内容变更和调整,都必须编制施工调整方案,报原审批部门批准后方可执行。这是施工单位的一项法定职责,是保证矿山、金属冶炼建设项目和用于生产、储存、装卸危险物品的建设项目的安全设施质量的基础。

建设项目在施工过程中,施工单位应当严把施工质量关,做好施工的各项质量控制与管理工作,严格按照批准的设计文件和技术标准进行施工。一般来讲,施工单位应当围绕以下 4 个方面进行施工管理:一是安全设施的施工必须按照设计编制施工组织设计或方案,否则不准开工;二是开工前必须编制分工计划,逐级向下进行施工组织设计交底,同时对有关部门和专业人员的横向交底,并有相应的交底记录;三是加强施工全过程控制,分别对基础施工、结构施工和装修 3 个阶段,进行施工组织设计实施情况的中间检查;四是工程完成时,必须及时按原安全设施设计进行技术总结,并上报原审批单位。

对因施工原因造成的质量问题,施工单位承担全部责任。这些责任包括由施工单位对项目存在的质量问题给予修复和赔偿所造成损失的民事责任;由有关主管部门对违法施工的单位给予行政处罚的行政责任;对造成重大质量事故、构成犯罪的,由司法机关依照《刑法》的有关规定追究刑事责任。实行总承包的工程,总承包单位对安全设施工程质量负责。实行分包的工程,分包单位要对其分包的工程质量负责。总承包单位应当与分包单位就分包工程的质量承担连带责任。

2.矿山、金属冶炼建设项目和用于生产、储存、装卸危险物品的建设项目的安全设施的验收

矿山、金属冶炼建设项目和用于生产、储存、装卸危险物品的建设项目的安全设施的验收,是指安全设施已经按照设计要求完成全部施工任务,准备交付建设单位投入生产和使用时,由建设单位对该安全设施是否符合设计要求和工程质量标准进行的检查、考核工作。验收的内容主要是安全设施是否与主体工程同时建成,是否严格按照批准的设施进行施工,以及工程质量是否符合法律、法规、安全规程和技术标准的要求等。对于未经验收或者经验收但不合格的安全设施,建设单位不得将其投入生产和使用;否则,建设单位将依法承担相应的法律责任。同时,本条规定负有安全生产监督管理职责的部门应当加强对验收活动和验收结果的监督检查,包括可以对有关重要项目或重要部位进行现场检查。

九、特殊建设项目安全评价

🕮原文条款

第三十二条　矿山、金属冶炼建设项目和用于生产、储存、装卸危险物品的建设项目,应当按照国家有关规定进行安全评价。

本条是关于矿山、金属冶炼建设项目和用于生产、储存、装卸危险物品的建设项目应当进行安全评价的规定。

对上述高危建设项目,要按照国家有关规定进行安全评价。安全评价是指从技术、经济、

社会等角度对建设项目的安全情况进行分析、评估，并提出防治对策和措施。建设项目安全评价涉及的内容很多，如水文、地质条件分析，厂址的选择，以及技术上的保证等，是一项系统性工作。如何实施安全评价，本条未做具体规定，仅规定“按照国家有关规定进行”。这里的“国家有关规定”，包括应急管理部和国务院有关部门制定的安全评价通则、导则等。

十、危险作业的现场安全管理

📖原文条款

第四十三条　生产经营单位进行爆破、吊装、动火、临时用电以及国务院应急管理部门会同国务院有关部门规定的其他危险作业，应当安排专门人员进行现场安全管理，确保操作规程的遵守和安全措施的落实。

爆破、吊装、动火、临时用电作业具有较大的危险性，容易发生事故，而且一旦发生事故，将会对作业人员和有关人员造成较大的伤害。因此，进行危险作业时，作业人员必须严格按照操作规程进行操作，同时生产经营单位应当采取必要的事故防范措施，以防止生产安全事故的发生。

(一)爆破、吊装、动火、临时用电的危险性

针对爆破、吊装、动火、临时用电等作业的危险性，在事故防范措施中，其中关键的措施是安排专门人员进行作业场所的安全管理。现场安全管理人员一方面可以检查作业场所的各项安全措施是否得到落实，另一方面可以监督从事危险作业的人员是否严格按有关操作规程进行操作。同时，现场安全管理人员可以对作业场所的各种情况进行及时协调，发现事故隐患及时采取措施进行紧急排除。需要注意的是，动火和临时用电作业是 2021 年新修订《安全生产法》新增内容，主要是考虑近年来发生的相关生产安全事故案例中反映出动火和临时用电作业中存在的一些突出问题，导致事故易发多发。

🔔案例

2021 年 1 月 10 日，山东省烟台市栖霞市一金矿发生爆炸事故，致井通梯子间损坏，罐笼无法正常运行，因信号系统损坏，造成井下 22 名工人被困失联。经全力救援，11 人获救，10 人死亡，1 人失踪，直接经济损失 6 847.33 万元。

经调查，本次事故发生的直接原因是：井下违规混存炸药、雷管，井口实施罐笼气割作业产生的高温熔渣块掉入回风井，碰撞井筒设施，弹到一中段马头门内乱堆乱放的炸药包装纸箱上，引起纸箱等可燃物燃烧，导致混乱存放在硐室内的导爆管雷管、导爆索和炸药爆炸。

(二)爆破、吊装、动火、临时用电的安全要求

爆破、吊装、动火、临时用电是比较常见的作业方式，特别是在矿山、建筑施工以及在大型机械制造等单位更是频繁采用这些作业方式。然而，由于爆破、吊装、动火、临时用电存在的作业风险，为达到既方便施工又保证安全的目的，必须规定一些特殊的安全管理要求。爆破作业单位应当对本单位的爆破作业人员、安全管理人员、仓库管理人员进行专业技术培训。爆破作业人员应当经设区的市级人民政府公安机关考核合格，取得《爆破作业人员许可证》后，方可从事爆破作业。爆破作业单位应当按照其资质等级承接爆破作业项目，爆破作业人员应当按照其资格等级从事爆破作业。实施爆破作业，应当遵守国家有关标准和规范，在安全距离以外设置警示标志并安排警戒人员，防止无关人员进入，爆破作业结束后应当及时检

查、排除未引爆的民用爆炸物品。

(三)爆破、吊装、动火、临时用电的现场管理

现行的《爆破安全规程》《建筑安装工人安全技术操作规程》《建筑机械使用安全技术规程》等操作规程，对爆破、吊装作业应当遵守的具体程序和要求作了具体规定。例如，吊装时吊物要捆扎牢靠，吊钩要找准重心；物体吊起时，禁止人员站在吊物之上，其下方禁止有人；起重机在起吊满载荷时，应先将重物吊起地面 20 厘米至 50 厘米停止提升、检查起重机的稳定性、制动器的可靠性、重物的平衡性、绑扎的牢固性，确认无误后方可再进行下一步的提升；进行爆破器材加工和爆破作业人员禁止穿化纤衣服；在大雾天、雷雨时、黄昏、夜晚，禁止进行爆破；在道路不安全或阻塞时禁止进行爆破作业等。

由于在危险作业现场没有专门的安全管理人员进行协调、管理，导致作业人员错误操作，从而引发事故的情况时有发生。因此，为保证危险作业的安全进行，本条明确规定生产经营单位进行爆破、吊装、动火、临时用电等危险作业应当安排专门人员进行现场安全管理，确保操作规程的遵守和安全措施的落实。

案例

2001 年 7 月 17 日，在上海市沪东造船(集团)有限公司由上海电力建筑工程公司承担的 600 吨门式起重机在吊装过程中发生特别重大事故，事故造成 36 人死亡、3 人重伤。调查发现，违规指挥是造成本次事故发生的主要原因。施工现场指挥在发生主梁上小车碰到缆风绳需要更改施工方案时，违反吊装工程方案中关于“在施工过程中，任何人不得随意改变施工的作业要求。如有特殊情况进行调整必须通过一定的程序以保证整个施工过程安全”的规定。而现场指挥人员未按程序编制修改作业指令和逐级报批，而且在未采取任何安全保障措施的情况下，下令放松刚性腿内侧的两根缆风绳，导致事故发生。

(四)危险作业目录

除爆破、吊装、动火、临时用电作业外，目前还有一些作业也很危险，如有限空间作业、地下挖掘作业、悬吊作业、临近高压线作业等。因此，本条通过授权的方式明确“其他危险作业由国务院安全生产监督管理部门会同国务院有关部门规定”。这样规定，有利于根据安全生产工作的实际，及时公布调整相应的危险作业目录，加强对危险作业的动态安全管理。

十一、其他要求

(一)安全警示标志

原文条款

第三十五条　生产经营单位应当在有较大危险因素的生产经营场所和有关设施、设备上，设置明显的安全警示标志。

1.安全警示标志设置要求

在存在危险因素的地方、设置安全警示标志，是对从业人员知情权的保障，有利于提高从业人员的安全生产意识，防止和减少生产安全事故的发生。对于生产经营场所或者有关设备、设施存在的较大危险因素，从业人员或者其他有关人员因不够清楚，或者忽视，最终造成严重的后果。因此，本条规定生产经营单位应当在有较大危险因素的生产经营场所和有关设施、设备上，设置明显的安全警示标志。这里的“危险因素”主要是指能对人造成伤亡或者对

物造成突发性损害的各种因素。

2.安全警示标志分类及构成

一般由安全色、几何图形和图形符号构成，其目的是要引起人们对危险因素的注意，预防生产安全事故的发生。根据现行有关规定，我国目前使用的安全色主要有以下 4 种：

(1)红色。表示禁止、停止，也代表防火。

(2)蓝色。表示指令或必须遵守的规定。

(3)黄色。表示警告、注意。

(4)绿色。表示安全状态、提示或通行。

而我国目前常用的安全警示标志，根据其含义，也可分为以下 4 类：

(1)禁止标志。即圆形内画一斜杠，并用红色描画成较粗的圆环和斜杠，表示“禁止”或“不允许”的含义。

(2)警告标志。即“△”，三角的背景用黄色，三角图形和三角内的图像均用黑色描绘，警告人们注意可能发生的各种危险。

(3)指令标志。即“○”，在圆形内配上指令含义的颜色即蓝色，并用白色绘画必须履行的图形符号，构成“指令标志”，要求到这个地方的人必须遵守。

(4)提示标志。以绿色为背景的长方几何图形，配以白色的文字和图形符号，并标明目标的方向，即构成提示标志，如消防设备提示标志等。

(二)安全设备管理

🕮原文条款

第三十六条　安全设备的设计、制造、安装、使用、检测、维修、改造和报废，应当符合国家标准或者行业标准。

生产经营单位必须对安全设备进行经常性维护、保养，并定期检测，保证正常运转。维护、保养、检测应当作好记录，并由有关人员签字。

生产经营单位不得关闭、破坏直接关系生产安全的监控、报警、防护、救生设备、设施，或者篡改、隐瞒、销毁其相关数据、信息。

餐饮等行业的生产经营单位使用燃气的，应当安装可燃气体报警装置，并保障其正常使用。

本条所称的安全设备，是指为了保护从业人员安全、防止生产安全事故发生以及在发生生产安全事故时用于救援而安装使用的设备和器械，如矿山使用的自救器、灭火设备以及各种安全检测仪器，包括安全检测系统、瓦斯检测器、测风表、氧气检测仪、顶板压力监测仪等。安全设备的质量好坏直接关系生产经营活动的安全性以及发生生产安全事故时能否及时进行救援、减少人员伤亡和财产损失。由于安全设备的设计、制造、安装、使用、检测、维修、改造及报废不符合有关标准而导致发生生产安全事故或者损失扩大的情况屡见不鲜。因此，本条规定，安全设备的设计、制造、安装、使用、检测、维修、改造及报废都必须符合国家标准或者行业标准。为了保证安全设备在安装使用后处于正常运转的状态，真正起到保证安全生产的作用，本条第二款规定，生产经营单位必须对安全设备进行经常性维护、保养，并定期检测，保证正常运转。

与生产安全存在直接关系的监控、报警、防护、救生设备、设施及相关数据、信息，是有效防止生产安全事故发生的重要保障。因此,2021 年新修订的《安全生产法》增加规定,生产经营单位不得关闭、破坏直接关系生产安全的监控、报警、防护、救生设备、设施,或者篡改、隐瞒、销毁其相关数据、信息。近年来餐饮等行业发生的燃气爆炸事故,给人民群众的生命财产造成重大损失。总结分析该类生产安全事故,未能及时发现燃气泄漏,是导致事故发生的重要原因。在总结实践经验和事故教训基础上,综合考虑安全生产现实需要和企业成本负担,2021 年新修订的《安全生产法》增加规定,餐饮等行业的生产经营单位使用燃气的,应当安装可燃气体报警装置,并保障其正常使用。

(三)特殊特种设备管理

🕮原文条款

第三十七条　生产经营单位使用的危险物品的容器、运输工具,以及涉及人身安全、危险性较大的海洋石油开采特种设备和矿山井下特种设备,必须按照国家有关规定,由专业生产单位生产,并经具有专业资质的检测、检验机构检测、检验合格,取得安全使用证或者安全标志,方可投入使用。检测、检验机构对检测、检验结果负责。

1.危险物品的容器、运输工具管理

2010 年 8 月 25 日,国家质量监督检验检疫总局发布了《关于公布实行生产许可证制度管理的产品目录的公告》,将"危险化学品包装物、容器"纳入实行生产许可证制度管理和产品目录。生产列入国家实行生产许可证制度的工业产品目录的危险化学品包装物、容器的企业,应当依照《工业产品生产许可证管理条例》的规定,取得工业产品生产许可证;其生产的危险化学品包装物、容器经国务院质量监督检验检疫部门认定的检验机构检验合格,方可出厂销售。

2.特种设备管理

特种设备,是指由国家认定的,因设备本身和外在因素的影响容易发生事故,并且一旦发生事故会造成人身伤亡及重大经济损失的危险性较大的设备。《中华人民共和国特种设备安全法》(以下简称《特种设备安全法》)对特种设备的范围,以及特种设备的生产(包括设计、制造、安装、改造、修理)、经营、使用、检验、检测和特种设备安全的监督管理作出了严格的规定。根据《特种设备安全法》,特种设备是指对人身和财产安全有较大危险性的锅炉、压力容器(含气瓶)、压力管道、电梯、起重机械、客运索道、大型游乐设施、场(厂)内专用机动车辆,以及法律、行政法规规定适用本法的其他特种设备。但是,实践中除了上述特种设备外,还有一些危险性较大的设备,在有关法律法规中已经明确并由有关主管部门管理。为此,《特种设备安全法》也规定了:铁路机车、海上设施和船舶、矿山井下使用的特种设备安全的监督管理,房屋建筑工地、市政工程工地用起重机械和场(厂)内专用机动车辆的安装、使用的监督管理,由有关部门依照本法和其他有关法律的规定实施。

根据现有管理体制,国务院应急管理部门对海洋石油开采的特种设备、矿山井下使用的特种设备,依照本法和《特种设备安全法》的有关规定实施管理。

3.检测、检验机构要求

从事危险物品的容器、运输工具,以及涉及人身安全、危险性较大的海洋石油开采特种设备和矿山井下特种设备的检测、检验的机构,必须取得相应的专业资质。目前,从事危险物品的容器、运输工具的检测、检验的机构,由国务院市场监督管理部门认定。此外,为了确保检测检验机构依法履行职责，公正、客观地对涉及生命安全、危险性较大的特种设备和危险物品的容器、运输工具进行检测、检验，本条还明确规定检测、检验机构对检测、检验结果负责。检测、检验机构必须认真负责，按照规定的技术标准和要求进行检测、检验，提出科学、客观的结论。检测、检验机构应当出具专业检测、检验证明或报告。检测、检验合格的，发给安全使用证或者安全标志，不合格的，不得发给安全使用证或者安全标志。因检测、检验机构的原因，致使不合格的特种设备和危险物品的容器、运输工具投入使用，并造成后果的，检测、检验机构及其有关人员应当承担相应的法律责任。

（四）危及生产安全的工艺、设备淘汰制度

📖原文条款

第三十八条　国家对严重危及生产安全的工艺、设备实行淘汰制度，具体目录由国务院应急管理部门会同国务院有关部门制定并公布。法律、行政法规对目录的制定另有规定的，适用其规定。

省、自治区、直辖市人民政府可以根据本地区实际情况制定并公布具体目录，对前款规定以外的危及生产安全的工艺、设备予以淘汰。

生产经营单位不得使用应当淘汰的危及生产安全的工艺、设备。

严重危及生产安全的工艺、设备是指不符合生产安全要求，极有可能导致生产安全事故发生，致使人民群众生命和财产遭受重大损失的工艺、设备。工艺、设备在生产经营活动中属于物的因素，相对于人的因素来说，这种因素对生产安全和影响是一种“硬约束”，即只要使用严重危及生产安全和工艺、设备，生产过程就存在着较大的风险，生产安全事故就有可能会发生。因此，本条明确规定，国家对严重危及生产安全的工艺、设备实行淘汰制度。

（五）危险物品的安全管理

📖原文条款

第三十九条　生产、经营、运输、储存、使用危险物品或者处置废弃危险物品的，由有关主管部门依照有关法律、法规的规定和国家标准或者行业标准审批并实施监督管理。

生产经营单位生产、经营、运输、储存、使用危险物品或者处置废弃危险物品，必须执行有关法律、法规和国家标准或者行业标准，建立专门的安全管理制度，采取可靠的安全措施，接受有关主管部门依法实施的监督管理。

生产、经营、运输、储存、使用危险物品或者处置废弃危险物品的，由有关主管部门依照有关法律、法规的规定和国家标准或者行业标准审批并实施监督管理。国务院发布的《危险化学品安全管理条例》，对危险化学品的生产、经营、运输、储存和使用以及有关主管部门的职责分工进行了详细规定。根据该条例规定，应急管理部门负责危险化学品安全监督管理综合工作，组织确定、公布、调整危险化学品目录，对新建、改建、扩建生产、储存危险化学品（包括使用长输管道输送危险化学品，下同）的建设项目进行安全条件审查，核发危险化学品安全生产许可证、危险化学品安全使用许可证和危险化学品经营许可证，并负责危险化学品登记工作。除应急管理部门外，其他有关部门也依照各自职责对危险化学品的生产经营活动实施监督管理。

由于危险物品的生产、经营、储存、使用、运输以及废弃危险物品具有较大的危险性，一旦发生事故，将会对国家和广大人民群众的生命财产造成重大损害。因此，从事危险物品的生产、经营、储存、使用、运输以及废弃危险物品处置活动的生产经营单位，必须严格执行有关法律、法规和国家标准或者行业标准的规定，建立、健全严格的安全管理规章制度，采取安全、可靠的安全防护和应急处置措施，提高从业人员的素质，保证生产经营活动的安全进行。同时，对于有关主管部门依法实施的监督，生产经营单位应当积极配合，不得拒绝或阻挠。对于有关主管部门违反法定的程序，或者以监督管理为名影响生产经营单位正常的生产经营活动，甚至牟取私利的行为，生产经营单位不仅有权拒绝、抵制，还有权向有关机关检举和控告。

（六）重大危险源的管理与备案

原文条款

第四十条　生产经营单位对重大危险源应当登记建档，进行定期检测、评估、监控，并制定应急预案，告知从业人员和相关人员在紧急情况下应当采取的应急措施。

生产经营单位应当按照国家有关规定将本单位重大危险源及有关安全措施、应急措施报有关地方人民政府应急管理部门和有关部门备案。有关地方人民政府应急管理部门和有关部门应当通过相关信息系统实现信息共享。

重大危险源是指长期地或者临时地生产、搬运、使用或者储存危险物品，且危险物品的数量等于或者超过临界量的单元（包括场所和设施）。重大危险源是由危险物品组成的集合体。构成重大危险源，必须是危险物品的数量等于或者超过临界量。所谓临界量，是指一个数值，当某种危险物品的数量达到或者超过这个数值时，就有可能发生危险。重大危险源中很大一部分是属于危险化学品构成的。目前，我国已经颁布了《危险化学品重大危险源辨识》（GB 18218—2018），对各种危险化学品的临界量作了明确规定，依据临界量，可以辨识某一危险品的聚集场所或设施是否构成重大危险源。

1.重大危险源的管理措施

依据本条规定，生产经营单位对重大危险源的管理措施主要有以下 4 个方面：

1）登记建档

重大危险源档案应当包括的文件、资料有：辨识、分级记录；重大危险源基本特征表；涉及的所有化学品安全技术说明书；区域位置图、平面布置图、工艺流程图和主要设备一览表；重大危险源安全管理规章制度及安全操作规程；安全监测监控系统，措施说明，检测、检验结果；重大危险源事故应急预案、评审意见、演练计划和评估报告；安全评估报告或者安全评价报告；重大危险源关键装置、重点部位的责任人、责任机构名称；重大危险源场所安全警示标志的设置情况；其他文件、资料。

2）定期检测、评估、监控

检测是指通过一定的技术手段，利用仪器工具对重大危险源的一些具体指标、参数进行测量。评估是指对重大危险源的各种情况进行综合分析、判断，掌握其危险程度。监控是指通过监控系统等装置、设备对重大危险源进行观察、监测、控制，防止其引发危险。检测、评估、监控是为了更好地了解和掌握重大危险源的基本情况，及时发现事故隐患，采取相应的措施，防止生产安全事故的发生。生产经营单位应当将对重大危险源的检测、评估、监控作为一项经常性的工作定期进行。检测、评估、监控工作可以由本单位的有关人员进行，也可以委托具有相应资质的中介机构进行。检测、评估、监控应当符合有关技术标准的要求，详细记录有关情况，并出具检测、评估或者监控报告，由有关人员签字并对其结果负责。

3)制定应急预案

应急预案是关于发生紧急情况或者生产安全事故时的应对措施、处理办法、程序等的事先安排和计划。生产经营单位应当根据本单位重大危险源的实际情况,依法制定重大危险源应急预案,建立应急救援组织或者配备应急救援人员,配备必要的防护装备及应急救援器材、设备、物资,并保障其完好和方便使用;配合地方人民政府应急管理部门制定所在地区涉及本单位的危险化学品事故应急预案。对存在吸入性有毒有害气体等重大危险源,生产经营单位应当按规定配备必要的器材和设备。生产经营单位还应当制定重大危险源事故应急预案演练计划,按要求进行事故应急预案演练。应急预案演练结束后应当对应急预案演练效果进行评估,撰写应急预案演练评估报告,分析存在的问题,对应急预案提出修订意见,并及时修订完善。

4)告知应急措施

生产经营单位应当告知从业人员和相关人员在紧急情况下应当采取的应急措施,这是生产经营单位的一项法定义务。告知从业人员和其他可能受到影响的相关人员在紧急情况下应当采取的应急措施,有利于从业人员和相关人员对自身安全的保护,也有利于他们在紧急情况下采取正确的应急措施防止事故扩大或者减少事故损失。

2.重大危险源安全措施和应急措施备案

根据本条规定,生产经营单位应当按照国家有关规定将本单位重大危险源及有关安全措施、应急措施报有关地方人民政府应急管理部门和有关部门备案。其目的主要是考虑安全生产工作的重点在于预防,为便于应急管理部门和有关部门及时、全面地掌握生产经营单位重大危险源的分布以及危害情况,可以针对性地采取措施,经常性进行检查,从而防止生产安全事故的发生。同时,了解生产经营单位重大危险源的情况、安全措施以及应急措施,也有利于应急管理部门和有关部门在发生生产安全事故时及时组织抢救,并为事故原因的调查处理提供方便。

3.重大危险源信息共享

根据本条规定,有关地方人民政府应急管理部门和有关部门应当通过相关信息系统实现信息共享,这是 2021 年新修订的《安全生产法》新增内容。主要是针对我国一些高危行业领域经过多年粗放式增长、低水平发展,由于管理体制、监控手段等原因,相当一部分重大危险源,政府缺乏有效的监控手段。近些年发生的一些事故,也反映出通过高新技术加强监管的必要性。构建国家、省、市、县四级重大危险源信息管理体系,对重点行业、重点区域、重点企业实行风险预警控制。地方政府应急管理部门和其他有关部门通过相关信息系统整合各方资源,实现重大危险源信息共享,有助于对重大危险源进行严格控制和管理,防范和减少生产安全事故的发生。

(七)生产经营场所和员工宿舍安全要求

🕮原文条款

第四十二条　生产、经营、储存、使用危险物品的车间、商店、仓库不得与员工宿舍在同一座建筑物内,并应当与员工宿舍保持安全距离。

生产经营场所和员工宿舍应当设有符合紧急疏散要求、标志明显、保持畅通的出口、疏散通道。禁止占用、锁闭、封堵生产经营场所或者员工宿舍的出口、疏散通道。

1.对员工宿舍的安全要求

本条第一款规定，生产、经营、使用、储存危险物品的车间、商店、仓库不得与员工宿舍在同一座建筑物内，并应当与员工宿舍保持安全距离。这一规定的目的是保障单位员工的生命财产安全。实践中，确有一些生产、经营、使用、储存危险物品的单位为了追求经济利益，节省开支，不顾员工的生命财产安全，将单位的生产车间、仓库和员工宿舍设在同一座建筑物内，一旦发生安全事故，特别是发生爆炸、中毒、火灾事故，往往蔓延迅速，极易导致群死群伤的恶性事故。

这些事故的一个共同特点就是都造成群死群伤的恶性后果，原因就是将生产、经营、使用、储存危险物品的车间、商店、仓库与员工宿舍设在同一座建筑物内。因此，本条明确规定，生产、经营、使用、储存危险物品的车间、商店、仓库与员工宿舍不得在同一建筑物内。生产经营单位不得以任何理由违反上述规定，员工也应当提高自我保护意识，拒绝使用生产经营单位提供的违反安全要求的宿舍，并有权向有关部门检举和控告。与此同时，生产、经营、使用、储存危险物品的车间、商店、仓库与员工宿舍还应当保持安全距离。所谓安全距离，是指达到这个距离的要求，即使发生事故，也不致损害宿舍内员工的人身安全。

2.对生产经营场所或者员工宿舍出口和疏散通道的安全要求

本条第二款规定，生产经营场所和员工宿舍应当设有符合紧急疏散要求、标志明显、保持畅通的出口、疏散通道。禁止占用、锁闭、封堵生产经营场所或者员工宿舍的出口、疏散通道。保证生产经营场所和员工宿舍出口和疏散通道的畅通，一方面有利于发生生产安全事故时从业人员的撤离，减少人员的伤亡；同时也有利于救援队伍及时进入事故现场，开展抢救工作，防止事故扩大，尽量减少事故造成的损失。实践中，一些生产经营单位的生产经营场所或者员工宿舍的建设不符合安全要求，不设紧急出口、疏散通道。有的虽然设了紧急出口和疏散通道，但标志不明显或者不能保持畅通，发生事故时起不到紧急疏散作用。也有一些生产经营单位出于各种目的，占用、锁闭、封堵生产经营场所或者员工宿舍的出口，致使发生事故时员工不能及时疏散，逃生出去，造成大量人员伤亡。

案例

2013 年 6 月 3 日，吉林省长春市德惠市的吉林宝源丰禽业有限公司主厂房发生特别重大火灾爆炸事故，共造成 121 人死亡、76 人受伤。造成事故的主要原因之一就是主厂房内逃生通道复杂，且南部主通道西侧安全出口和二车间西侧直通室外的安全出口被锁闭，火灾发生时人员无法及时逃生。2015 年 1 月 2 日，黑龙江省哈尔滨市道外区太古头街道的北方南勋陶瓷大市场三层仓库起火，火灾扑救过程中，起火建筑多次坍塌，坍塌面积 3 000 平方米，造成 5 名消防员牺牲，14 人受伤，燃烧 40 多个小时后火灾才得到控制。在救援的过程中，消防车赶到现场，曾试图从消防通道进入院内起火地点进行救援，可几个出入口都变成了商铺，消防车绕了几圈都没有找到入口，只能徘徊在楼外，错过了宝贵的救援时间。

（八）从业人员安全管理

原文条款

第四十四条　生产经营单位应当教育和督促从业人员严格执行本单位的安全生产规章制度和安全操作规程；并向从业人员如实告知作业场所和工作岗位存在的危险因素、防范措施以及事故应急措施。

生产经营单位应当关注从业人员的身体、心理状况和行为习惯，加强对从业人员的心理疏导、精神慰藉，严格落实岗位安全生产责任，防范从业人员行为异常导致事故发生。

生产经营单位履行安全生产义务，其中重点任务是采取各种措施提高从业人员的安全意识和安全操作水平，使每一名从业人员都行动起来，确保安全管理的各项规定落实到生产经营活动的每一个环节，这样才能切实提高企业的生产安全水平。

1.督促从业人员执行规章制度和安全操作规程

安全生产规章制度是一个单位规章制度的重要组成部分，是保证生产经营活动安全、顺利进行的重要手段。生产经营单位的安全生产规章制度主要包括两个方面的内容，即安全生产管理方面的规章制度和安全技术方面的规章制度。

安全操作规程是对工艺、操作、安装、检定、安全、管理等具体技术要求和实施程序所作的统一规定。安全操作规程是指在生产活动中，为消除导致人身伤亡或者造成设备、财产破坏以及危害环境的因素而制定的具体技术要求和实施程序的统一规定。

安全生产规章制度和安全操作规程是保证生产经营活动安全进行的重要制度保障，从业人员在进行作业时必须严格执行。实践中，一些企业不制定安全生产规章制度，或者不教育和督促从业人员严格执行安全生产规章制度和安全操作规程，使得从业人员盲目操作，从而导致生产安全事故的发生。针对这种情况，本条规定，生产经营单位应当教育和督促从业人员严格执行本单位的安全生产规章制度和安全操作规程。

2.保障从业人员的安全生产知情权

知情权是一种基本人权，属于生存权和发展权的一部分。劳动者职业安全健康知情权的范围很广，与生命健康权有着密切的联系。对于可能造成本人人身伤害的职业危害及其避免遭受危害的知情权的实现，是保护劳动者自身生命健康权的重要前提。

本条第一款对从业人员知情权的保障进行了明确规定，主要从要求生产经营单位对作业场所和工作岗位存在危险因素、防范措施以及应急措施等情况向从业人员予以告知的角度，对保障从业人员的知情权问题进行了规定。向从业人员告知作业场所和工作岗位的危险因素、防范措施以及事故应急措施，是保障从业人员知情权的重要内容。因此，本条把这一告知义务规定为生产经营单位强制性的法定义务，生产经营单位必须遵守。生产经营单位应当如实告知，是指按实际情况告知从业人员，不得隐瞒，不得省略，更不能欺骗从业人员。告知的内容包括以下 3 个方面：

（1）作业场所和工作岗位存在的危险因素的种类、性质以及可能导致何种生产安全事故。

（2）针对这些危险因素的防范措施。

（3）针对该作业场所和工作岗位的可能导致的生产安全事故的种类和特点，事先制定的在发生生产安全事故时的应急措施。

告知的形式可以是多种多样的，如组织从业人员进行学习，或者在作业场所和工作岗位设置公告栏，将有关内容予以公告等。

3.关注从业人员的身体、心理状况和行为习惯

本条第二款规定生产经营单位除了应当督促从业人员执行规章制度和安全操作规程，以及保障从业人员的安全生产知情权外，还应当关注从业人员的身体、心理状况和行为习惯，加强对从业人员的心理疏导、精神慰藉，严格落实岗位安全生产责任、防范和避免因从业人员行

为异常从而导致事故发生的情况。实践中,因从业人员行为异常而引发生产安全事故的情况时有发生。

案例

2020 年 7 月 7 日 12 时 12 分一辆号牌为贵 G02086D 的安顺市 2 路公交汽车,在行驶至西秀区虹山水库大坝时,突然转向加速,横穿对向车道,撞毁护栏冲入水库。公安、消防、应急、交通、武警等部门第一时间组织开展搜救工作,共搜救出 37 人,其中 20 人当场死亡,1 人经抢救无效死亡,15 人受伤,1 人未受伤。

经查,事故主要起因为肇事司机张某钢因生活不如意和对拆除其承租公房不满,为制造影响,针对不特定人群实施的危害公共安全个人极端犯罪,仅仅因为自己生活不如意,就要采用极端手段报复他人,最终导致这么多无辜的人就此丧命,实在令人愤慨。

因此,本条要求生产经营单位关注从业人员身体、心理状况,就是为了确保从业人员的身体、心理状况和行为习惯符合岗位的安全生产要求。同时,本条还要求生产经营单位要加强对从业人员的心理疏导和精神慰藉,重视对从业人员进行心理上的关注和安慰,并及时对从业人员的情绪问题或发展困惑进行疏导和引导,防范从业人员的行为异常,避免事故发生。

(九)劳动防护用品

原文条款

第四十五条　生产经营单位必须为从业人员提供符合国家标准或者行业标准的劳动防护用品,并监督、教育从业人员按照使用规则佩戴、使用。

劳动防护用品是保护劳动者安全的最后一道防线,特别是特种劳动防护用品。因此,劳动防护用品必须保证质量,安全可靠,起到应有的劳动保护的作用。

1.劳动防护用品的定义和种类

劳动防护用品主要是指劳动者在生产过程中为免遭或者减轻事故伤害和职业危害所配备的防护装备。劳动防护用品根据不同的分类方法,分为很多种类。

按照用途分类,有通用防护用品(也称一般防护用品)、专用防护用品(也称特种防护用品)等。

2018 年原国家安全生产监督管理总局修改的《用人单位劳动防护用品管理规范》将劳动防护用品分为以下十大类:

(1)防御物理、化学和生物危险、有害因素对头部伤害的头部防护用品。

(2)防御缺氧空气和空气污染物进入呼吸道的呼吸防护用品。

(3)防御物理和化学危险以及有害因素对眼面部伤害的眼面部防护用品。

(4)防噪声危害及防水、防寒等的听力防护用品。

(5)防御物理、化学和生物危险以及有害因素对手部伤害的手部防护用品。

(6)防御物理和化学危险、有害因素对足部伤害的足部防护用品。

(7)防御物理、化学和生物危险、有害因素对躯干伤害的躯干防护用品。

(8)防御物理化学和生物危险、有害因素损伤皮肤或引起皮肤疾病的护肤用品。

(9)防止高处作业劳动者坠落或者高处落物伤害的坠落防护用品。

(10)其他防御危险、有害因素的劳动防护用品。

2.劳动防护用品安全管理

国家针对劳动防护用品的产品质量指标和技术条件，制定了一系列技术标准。例如，对安全帽、自吸过滤式防尘口罩、防冲击眼护具、阻燃防护服等防护用品，均制定了国家标准，并根据情况变化，适时修订。生产经营单位为劳动者提供的劳动防护用品，应该是符合国家标准或者行业标准的、合格的劳动防护用品，才能真正起到保障劳动者劳动安全的作用。需要注意的是，生产经营单位必须把劳动防护用品发放到从业人员手中，不得以货币或者其他物品替代劳动防护用品。生产经营单位还应当建立健全劳动防护用品的购买、验收、保管、发放、使用、更换、报废等管理制度，并应按照劳动防护用品的使用要求，在使用前对其防护功能进行必要的检查。现实中生产经营单位依法向从业人员提供了劳动防护用品，但从业人员由于缺乏相关操作知识、安全意识不强、图省事等原因，不按照规定佩戴或使用相关的劳动防护用品，这也可能造成很大的事故隐患。

因此，本法规定生产经营单位应当采取措施，使劳动者掌握劳动防护用品的使用规则，并在实践中监督、指导劳动者按照使用规则佩戴、使用劳动防护用品，使其真正发挥作用。2018年原国家安全生产监督管理总局颁布实施的《用人单位劳动防护用品管理规范》明确规定，劳动者在作业过程中，应当按照规章制度和劳动防护用品使用规则，正确佩戴和使用劳动防护用品。

(十)安全检查和报告义务

🕮原文条款

第四十六条　生产经营单位的安全生产管理人员应当根据本单位的生产经营特点，对安全生产状况进行经常性检查；对检查中发现的安全问题，应当立即处理；不能处理的，应当及时报告本单位有关负责人，有关负责人应当及时处理。检查及处理情况应当如实记录在案。

生产经营单位的安全生产管理人员在检查中发现重大事故隐患，依照前款规定向本单位有关负责人报告，有关负责人不及时处理的，安全生产管理人员可以向主管的负有安全生产监督管理职责的部门报告，接到报告的部门应当依法及时处理。

1.安全生产管理人员的安全检查义务

人的不安全行为和物的不安全状态是造成生产安全事故发生的重要因素。为了消除这些因素的存在，排除隐患，就要设法及时发现它，进而采取消除的措施。因此，需要对生产经营单位的安全生产状况进行经常性的检查。安全检查根据主体的不同，可分为有关主管部门进行的检查和生产经营单位自行检查两种形式。其中，尤以生产经营单位的自查最为常见和普遍。生产经营单位的安全生产管理人员应当根据本单位的生产经营特点，对本单位的安全生产状况进行经常性的检查。一般来说，安全检查主要涉及安全生产规章制度是否健全、完善，安全设备、设施是否处于正常的运行状态，从业人员是否具备应有的安全知识和操作技能，从业人员在工作中是否严格遵守安全生产规章制度和操作规程，从业人员的劳动防护用品是否符合标准以及是否有其他事故隐患等。

2.安全生产管理人员的报告义务

生产经营单位的安全生产管理人员在对本单位的安全生产状况进行检查的过程中，发现存在的安全问题，可以处理的应当立即采取措施进行处理，对不能当场处理的安全问题，如安全设施不合格和需要改建等情况，应立即将这一情况报告本单位的主要负责人或者主管安全生产工作的其他负责人，报告应当包括安全问题发现的时间、具体情况以及如何解决等内容，有关负责人在接到报告后应当及时处理。生产经营单位的安全生产管理人员还应当将安全检查的情况，包括检查的时间、范围、内容、发现的问题及其处理情况等都详细地记入本单位的安全生产档案，作为日后完善相关制度的参考或发生事故时作为调查事故原因的依据等。生产经营单位的安全生产管理人员在检查中发现重大事故隐患，已经向本单位主要负责人或者主管安全生产工作的其他负责人报告，主要负责人或者主管安全生产工作的其他负责人接到报告后，可能由于各种原因，采取不予处理或者不立即处理的措施，如针对有些重大隐患的整改需要大量资金，单位难以承受，主要负责人不愿投入，也不采取相应措施；也有一些重大事故隐患，主要负责人主观上抱有侥幸心理，认为不可能发生生产安全事故，行动上采取拖延缓办措施。针对这些情况，本条规定，安全生产管理人员可以向负有安全生产监督管理职责的主管部门报告，这是法律赋予安全生产管理人员的报告重大事故隐患权利。

(十一)安全生产经费保障

🕮原文条款

第四十七条　生产经营单位应当安排用于配备劳动防护用品、进行安全生产培训的经费。

1.物质基础保证安全生产

没有一定的资金保证，提高劳动者的安全意识和安全操作技能，改善劳动者的劳动条件，为劳动者提供必要的劳动防护用品，生产经营单位的安全生产将很难实现。因此，生产经营单位的安全生产经费问题，是关系本法是否能得到有效实施的一个重要问题。本法用多个条款对这一问题作了规定。本法要求生产经营单位的决策机构、主要负责人或者个人经营的投资人保证本单位应当具备的安全生产条件所必需的资金投入。

本法要求将生产经营单位新建、改建、扩建工程项目的安全设施投资纳入建设项目概算，同时本条再次规定，生产经营单位应当安排用于配备劳动防护用品、进行安全生产培训的经费，其目的是强调配备劳动防护用品、对从业人员进行安全生产培训是保障生产经营单位安全生产的重要基础，必须保证其相应的经费。

2.安全生产教育培训是预防生产安全事故发生的重要途径

人的不安全行为和物的不安全状态，是导致生产安全事故发生的重要原因。其中，尤其是人的不安全行为，导致生产安全事故发生的因素最多，如违章指挥、违章作业、违反劳动纪律、组织职工冒险作业等。因此，提高从业人员的安全生产意识和操作技能，是预防生产安全事故发生的重要途径。

(十二)安全生产协作

🕮原文条款

第四十八条　两个以上生产经营单位在同一作业区域内进行生产经营活动，可能危及对方生产安全的，应当签订安全生产管理协议，明确各自的安全生产管理职责和应当采取的安全措施，并指定专职安全生产管理人员进行安全检查与协调。

实践中，两个以上生产经营单位在同一作业区域内进行生产经营活动的情况比较多，如两个建筑施工单位在同一个建筑工地施工等。这种情况下，一个单位安全生产工作的好坏，不仅关系着本单位从业人员人身和财产的安全，而且还可能对其他单位产生影响。特别是在同一作业区域内进行生产经营活动的不同单位，如果一个单位发生了生产安全事故，会直接威胁着其他单位的安全生产。因此,要求在同一作业区域内进行生产经营活动、可能危及对方生产安全的生产经营单位进行安全生产方面的协作,共同加强安全生产的管理,是十分必要的。

根据本条规定,协作的主要形式是签订并执行安全生产管理协议。各单位应当通过安全生产管理协议互相告知本单位生产的特点、作业场所存在的危险因素、防范措施以及事故应急措施,以使各个单位对该作业区域的安全生产状况有一个整体上的把握。同时,各单位还应当在安全生产管理协议中明确各自的安全生产管理职责和应当采取的安全措施,做到职责清楚,分工明确。为了使安全生产管理协议真正得到贯彻,保证作业区域内的生产安全,各生产经营单位还应当指定专职的安全生产管理人员对作业区域内的安全生产状况进行检查,对检查中发现的安全生产问题及时进行协调、解决。

本条规定是强制性规定。各生产经营单位之间的谈判过程可以是自由进行的,谈判达成的协议中关于安全生产管理职责和责任的分配也可以自主确定,谈判达成的协议中关于安全生产管理职责和责任的分配也可以自主决定,但是多个生产经营单位只要符合本条规定的情形,就必须签订安全生产管理协议,并且协议中应当有关于各方安全生产管理职责和应当采取的安全措施的内容。安全生产管理协议不同于一般的业务合同,它本身与生产经营单位的营利业务没有直接关系,相反地却增加了生产经营单位的职责,很可能被生产经营单位视为“累赘”,得不到应有的重视。同时,安全生产管理协议既是有关生产经营单位履行各自安全生产管理职责的依据,也是判断生产事故责任的一个重要依据。因此,本条强行规定必须签订安全生产管理协议,违反规定的,应当承担相应的法律责任。

(十三)生产经营项目、施工项目的安全管理

🕮原文条款

第四十九条　生产经营单位不得将生产经营项目、场所、设备发包或者出租给不具备安全生产条件或者相应资质的单位或者个人。

生产经营项目、场所发包或者出租给其他单位的,生产经营单位应当与承包单位、承租单位签订专门的安全生产管理协议,或者在承包合同、租赁合同中约定各自的安全生产管理职责;生产经营单位对承包单位、承租单位的安全生产工作统一协调、管理,定期进行安全检查,发现安全问题的,应当及时督促整改。

矿山、金属冶炼建设项目和用于生产、储存、装卸危险物品的建设项目的施工单位应当加强对施工项目的安全管理,不得倒卖、出租、出借、挂靠或者以其他形式非法转让施工资质,不得将其承包的全部建设工程转包给第三人或者将其承包的全部建设工程支解以后以分包的名义分别转包给第三人,不得将工程分包给不具备相应资质条件的单位。

1.不得发包或者出租给不具备安全生产条件或者相应资质的单位或者个人

根据本法相关规定,生产经营单位应当具备法律、行政法规和国家标准或者行业标准规定的安全生产条件,不具备安全生产条件的,不得从事生产经营活动。同时,生产经营单位为了保证生产安全,还必须建立、健全全员安全生产责任制和安全生产规章制度,建立安全生产防范措施,为劳动者提供符合标准的劳动防护用品等。如果生产经营单位不具备上述安全生产条件而从事生产经营活动,则安全生产就无法得到保证。因此,本条第一款规定,生产经营单位不得将生产经营项目、场所、设备发包或者出租给不具备安全生产条件的单位或者个人。

现实中,生产经营活动的种类很多,不同生产经营活动的规模以及技术要求的复杂程度也有很大的差别,对从事该活动的生产经营单位的经济、技术条件也就有不同的要求。因此,将不同的生产经营单位按照其具有的不同的经济、技术条件,划分为不同的资质等级,并对不同资质等级的单位所能从事的生产经营活动的范围作出明确规定,是维护正常的生产经营秩序,保证生产安全的一项重要措施。

2.发包或者出租给其他单位的安全生产责任

随着改革开放和经济发展,企业所有制发生了重大变化,一些企业采用租赁、承包、合作经营等方式,个人、私营企业、家庭作坊式企业以及个人承包的公共娱乐场所也大量涌现。其中有一些企业出现以租代管、以包代管的问题。有些生产经营单位只管收租金或者承包费,对承包单位、承租单位的安全生产问题不闻不问,导致事故隐患大量存在。为了有效解决这一问题,本条第二款特别规定,生产经营项目、场所有多个承包单位、承租单位的,生产经营单位应当与承包单位、承租单位对安全生产管理方面的问题予以约定。生产经营单位与承包单位、承租单位就安全生产管理方面的问题进行约定的方式有两种:一种是签订专门的安全生产管理协议;另外一种是不签订专门的协议,而是在承包合同、承租合同中对各自的安全生产管理职责进行约定。在约定中,生产经营单位可以与承包单位、承租单位就各自在安全生产管理中权利、义务以及事故发生时的责任承担等问题进行协商确定。生产经营单位与承包单位、承租单位就安全生产管理方面的约定,只对约定双方有约束力,不具有对外效力。也就是说,生产经营单位不能因为有了约定而减轻自己在安全生产方面的责任,生产经营单位应对该项目、场所的安全生产全面负责。生产经营单位对承包单位、承租单位的安全生产工作统一协调、管理,还要定期进行安全检查,发现安全问题的,应当及时督促整改。如果该生产经营项目、场所有违反本法或有关法律、行政法规关于安全生产的管理规定的行为,应由生产经营单位承担相应的责任;如果发生了生产安全事故,生产经营单位应承担相应的责任。生产经营单位在承担了相应的责任后,可以根据安全生产管理协议的约定,追究承包单位、承租单位的责任。

3.矿山、金属冶炼建设项目和用于生产、储存、装卸危险物品的建设项目的施工单位的特殊规定

矿山、金属冶炼、危险物品等建设项目专业性强、建设要求高,如果管理不规范极易导致重特大事故发生。《民法典》《建设工程质量管理条例》等法律法规对建设项目发包承包资质管理等都有明确的规定。例如,《民法典》第七百九十一条规定,承包人不得将其承包的全部建设工程转包给第三人或者将其承包的全部建设工程支解以后以分包的名义分别转包给第三人。禁止承包人将工程分包给不具备相应资质条件的单位。

分包是指从事工程总承包的单位将所承包的建设工程的一部分依法发包给具有相应资质的承包单位的行为,该总承包人并不退出承包关系,其与第三人就第三人完成的工作成果向发包人承担连带责任。合法的分包须满足以下 4 个条件:

(1)分包必须取得发包人的同意。

(2)分包只能是一次分包,即分包单位不得再将其承包的工程分包出去。

(3)分包必须是分包给具备相应资质条件的单位。

(4)总承包人可以将承包工程中的部分工程发包给具有相应资质条件的分包单位,但不

得将主体工程分包出去。

转包是指承包人在承包工程后，不履行合同约定的责任和义务，未获得发包方同意，以营利为目的，将其承包的全部建设工程转给他人或者将其承包的全部建设工程肢解以及以分包的名义分别转给其他单位承包，并不对所承包工程的技术、管理、质量和经济承担责任的行为。由于转包容易使不具有相应资质的承包者进行工程建设，以致造成工程质量低下、建设市场混乱。因此，我国法律、行政法规均作了禁止转包的规定。近年来，一些生产经营单位为了谋取不正当利益，不惜铤而走险，倒卖、出租、出借、挂靠或者以其他形式非法转让施工资质，以及非法转包、支解分包的现象屡禁不止，一些施工项目管理混乱，特别是在矿山、金属冶炼建设项目和用于生产、储存、装卸危险物品等特殊行业领域违法转包、支解发包工程项目，由于缺乏专业技术能力水平，导致施工现场缺乏统一的安全管理和应有的组织协调，不仅承建单位容易出现推诿扯皮，还会造成施工现场混乱、责任不清，极易引发生产安全事故。例如，2021 年 1 月山东栖霞笏山金矿重大爆炸事故和 2021 年 2 月山东招远曹家洼金矿较大火灾事故等暴露出企业在项目管理、工程发包等方面的问题，教训极其深刻。因此，2021 年修订的《安全生产法》新增对矿山、金属冶炼建设项目和用于生产、储存、装卸危险物品的建设项目的施工单位的特殊规定，目的是督促引导企业加强上述项目安全管理，严把入口关，确保建设项目施工安全和质量。

（十四）单位主要负责人组织事故抢救职责

📖原文条款

第五十条　生产经营单位发生生产安全事故时，单位的主要负责人应当立即组织抢救，并不得在事故调查处理期间擅离职守。

根据本法第八十三条规定，生产经营单位发生生产安全事故后，事故现场有关人员应当立即报告本单位负责人。单位的负责人在接到事故报告，应当迅速采取有效措施，组织抢救，防止事故扩大，减少人员伤亡和财产损失，并按照国家有关规定立即如实报告当地负有安全生产监督管理职责的部门，不得隐瞒不报、谎报或者迟报，不得故意破坏事故现场、毁灭有关证据。另外，第八十二条规定，危险物品生产、经营、储存单位以及矿山、金属冶炼、城市轨道交通运营、建筑施工单位应当建立应急救援组织；生产经营规模较小的，可以不建立应急救援组织，但应当指定兼职的应急救援人员。这些单位的主要负责人在到达事故现场后，应当组织上述的专业救援人员进行抢救。同时，生产经营单位的主要负责人还可以组织事故现场的人员根据本单位的事故应急救援预案进行自救。生产经营单位的主要负责人作为本单位的主要领导以及安全生产的第一责任人，在事故发生后，应当坚守岗位，组织事故抢救，并积极配合有关部门进行事故调查和处理。原因是单位的主要负责人对单位的场地、布局、设备、人员通信以及其他生产经营状况比较熟悉，由其在现场参加、组织抢救，可以比较顺利地进行事故抢救、事故原因的调查和对事故的处理，此外单位的主要负责人是单位安全生产方面的第一责任人，应对单位发生的生产安全事故负责。特别是如果单位发生的生产安全事故属于重大责任事故，且有关人员的行为构成刑法规定的重大责任事故罪、重大劳动安全事故罪以及其他犯罪的规定，还可能要追究单位主要负责人的刑事责任。因此，单位的主要负责人不得擅离职守，而应坚守岗位并等候处理。如果单位的主要负责人违反这一规定，根据本法第一百一十条的规定，生产经营单位的主要负责人在本单位发生生产安全事故时，不立即组织抢救或者在事故调查处理期间擅离职守或者逃匿的，给予降级、撤职的处分，并由应急管理部门处上一年年收入60%至100%的罚款；对逃匿的处十五日以下拘留；构成犯罪的，依照刑法有关规定追究刑事责任。

(十五)工伤保险和安全生产责任保险

🕮原文条款

第五十一条　生产经营单位必须依法参加工伤保险，为从业人员缴纳保险费。

国家鼓励生产经营单位投保安全生产责任保险；属于国家规定的高危行业、领域的生产经营单位，应当投保安全生产责任保险。具体范围和实施办法由国务院应急管理部门会同国务院财政部门、国务院保险监督管理机构和相关行业主管部门制定。

2021年新修订的《安全生产法》，增加了关于生产经营单位投保安全生产责任保险的规定。其中，规定高危行业、领域的生产经营单位必须投保安全生产责任保险，并明确强制投保安全生产责任保险的具体范围和实施办法由国务院应急管理部门会同国务院财政部门、国务院保险监督管理机构和相关行业主管部门制定。

1.关于工伤保险

工伤保险是指职工在劳动过程中发生生产安全事故以及职业病，暂时或者永久地丧失劳动能力时，在医疗和生活上获得物质帮助的一种社会保险制度。生产经营单位一旦发生生产安全事故，通过工伤社会保险，可以帮助企业分担一部分风险，为因事故而受到伤害的劳动者提供一份保障。2003年，国务院制定公布了《工伤保险条例》，2010年进行了修订。根据修订后的《工伤保险条例》，中华人民共和国境内的企业、事业单位、社会团体、民办非企业单位、基金会、律师事务所、会计师事务所等组织和有雇工的个体工商户应当依照本条例规定参加工伤保险，为本单位全部职工和雇工缴纳工伤保险费。中华人民共和国境内的企业、事业单位、社会团体、民办非企业单位、基金会、律师事务所、会计师事务所等组织的职工和个体工商户的雇工，均有依照本条例的规定享受工伤保险待遇的权利。

2.关于安全生产责任保险

1)安全生产责任保险的含义

安全生产责任保险是保险机构对投保单位发生生产安全事故造成的人员伤亡和有关经济损失等予以赔偿，并且为投保单位提供生产安全事故预防服务的商业保险。

2)安全生产责任保险的特点

在政策上，安全生产责任保险是一种带有公益性质的强制性商业保险，国家规定的高危行业领域的生产经营单位必须投保，同时在保险费率、保险条款、预防服务等方面必须加以严格规范。

在功能上，安全生产责任保险的保障范围不仅包括企业从业人员，还包括第三者的人员伤亡和财产损失，以及相关救援救护、事故鉴定和法律诉讼等费用。最重要的是安全生产责任保险具有事故预防功能，保险机构必须为投保单位提供事故预防服务，帮助企业查找风险隐患，提高安全管理水平，从而有效防止生产安全事故的发生。与安全生产责任保险相比，工伤保险是一种强制性的社会保险，雇主责任险、公众责任险、意外伤害险等是普通的商业保险，保障范围均不及安全生产责任保险，并且缺乏事故预防功能。总之，安全生产责任保险与工伤保险及其他相关险种相比，覆盖群体范围更广、保障更加充分、赔偿更加及时、预防服务更加到位。

3）安全生产责任保险强制实施范围

本条第二款规定，属于国家规定的高危行业、领域的生产经营单位，应当投保安全生产责任保险。其中，中共中央、国务院《关于推进安全生产领域改革发展的意见》要求在矿山、危险化学品、烟花爆竹、交通运输、建筑施工、民用爆炸物品、金属冶炼、渔业生产等高危行业领域强制实施安全生产责任保险制度。此外，原国家安全生产监督管理总局、原保监会、财政部2017年联合印发的《安全生产责任保险实施办法》，也明确了在上述八大行业领域强制实施的规定。在八大行业领域中强制实施的一个最基本的目的，就是要以安全生产责任保险为纽带发挥社会专业机构作用，有效防范、化解安全风险，实现安全生产形势的持续稳定好转。

4）安全生产责任保险与工伤保险等的衔接

《安全生产责任保险实施办法》规定，投保单位按照安全生产责任保险请求的经济赔偿，不影响其从业人员依法请求工伤保险赔偿的权利。对生产经营单位已投保的与安全生产相关的其他险种，应当增加或将其调整为安全生产责任保险，增强事故预防功能。将安全生产其他的相关险种调整为安全生产责任保险，需要保险机构做好以下工作：一是要做好安全生产责任保险方案设计，充分体现安全生产责任保险相对于其他商业保险在保障范围、价格、服务等方面的优势，使安全生产责任保险完全覆盖其他险种功能，一站式解决企业需求并避免增加成本。二是要切实做好事故预防服务，真正推动投保单位提高安全保障能力，降低事故风险，使其认可服务质量、看到服务效果。

5）安全生产责任保险具体范围和实施办法的授权规定

本条对安全生产责任保险制度作了原则性规定，在增加规定高危行业、领域的生产经营单位应当投保安全生产责任保险的同时，明确授权具体范围和实施办法由国务院应急管理部门会同国务院财政部门、国务院保险监督管理机构和相关行业主管部门制定。2019年，应急管理部在原国家安全生产监督管理总局2017年出台的《安全生产责任保险实施办法》基础上，批准了《安全生产责任保险事故预防技术服务规范》，作为保险机构为投保单位开展安全生产责任保险事故预防技术服务的强制性行业标准，对安全生产责任保险事故预防技术服务的基本原则、服务项目和形式、服务流程、服务保障、服务评估和改进等提出强制性、规范性要求。上述办法和技术服务规范，对安全生产责任保险的具体范围和实施作了较为详细的规定，将来根据这一制度的实践发展情况，国务院应急管理部门可以会同国务院财政部门、国务院保险监督管理机构和相关行业主管部门做好进一步的修改完善。

【任务训练】

结合以下案例，分析讨论案例中事故责任者存在哪些违法行为，并制定有针对性的对策措施。

2010年11月15日13时，上海胶州路728号教师公寓正在进行外墙保温改造工程，在北侧外立面进行电焊作业。金属熔融物溅落在大楼电梯前室北窗9楼平台，引燃堆积在外墙的聚氨酯保温材料碎屑。火势随后迅猛蔓延，因烟囱效应引发大面积立体火灾，最终造成58人死亡、71人受伤的严重后果，建筑物过火面积12 000平方米，直接经济损失1.58亿元。

事故调查组查明，该起特别重大火灾事故起因是一企业违规。直接原因是：

(1)焊接人员无证上岗,且违规操作,同时未采取有效防护措施,导致焊接熔化物溅到楼下不远处的聚氨酯硬泡保温材料上。

(2)工程中所采用的聚氨酯硬泡保温材料不合格或部分不合格。

用于建筑节能工程的保温材料的燃烧性能要求是不低于 B2 级。而按照标准,B2 级别的燃烧性能要求之一就是不能被焊渣引燃。很明显,该被引燃的聚氨酯硬泡保温材料不合格。

【巩固提升】

1.某危险化学品储存企业的几名安全生产管理人员在学习《安全生产法》时,讨论有关注册安全工程师的问题。其中,万某说:“咱们都得去考注册安全工程师资格了,不然以后不能再在这里干安全生产管理了。”叶某说:“不是那么回事儿,咱们单位应当有注册安全工程师从事安全生产管理工作,但不是说没有注册安全工程师资格就不能当安全生产管理人员。”姚某说:“你们都错啦,国家只是鼓励我们这样的单位聘请注册安全工程师从事安全生产管理,可并没有什么硬性要求。”徐某则说:“要不要有注册安全工程师,得咱们老板说了算。”以上说法正确的是:(　　)。

A.叶某　　B.万某　　C.姚某　　D.徐某

2.万某、叶某、姚某、徐某 4 人被某劳务派遣公司派遣到一家公司工作。一天公司为从业人员发放劳动防护用品,但没有给他们 4 人发。公司负责人安某告诉他们:“由于你们和公司没有建立劳动关系,不是正式员工,按照国家规定由劳务派遣单位为你们提供劳动防护用品。”徐某和他辩论说:“不对,你们应当把我们和其他人一样对待,提供劳动防护用品。”见两人争执不下,万某劝徐某说:“算了,咱就是个临时工,不给咱发也说得过去。”叶某说:“咱们和人家身份不一样,就别争了。”姚某说:“不给咱发也行,咱就干活儿拿钱,他们那些规章制度咱也不用听。”以上说法正确的是(　　)。

A.姚某　　B.徐某　　C.万某　　D.叶某

3.关于安全生产责任保险,正确的说法是(　　)。

A.安全生产责任保险是政策性保险

B.生产经营单位必须投保安全生产责任保险

C.高危行业的生产经营单位必须投保安全生产责任保险

D.国家鼓励生产经营单位投保安全生产责任保险

4.根据《安全生产法》相关要求,生产经营单位的(　　)负责保障本单位安全生产条件所必需的资金投入。

A.安全管理员　　B.安全负责人　　C.主要负责人　　D.技术负责人

5.生产经营单位应当建立(　　),按照安全风险分级采取相应的管控措施。

A.安全风险分级管控制度　　B.隐患排查制度

C.安全教育培训制度　　D.安全检查制度

【拓展阅读】

1.《国务院关于进一步加强安全生产工作的决定》。

2.《关于实施遏制重特大事故工作指南构建双重预防机制的意见》。

3.《企业安全生产费用提取和使用管理办法》。
4.《工业产品生产许可证管理条例》。
5.《用人单位劳动防护用品管理规范》。
6.《建设工程质量管理条例》。

任务三　从业人员的安全生产权利义务

【任务目标】

1.掌握生产经营单位从业人员的安全生产权利和义务。
2.熟悉被派遣劳动者的权利和义务、工会的职责。

【知识准备】

生产经营单位的从业人员是各项生产经营活动最直接的劳动者,是各项法定安全生产的权利和义务的承担者。《安全生产法》以其安全生产基本法律的地位,将从业人员的安全生产权利义务上升为一项基本法律制度,这对强化从业人员的权利意识和自我保护意识、提高从业人员的安全素质、改善生产经营条件、促使生产经营单位加强管理和追究侵犯从业人员安全生产权利行为的法律责任都具有重要意义。

一、从业人员的安全生产权利

(一)劳动合同的安全条款

🕮原文条款

第五十二条　生产经营单位与从业人员订立的劳动合同,应当载明有关保障从业人员劳动安全、防止职业危害的事项,以及依法为从业人员办理工伤保险的事项。

生产经营单位不得以任何形式与从业人员订立协议,免除或者减轻其对从业人员因生产安全事故伤亡依法应承担的责任。

1.劳动合同应当载明的事项

本条第一款规定了生产经营单位与从业人员订立的劳动合同应当载明保障劳动安全、防止职业危害和工伤社会保险事项。安全事项、社会保险事项是劳动合同中的必备事项。根据《劳动法》的规定,劳动合同是劳动者与用人单位确立劳动关系,明确双方权利和义务的协议。在此协议中必须具备以下条款:劳动合同期限;工作内容;劳动保护和劳动条件;劳动报酬;劳动纪律;劳动合同终止的条件;违反劳动合同的责任。根据《劳动合同法》规定,用人单位招用劳动者时,应当如实告知劳动者工作内容、工作条件、工作地点、职业危害、安全生产状况等情况;建立劳动关系,应当订立书面劳动合同。劳动合同应当具备劳动保护、劳动条件和职业危害防护、社会保险等条款。本法从保护从业人员劳动安全,维护从业人员安全生产方面的合法权益的角度,进一步具体规定了劳动合同应当载明的两个法定事项:一是保障从业人员劳动安全,防止职业危害的事项。现实中大部分劳动者并不知道生产经营单位是否采取保障劳动安全的措施，特别是进入私营企业、乡镇企业务工的农民，由于他们文化水平较低，普遍缺乏自我保护意识、知识和能力，而一些生产经营单位为了多赚钱，隐瞒工作场所缺少劳动安全保障措施的真相，在与劳动者签订劳动合同时不履行保障劳动安全的告知义务。因此，本条第一款针对这种情况进行了强制性规定，这是生产经营单位必须履行的一项义务，是从业人员享有的一项重要的权利。生产经营单位必须按照这一款规定履行义务，以确保从业人员的知情权，保护从业人员的劳动安全。二是办理工伤保险的事项。从业人员应当参加工伤社会保险，生产经营单位应当依法为从业人员缴纳保险费。不管生产经营单位是否愿意，工伤保险是一种社会保险，目的是保护劳动者的合法权益。劳动合同中载明依法为从业人员办理工伤保险的事项，确保了从业人员的知情权，维护了从业人员的合法权益，也有利于对生产经营单位的监督。

2.不得免除或者减轻的责任

本条第二款规定了禁止生产经营单位以任何形式与从业人员订立免除或者减轻其对从业人员因生产安全事故伤亡依法应承担的责任的协议。在采矿行业、建筑行业，存在生产经营单位为逃避安全生产事故责任而强迫劳动者与其订立违反法律规定的“生死合同”的情况。《劳动合同法》中明确规定，用人单位免除自己的法定责任、排除劳动者权利的劳动合同无效。无效的劳动合同，从订立的时候起就没有法律约束力。

(二)知情权和建议权

📖原文条款

第五十三条　生产经营单位的从业人员有权了解其作业场所和工作岗位存在的危险因素、防范措施及事故应急措施，有权对本单位的安全生产工作提出建议。

1.生产经营单位从业人员的有关知情权

知情权是劳动者的一项重要权利。依照本条规定，生产经营单位的从业人员有权了解其作业场所和工作岗位与安全生产有关的情况，包括存在的危险因素、防范措施以及事故应急措施等。我国其他法律也有相应的规定，如《劳动合同法》中规定：用人单位应当将直接涉及劳动者切身利益的规章制度和重大事项决定公示，或者告知劳动者；用人单位招用劳动者时，应当如实告知劳动者工作内容、工作条件、工作地点、职业危害、安全生产状况、劳动报酬，以及劳动者要求了解的其他情况等。《职业病防治法》中规定，劳动者享有了解工作场所产生或者可能产生的职业病危害因素、危害后果和应当采取的职业病防护措施的权利。用人单位与劳动者订立劳动合同时，应当将工作过程中可能产生的职业病危害及其后果、职业病防护措施和待遇等如实告知劳动者，并在劳动合同中写明，不得隐瞒或者欺骗。劳动者在订立劳动合同期间因工作岗位或者工作内容变更，从事与所订立劳动合同中未告知的存在职业病危害的作业时，用人单位应当依照规定，向劳动者履行如实告知的义务，并协商变更原劳动合同相关条款。

生产经营单位的从业人员对于劳动安全的知情权，与从业人员的生命安全和健康关系密切，是保护劳动者生命健康权的重要前提。从业人员的劳动安全知情权，还体现为生产经营单位应当履行的相应义务。如本法规定，生产经营单位应当向从业人员如实告知作业场所和工作岗位存在的危险因素、防范措施及事故应急措施。生产经营单位与从业人员订立的劳动合同，应当载明有关保障从业人员劳动安全、防止职业危害的事项。生产经营单位的从业人员只有了解这些情况,才有可能有针对性地采取相应措施,保护自身的生命安全和健康。

2.对本单位的安全生产工作的建议权

从业人员作为生产经营单位的主体,当然会关心生产经营单位的生产经营情况,且本单位的经济效益与从业人员的切身利益息息相关,特别是安全生产工作更是涉及从业人员的生命安全和健康。从业人员尤其是工作在第一线的从业人员,对于如何保证安全生产、改善劳动条件及作业环境,具有优先发言权。因此,从业人员有权参与用人单位的民主管理。从业人员通过参与生产经营的民主管理,可以充分调动其积极性与主动性,可以充分发挥其聪明才智,为本单位献计献策,对安全生产工作提出意见与建议,共同做好生产经营单位的安全生产工作。生产经营单位要重视和尊重从业人员的意见和建议,合理的意见应当采纳,对不予采纳的意见应当给予说明和解释。

(三)批评、检举、控告、拒绝权

📖原文条款

第五十四条　从业人员有权对本单位安全生产工作中存在的问题提出批评、检举、控告;有权拒绝违章指挥和强令冒险作业。

生产经营单位不得因从业人员对本单位安全生产工作提出批评、检举、控告或者拒绝违章指挥、强令冒险作业而降低其工资、福利等待遇或者解除与其订立的劳动合同。

1.从业人员有权对安全生产工作进行监督

1)批评、检举、控告权是从业人员的基本权利

批评权是指从业人员对本单位安全生产工作中存在的问题提出批评的权利。法律规定这一权利,有利于从业人员对生产经营单位进行群众监督,促使生产经营单位不断改进本单位的安全生产工作。

检举权、控告权是指从业人员对本单位及有关人员违反安全生产法律、法规的行为,有权向主管部门和司法机关进行检举和控告的权利。检举可以署名,也可以不署名;可以用书面形式,也可以用口头形式。但是,从业人员在行使这一权利时,应注意检举和控告的情况必须真实,遵循实事求是的原则。法律规定从业人员的检举权、控告权,有利于及时对违法行为作出处理,保障生产安全,防止生产安全事故。

2)从业人员享有拒绝违章指挥、强令冒险作业权

拒绝违章指挥、强令冒险作业权是保护从业人员生命安全和健康的一项重要的权利。违章指挥,主要是指生产经营单位的负责人、生产管理人员和工程技术人员违反规章制度,不顾从业人员的生命安全和健康,指挥从业人员进行生产活动的行为。强令冒险作业是指生产经营单位管理人员对于存在危及作业人员人身安全的危险因素而又没有相应的安全保护措施的作业,不顾从业人员的生命安全和健康,强迫命令从业人员进行作业。违章指挥、强令冒险作业对从业人员生命安全和健康构成极大威胁。为了保护从业人员的生命安全和健康,对于生产经营单位的这种行为,从业人员有权予以拒绝。

2.对从业人员行使监督权利的保护

本条第二款规定禁止生产经营单位因从业人员行使第一款规定的权利而降低其工资、福利等待遇或者解除与其订立的劳动合同。从业人员享有的批评、检举、控告权和拒绝权,是法律赋予的,生产经营单位应当保障从业人员行使,任何人不得侵犯从业人员依法享有的权利。

需要进一步说明的是,生产经营单位不得因从业人员拒绝违章指挥、强令冒险作业而解除与其订立的劳动合同。根据《劳动合同法》的规定,劳动者拒绝用人单位管理人员违章指挥、强令冒险作业的,不视为违反劳动合同。用人单位违章指挥、强令冒险作业危及劳动者人身安全的,劳动者可以立即解除劳动合同,不需要事先告知用人单位。

(四)紧急处置权

📖原文条款

第五十五条　从业人员发现直接危及人身安全的紧急情况时,有权停止作业或者在采取可能的应急措施后撤离作业场所。

生产经营单位不得因从业人员在前款紧急情况下停止作业或者采取紧急撤离措施而降低其工资、福利等待遇或者解除与其订立的劳动合同。

1.从业人员在紧急情况下的处置权

本条第一款规定,从业人员发现直接危及人身安全的紧急情况时,有权停止作业或者在采取可能的应急措施后撤离作业场所。这是在法律所限定的特定情况下,法律赋予从业人员采取特定措施的权利,简称紧急撤离权,目的是保护从业人员的人身安全。

紧急撤离权包含两层含义:一是停止作业马上撤离作业场所;二是在采取可能的应急措施后撤离作业场所。需要注意的是,行使权利和选择权在从业人员,不要求从业人员应当在采取可能的应急措施后或者在征得有关负责人员同意后撤离作业场所。当然,在条件允许的情况下,从业人员可以事先报告或者采取可能的应急措施后再撤离作业场所。

2.对从业人员行使紧急处置权的保护

本条第二款规定,生产经营单位不得因从业人员在前款规定的紧急情况下停止作业或者采取紧急撤离措施而降低其工资、福利等待遇或者解除与其订立的劳动合同。从业人员在前款规定的紧急情况下行使紧急撤离权,不得因此受到对自己的不利处分。生产经营单位应当遵循以人为本的原则,正确对待这种权利,对于依法行使这种权利的从业人员不得降低其工资、福利等待遇或者解除与其订立的劳动合同。

(五)事故后的人员救治和赔偿

📖原文条款

第五十六条　生产经营单位发生生产安全事故后,应当及时采取措施救治有关人员。

因生产安全事故受到损害的从业人员,除依法享有工伤保险外,依照有关民事法律尚有获得赔偿的权利的,有权提出赔偿要求。

1.生产经营单位应及时采取措施救治有关人员

安全生产工作坚持“以人为本”的原则,坚持人民至上、生命至上,把保护人民生命安全摆在首位。2021 年新修订的《安全生产法》中,新增加了本条第一款的规定,生产经营单位发生生产安全事故后,应当及时采取措施救治有关人员。在处理事故时,生产经营单位要把保护人的生命安全放在第一位。《生产安全事故应急条例》第十七条规定,发生生产安全事故后,生产经营单位应当立即启动生产安全事故应急救援预案,并应迅速控制危险源,组织抢救遇险人员。本法第八十三条规定,单位负责人接到事故报告后,应当迅速采取有效措施,组织抢救,防止事故扩大,减少人员伤亡和财产损失。生产经营单位发生生产安全事故后,最紧急的就是立即展开救援工作。为救治有关人员,可以采取的措施包括把伤员运送到安全地点、对伤员进行急救、及时将伤员送医等。另外，需要注意的是，发生生产安全事故后，生产经营单位的及时救治义务不仅仅是对从业人员，也包括其他受到生产安全事故影响的人员。

2.从业人员因生产安全事故受到损害的，依法享受工伤保险待遇

《安全生产法》中明确规定了生产经营单位必须依法参加工伤保险，为从业人员缴纳工伤保险费。工伤保险制度既有利于分散生产经营单位的经营风险，又可以为从业人员提供一定的保障。从业人员因生产安全事故受到损害的，如果经过工伤认定构成工伤，可以依法享受相应的工伤保险待遇。根据社会保险法律规定，工伤保险待遇包括治疗工伤的医疗费用和康复费用，住院伙食补助费，到统筹地区以外就医的交通住宿费，安装配置伤残辅助器具所需费用，生活不能自理的还可以获得生活护理费，伤残的可以获得相应的一次性伤残补助金等，终止或者解除劳动合同时可获得一次性医疗补助金，因工死亡的包括丧葬补助金、供养亲属抚恤金和因工死亡补助金等。

案例

2021 年 1 月 19 日人力资源和社会保障部发布《关于 2021 年一次性工亡补助金核定基数的通知》，公布 2020 年全国城镇居民人均可支配收入为 43 834 元。根据《工伤保险条例》第三十九条第三款的规定：一次性工亡补助金标准为上一年度全国城镇居民人均可支配收入的 20 倍，故 2021 年发生的工伤，一次性工亡补助金标准确定为 876 680 元（43 834 元×20 倍）。

3.从业人员的有关民事赔偿的权利

我国工伤保险制度对解决劳动者工伤情况下的相关费用发挥了很大的作用，用人单位为劳动者参加工伤保险，并不意味着绝对排除了其在劳动者遭受工伤时的民事赔偿责任。由于工伤保险待遇项目有确定的范围，有的项目赔偿标准也不高，有些情况下劳动者通过工伤保险并不能得到充分救济，而侵权损害赔偿可以更好填补受害人及其家属的相关损失。在《民法典》侵权责任篇第一千一百八十三条第一款规定，侵害自然人人身权益造成严重精神损害的，被侵权人有权请求精神损害赔偿。另外，工伤保险对劳动者就医院以及治疗所使用的药品范围等都有比较多的限制，对有关费用需要劳动者通过向用人单位主张侵权损害赔偿获得救济。因此，为了确保从业人员在因生产安全事故遭受损害的情况下可以获得充分、合理的救济，本条规定了因生产安全事故遭受损害的从业人员，除依法享受工伤保险外，依照有关民事法律尚有获得民事赔偿的权利的，还要提出赔偿要求。

二、从业人员的安全生产义务

（一）落实岗位安全责任和服从安全管理

原文条款

第五十七条　从业人员在作业过程中，应当严格落实岗位安全责任，遵守本单位的安全生产规章制度和操作规程，服从管理，正确佩戴和使用劳动防护用品。

1.落实岗位安全责任

《安全生产法》中规定生产经营单位建立健全全员安全生产责任制，应当明确各岗位的责任人员、责任范围和考核标准等内容。因此，从业人员在作业过程中，应当根据自身岗位的性质、特点和具体工作内容，强化安全生产意识，提高安全生产技能，严格落实岗位安全责任，切实履行安全职责，做到安全生产工作“层层负责、人人有责、各负其责”。同时，对生产经营单

位的从业人员不落实岗位安全责任的，本法规定了法律责任，由生产经营单位给予批评教育，依照有关规章制度给予处分；构成犯罪的，依照刑法有关规定追究刑事责任。

2.遵章守制，服从管理

生产经营单位的安全生产规章制度是保证劳动者的安全和健康，保证生产活动顺利进行的手段，没有健全和严格执行的安全生产规章制度，企业的安全生产就没有保障。从业人员在作业过程中应当遵守本单位的安全生产规章制度和操作规程，服从管理。生产经营单位从业人员应从不同的角度为企业的安全生产担负责任，每个人尽责的好坏影响生产经营单位安全生产的成效。因此，生产经营单位的从业人员在作业过程中应当遵守本单位的安全生产规章制度和操作规程，服从管理。这样才能保证生产经营单位的活动安全、有序地进行。同时对生产经营单位的从业人员不服从管理，违反安全生产规章制度和操作规程的，本法规定了法律责任，由生产经营单位给予批评教育，依照有关规章制度给予处分；构成犯罪的，依照刑法有关规定追究刑事责任。

3.正确佩戴和使用劳动防护用品

劳动防护用品是保护劳动者安全和健康的辅助性、预防性措施，它是防止从业人员受到职业毒害和伤害的最后一道防线，从业人员在作业过程中，应当正确佩戴和使用劳动防护用品。劳动防护用品与从业人员的福利待遇以及为保证产品质量、产品卫生和生活卫生所需要的非防护性的工作用品有着原则区别。在劳动条件差、危害程度高或者集体防护措施起不到作用的情况下，个人防护用品会成为劳动保护的主要措施。劳动防护用品在劳动过程中，是必不可少的生产性装备，生产经营单位应按照有关规定发放充足，不得任意削减。从业人员应当按照安全生产规章制度和劳动防护用品使用规则，正确佩戴和使用劳动防护用品。

（二）接受安全生产教育和培训义务

📖原文条款

第五十八条　从业人员应当接受安全生产教育和培训，掌握本职工作所需的安全生产知识，提高安全生产技能，增强事故预防和应急处理能力。

1.安全教育培训的基本内容

安全教育培训的基本内容包括安全意识教育、安全知识教育和安全技能教育。

1）安全意识教育

安全意识教育是安全教育的重要组成部分，是做好安全生产的关键环节。它包括思想认识教育和劳动纪律教育两方面内容。从业人员通过思想认识教育要提高对劳动保护和安全生产重要性的认识，奠定安全生产的思想基础。劳动纪律教育是提高企业管理水平和安全生产条件，减少工伤事故，保障安全生产的必要前提。

2）安全知识教育

从业人员接受安全知识教育是提高其安全技能的重要手段。其内容包括：生产经营单位的基本生产概况、生产过程、作业方法或者工艺流程；生产经营单位内特别危险的设备和区域；专业安全技术操作规程；安全防护基本知识和注意事项；有关特种设备的基本安全知识；有关预防生产经营单位常发生事故的基本知识；个人防护用品的构造、性能和正确使用的有关常识等。

3)安全技能教育

安全技能教育是巩固从业人员安全知识的必要途径。其内容包括:设备的性能、作用和一般的结构原理;事故的预防和处理及设备的使用、维护和修理。接受安全生产教育培训的人员应当达到相应要求,如对生产经营单位行政领导和技术负责人来说,在安全生产教育培训后,要懂得安全生产技术的基本理论;能制定、审查灾害预防处理计划和实施措施,能正确组织、指挥抢救事故;具备检查、处理事故隐患,分析安全情况和提出改善安全措施的能力。

2.安全教育培训的形式

从业人员接受安全教育培训的形式多种多样,如:组织专门的安全教育培训班;班前班后交代安全注意事项,讲评安全生产情况;施工和检修前进行安全措施交底;各级负责人和安全员在作业现场工作时进行安全宣传教育,督促安全法规和制度的贯彻执行;组织安全技术知识讲座、竞赛;召开事故分析会、现场会,分析造成事故原因、责任、教训,制定事故防范措施;组织安全技术交流、安全生产展览,张贴宣传画、标语,设置警示标志,以及利用广播、电影、电视、录像等方式进行安全教育;通过由安全技术部门召开的安全例会、专题会、表彰会、座谈会或者采用安全信息、简报、通报等形式,总结、评比安全生产工作,达到安全教育的目的。

(三)事故隐患和不安全因素的报告义务

🕮原文条款

第五十九条　从业人员发现事故隐患或者其他不安全因素,应当立即向现场安全生产管理人员或者本单位负责人报告;接到报告的人员应当及时予以处理。

1.从业人员的报告义务

从业人员处于安全生产的第一线,最有可能及时发现事故隐患或者其他不安全因素。因此,本条对从业人员发现事故隐患或者其他不安全因素规定了报告义务,这也符合职工参与安全生产工作的机制要求。其报告义务有两点要求:一是在发现上述情况后,应当立即报告,不能拖延报告;二是接受报告的主体是现场安全生产管理人员或者本单位的负责人,以便于对事故隐患或者其他不安全因素及时作出处理,避免事故的发生。接到报告的人员须及时进行处理,以防止有关人员延误消除事故隐患的时机。

2.事故隐患处理的义务

根据《安全生产法》规定,对于事故隐患,生产经营单位应当建立健全生产安全事故隐患排查治理制度,采取技术、管理措施,及时发现并消除事故隐患。生产经营单位的主要负责人具有督促、检查本单位的安全生产工作,及时消除生产安全事故隐患的职责。生产经营单位的安全生产管理人员对检查中发现的安全问题,应当立即处理;不能处理的,应当及时报告本单位有关负责人,有关负责人应当及时处理。检查及处理情况应当如实记录在案。

三、被派遣劳动者的权利义务

🕮原文条款

第六十一条　生产经营单位使用被派遣劳动者的,被派遣劳动者享有本法规定的从业人员的权利,并应当履行本法规定的从业人员的义务。

被派遣劳动者享有本法规定的从业人员的权利,具体包括:

(1)从业人员与生产经营单位订立劳动合同应当载明与从业人员劳动安全有关的事项,

以及生产经营单位不得以协议免除或者减轻安全事故伤亡责任。

(2)从业人员对危险因素、防范措施及事故应急措施的知情权和建议权。

(3)对安全问题的批评、检举和控告权,并有权拒绝违章指挥和强令冒险作业。

(4)有权在发现直接危及人身安全的紧急情况时停止作业或者在采取的应急措施后撤离作业场所。

(5)享有因生产安全事故而遭受损坏的赔偿权利。

被派遣劳动者应履行的义务有:

(1)落实岗位安全责任,遵守安全生产法律法规以及规章制度,照章操作。

(2)接受安全生产培训。

(3)对事故隐患或者不安全因素进行报告等。

四、工会职责

📖原文条款

第六十条　工会有权对建设项目的安全设施与主体工程同时设计、同时施工、同时投入生产和使用进行监督,提出意见。

工会对生产经营单位违反安全生产法律、法规,侵犯从业人员合法权益的行为,有权要求纠正;发现生产经营单位违章指挥、强令冒险作业或者发现事故隐患时,有权提出解决的建议,生产经营单位应当及时研究答复;发现危及从业人员生命安全的情况时,有权向生产经营单位建议组织从业人员撤离危险场所,生产经营单位必须立即作出处理。

工会有权依法参加事故调查,向有关部门提出处理意见,并要求追究有关人员的责任。

1.工会对本单位建设项目的安全设施提出意见的权利

从业人员从事生产劳动,必须有相应的劳动条件和安全设施,以确保从业人员的生产安全和健康,这是劳动安全工作中的基本内容。根据《安全生产法》的规定,工会既可以在设计阶段、施工阶段对建设项目的安全设施提出意见,也可以在投产前的检查验收中提出意见。既可以要求生产经营单位按照国家规定增加或者补建安全设施,也可以要求依法改善劳动条件,还可以建议停止施工、投产,待安全设施配套后再行施工、投产等。生产经营单位应当认真处理工会提出的意见,确有法律依据的,应当按照工会的意见处理。对未按照工会的意见处理的,工会还可以向有关主管部门反映,或向上一级工会反映,要求解决。对工会提出的意见,生产经营单位或者主管部门要认真研究、处理解决,并应当将研究处理结果通知工会。

2.工会要求纠正违法行为和对安全生产工作提出建议

1)要求纠正违法行为

现实中,生产经营单位违反安全生产法律、法规,侵犯从业人员合法权益的行为屡见不鲜。工会代表和维护职工的合法权益,对生产经营单位违反有关安全生产的法律、法规,侵犯从业人员合法权益的行为有要求纠正的权利。《工会法》中明确规定,工会有权对企业、事业单位侵犯职工合法权益的问题进行调查,有关单位应当予以协助。

2)提出解决建议

工会发现生产经营单位违章指挥、强令冒险作业或者发现事故隐患时,有权向生产经营单位提出解决的建议。生产经营单位应当及时研究工会的意见,并将处理结果通知工会。工会发现危及从业人员生命安全的情况时，有权向生产经营单位建议组织从业人员撤离危险场所，生产经营单位必须立即果断地做出处理决定，避免伤亡事故的发生。需要说明的是，生产经营管理是生产经营单位管理者的职责，涉及生产的指挥和组织问题应当由生产经营单位决定。对于纠正生产经营单位的违章指挥，对组织从业人员撤离危险场所，工会是向生产经营单位提出建议，而不是直接制止或者组织撤离。

工会为了维护从业人员的生命安全和健康，有提出解决问题的建议权。工会行使这一权利，防患于未然，不仅保证了从业人员的生命安全和健康，而且也保护了生产经营单位的利益不受损害，提高从业人员安全生产的自觉性。

3.工会参加生产安全事故调查处理

生产安全事故的调查处理，直接关系职工的利益，工会作为职工群众组织，有权关心和参加事故的调查处理工作。任何组织和个人都不得阻挠工会参加调查。工会根据调查的实际情况，提出处理意见，对造成事故的直接负责的主管人员和其他直接责任人员，有权要求追究其法律责任。对此，《工会法》中规定，职工因工伤亡事故和其他严重危害职工健康问题的调查处理，必须有工会参加。工会应当向有关部门提出处理意见，并有权要求追究直接负责的主管人员和有关责任人员的责任。对工会提出的意见，应当及时研究，给予答复。

【任务训练】

结合《安全生产法》中规定的从业人员安全生产义务，分析讨论案例中事故责任者存在问题。

2021 年 4 月 28 日 17 时 20 分许，位于射阳县射阳港经济开发区的江苏长风海洋装备制造有限公司在风电套笼外作业平台钢格栅板装配作业中，发生一起高处坠落事故，造成 3 人死亡，直接经济损失约 688.6 万元。

事故直接原因：作业人员（姜某东、佟某华、刘某明 3 人）在距离地面 18.52 米高处的套笼外作业平台，违章使用安全带挂钩挂扣在需移动装配的钢格栅板上，实施拖移作业，未采取防坠落措施，导致 3 人先后从无临边防护的孔洞中坠落，造成事故发生。

【巩固提升】

1.关于从业人员在安全生产方面的权利，错误的说法是（　　）。

A.从业人员有权对本单位安全生产工作中存在的问题提出批评、检举、控告

B.有权拒绝违章指挥和强令冒险作业

C.发现直接危及人身安全的紧急情况时，有权停止作业或者在采取可能的应急措施后撤离作业场所

D.本单位做出有关安全生产的决策，必须经全体从业人员同意

2.从业人员发现事故隐患或者其他不安全因素，正确的处理方法是（　　）。

A.一定要自己想办法排除隐患

B.立即停止作业

C.告知工友注意安全后继续作业

D.立即向现场安全生产管理人员或者本单位负责人报告

3.《安全生产法》规定，生产经营单位不得因从业人员对本单位安全生产工作提出批评、检举、控告或者(　　)而降低其工资、福利等待遇或者解除与其订立的劳动合同。

A.紧急情况下停止作业、拒绝违章指挥

B.拒绝违章指挥、强令冒险作业

C.强令冒险作业、紧急情况下的撤离

D.紧急情况下停止作业、紧急撤离

4.因生产安全事故受到损害的从业人员，除依法享有(　　)外，依照有关民事法律尚有获得赔偿的权利的，有权提出赔偿要求。

A.工伤保险　　B.商业保险　　C.意外伤害保险　　D.人身保险

5.(　　)有权对建设项目的安全设施与主体工程同时设计、同时施工、同时投入生产和使用进行监督，提出意见。

A.工会　　B.群众　　C.政府　　D.领导

【拓展阅读】

1.《生产安全事故应急条例》。

2.《工伤保险条例》。

3.《生产经营单位安全培训规定》。

任务四　安全生产的监督管理

【任务目标】

1.掌握政府安全生产监督管理的相关要求。

2.熟悉安全生产监察、社会监督的相关要求。

3.了解安全技术服务中介机构的法定资质条件及责任。

【知识准备】

《安全生产法》所确立的安全生产监督管理法律制度，充分体现了强化监管的宗旨和社会监督、齐抓共管的原则。这项法律制度包括政府监督管理与社会监督两部分。在突出各级人民政府及其安全生产综合监督管理部门和有关部门的安全监管和行政执法主体地位的同时，重视和肯定公民、法人、工会和其他社会组织协助政府和各有关部门对安全生产进行社会监督、群防群治的作用，其目的是要最大限度地调动一切力量，使安全生产监督管理延伸到社会的每个角落，覆盖到全社会。

一、政府安全生产监督管理

(一)安全生产事项的审批、验收

📖原文条款

第六十三条　负有安全生产监督管理职责的部门依照有关法律、法规的规定,对涉及安全生产的事项需要审查批准(包括批准、核准、许可、注册、认证、颁发证照等,下同)或者验收的,必须严格依照有关法律、法规和国家标准或者行业标准规定的安全生产条件和程序进行审查;不符合有关法律、法规和国家标准或者行业标准规定的安全生产条件的,不得批准或者验收通过。对未依法取得批准或者验收合格的单位擅自从事有关活动的,负责行政审批的部门发现或者接到举报后应当立即予以取缔,并依法予以处理。对已经依法取得批准的单位,负责行政审批的部门发现其不再具备安全生产条件的,应当撤销原批准。

第六十四条　负有安全生产监督管理职责的部门对涉及安全生产的事项进行审查、验收,不得收取费用;不得要求接受审查、验收的单位购买其指定品牌或者指定生产、销售单位的安全设备、器材或者其他产品。

1.涉及安全生产事项的审批、验收

按照《中共中央关于全面深化改革若干重大问题的决定》文件精神,深化行政审批制度改革,要求进一步简政放权,最大限度减少中央政府对微观事务的管理,市场机制能有效调节的经济活动,一律取消审批,对保留的行政审批事项要规范管理、提高效率;直接面向基层、量大面广、由地方管理更方便有效的经济社会事项,一律下放地方和基层管理。按照政府职能转变的要求,国务院及其有关部门多次出台文件,取消、下放行政许可事项,压减审批范围,各地也采取多种措施优化行政审批项目、流程等。经认真评估和征求意见,有的涉及安全生产事项的审批、验收等,也做出了相应调整。

然而,安全生产有一定的特殊性。对于矿山、危险化学品等高危行业,单纯依靠市场调节,仅仅发挥企业安全生产的主体责任对遏制重特大事故的发生是远远不够的,必须发挥政府监管职能,对特殊行业加强事前、事中和事后审查。负有安全生产监督管理职责的部门依照安全生产法和其他有关法律、行政法规的规定,对生产经营单位涉及安全生产的事项进行审查批准和验收以及进行后续监管,对保障生产经营单位具备法定的安全生产条件,从源头上防止生产安全事故的发生,具有至关重要的作用。因此,中央和地方都保留有涉及安全生产的审批、验收事项,负有安全生产监督管理职责的部门必须严格依法履行审批职责,加强监督检查。

2.负有安全生产监督管理职责部门的审批、验收职责

1)依法审批、验收

为防止和减少生产安全事故、保障人民群众生命和财产安全,有关法律、法规规定,对一些涉及安全生产的事项,应由负有安全生产监督管理职责的部门依法进行事前审查批准,包括批准、核准、许可、注册、认证、颁发证明等;对一些高危行业的建设项目的安全设施,要由有关监督管理部门进行检查验收。其中,根据《安全生产许可证条例》的规定,国家对矿山企业、建筑施工企业和危险化学品、烟花爆竹、民用爆炸物品生产企业实行安全生产许可制度。企业未取得安全生产许可证的,不得从事生产活动。应急管理部门和其他负有安全生产监督管

理职责的部门在安全生产许可证的颁发和管理上有明确的分工，应急管理部门负责非煤矿山企业和危险化学品、烟花爆竹生产企业安全生产许可证的颁发和管理。矿山安全监察机构负责煤矿企业安全生产许可证的颁发和管理。建设主管部门负责建筑施工企业安全生产许可证的颁发和管理。省、自治区、直辖市人民政府民用爆炸物品行业主管部门负责民用爆炸物品生产企业安全生产许可证的颁发和管理。

2）依法予以取缔、处理未经审批、验收即从事有关活动的违法行为

负有安全生产监督管理职责的部门接到单位或者个人的举报，或者由本部门发现有未经依法审批或者验收合格即擅自从事有关活动的，应当立即采取措施，制止违法行为，责令其停止有关生产经营活动，予以关闭，并按照有关法律、法规的规定追究其行政责任。对构成犯罪的，还应移交司法机关依法追究其刑事责任。

3）已经审批的生产经营单位不再具备安全生产条件的，应当撤销原批准

安全生产条件是生产经营单位保证安全生产的必备条件，也是行政审批部门审批的依据。生产经营单位如果不重视安全生产，在生产过程中不注意保持其安全生产条件，不进行必要的安全生产投入，致使其在生产经营过程中不再符合安全生产的条件的，也就失去了保障安全生产的基础。负责审批的部门发现已经依法取得批准的单位不再具备安全生产条件的，应当撤销原批准。被依法撤销的批准，自撤销之日起失去效力，被撤销批准的单位不得再从事相关的生产经营活动，否则将依法追究其法律责任。

3.对安全生产事项的审查、验收不得收取费用

根据《行政许可法》的规定，行政机关实施行政许可和对行政许可事项进行监督检查，不得收取任何费用；依照法律、行政法规收取费用的，应当按照公布的法定项目和标准收费。负有安全生产监督管理职责的部门依照有关法律、法规的规定，有权对一些涉及安全生产的事项进行审查、验收。这种审查、验收行为是由法定的政府部门代表国家行使监督管理权的行政行为，不得向被审查、验收的单位收取费用。

4.不得要求接受审查、验收的单位购买其指定的产品

负有安全生产监督管理职责的部门和接受审查、验收的单位之间是一种监督和被监督的关系，二者之间不应存在经济关系或者其他利益关系。因此，本条明确规定，禁止负有安全生产监督管理职责的部门以任何形式要求接受审查、验收的单位购买其指定品牌或者指定生产、销售单位的安全设备、器材或者其他产品。这里的“品牌”，是指负有安全生产监督管理职责的部门指定的某个或者某些特定品牌。“指定”还包括“变相指定”等相关行为，表现为对审查、验收的单位自行选择购买的合格安全设备、器材或者其他产品不予认可，阻碍审查、验收的单位自由选择安全设备、器材或者其他产品。

（二）安全生产监督检查的实施主体

📖原文条款

第六十二条　县级以上地方各级人民政府应当根据本行政区域内的安全生产状况，组织有关部门按照职责分工，对本行政区域内容易发生重大生产安全事故的生产经营单位进行严格检查。

应急管理部门应当按照分类分级监督管理的要求，制定安全生产年度监督检查计划，并按照年度监督检查计划进行监督检查，发现事故隐患，应当及时处理。

1.县级以上地方各级人民政府组织安全生产监督检查

县级以上地方各级人民政府在本行政区域内应当组织有关部门开展安全生产监督检查，具体要求为：

1）全面了解掌握本行政区域安全生产状况

县级以上地方各级人民政府应当根据本行政区域生产经营活动的特点、分布区域、人员结构等情况，分析可能发生生产安全事故的途径、危害程度以及影响范围。

2）按照各有关部门的职责分工组织安全检查

职权法定是依法行政的基本要求。《安全生产法》对应急管理部门和交通运输、住房和城乡建设、水利、民航等有关部门的安全生产监督管理职责进行了明确规定。县级以上地方各级人民政府应当根据有关部门的职责分工，组织相应行业、领域的安全检查。有关部门应当根据政府的组织安排，依照法律、法规的规定进行安全检查。

3）确定安全检查重点

县级以上地方人民政府应当在调查研究的基础上，确定本行政区域内容易发生重大生产安全事故的生产经营单位。一般来讲，这些生产经营单位既包括性质上比较危险的单位，如矿山、建筑施工单位和危险物品的生产、储存、装卸、运输单位等，也包括一旦发生事故将造成重大人身伤亡的其他生产经营单位，如客车客船运输企业、游乐场、歌舞厅、大型商场等公众聚集的经营场所，还包括在保障安全生产上存在重大问题的生产经营单位。

4）检查必须严格

有关部门应当严格按照有关法律、法规、规章和国家标准、行业标准的规定进行检查，做到“全覆盖、零容忍、严执法、重实效”。应当采用“四不两直”（即不发通知、不打招呼、不听汇报、不用接待和陪同，直奔基层、直插现场）、暗查暗访的方式严格检查，不能降低检查的标准和要求，真正做到有法必依、执法必严、违法必究。

2.应急管理部门履行监督检查职责

应急管理部门履行监督检查职责，应当采取下列措施：

1）对生产经营单位进行分类、分级监督管理

所谓分类，是指根据生产经营单位危险性质的不同，划分不同的行业或者领域类别。划分的方式有两种：一种是根据《国民经济行业分类与代码》（GB/T 4754—2017）进行分类，国民经济行业共分为20个门类97个大类，其中直接与生产经营活动有关的有15个门类81个大类；另一种是按照生产安全事故统计制度进行分类，分为煤矿、金属非金属矿山、化工和危险化学品、烟花爆竹生产经营、冶金机械、火灾、建筑施工、道路交通、铁路运输、民航飞行、渔业船舶、农业机械等。

所谓分级，是指根据生产经营单位存在的可能引发生产安全事故的风险程度，对其进行等级评估，确定事故风险等级。例如，长春市按照生产经营单位的性质和安全生产风险程度，将生产经营单位分为一类、二类、三类，再按照生产经营单位安全生产经营状况，依据省政府相关部门制定的《生产经营单位安全生产分级评定标准》，将一类生产经营单位分为A（好）、B（较好）、C（一般）、D（较差）4个等级，将二类、三类生产经营单位分为A（好）、B（较好）、C（一般）、D（较差）、S（规模较小的个体工商户和小微企业）5个等级。同时，规定负有安全生产监管责任的部门应对生产经营单位采取差异化监管。A级、B级、S级生产经营单位以本单

位自我管理为主,安全生产监管责任部门对其加以一般监督管理;C 级、D 级生产经营单位,安全生产监管责任部门对其重点监督管理。

2)制定本部门年度监督检查计划,并按照计划实施监督检查

应急管理部门应当根据本部门执法人员的数量、装备配备、执法区域的范围和生产经营单位的数量、分布、生产规模以及安全生产状况等因素科学、合理制定年度监督检查计划。监督检查计划应当包括检查的生产经营单位数量和频次,检查的方式、重点等内容。计划的内容应当明确、具体,具有可操作性,并落实到本部门内设责任机构及人员。根据《安全生产监管监察职责和行政执法责任追究的规定》,应急管理部门年度监督检查计划应当报请本级人民政府审查批准,并报上一级应急管理部门备案,应急管理部门应当按照计划实施监督检查,发现事故隐患,应当及时处理。

(三)安全生产监督检查的职权范围

原文条款

第六十五条　应急管理部门和其他负有安全生产监督管理职责的部门依法开展安全生产行政执法工作,对生产经营单位执行有关安全生产的法律、法规和国家标准或者行业标准的情况进行监督检查,行使以下职权:

(一)进入生产经营单位进行检查,调阅有关资料,向有关单位和人员了解情况;

(二)对检查中发现的安全生产违法行为,当场予以纠正或者要求限期改正;对依法应当给予行政处罚的行为,依照本法和其他有关法律、行政法规的规定作出行政处罚决定;

(三)对检查中发现的事故隐患,应当责令立即排除;重大事故隐患排除前或者排除过程中无法保证安全的,应当责令从危险区域内撤出作业人员,责令暂时停产停业或者停止使用相关设施、设备;重大事故隐患排除后,经审查同意,方可恢复生产经营和使用;

(四)对有根据认为不符合保障安全生产的国家标准或者行业标准的设施、设备、器材以及违法生产、储存、使用、经营、运输的危险物品予以查封或者扣押,对违法生产、储存、使用、经营危险物品的作业场所予以查封,并依法作出处理决定。

监督检查不得影响被检查单位的正常生产经营活动。

1.政府有关部门行使监督检查权

在安全生产监督检查中,应急管理部门和其他负有安全生产监督管理职责的部门有以下权力:

1)现场调查取证权

现场调查取证权包括:一是应急管理部门和其他负有安全生产监督管理职责的部门有权进入生产经营单位进行现场检查,被检查单位不得拒绝。二是有权向被检查单位调阅与监督检查有关的资料,如涉及高危作业的有关生产工艺的资料,安全设施、设备的档案资料,从业人员安全生产教育、培训、考核的资料等。被检查单位应当如实提供。三是向有关人员,包括被检查单位的负责人,有关的管理人员、技术人员和作业人员等了解相关的情况。有关人员应当予以配合,如实提供有关情况。

2)现场处理权

现场处理权包括:一是应急管理部门和其他负有安全生产监督管理职责的部门,对监督检查中发现的安全生产违法行为,有权当场予以纠正或者要求限期改正。二是责令排除事故

隐患。对现场监督检查中发现的事故隐患,应急管理部门和其他负有安全生产监督管理职责的部门有权责令被检查单位采取有效措施立即予以排除。三是责令采取紧急避险措施权。如果检查中发现的事故隐患属于重大隐患,在隐患排除前或者排除过程中不能保证人员安全的,应急管理部门和其他负有安全生产监督管理职责的部门有权要求从危险区域撤出作业人员,同时要求暂时停止存在重大事故隐患的作业,或者暂停存在重大事故隐患的相关设施设备的使用。只有在重大事故隐患被排除后,经过应急管理部门和其他负有安全生产监督管理职责的部门审查同意,生产经营单位才能恢复有关的生产经营活动或者恢复有关设施、设备的使用。四是对检查中发现的违法行为,依照有关法律、法规的规定应当由应急管理部门和其他负有安全生产监督管理职责的部门予以处罚的,依法作出行政处罚的决定。

3)查封或扣押行政强制措施权

应急管理部门和其他负有安全生产监督管理职责的部门对有根据认为不符合保障安全生产的国家标准或者行业标准的设施、设备、器材以及违法生产储存、使用、经营、运输的危险物品,有予以查封或者扣押的权力,对违法生产、储存、使用、经营危险物品的作业场所,有权予以查封。这里所规定的"查封",是指应急管理部门和其他负有安全生产监督管理职责的部门对于不符合保障安全生产的国家标准或者行业标准的设施、设备、器材以张贴封条或者其他必要措施封存起来,未经查封部门许可,任何单位或者个人不得启封、动用。这里所规定的"扣押",是指应急管理部门和其他负有安全生产监督管理职责的部门将不符合保障安全生产的国家标准或者行业标准的设施、设备、器材运到另外的场所予以扣留。本法规定应急管理部门和其他负有安全生产监督管理职责的部门有权采取查封、扣押的行政强制措施,一是为了防止这些不符合保障安全生产的国家标准或者行业标准的设施、设备、器材以及违法生产储存、使用、经营、运输的危险物品的继续使用造成安全事故;二是可以为进一步查处该违法行为保留必要的证据。应急管理部门和其他负有安全生产监督管理职责的部门在采取查封或扣押行政强制措施后,应当依照《行政强制法》《行政处罚法》等法律的规定进行处理。

2.监督检查不得影响正常生产经营活动

本条第一款规定的4项监督检查权,是根据保障安全生产的特点,赋予了监督检查部门必要的权力,也规定了行使这些职权的具体条件、应遵循的规则。这种监督检查是针对违法行为、事故隐患的,目的是保障安全生产。为此,本条第二款又确立了一条重要的规则,即监督检查不得影响被检查单位的正常生产经营活动。这里所规定的"正常生产经营活动",是指没有违反安全生产要求、履行了安全生产义务的生产经营活动。而对于在检查中发现的违法行为、事故隐患,不符合保障安全生产的国家标准或者行业标准的设施、设备、器材、违法生产、储存、使用、经营、运输的危险物品,违法生产、储存、使用、经营危险物品的作业场所,分别采取当场纠正或者要求限期改正,责令立即排除、责令暂时停产停业或者停止使用相关设施、设备,查封或者扣押等措施,不属于影响正常生产经营活动。

(四)安全生产监督检查人员要求

📖原文条款

第六十七条　安全生产监督检查人员应当忠于职守,坚持原则,秉公执法。

安全生产监督检查人员执行监督检查任务时,必须出示有效的行政执法证件;对涉及被检查单位的技术秘密和业务秘密,应当为其保密。

1.安全生产监督检查人员基本执法准则

安全生产监督检查人员应当具备基本的公务道德水准，严格依法履行职责，不得徇私枉法，也不得滥用职权，侵犯被监督检查对象的合法权益。依照本条规定，安全生产监督检查人员应遵守的基本执法准则是，忠于职守、坚持原则、秉公执法。

2.安全生产监督检查人员应当履行的义务

安全生产监督检查人员在执行监督检查任务时，应当履行以下两项义务：

1）出示证件

根据行政处罚法的规定，执法人员在调查或者进行检查时，应当主动向当事人或者有关人员出示执法证件。当事人或者有关人员有权要求执法人员出示执法证件。执法人员不出示执法证件的，当事人或者有关人员有权拒绝接受调查或者检查。安全生产监督检查人员在执行监督检查任务时，应当出示省级人民政府或者国务院有关部门统一制发的执法证件。要求安全生产监督检查人员在进行监督检查时，必须出示行政执法证件，目的是向相对人表明执法者的身份和执法的合法性，防止他人假冒执法人员侵犯相对人的合法权益。安全生产监督检查人员执行职务时不依法出示行政执法证件的，被监督检查的单位有权拒绝检查。

2）保守相关秘密

安全生产监督检查人员执行监督检查任务时，对涉及的被检查单位的技术秘密和业务秘密，应承担保密的义务。我国《刑法》规定，有违反保密义务或者违反权利人有关保守商业秘密的要求，披露、使用或者允许他人使用其所掌握的商业秘密等行为，情节严重的，处 3 年以下有期徒刑，并处或者单处罚金；情节特别严重的，处 3 年以上 10 年以下有期徒刑，并处罚金。

（五）安全生产监督检查记录与报告

🕮原文条款

第六十八条　安全生产监督检查人员应当将检查的时间、地点、内容、发现的问题及其处理情况，作出书面记录，并由检查人员和被检查单位的负责人签字；被检查单位的负责人拒绝签字的，检查人员应当将情况记录在案，并向负有安全生产监督管理职责的部门报告。

1.安全生产监督检查人员对有关检查情况作出记录

安全生产监督检查工作是一项连续性的工作，安全生产监督检查人员之间需要对自己的检查工作有一定交接手续，防止监督检查工作断档，安全生产监督检查人员需要对有关检查情况进行记录。同时，做好安全生产监督检查记录，以便于查询安全生产检查工作情况、工作结果，便于找出检查监督工作本身存在的有关问题的原因，一旦发生生产安全事故，也便于查清责任。

2.安全检查记录的要求

安全检查记录必须符合以下两项要求：

1）安全检查记录应当为书面形式

具体内容应当包括：

（1）检查的时间。一般是指检查时的年、月、日、时、分的具体时间。对容易发生事故的重点部门和重点区域的检查时间更需要特别记录。

（2）检查的地点。通常是指被检查的生产经营单位及其场所。地点的记录应当具体、明确，载明实施检查的具体场所。如果是对生产经营单位的某个矿井、某个车间、某些设备设施等进行检查，这时还应当对具体的作业场所和设备设施的名称、地址予以记录。

(3)检查的内容。是指检查的具体事项，如检查的设施、设备的种类。

(4)检查中发现的问题。对检查中发现的被检查单位存在的与有关安全生产的法律、法规、国家标准和行业标准等要求不符的情况，如安全生产的规章制度不健全，设施设备存在的安全隐患问题，是一般的事故隐患问题还是重大事故隐患问题等，都应如实加以记录。

(5)对检查中发现的问题的处理情况(特别是发现事故隐患的处理情况)。通常是指是否按照法律法规和规章的规定对发现的事故隐患和违法行为进行处理，均应记录在案。

2)记录须由检查人员和被检查单位的负责人签字

为了保证监督检查记录的有效性，有关人员应当在笔录中签字。在监督检查记录上签字的人员包括参加监督检查的人员、被检查单位的有关负责人等。如果被检查单位的负责人拒绝签字的，检查人员应当将这一情况在检查记录中说明，并向负有安全生产监督管理职责的部门报告。负责人拒绝签字的，不影响检查记录的有效性。

(六)安全生产监督检查配合

📖原文条款

第六十九条　负有安全生产监督管理职责的部门在监督检查中，应当互相配合，实行联合检查；确需分别进行检查的，应当互通情况，发现存在的安全问题应当由其他有关部门进行处理的，应当及时移送其他有关部门并形成记录备查，接受移送的部门应当及时进行处理。

1.监督检查应互相配合，实行联合检查

我国对安全生产监督管理工作实施综合监管与专项监管相结合的体制，需要各监督检查部门在监督检查工作中，协调配合，联合协作，在协调配合的基础上做到各司其职、各负其责。安全生产的监督管理不仅涉及多个部门，同时还涉及被监督管理的对象即生产经营单位，监督部门多，对被检查对象的检查次数相应也就多，可能会影响被检查单位的生产经营秩序，给被检查单位造成一定的负担。为防止这一现象的发生确保各部门进行执法检查时协调配合，本条作出了“负有安全生产监督管理职责的部门在监督检查中，应当互相配合，实行联合检查”的原则性规定。

2.需分别进行检查的，应当互通情况

实行联合检查是本法作出的一项原则性的规定，在某些情况下，确需分别进行单项检查的，可以分别进行监督检查，但各监督检查部门应当做到以下两点：

1)互通情况

实施监督检查部门应将自己监督检查中发现的涉及其他有关部门监督管理职责范围内的情况，主动通报给相关的监督管理部门。如负责安全生产综合监督的部门发现生产经营单位的压力容器可能存在安全问题的，应当通报给负责压力容器安全监督管理的特种设备安全监管部门。

2)发现的问题属于其他部门处理的，应当及时移交其他部门

一个部门在进行监督检查时，可能会发现不属于自己监督处理职权范围的问题，对此应将自己监督检查发现的应由其他部门处理的安全问题，及时移送其他有关部门，并形成书面记录备查。移送部门应当按法律要求形成书面记录，并请接受移送的部门签字或者盖章确认。如果在移送过程中有关部门之间发生争议，应当及时提请政府协调。接受移送的部门应

当按照法定职权,依法及时作出处理。

(七)安全生产监督检查行政强制措施

📖**原文条款**

第七十条　负有安全生产监督管理职责的部门依法对存在重大事故隐患的生产经营单位作出停产停业、停止施工、停止使用相关设施或者设备的决定,生产经营单位应当依法执行,及时消除事故隐患。生产经营单位拒不执行,有发生生产安全事故的现实危险的,在保证安全的前提下,经本部门主要负责人批准,负有安全生产监督管理职责的部门可以采取通知有关单位停止供电、停止供应民用爆炸物品等措施,强制生产经营单位履行决定。通知应当采用书面形式,有关单位应当予以配合。

负有安全生产监督管理职责的部门依照前款规定采取停止供电措施,除有危及生产安全的紧急情形外,应当提前二十四小时通知生产经营单位。生产经营单位依法履行行政决定、采取相应措施消除事故隐患的,负有安全生产监督管理职责的部门应当及时解除前款规定的措施。

负有安全生产监督管理职责的部门采取行政强制措施时,应按以下要求执行:

1.严格实施条件

(1)要保证安全。从根本上说,安全生产停产停业强制措施的最终目的之一就是避免生产经营单位发生重大安全事故,从而保证其生产经营活动的正常进行。因此,负有安全生产监督管理职责的部门在实施行政强制措施的过程中更要以保证安全,特别是从业人员的生命安全为前提。要充分考虑生产经营单位的生产特点和特殊要求,不能因突然采取停电等措施发生其他事故。在实施停止供应民用爆炸物品,特别是停止供电的强制措施的情况下,要严格遵守安全断电程序,以保障实现行政强制目的。

(2)负有安全生产监督管理职责的部门依法对存在重大事故隐患的生产经营单位作出停产停业、停止施工、停止使用相关设施或者设备的决定。这里所称的决定,既包括依照本法第六十五条或者其他法律法规规定作出的责令暂时停产停业、停止使用相关设施设备的现场处理决定,也包括依照本法法律责任一章作出的责令停产停业整顿的行政决定。

(3)生产经营单位拒不执行上述决定。安全生产监督检查人员履行监督检查职责,依法作出行政决定,是代表国家执行公务的行为,具有强制性。对拒绝执行监督检查人员依法作出的行政决定的生产经营单位,负有安全生产监督管理职责的部门可以采取通知有关单位停止供电、停止供应民用爆炸物品等措施,强制生产经营单位履行决定。

(4)存在重大事故隐患,有发生生产安全事故的现实危险。这里所称的重大事故隐患,通常是指危害和整改难度较大,应当全部或者局部停产停业,并经过一定时间整改治理方能排除的隐患,或者因外部因素影响致使生产经营单位自身难以排除的隐患。这里所称的有发生生产安全事故的现实危险,是指现实存在的紧迫的危险,如果这种危险持续存在,生产经营单位就可能随时发生事故。

2.严格按照程序

(1)经本部门主要负责人批准。行政强制措施直接关系公民的人身权、财产权等基本权利,实施前需经本部门主要负责人批准,同时可实现行政机关的内部监督,更严谨地判断停止供电、停止供应民用爆炸物品等行为实施的必要性。这里所称的本部门主要负责人,一般是指负有安全生产监督管理职责的部门的正职负责人，也可以是主持工作的其他负责人。

（2）通知要采用书面形式。书面形式具有意思表示准确、有据可查、便于预防纠纷的优点。为保证实施过程的公开、公正、可追溯，书面形式应为相应的行政执法文书，内容包括生产经营单位名称、地址及法定代表人姓名，采取行政强制措施的理由、依据和期限，停止供电的区域范围等。

（3）采取停止供电的强制措施，应当提前24小时书面通知生产经营单位。行政机关实施停止供应民用爆炸物品的强制措施可以直接执行，但考虑停止供电可能会对生产安全造成一些不可预计的影响，故进行了本款的补充规定，要求除有危及生产安全的紧急情形外，负有安全生产监督管理职责的部门应当提前24小时通知生产经营单位，以便被强制执行单位做好停电准备，避免不必要的危险和损失发生。

3.严格解除条件

（1）生产经营单位依法履行行政决定。即生产经营单位已经按照负有安全生产监督管理职责的部门行政决定的要求，正确履行了停产停业、停止施工、停止使用相关设施设备的义务。

（2）采取了相应措施消除事故隐患。除了履行行政决定外，生产经营单位还必须采取措施消除事故隐患，经负有安全生产监督管理职责的部门复核通过后，负有安全生产监督管理职责的部门书面通知解除前款规定的行政强制措施。

（八）生产经营单位的配合义务

🕮原文条款

第六十六条　生产经营单位对负有安全生产监督管理职责的部门的监督检查人员（以下统称安全生产监督检查人员）依法履行监督检查职责，应当予以配合，不得拒绝、阻挠。

安全生产监督检查人员是指应急管理部门和对有关行业、领域的安全生产工作实施监督管理的部门的监督检查人员。赋予安全生产监督检查人员与其职责相适应的监督检查权利，是保证其依法履行职责的基础。根据本条规定，生产经营单位有接受监管部门依法进行监督检查的义务，对安全生产监督检查人员依法履行监督检查职责，应予以配合，不得拒绝、阻挠，包括允许监督检查人员进入相关场所实施现场检查，为监督检查人员依法履行职务提供便利条件，满足监督检查人员依法提出的调阅有关资料，检查有关设施、设备，找生产经营单位负责人或有关人员谈话了解有关情况等属于检查职权范围内的合法要求。

二、安全生产监察

🕮原文条款

第七十一条　监察机关依照监察法的规定，对负有安全生产监督管理职责的部门及其工作人员履行安全生产监督管理职责实施监察。

（一）监察机关依法行使监察职能

监察机关是指行使国家监察职能的各级监察委员会。依照监察法的规定，监察机关依法对所有行使公权力的公职人员进行监察。监察机关有权对履行安全生产监督管理职责的部门及其工作人员进行监督、调查、处置，具体包括：

（1）对公职人员开展廉政教育，对其依法履职、秉公用权、廉洁从政从业以及道德操守情况进行监督检查。

(2)对涉嫌贪污贿赂、滥用职权、玩忽职守,权力寻租、利益输送、徇私舞弊以及浪费国家资财等职务违法和职务犯罪进行调查。

(3)对违法的公职人员依法作出政务处分决定:对履行职责不力、失职失责的领导人员进行问责;对涉嫌职务犯罪的,将调查结果移送人民检察院依法审查、提起公诉;向监察对象所在单位提出监察建议。

(二)监察机关实施监察的措施

依照《监察法》的规定,监察机关对负有安全生产监督管理职责的部门及其工作人员实施监察时,有权采取下列措施:

(1)依法向有关单位和个人了解情况,收集、调取证据。

(2)对可能发生职务违法的监察对象,直接或者委托有关机关、人员进行谈话或者要求说明情况。

(3)要求涉嫌职务违法的被调查人就涉嫌违法行为作出陈述,必要时向被调查人出具书面通知;对涉嫌贪污贿赂、失职渎职等职务犯罪的被调查人进行讯问。

(4)在调查过程中询问证人等人员。

(5)被调查人涉嫌贪污贿赂、失职渎职等严重职务违法或者职务犯罪,符合规定条件的,可以将其留置在特定场所。

(6)调查涉嫌贪污贿赂、失职渎职等严重职务违法或者职务犯罪,可以依照规定查询、冻结涉案单位和个人的存款、汇款、债券、股票、基金份额等财产。

(7)对涉嫌职务犯罪的被调查人以及可能隐藏被调查人或者犯罪证据的人的身体、物品、住处和其他有关地方进行搜查。

(8)调取、查封、扣押用以证明被调查人涉嫌违法犯罪的财物、文件和电子数据等信息。

(9)直接或者指派、聘请具有专门知识、资格的人员在调查人员主持下进行勘验检查。

(10)对于案件中的专门性问题,可以指派、聘请有专门知识的人进行鉴定。

(11)调查涉嫌重大贪污受贿等职务犯罪,可以采取技术调查措施,按照规定交有关机关执行。

(12)在本行政区域内通缉依法应当留置的被调查人。

(13)对被调查人及相关人员采取限制出境措施。

三、安全技术服务中介机构的条件和责任

📖原文条款

第七十二条　承担安全评价、认证、检测、检验职责的机构应当具备国家规定的资质条件,并对其作出的安全评价、认证、检测、检验结果的合法性、真实性负责。资质条件由国务院应急管理部门会同国务院有关部门制定。

承担安全评价、认证、检测、检验职责的机构应当建立并实施服务公开和报告公开制度,不得租借资质、挂靠、出具虚假报告。

(一)法定资质条件

承担安全评价、认证、检测、检验职责的机构,是指向社会开放的,接受生产经营单位或者

负有安全生产监督管理职责的部门等的委托，对有关的安全生产条件、安全产品、安全设备等进行技术性评价、技术性检验、安全认证等，并出具相关报告的机构。为保证安全评价、认证、检测、检验结果的客观、公正、准确，承担这类职责的机构应具备“国家规定的资质条件”，包括对必要的技术人员、管理人员的资格方面的要求，对必要的检测、检验设备方面的要求，对必要的组织机构的要求，对建立健全有关检测、检验操作规程的要求等。承担安全评价、认证、检测、检验职责的机构开展安全评价、认证、检测、检验前应当取得相应的资质，并且在资质的有效期内、在资质认可的业务范围内开展评价、认证、检测、检验。具有安全评价、认证、检测、检验资质的机构不得将其资质借给其他机构，不具备安全评价、认证、检测、检验资质的机构不得向具备资质的机构租借资质或者挂靠具备资质的机构。

（二）对安全评价、认证、检测、检验的结果负责

承担安全评价、认证、检测、检验职责的机构接受委托进行有关安全评价、认证检测、检验，必须做到客观、公正，不得与委托方存在利益交换或者其他影响其客观、公正出具报告的情形；评价、认证、检测、检验的过程必须按照规定的程序和操作规则进行，按照规定进行记录并归档。

承担安全评价、认证、检测、检验职责的机构应当出具与实际情况相符，结论定性符合客观实际的报告。评价、认证、检测、检验的结果应当有明确依据，符合相关规则和标准，保证结果的合法性和准确性。如果报告存在失实情况或者出具虚假报告，安全评价、认证、检测、检验机构应当承担相应的法律责任。

（三）建立并实施服务公开和报告公开制度

要求承担安全评价、认证、检测、检验职责的机构建立并实施服务公开和报告公开制度，强化承担安全评价、认证、检测、检验职责的机构的责任，利用公开公示等制度化建设手段，规范其从业行为，强化诚信意识，促使其认真履行职责，确保服务工作的真实性、科学性、严肃性，实现对安全技术服务机构的社会监督。

四、社会监督

（一）安全生产举报和公益诉讼

🕮原文条款

第七十三条　负有安全生产监督管理职责的部门应当建立举报制度，公开举报电话、信箱或者电子邮件地址等网络举报平台，受理有关安全生产的举报；受理的举报事项经调查核实后，应当形成书面材料；需要落实整改措施的，报经有关负责人签字并督促落实。对不属于本部门职责，需要由其他有关部门进行调查处理的，转交其他有关部门处理。

涉及人员死亡的举报事项，应当由县级以上人民政府组织核查处理。

第七十四条　任何单位或者个人对事故隐患或者安全生产违法行为，均有权向负有安全生产监督管理职责的部门报告或者举报。

因安全生产违法行为造成重大事故隐患或者导致重大事故，致使国家利益或者社会公共利益受到侵害的，人民检察院可以根据民事诉讼法、行政诉讼法的相关规定提起公益诉讼。

第七十六条　县级以上各级人民政府及其有关部门对报告重大事故隐患或者举报安全生产违法行为的有功人员，给予奖励。具体奖励办法由国务院应急管理部门会同国务院财政

部门制定。

1.负有安全生产监督管理职责的部门应当建立举报制度

负有安全生产监督管理职责的部门应当建立举报制度，按照下列要求受理、调查和处理有关安全生产的举报事项：

1）公开举报电话、信箱或者电子邮件地址等网络举报平台

负有安全生产监督管理职责的部门应当明确受理安全生产举报的渠道。目前，除了通过信箱等受理书面举报材料的传统方式外，各地已经设立全国统一的安全生产举报投诉特服号“12350”，有的地方还结合信息技术的发展，开拓多样化的举报受理方式。例如，有的地方通过电子邮件受理举报，有的地方建立互联网举报平台，通过网页、微信小程序等方式受理生产安全事故、重大安全隐患、谎报瞒报生产安全事故等方面的举报投诉。

2）受理单位应调查核实举报内容

受理安全生产举报的单位应当认真调查核实举报内容，对受理的各个环节，包括值班、电话接听、登记整理、转送、调查核实、处理、结果反馈等，制定严格的规定和详细的要求，使举报受理工作制度化、程序化和规范化。负有安全生产监督管理职责的部门不能将建立举报制度作为形式，要对举报的内容进行调查核实，一旦核实就应当形成书面文字、写出报告。

3）督促落实

建立举报制度的目的是解决安全生产方面存在的问题，消除事故隐患。经调查核实后，确实存在安全生产方面的问题的，应当及时督促有关责任单位和人员予以整改。根据本法及相关法律法规规定，应当给予行政处罚或者刑事处罚的，应当及时依法作出处理决定，需要落实整改措施的应当报经有关负责人签字并督促落实。

4）不属于本部门职责的，转交其他有关部门处理

负有安全生产监督管理职责的部门受理有关安全生产的举报后，如果不属于本部门职责，则无法依职权进行调查、核实和处理，但并不能因此推诿对安全生产举报的调查处理，如果需要由其他有关部门进行调查处理，应当及时转交其他有关部门。其他有关部门接到转交的安全生产举报后，应当按照程序，及时调查处理。

2.涉及人员死亡举报事项的核查处理

对于举报事项的核查处理权限，应当与有关部门的安全生产监管职责相适应，只有具备相应的监管权限，才能完成对被举报事项的核查处理。对于生产安全事故，《生产安全事故报告和调查处理条例》对调查处理主体作出了特别规定。生产安全事故分为特别重大事故、重大事故、较大事故、一般事故。如果造成 3 人以下死亡，或者 10 人以上重伤，或者 1 000 万元以下直接经济损失，则构成一般事故。根据该条例的规定，特别重大事故由国务院或者国务院授权有关部门组织事故调查组进行调查；重大事故、较大事故、一般事故分别由事故发生地省级人民政府、设区的市级人民政府、县级人民政府负责调查；未造成人员伤亡的一般事故，县级人民政府也可以委托事故发生单位组织事故调查组进行调查。如果涉及人员死亡的举报事项经核查属实，至少构成一般事故，应当由县级以上人民政府负责调查。因此，涉及人员死亡的举报事项应当由县级以上人民政府负责核查处理。

3.任何单位或者个人均有权报告或者举报

1)任何单位或者个人的举报权利

为了发挥全社会对安全生产的监督作用,本条规定任何单位或者个人对事故隐患或者安全生产违法行为,均有权向负有安全生产监督管理职责的部门报告或者举报。举报的内容应当真实,不得捏造违法行为,诬告、陷害有关单位和人员。对有诬告、陷害行为的,将依法追究法律责任。

2)受理举报的部门

受理安全生产领域举报的部门有:

(1)应急管理部门。应急管理部门是安全生产工作的综合监督管理部门,国务院应急管理部门对全国安全生产工作实施综合监督管理,县级以上地方各级人民政府应急管理部门对本行政区域内安全生产工作实施综合监督管理。因此,任何单位和个人都可以向应急管理部门举报事故隐患或者安全生产违法行为,由应急管理部门依法实施综合监督管理。

(2)应急管理部门以外的其他负有安全生产监督管理职责的部门。国务院交通运输、住房和城乡建设、水利、民航等有关部门在各自的职责范围内对有关行业、领域的安全生产工作实施监督管理;县级以上地方各级人民政府有关部门在各自的职责范围内对有关行业、领域的安全生产工作实施监督管理。任何单位和个人在发现生产经营单位的事故隐患或者安全生产违法行为时,也可以向相关行业主管部门举报。

(3)监察机关。各级监察委员会是行使国家监察职能的专责机关,依照监察法对所有行使公权力的公职人员进行监察,调查职务违法和职务犯罪,开展廉政建设和反腐败工作,维护宪法和法律的尊严。因此,对于各级地方人民政府、应急管理部门和其他负有安全生产监督管理职责的部门及其工作人员在安全生产监督管理过程中或者在事故报告和调查处理中有违法行为的,任何单位和个人都可以向有关监察机关举报。

4.报告重大事故隐患或者举报安全生产违法行为的有功人员

应急管理部、交通运输部等出台了《煤矿重大事故隐患判定标准》《工贸行业重大生产安全事故隐患判定标准(2023 版)》《水上客运重大事故隐患判定指南(暂行)》等行业、领域重大事故隐患的判定标准,可以作为认定“重大事故隐患”的依据。“安全生产违法行为”是指违反安全生产相关法律法规、国家标准或者行业标准的行为。原国家安全生产监督管理总局、财政部于 2018 年制定的《安全生产领域举报奖励办法》对安全生产违法行为进行了列举,主要包括:

(1)没有获得有关安全生产许可证或证照不全、证照过期、证照未变更从事生产经营、建设活动的;未依法取得批准或者验收合格,擅自从事生产经营活动的;关闭取缔后又擅自从事生产经营、建设活动的;停产整顿、整合技改未经验收擅自组织生产和违反建设项目安全设施“三同时”规定的。

(2)未依法对从业人员进行安全生产教育和培训,或者矿山和危险化学品生产、经营、储存单位,金属冶炼、建筑施工、道路交通运输单位的主要负责人和安全生产管理人员未依法经安全生产知识和管理能力考核合格,或者特种作业人员未依法取得特种作业操作资格证书而上岗作业的;与从业人员订立劳动合同,免除或者减轻其对从业人员因生产安全事故伤亡依法应承担的责任的。

(3)将生产经营项目、场所、设备发包或者出租给不具备安全生产条件或者相应资质(资格)的单位或者个人,或者未与承包单位、承租单位签订专门的安全生产管理协议,或者未在承包合同、租赁合同中明确各自的安全生产管理职责,或者未对承包、承租单位的安全生产进行统一协调、管理的。

(4)未按国家有关规定对危险物品进行管理或者使用国家明令淘汰、禁止的危及生产安全的工艺、设备的。

(5)承担安全评价、认证、检测、检验工作和职业卫生技术服务的机构出具虚假证明文件的。

(6)生产安全事故瞒报、谎报以及重大事故隐患隐瞒不报,或者不按规定期限予以整治的,或者生产经营单位主要负责人在发生伤亡事故后逃匿的。

(7)未依法开展职业病防护设施"三同时",或者未依法开展职业病危害检测、评价的。

(8)法律、行政法规、国家标准或行业标准规定的其他安全生产违法行为。

"有功"一般是指举报人举报的重大事故隐患和安全生产违法行为,属于生产经营单位和负有安全监管职责的部门没有发现,或者虽然发现但未按有关规定依法处理的行为。需要说明的是,具有安全生产管理、监管、监察职责的工作人员及其近亲属或其授意他人的举报不在奖励之列。

5.对有功人员给予奖励

对报告重大事故隐患或者举报安全生产违法行为的有功人员给予奖励,主要是指物质奖励,也包括精神奖励。《安全生产领域举报奖励办法》规定对重大事故隐患和安全生产违法行为的实名举报人给予现金奖励,具体标准为:

(1)对举报重大事故隐患违法生产经营建设的,奖励金额按照行政处罚金额的15%计算最低奖励3 000元,最高不超过30万元。

(2)对举报瞒报、谎报事故的,按照最终确认的事故等级和查实举报的瞒报谎报死亡人数给予奖励。其中:一般事故按每查实瞒报谎报1人奖励3万元计算;较大事故按每查实瞒报谎报1人奖励4万元计算;重大事故按每查实瞒报谎报1人奖励5万元计算;特别重大事故按每查实瞒报谎报1人奖励6万元计算。最高奖励不超过30万元。

2020年9月应急管理部印发的《生产经营单位从业人员安全生产举报处理规定》明确"对生产经营单位从业人员安全生产举报以及信息员提供线索核查属实的,奖励标准按照一定比例上浮"。

6.人民检察院对安全生产违法行为提起公益诉讼

完善安全生产公益诉讼法律制度,在安全生产法中增加相关规定,是贯彻落实党中央决策部署和相关政策文件精神的客观要求。对安全生产公益诉讼作出明确规定,有相应的法律和实践基础,有助于提高全社会的安全生产水平。

检察机关提起公益诉讼有一定的条件,包括:

(1)因安全生产违法行为造成重大事故隐患或者导致重大事故,即任何组织或者个人有违反本法或者其他安全生产相关法律、法规规定的行为,且这种违法行为导致出现安全生产重大事故隐患或者发生重大事故。

(2)国家利益或者社会公共利益受到侵害。出现安全生产重大事故隐患或者发生重大事故，既会使生产经营单位及其从业人员、周边单位及居民等的人身、财产权益受到损害，也有可能使国家利益或者社会公共利益受到侵害。只有当国家利益或者社会公共利益受到侵害时，检察机关才能提起公益诉讼。

（3）根据民事诉讼法、行政诉讼法的相关规定提起公益诉讼。

（二）居委会、村委会的监督

📖原文条款

第七十五条　居民委员会、村民委员会发现其所在区域内的生产经营单位存在事故隐患或者安全生产违法行为时，应当向当地人民政府或者有关部门报告。

1.居民委员会、村民委员会的报告义务

居民委员会、村民委员会所在区域内的生产经营单位存在事故隐患或者安全生产违法行为，可能造成生产安全事故，不仅可能危害从业人员的安全，还可能危及周围地区居民或者村民的安全。按照《城市居民委员会组织法》《村民委员会组织法》的有关规定，居民委员会、村民委员会的重要任务之一，就是维护居民或者村民的合法权益。为了维护当地居民或者村民的安全，维护社会公共利益，本条规定，居民委员会、村民委员会发现其所在区域内的生产经营单位存在事故隐患或者安全生产违法行为时，有义务向当地人民政府或者有关部门（如负有安全监督管理职责的部门等）报告。

2.当地人民政府或者有关部门应当及时处理

居民委员会、村民委员会发现其所在区域内的生产经营单位存在事故隐患或者安全生产违法行为时，应当向当地人民政府或者有关部门报告。当地人民政府或者有关部门接到报告后应当给予重视，作出相应的处理。

（三）舆论监督

📖原文条款

第七十七条　新闻、出版、广播、电影、电视等单位有进行安全生产公益宣传教育的义务，有对违反安全生产法律、法规的行为进行舆论监督的权利。

1.媒体有进行安全生产公益宣传教育的义务

安全生产，人人有责。安全生产不仅关系生产经营单位及其从业人员的生命财产安全，还关系国家经济社会稳定发展，关系党和政府的形象和声誉，需要全社会各方面的共同努力和长期奋斗，其中也离不开新闻、出版、广播、电影、电视等广大传统媒体单位以及互联网、移动传媒、微信、微博等众多新兴媒体单位的支持和配合。

广大新闻媒体单位在安全生产宣传上不能以营利为目的，应做到不收费或者少收费，更不能搞所谓的有偿新闻。原国家安全生产监督管理总局、中共中央宣传部、教育部等 8 个部门于 2016 年出台《关于加强全社会安全生产宣传教育工作的意见》，其中规定要加大主流媒体宣传教育工作力度推动中央和地方党报、党刊、电视台、广播台等分别开设安全生产宣传教育固定栏目，增加版面、时段和频次。行业媒体要加大权威新闻、首发新闻、独家新闻、深度报道、系列评论工作力度。

2.媒体有对违反安全生产法律、法规的行为进行舆论监督的权利

本条在规定媒体单位有进行安全生产公益宣传教育义务的同时，又赋予了这些单位对违反安全生产法律、法规的行为进行舆论监督的权利。有关单位应当利用大众传媒的优势，在

宣传党和国家在安全生产方面的方针、政策、法律、法规的同时，对违反安全生产法律、法规的行为给予曝光，予以揭露、批评，发挥舆论监督的作用，目的是使安全生产违法行为受到社会监督，得到及时纠正。随着事故责任追究的力度越来越大，一些人由于害怕受到法律制裁蓄意瞒报谎报事故，因此本条赋予媒体以对违反安全生产法律、法规的行为进行舆论监督的权利，对于安全生产监督尤为重要。

案例

2019 年 3 月 6 日 13 时 40 分左右，广宏建设集团有限公司在湘潭美的国宾府一期 A 区建设项目 6 栋 27 层进行外墙粉刷作业时发生一起高处坠落事故，造成 1 人死亡。事故发生后，广宏建设集团有限公司未按相关规定向负有安全生产监督管理职责的部门报告。事故系由湘潭市应急管理局于 2020 年 4 月 22 日通过工作检查发现。

（四）安全生产违法行为信息库

原文条款

第七十八条　负有安全生产监督管理职责的部门应当建立安全生产违法行为信息库，如实记录生产经营单位及其有关从业人员的安全生产违法行为信息；对违法行为情节严重的生产经营单位及其有关从业人员，应当及时向社会公告，并通报行业主管部门、投资主管部门、自然资源主管部门、生态环境主管部门、证券监督管理机构以及有关金融机构。有关部门和机构应当对存在失信行为的生产经营单位及其有关从业人员采取加大执法检查频次、暂停项目审批、上调有关保险费率、行业或者职业禁入等联合惩戒措施，并向社会公示。

负有安全生产监督管理职责的部门应当加强对生产经营单位行政处罚信息的及时归集、共享、应用和公开，对生产经营单位作出处罚决定后七个工作日内在监督管理部门公示系统予以公开曝光，强化对违法失信生产经营单位及其有关从业人员的社会监督，提高全社会安全生产诚信水平。

1.安全生产违法行为信息的收集、公告和通报

对生产经营单位及其有关从业人员的安全生产违法行为信息进行收集、公告和通报，既是对违法单位及人员的一种惩戒，即通过依法对其违法行为进行惩戒，让违法行为主体失“里子”；也能够起到警示教育作用，通过向社会公开曝光等方式，让其失“面子”，有效督促生产经营单位切实提升安全诚信水平。需要注意的是，记录、公开并通报的违法行为信息，既有生产经营单位的违法行为信息，也有生产经营单位中与违法情节有关的从业人员的违法行为信息。2021 年新修订的《安全生产法》增加了对有关从业人员的失信惩戒的规定，是为了督促生产经营单位严格落实全员安全生产责任制，督促从业人员严格履行岗位职责。

向行业主管部门、投资主管部门、自然资源主管部门、生态环境主管部门、证券监督管理机构以及有关金融机构进行通报，是为了使其及时获取安全生产严重违法行为信息，依法采取相应的惩戒措施，如限制生产经营单位参与建设工程招投标，限制生产经营单位取得或者终止基础设施和公用事业特许经营，限制、暂停企业债券、公司债券和股票发行，对其进行评级授信、信贷融资时予以参考，限制相关责任人评先评优，限制成为海关认证企业等。

2.对安全生产失信行为实施联合惩戒

对于存在失信行为的生产经营单位及有关从业人员，本条规定了4种联合惩戒措施：

1）加大执法检查频次

安全生产执法检查的目的是发现生产经营单位在安全生产方面存在的问题并督促其整改。存在失信行为的生产经营单位在安全生产方面必然存在较大问题，通过加大执法检查频次，有利于督促其加强安全生产管理，防范安全生产风险。

2）暂停项目审批

企业扩大生产经营的方式之一就是申请各种新的项目，暂停批准其项目申请，一方面是因为其所具有的安全生产管理隐患可能影响其完成所申请的项目，另一方面也是防止其"带病发展"，督促其重视安全生产，及时整改存在的安全生产违法行为。

3）上调有关保险费率

生产经营单位在生产经营活动中需要投保各类保险，保险费率一般都是与其安全生产风险、企业管理水平等相适应的，如果生产经营单位存在安全生产失信行为，则其安全生产风险水平就会升高，其保险费率也需要作出相应调整。

4）行业或者职业禁入

实践中，有的生产经营单位或从业人员因安全生产违法行为受到惩处，但仍没有安全生产意识，不是彻底整改存在的安全生产风险，而是更换名称、单位，继续从事该行业的生产经营。为了杜绝这种行为，加大对违法单位及其有关从业人员的威慑力度，本条规定了可以采取行业或者职业禁入措施，督促生产经营单位及有关从业人员在该行业领域的生产经营活动中依法安全生产。

3.行政处罚信息的归集、共享、应用和公开

对生产经营单位行政处罚信息进行归集、共享、应用和公开，既是行政处罚公开的要求，也有利于强化对违法失信生产经营单位及其有关从业人员的社会监督，提高全社会安全生产诚信水平。生产经营单位在生产经营过程中除了受到主管的行业部门的监管，也会受到其他有关部门的监管。不同监管部门都有权对生产经营单位的违法行为作出行政处罚，负有安全生产监督管理职责的部门应当对这些行政处罚信息进行及时归集、共享、应用和公开。负有安全生产监督管理职责的部门对生产经营单位作出处罚决定后，应当在7个工作日内在监督管理部门的公示系统予以公开曝光，使其接受社会监督。

【任务训练】

结合以下案例，分析讨论案例中政府监管部门存在的违法、违规问题。

2020年3月7日19时14分，位于福建省泉州市鲤城区的欣佳酒店所在建筑物发生坍塌事故，造成29人死亡、42人受伤，直接经济损失5 794万元。

经调查，查明事故的直接原因是，事故责任单位泉州市新星机电工贸有限公司将欣佳酒店建筑物由原四层违法增加夹层改建成七层，达到极限承载能力并处于坍塌临界状态，加之事发前对底层支承钢柱违规加固焊接作业引发钢柱失稳破坏，导致建筑物整体坍塌。

同时认定，福建省、泉州市、鲤城区住房城乡建设部门没有认真履行建筑主管部门安全监管责任，对欣佳酒店建筑物等长期存在的违法建设行为没有制止和查处，组织开展违法建设

整治、房屋安全隐患排查整治、住房和城乡建设领域“打非治违”工作不力，严重失职失察。福建省、泉州市国土规划部门，泉州市、鲤城区城市管理部门、公安部门、消防机构履行监管职责不到位、执法不严格、行政审批把关失守，并对欣佳酒店违法建设、弄虚作假骗取行政许可等违法违规行为未及时发现查处。泉州市鲤城区常泰街道对欣佳酒店建筑物违法违规建设、改建长期未予报告和查处，属地管理责任严重缺失；在违法建设专项治理和房屋安全隐患排查工作中不认真不负责，存在明显漏洞和严重的形式主义。

【巩固提升】

1.关于安全生产监督年度检查计划，以下表述正确的是(　　)。

A.安全生产监督管理部门只能按照年度监督检查计划进行监督检查

B.按照年度监督检查计划实施了监督检查，发生生产安全事故的，不再承担相应责任

C.年度监督检查计划由当地县级以上人民政府组织制定

D.年度监督检查计划由安全生产监督管理部门制定

2.负有安全生产监督管理职责的部门对涉及安全生产的事项进行审查、验收(　　)。

A.不得要求接受审查的单位购买其指定品牌的安全设备、器材

B.为保证安全设备的质量，可以要求接受审查的单位购买其指定品牌的安全设备

C.按成本收取费用

D.为统一规格，可以要求接受审查的单位购买其指定厂家的相关产品

3.关于负有安全生产监督管理职责的部门依法进行监督检查时可以行使的职权，错误的表述是(　　)。

A.对违法生产危险物品的作业场所予以查封

B.对违法生产的危险物品予以扣押

C.对违法运输的危险物品予以查封、扣押

D.对违法经营的危险物品予以变卖

4.安全生产监督检查人员的下列行为中，哪项不符合安全生产法的规定(　　)。

A.执行监督检查任务时出示有效的监督执法证件

B.执行监督检查任务时，对涉及被检查单位的技术秘密和业务秘密予以保密

C.对发现的违法行为.依照法律、行政法规的规定给予行政处罚

D.将检查发现的问题及其处理情况以口头形式告知被检查单位的负责人

5.负有安全生产监督管理职责的部门依法采取停止供电措施，强制生产经营单位履行有关决定，除有危及生产安全的紧急情形的，应当提前通知生产经营单位的时间为(　　)。

A.10 天　　B.3 天　　C.24 小时　　D.一周

6.关于安全生产违法行为举报制度，以下表述错误的是(　　)。

A.负有安全生产监督管理职责的部门应当建立举报制度

B.举报电话、信箱或者电子邮件地址应当公开

C.只有对实名的举报才应当进行调查核实

D.举报事项需要落实整改措施的，报经有关负责人签字并督促落实

【拓展阅读】

1.《煤矿重大事故隐患判定标准》。
2.《工贸行业重大生产安全事故隐患判定标准(2023 版)》。
3.《关于加强全社会安全生产宣传教育工作的意见》。
4.《安全生产领域举报奖励办法》。

任务五　生产安全事故的应急救援与调查处理

【任务目标】

1.掌握生产安全事故应急救援的相关要求。
2.熟悉生产安全事故报告与调查的相关要求。

【知识准备】

随着现代工业的发展,生产过程中涉及的有害物质和能量不断增大,一旦发生重大事故,很容易导致严重的人员伤亡、财产损失和环境破坏。由于各种原因,当事故的发生难以完全避免时,组织及时有效的应急救援行动,已成为抵御事故风险、控制灾害蔓延、降低危害后果的关键手段。事故发生后只有深入调查分析,才能准确找出事故原因,吸取教训,从而实现减少和防止同类事故的发生。

一、事故的应急救援

(一)事故应急救援队伍与信息系统

🕮原文条款

第七十九条　国家加强生产安全事故应急能力建设,在重点行业、领域建立应急救援基地和应急救援队伍,并由国家安全生产应急救援机构统一协调指挥;鼓励生产经营单位和其他社会力量建立应急救援队伍,配备相应的应急救援装备和物资,提高应急救援的专业化水平。

国务院应急管理部门牵头建立全国统一的生产安全事故应急救援信息系统,国务院交通运输、住房和城乡建设、水利、民航等有关部门和县级以上地方人民政府建立健全相关行业、领域、地区的生产安全事故应急救援信息系统,实现互联互通、信息共享,通过推行网上安全信息采集、安全监管和监测预警,提升监管的精准化、智能化水平。

1.国家加强生产安全事故应急救援能力建设

生产安全事故应急救援是指在应急响应过程中,为消除、减少事故危害,防止事故扩大或恶化,最大限度地降低事故造成的损失或危害而采取的救援措施或行动。生产安全事故救援具有涉及行业领域多,专业化要求高,救援难度大等特点。一旦发生事故,是否具备专业、权威、高效的统一协调指挥机构,是应急救援能否成功的关键。因此,2021 年新修订的《安全生产法》明确了重点行业、领域建立应急救援基地和应急救援队伍，由国家安全生产应急救援机构统一协调指挥。

(1)在重点行业、领域建立应急救援基地和应急救援队伍，推进应急救援专业化处置能力建设，并明确生产安全事故应急救援统一指挥权。

我国目前已经建立了多个国家级矿山救援基地和危险化学品救援基地，地方各级人民政府也积极推动矿山、危险化学品应急救援基地和中央企业应急救援队伍项目建设，在矿山、化工产业聚集区推动骨干应急救援队伍建设。同时，有关部门也加快推进公路交通、民航、铁路交通、水上搜救、船舶溢油、建筑施工、电力、核工业、旅游等重点行业、领域充分发挥组织优势、技术优势、人才优势，建设专业特色突出、布局配置合理的应急救援基地和队伍，配合各地综合应急救援队伍开展救援工作，基本实现应急救援力量在全国重要区域、行业领域全覆盖。同时也鼓励专业应急救援基地在做好本单位应急救援工作的同时，积极参与社会应急救援工作，全面提高社会应急救援能力。按照"政事分开"的原则，国家安全生产应急救援机构具体承担生产安全事故灾难应急管理工作，履行全国安全生产应急救援综合监督管理行政职能。明确生产安全事故应急救援统一指挥职责，可以在重特大事故发生时第一时间集中力量开展救援活动，调配应急物资，能够提高组织协调能力和现场救援时效。

(2)鼓励生产经营单位和其他社会力量建立应急救援队伍，配备相应的应急救援装备和物资，提高应急救援的专业化水平。

加强生产经营单位专兼职救援队伍和职工队伍建设，是切实提高事故初期应急救援效果的重要手段。应按照专业救援和职工参与相结合、险时救援和平时防范相结合的原则，建设以专业队伍为骨干、兼职队伍为辅助、职工队伍为基础的企业应急队伍体系。依托大中型企业特别是高危行业企业建立的专职或者兼职应急救援队伍，逐步建立社会化的应急救援机制。各级负有安全监管职责的部门和有关大型央企、国企要结合本地区、本企业安全生产应急救援需求实际，科学制定安全生产应急救援队伍装备配备标准，推动各类生产经营单位尤其是事故多发的高危行业领域企业合理配置各类应急救援装备。

同时，建立健全安全生产应急救援物资储备制度，依托国家(区域)骨干安全生产应急救援队伍以及有关企业、单位，储备必要的救援物资和救援物资生产能力，提高应急救援物资尤其是大型成套应急救援装备的储备水平。有条件的地区要针对本地区生产安全事故特征，设立专项应急救援物资储备库，加强对储备物资的动态管理，保证及时补充和更新。暂时没有条件建立储备库的，要与相关装备设施拥有单位建立协调机制，确保紧急调用流程的稳定畅通，保障事故灾难应急处置的需要。加快建设矿山、危险化学品、高风险油气勘探与开采、核工业、森工、民航、铁路、水运、电力和电信等生产经营单位应急救援队伍，按有关标准和规范配备应急技术装备，提高现场先期快速处置能力。针对应急救援队伍专业化水平提升，应当加强事故救援技术、战术研究，科学制定救援技术和战术训练等科目的建设和学习规划，关注指挥员的组织指挥和专业救援能力，促进救援人员掌握专业技能和装备操作能力。另外，通过质量标准化达标活动和准军事化建设工作，培养忠诚信仰，锻炼过硬素质。

2.建立全国统一的生产安全事故应急救援信息系统

根据中央办公厅、国务院办公厅印发的《应急管理部职能配置、内设机构和人员编制规定》，牵头建立统一的应急管理信息系统是国务院应急管理部门的一项重要职责，安全生产应急救援信息系统建设是应急管理信息系统的重要组成部分，对于建设更加高效的应急救援体系，有效预防和应对事故灾难具有重要意义。建立全国统一的生产安全事故应急救援信息系统是强化安全生产应急管理信息化建设，提高科学决策能力的需要。

（二）事故应急救援预案与体系

📖**原文条款**

第八十条　县级以上地方各级人民政府应当组织有关部门制定本行政区域内生产安全事故应急救援预案，建立应急救援体系。

乡镇人民政府和街道办事处，以及开发区、工业园区、港区、风景区等应当制定相应的生产安全事故应急救援预案，协助人民政府有关部门或者按照授权依法履行生产安全事故应急救援工作职责。

1.县级以上地方各级人民政府应组织制定本行政区域内生产安全事故应急救援预案

应急预案是指面对突发事件，如自然灾害、重特大事故、环境公害及人为破坏的应急管理、指挥、救援计划等，它一般应当建立在综合防灾规划基础上。《中华人民共和国突发事件应对法》（以下简称《突发事件应对法》）第十八条明确规定，应急预案应当根据本法和其他有关法律、法规的规定，针对突发事件的性质、特点和可能造成的社会危害，具体规定突发事件应急管理工作的组织指挥体系与职责和突发事件的预防与预警机制、处置程序、应急保障措施以及事后恢复与重建措施等内容。生产安全事故应急救援预案是针对具体设备、设施、场所和环境，在安全评价的基础上，为降低事故造成的人身、财产损失与环境危害，就事故发生后的应急救援机构和人员，应急救援的设备、设施、条件和环境，行动的步骤和纲领，控制事故发展的方法和程序等，预先作出的科学而有效的计划和安排。

县级以上地方各级人民政府应当根据有关法律、法规、规章和标准的规定，结合本地区生产经营活动的特点、安全生产工作实际情况、危险性分析情况和可能发生的生产安全事故的特点，组织应急管理部门和其他负责相关行业、领域的专项安全生产监督管理的有关部门制定本行政区域内的生产安全事故应急预案。应急救援预案对应急组织和人员的职责分工应当明确，并有具体的落实措施；应当有明确、具体的事故预防措施和应急程序，并与其应急能力相适应；应当有明确的应急保障措施，并能满足本地区应急工作要求。地方各级人民政府编制应急救援预案，应当组织有关应急救援专家对应急预案进行审定，必要时，可以召开听证会，听取社会有关方面的意见。

2.县级以上地方各级人民政府应当建立应急救援体系

考虑县级以上地方人民政府在应急资源的管理和利用方面的绝对优势，以及在整合应急救援队伍和培训演练方面的便利条件，本法将建立应急救援体系的职责赋予县级以上地方各级人民政府。人民政府有关部门可以根据实际需要设立专业应急救援队伍。县级以上人民政府及其有关部门可以建立由成年志愿者组成的应急救援队伍。单位应当建立由本单位职工组成的专职或者兼职应急救援队伍。县级以上人民政府应当加强专业应急救援队伍与非专业应急救援队伍的合作，联合培训、联合演练，提高合成应急、协同应急的能力。此外，根据国务院有关文件的要求，县级以上地方各级人民政府应当建立充分发挥公安消防以及武警、解放军、预备役民兵的骨干作用，各专业应急救援队伍各负其责、互为补充，企业专兼职救援队伍和社会志愿者共同参与的应急救援体系。加强各类应急救援队伍建设，改善技术装备，强化培训演练,提高应急救援能力。建立应急救援专家队伍,充分发挥专家学者的专业特长和技术优势。逐步建立社会化的应急救援机制,大中型企业特别是高危行业企业要建立专职或兼职应急救援队伍,并积极参加社会应急救援,动员和鼓励志愿者参与应急救援工作。

3.乡镇街道、有关单位应当制定应急救援预案,协助开展应急救援工作

乡镇人民政府和街道办事处,作为最基层的一级政府组织,负责辖区内生产经营单位的日常行政管理,对相关生产经营单位的地理区位、建筑结构、危险源等情况更为熟悉,要求其制定相应的生产安全事故应急救援预案,并纳入县级以上地方各级人民政府应急救援体系,具有重要意义。2019年国务院颁布的《生产安全事故应急条例》对此也作了明确规定,要求乡、镇人民政府以及街道办事处等地方人民政府派出机关协助上级人民政府有关部门依法履行生产安全事故应急工作职责,制定相应的生产安全事故应急救援预案。开发区、工业园区、港区、风景区等由于生产经营单位聚集,人员、物资密集,事故隐患较多等原因,一直是安全生产监督管理的重点区域。在《关于进一步加强和改进安全生产工作的意见》中也要求,完善各类开发区、工业园区、港区、风景区等功能区安全生产监管体制。因此,2021年新修订的《安全生产法》对上述重点区域制定安全生产应急救援预案作了明确规定,同时考虑现实中上述区域的行政管理机构通常并非基层政府组织,没有组织开展应急救援相关的行政权力,因此更多承担协助工作或者按照有关政府的授权开展工作。

(三)事故应急救援预案的制定与演练

🕮原文条款

第八十一条　生产经营单位应当制定本单位生产安全事故应急救援预案,与所在地县级以上地方人民政府组织制定的生产安全事故应急救援预案相衔接,并定期组织演练。

1.生产经营单位应当制定本单位生产安全事故应急救援预案

生产经营单位应当根据有关法律、法规和国家其他有关规定结合本单位的危险源状况、危险性分析情况和可能发生的事故特点,制定相应的应急救援预案。生产经营单位制定生产安全事故应急救援预案应当符合下列基本要求:

(1)符合有关法律、法规、规章和标准的规定。

(2)符合本单位的安全生产实际情况。

(3)符合本单位的危险性分析情况。

(4)应急组织和人员的职责分工明确,并有具体的落实措施。

(5)有明确、具体的应急程序和处置措施,并与其应急能力相适应。

(6)有明确的应急保障措施,满足本单位的应急工作需要。

(7)应急预案基本要素齐全、完整,应急预案附件提供的信息准确。

(8)应急预案内容与相关应急预案相互衔接。

2.生产经营单位的应急救援预案应当与所在地县级以上地方人民政府的应急预案相衔接

国务院2010年出台的《关于进一步加强企业安全生产工作的通知》和2011年出台的《关于坚持科学发展安全发展促进安全生产形势持续稳定好转的意见》规定,要完善企业与政府应急预案衔接机制,建立省、市、县三级安全生产预案报备制度。按照应急管理部2019年修正的《生产安全事故应急预案管理办法》的要求,生产经营单位编制的各类应急预案之间应当

相互衔接，并与相关人民政府及其部门、应急救援队伍和涉及的其他单位的应急预案相衔接。

易燃易爆物品、危险化学品等危险物品的生产、经营、储存、运输单位，矿山、金属冶炼、城市轨道交通运营、建筑施工单位以及宾馆、商场、娱乐场所、旅游景区等人员密集场所经营单位应当在应急预案公布之日起20个工作日内，按照分级属地原则，向县级以上人民政府应急管理部门和其他负有安全生产监督管理职责的部门进行备案，并依法向社会公布。

3.生产经营单位应当定期组织应急演练

按照《生产安全事故应急预案管理办法》的要求，生产经营单位应当制定本单位的应急预案演练计划，根据本单位的事故风险特点，每年至少组织一次综合应急预案演练或者专项应急预案演练，每半年至少组织一次现场处置方案演练。应急预案演练结束后，应急预案演练组织单位应当对应急预案演练效果进行评估，撰写应急预案演练评估报告，分析存在的问题，并对应急预案提出修订意见。同时，生产经营单位应当采取多种形式开展应急预案的宣传教育，普及生产安全事故避险、自救和互救知识，提高从业人员和社会公众的安全意识与应急处置技能；组织开展本单位的应急预案、应急知识、自救互救和避险逃生技能的培训活动，使有关人员了解应急预案内容，熟悉应急职责、应急处置程序和措施。

（四）高危行业的应急救援要求

🕮原文条款

第八十二条　危险物品的生产、经营、储存单位以及矿山、金属冶炼、城市轨道交通运营、建筑施工单位应当建立应急救援组织；生产经营规模较小的，可以不建立应急救援组织，但应当指定兼职的应急救援人员。

危险物品的生产、经营、储存、运输单位以及矿山、金属冶炼、城市轨道交通运营、建筑施工单位应当配备必要的应急救援器材、设备和物资，并进行经常性维护、保养，保证正常运转。

1.高危行业生产经营单位的应急救援组织的建立和应急救援人员的指定

为了保障高危行业生产经营单位的从业人员在事故发生时能及时得到救护，以尽可能减少事故造成的人员伤亡和财产损失，高危行业生产经营单位应当建立应急救援组织，指定兼职的应急救援人员。由于危险物品和矿山、金属冶炼、城市轨道交通运营、建筑施工行业危险程度不同，对应急救援组织的要求也有所不同。因此，本条只对相关单位建立应急救援组织作出了原则性的规定。至于高危行业生产经营单位应当建立什么形式、多大规模的救援组织，应当按照有关规定执行。对于生产经营规模较小的高危行业生产经营单位，按照本条的规定，可以不建立应急救援组织，但应当指定兼职的应急救援人员。无论是专职的救援人员还是兼职的救援人员，都必须经过严格训练，符合要求才能担任救援人员。

2.高危行业生产经营单位应当配备必要的应急救援器材、设备和物资

高危行业生产经营单位在建立应急救援组织或者指定兼职救援人员的同时，还应当根据本单位生产经营活动的特点，为有关场所或者生产经营设备、设施配备必要的应急救援器材、设备、物资，并注明其使用方法。在有关场所配备必要的应急救援器材、设备、物资，可以在发生生产安全事故时，利用预先配备的应急救援器材、设备和物资开展自救和他救工作，以便更有效地应对和处置生产安全事故，避免事故情况进一步恶化。另外，高危行业生产经营单位应对其所配备的应急救援器材、设备和物资进行经常性维护、保养，使其处于良好状态，确保其可正常使用，以防止应急救援时不能正常发挥作用。

(五)单位报告和组织抢救义务

📖**原文条款**

第八十三条　生产经营单位发生生产安全事故后,事故现场有关人员应当立即报告本单位负责人。

单位负责人接到事故报告后,应当迅速采取有效措施,组织抢救,防止事故扩大,减少人员伤亡和财产损失,并按照国家有关规定立即如实报告当地负有安全生产监督管理职责的部门,不得隐瞒不报、谎报或者迟报,不得故意破坏事故现场、毁灭有关证据。

1.生产经营单位有关人员以及单位负责人对生产安全事故的报告义务

依照本条规定,生产经营单位发生生产安全事故后,事故现场有关人员应当立即报告本单位负责人,本单位负责人及时得知事故情况,并立即组织抢救工作。单位负责人接到事故报告后,应当按照国家有关规定立即如实报告当地负有安全生产监督管理职责的部门,不得以任何理由隐瞒不报、谎报或者迟报。

依照《生产安全事故报告和调查处理条例》的有关规定,发生生产安全事故的生产经营单位应当按照下列程序进行报告:

(1)事故发生后,事故现场有关人员应当立即向本单位负责人报告。

(2)单位负责人接到报告后,应当于 1 小时内向事故发生地县级以上人民政府应急管理部门和负有安全生产监督管理职责的有关部门报告。

(3)情况紧急时,事故现场有关人员可以直接向事故发生地县级以上人民政府应急管理部门和负有安全生产监督管理职责的有关部门报告,以利于积极组织事故救援力量调度。

2.单位负责人应当迅速采取措施组织抢救

单位负责人接到事故报告后,应当迅速采取有效措施,组织抢救,防止事故扩大,减少人员伤亡和财产损失。生产安全事故发生后,组织抢救是生产经营单位的首要任务。组织抢救包括组织救护组织抢救和从业人员自救。

事故发生后,生产经营单位应当立即启动相关应急预案,采取有效处置措施,开展先期应急工作,控制事态发展,并按规定向有关部门报告。对危险化学品泄漏等可能对周边群众和环境产生危害的事故,生产经营单位应在向地方政府和有关部门报告的同时,及时向可能受到影响的单位、职工、群众发出预警信息,标明危险区域,组织、协助应急救援队伍和工作人员救助受害人员,疏散、撤离、安置受到威胁的人员,并采取必要措施防止发生次生、衍生事故。应急处置工作结束后,各生产经营单位应尽快组织恢复生产、生活秩序,配合事故调查组进行调查。

3.不得故意破坏事故现场、毁灭有关证据

事故现场和有关证据是调查事故原因、查明事故性质和责任的重要方面。事故发生后,有关单位和人员应当妥善保护事故现场以及相关证据,任何单位和个人不得破坏事故现场、毁灭相关证据。

事故现场保护的主要任务就是在现场勘查之前,维持现场的原始状态,既不使它减少任何痕迹、物品,也不使它增加任何痕迹、物品。在事故调查组未进入事故现场前,企业应派专人看护现场,保护事故现场,必须根据事故现场的具体情况和周围环境,划定保护区的范围,布置警戒。必要时,将事故现场封锁起来,禁止一切人员进入保护区,禁止随意触摸或者移动事故现场的任何物品。因抢救人员、防止事故扩大以及疏通交通等原因需要移动事故现场物件的，应当做好标记，绘制现场简图并进行书面记录，妥善保存现场重要痕迹、物证。移动物件必须经过事故单位负责人或者组织事故调查的应急管理部门和负有安全生产监督管理职责的有关部门的同意。

（六）事故抢救

📖原文条款

第八十五条　有关地方人民政府和负有安全生产监督管理职责的部门的负责人接到生产安全事故报告后，应当按照生产安全事故应急救援预案的要求立即赶到事故现场，组织事故抢救。

参与事故抢救的部门和单位应当服从统一指挥，加强协同联动，采取有效的应急救援措施，并根据事故救援的需要采取警戒、疏散等措施，防止事故扩大和次生灾害的发生，减少人员伤亡和财产损失。

事故抢救过程中应当采取必要措施，避免或者减少对环境造成的危害。

任何单位和个人都应当支持、配合事故抢救，并提供一切便利条件。

1.有关地方人民政府和监管部门负责人的事故救援职责

为了确保生产安全事故救援及时、高效地进行，最大限度降低事故造成的人员伤亡和财产损失，参与事故救援的部门、单位和个人应当形成相互协作的体系，按照组织体系有条不紊地进行事故救援。

地方人民政府和负有安全生产监管职责的部门的负责人接到生产安全事故报告后，应当立即赶到事故现场，组织事故抢救。组织事故抢救时，应当“按照生产安全事故应急救援预案的要求”进行。目前，各级地方人民政府及其安全生产监管部门、生产经营单位都按照要求制定了本行政区域、本部门和本单位的应急救援预案，在发生不同种类和等级的事故后，相关的政府、部门和生产经营单位应按照预案来开展应急救援工作。

2.参与事故抢救的部门和单位的职责

有关地方人民政府和安全生产监管部门的负责人负有组织事故抢救的职责，特别是应当发挥统一指挥的作用。在此情况下，参加事故抢救的部门和单位应当按照事故应急救援预案的要求，服从统一指挥，加强协同联动，采取有效的应急救援措施。发生生产安全事故后，事故现场容易混乱，危险性会持续一段时间，参加事故抢救的部门和单位应当根据事故救援的需要，及时采取对有关场所进行警戒、疏散人群等措施，防止事故进一步扩大和次生灾害的发生，减少人员伤亡和财产损失。警戒措施一般是指对具有危险因素的事故现场周围的道路、出入口等进行暂时封闭、设立警戒标志或者人工隔离，防止与事故抢救无关的人员进入危险区域而受到伤害。疏散是指将事故现场危险区域的从业人员和群众及时转移安置到其他安全场所，防止聚集在事故现场及其周边的人员受到进一步的伤害。次生灾害，是指由原生灾害所诱导出来的灾害，具体到生产安全领域的次生灾害，是指生产安全事故发生后，由于事故源本身的特点或采取措施不及时等原因，进一步引发其他灾害事故，如由于生产、储存危险化学品的工厂坍塌，对有关危险化学品处理、转移不及时又引起爆炸等灾害。

3.事故抢救应避免或者减少对环境造成危害

生产安全事故发生后，在抢救人员和财产的过程中，由于采取措施不当，有可能对事故现场周边的环境造成危害，如处理有毒化工品泄漏事故，如果只考虑降低事故现场有毒化工品的浓度，采取向河流疏导等方式，就可能造成对河流的污染，对周边环境造成危害，出现抢救了生产安全事故，但又造成了新的环境污染事故的情况。这些做法不符合科学救援和成本效益的基本要求。鉴于此，本条对事故抢救中的环境保护问题作了规定，就是要求在最大限度减少事故人员伤亡和财产损失的情况下，根据事故应急预案和事故现场周边的实际情况，采取必要的措施，避免或者减少因事故抢救对周边环境的危害，包括对事故源采取及时、有效的控制、转移措施等。

4.单位和个人对事故抢救的支持、配合义务

生产安全事故会给人民群众的生命、财产安全造成损害，不仅生产经营单位的从业人员会遭受损害，也极易对生产经营单位以外的单位和个人造成损害。事故的抢救，不仅需要生产经营单位的自我救助，政府和安全生产监管部门的组织抢救，还需要有关单位和个人的支持和配合。每个单位和个人都要从保护人民生命财产安全，维护社会公众利益、国家利益的高度来认识生产安全事故的抢救问题，对事故抢救要积极支持、配合，提供一切可能的便利条件。

实践中需要注意的是，赶到事故现场、组织事故救援的政府和安全生产监管部门的负责人，并不限于政府和部门的主要负责人，也就是通常所说的“一把手”，也可以是主要负责人以外的其他负责人。一般而言，事故发生具有突然性和紧迫性，要求地方人民政府和监管部门的负责人到场，主要是考虑作为负责人，他们能够代表其任职的政府和安全生产监管部门，能够运用法律赋予的职权，在短时间内调动各种资源，并协调好各方面的关系，在事故救援过程中发挥指挥、协调的作用，保证救援工作的顺利开展，其他部门、单位和个人能够在其统一组织下参与事故抢救。

二、事故报告与调查处理

（一）安全监管部门的事故报告

📖原文条款

第八十四条　负有安全生产监督管理职责的部门接到事故报告后，应当立即按照国家有关规定上报事故情况。负有安全生产监督管理职责的部门和有关地方人民政府对事故情况不得隐瞒不报、谎报或者迟报。

1.负有安全生产监督管理职责的部门应当立即上报事故有关情况

对生产安全事故进行报告不仅是生产经营单位及其负责人的义务，也是负有安全生产监督管理职责的部门的义务。负有安全生产监督管理职责的部门接到生产经营单位关于生产安全事故的报告后，应当立即上报事故情况。

这里的“负有安全生产监督管理职责的部门”是指县级以上应急管理部门和对发生生产安全事故的生产经营单位负有安全生产监督管理职责的其他有关部门。应急管理部门和其他负有安全生产监督管理职责的有关部门接到事故报告后，应当按照规定向上级应急管理部门和负有安全生产监督管理职责的有关部门报告事故情况，因此生产安全事故报告实行两条线报告制度。

对伤亡事故的报告，国家有明确的规定。根据《生产安全事故报告和调查处理条例》的规定，应急管理部门和负有安全生产监督管理职责的有关部门接到事故报告后，应当依照下列

规定上报事故情况，并通知公安机关、劳动保障行政部门、工会和人民检察院。

（1）特别重大事故、重大事故逐级上报至国务院应急管理部门和负有安全生产监督管理职责的有关部门。

（2）较大事故逐级上报至省、自治区、直辖市人民政府应急管理部门和负有安全生产监督管理职责的有关部门。

（3）一般事故上报至设区的市级人民政府应急管理部门和负有安全生产监督管理职责的有关部门。

应急管理部门和负有安全生产监督管理职责的有关部门依照上述规定上报事故情况，应当同时报告本级人民政府。国务院应急管理部门和负有安全生产监督管理职责的有关部门以及省级人民政府接到发生特别重大事故、重大事故的报告后，应当立即报告国务院。必要时，应急管理部门和负有安全生产监督管理职责的有关部门可以越级上报事故情况。

在报告时限上，《生产安全事故报告和调查处理条例》进一步规定，应急管理部门和负有安全生产监督管理职责的有关部门逐级上报事故情况，每级上报的时间不得超过 2 小时。

2.负有安全生产监督管理职责的部门和有关地方人民政府对事故情况不得隐瞒不报、谎报或者迟报

为了逃避问责，一些具有事故报告责任与义务的单位和人员采取迟报、谎报和瞒报或者介于两者之间的手段，想尽一切办法“大事化小”“小事化了”，以逃避承担法律责任。为了惩戒和最大限度地抑制上述违法行为，保证相关部门及时、准确掌握事故的全部信息，本法对“隐瞒不报、谎报或者迟报”事故行为作了禁止性规定。对于有关地方人民政府、负有安全生产监督管理职责的部门，对生产安全事故隐瞒不报、谎报或者迟报的，依照本法第一百一十一条的规定，对直接负责的主管人员和其他直接责任人员依法给予处分；构成犯罪的，依照刑法有关规定追究刑事责任。

（二）事故调查处理

🕮原文条款

第八十六条　事故调查处理应当按照科学严谨、依法依规、实事求是、注重实效的原则，及时、准确地查清事故原因，查明事故性质和责任，评估应急处置工作，总结事故教训，提出整改措施，并对事故责任单位和人员提出处理建议。事故调查报告应当依法及时向社会公布。事故调查和处理的具体办法由国务院制定。

事故发生单位应当及时全面落实整改措施，负有安全生产监督管理职责的部门应当加强监督检查。

负责事故调查处理的国务院有关部门和地方人民政府应当在批复事故调查报告后一年内，组织有关部门对事故整改和防范措施落实情况进行评估，并及时向社会公开评估结果；对不履行职责导致事故整改和防范措施没有落实的有关单位和人员，应当按照有关规定追究责任。

第八十八条　任何单位和个人不得阻挠和干涉对事故的依法调查处理。

1.事故调查的基本原则和主要任务

目前，特别重大事故由国务院或者国务院授权有关部门组织事故调查组进行调查。重大事故、较大事故、一般事故分别由事故发生地省级人民政府、设区的市级人民政府、县级人民

政府负责调查。省级人民政府、设区的市级人民政府、县级人民政府可以直接组织事故调查组进行调查,也可以授权或者委托有关部门组织事故调查组进行调查。未造成人员伤亡的一般事故,县级人民政府也可以委托事故发生单位组织事故调查组进行调查。上级人民政府认为必要时,可以调查由下级人民政府负责调查的事故。无论是哪一级的政府和部门组织事故调查,都要遵循本条规定的基本原则和具体要求。

1)事故调查的基本原则

2011 年 11 月 26 日颁布实施的《国务院关于坚持科学发展安全发展促进安全生产形势持续稳定好转的意见》提出,要严格按照"科学严谨、依法依规、实事求是、注重实效"的原则。认真调查处理每一起事故,这一原则是从多年事故救援、调查工作实践中总结出来的,符合事故调查的基本规律,且多次被写入相关部门规章或规范性文件中,对事故调查工作起到了重要的指导作用。具体而言,事故调查基本原则应作以下理解:

科学严谨是指事故调查要尊重事故发生的客观规律,采取科学的方法,认真、细致、全面地获取、分析事故调查收集的每一份证据、材料。生产安全事故的调查处理具有很强的科学性和技术性,特别是事故原因的调查,往往需要作很多技术上的分析和研究,利用很多技术手段。事故调查组要有科学的态度,不主观臆想,不轻易下结论,努力做到客观、公正;要注意充分发挥专家和技术人员的作用,把对事故原因的查明,事故责任的分析、认定建立在科学的基础上。

依法依规是指事故调查工作要严格遵守有关法律、法规的规定,经过必要的程序,保证调查程序的公正和调查结果的公正。目前,一些法律、法规和规章对于事故调查作出了具体的规定,事故发生后,事故调查主体、调查程序和调查结果的认定,要严格按照这些规定执行。对于事故性质、原因和责任的分析,也要按照有关规定和标准进行,做到于法(规)有据。

实事求是是指要根据客观存在的情况和证据,研究与事故发生有关的事实,寻求事故发生的原因。在事故调查中,必须全面彻底查清生产安全事故的原因,不得夸大事故事实或缩小事故事实,不得弄虚作假。要从实际出发,在查明事故原因的基础上明确事故责任。提出处理意见要实事求是,不得从主观出发,不能感情用事,要根据事故责任划分,按照法律、法规和国家有关规定对事故责任人提出处理意见。

注重实效是指事故调查中既要对事实进行充分、准确的还原,也要注重调查的效率,还要在调查过程中及时发现问题、总结教训,对今后的类似事故起到警示的作用。

2)事故调查的主要任务

事故调查的主要任务包括以下 5 个方面:

(1)及时、准确地查清事故原因。查清事故发生的经过和事故原因,是事故调查处理的首要任务和内容,也是进行下一步分清责任,出具处理意见的基础。查清事故原因,重在及时、准确。所谓及时,就是应在规定的时间内尽快查出事故原因。一般情况下,事故调查组应当自事故发生之日起 60 日内完成调查,提交事故调查报告;特殊情况下,经负责事故调查的人民政府批准,提交事故调查报告的期限可以适当延长,但延长的期限最长不超过 60 日。所谓准确,是指应当客观地、全面地反映事故发生的原因。

(2)查明事故性质和责任。这是指要查明事故的类型和具体责任的承担。事故性质是指事故是人为事故还是自然事故,是意外事故还是责任事故。查明事故性质是认定事故责任的基础和前提。如果事故纯属自然事故或者意外事故,则不需要认定事故责任。如果是人为事故和责任事故,就应当查明哪些人员对事故负有责任,并确定其责任。

(3)评估应急处置工作。这是2021年修订的《安全生产法》新增加的内容。事故发生后,应当采取应急处置工作,但是应急处置采取的措施是否科学、合理,需要进行评估。《生产安全事故应急条例》中要求,按照国家有关规定成立的生产安全事故调查组应当对应急救援工作进行评估,并在事故调查报告中作出评估结论。

(4)总结事故教训,提出整改措施。安全生产工作的根本方针是"安全第一、预防为主、综合治理"。通过查明事故经过和事故原因,发现安全生产管理工作的漏洞,从事故中总结教训,并提出整改措施,防止今后类似事故再次发生,这是事故调查处理的重要任务和内容之一,也是事故调查处理的最根本目的。

(5)对事故责任单位和人员提出处理意见。生产安全事故责任追究制度是我国安全生产领域的一项基本制度。2021年修订的《安全生产法》将"事故责任者"修改为"事故责任单位和人员",就是对事故责任认定作进一步细化,明确对事故责任单位和具体责任人员分别提出不同的处理建议,使有关责任者受到合理的处理,包括给予党纪处分、行政处分或者建议追究相应的刑事责任,这对于增强有关单位和人员的责任心,提高生产经营单位预防事故的水平和提高地方人民政府及其监管部门的责任意识,预防事故再次发生,具有重要的警示意义。

2.事故调查报告的公布

事故调查报告应当依法及时向社会公布。一般情况下,事故调查报告包括事故发生单位概况、事故发生经过和事故救援情况、造成的人员伤亡和直接经济损失、事故原因和事故性质、责任的认定及对事故责任者的处理、事故防范和整改措施等内容,事故调查报告应当附具有关证据材料。事故调查组成员应当在事故调查报告上签名。生产安全事故的调查处理情况涉及当事方的切身利益,也涉及社会公众的知情权,因此,以适当的方式公布事故调查报告,很有必要。

事故调查报告可以由负责事故调查的人民政府直接向社会公布,也可以由其授权的有关部门、机构负责向社会公布。实践中根据不同的事故等级,公布的主体也会有所不同。向社会公布事故调查报告可以通过报刊、网络等形式,可以是其中的一种形式,也可以同时采用多种形式。

需要注意的是,向社会公布事故调查报告时,对于依法应当保密的内容,不向社会公布。这里所说的依法应当保密的内容既包括依据《保守国家秘密法》等规定的属于国家秘密的信息,也包括依据其他有关法律、行政法规规定,应当保密的企业商业秘密等。在实际操作中,有关地方人民政府和部门不能以事故调查报告中某一部分需要保密为由,不予公布,而是应当对事故调查报告的保密部分作出适当处理后,依法予以公布。

3.事故调查和处理的具体办法

考虑事故调查和处理的情况比较复杂,本法没有作出具体规定,而是授权国务院制定具体办法。早在2002年制定《安全生产法》之前,国务院已于1989年3月29日公布了《特别重大事故调查程序暂行规定》,于1991年2月22日公布了《企业职工伤亡事故报告和处理规定》等。这些规定在处理生产安全事故方面曾发挥了重要作用。国务院根据本条的授权规定,结合《消防法》《道路交通安全法》《海上交通安全法》等安全生产方面的法律中有关事故调查处理的规定，于2007年3月28日在第172次常务会议上通过了《生产安全事故报告和调查处理条例》。该条例施行后，国务院《特别重大事故调查程序暂行规定》和《企业职工伤亡事故报告和处理规定》同时废止。

4.事故发生单位落实整改的义务

事故发生单位应当及时全面落实整改措施，负有安全生产监督管理职责的部门应当加强监督检查。事故调查和处理的根本目的绝不仅仅是发现某人的问题和责任给予惩治，更是要查明原因，发现漏洞，分清责任，使生产经营单位领导和职工从中吸取教训，改进工作，防止事故再次发生。一方面，事故发生单位应及时全面落实整改措施。事故发生单位作为安全生产工作的责任主体，自然是落实整改措施的主体。事故发生单位应认真反思，吸取教训，查找安全生产管理方面的不足和漏洞，吸取事故教训。对于事故调查组在查明事故原因的基础上提出的有针对性的整改措施，事故发生单位必须及时、全面地予以落实。另一方面，负有安全生产监管职责的部门应加强对整改落实情况的监督检查。根据本法第十条规定的安全生产监管的基本体制，应急管理部门对安全生产实施综合监督管理，各有关部门对各自行业、领域的安全生产实施监督管理。事故发生单位落实整改措施情况属于安全生产工作的重要内容，负有安全生产监管职责的部门应当对落实情况进行监督检查，这是履行安全生产监管职责的要求。所谓监督检查，主要是指通过信息反馈、情况反映、实地检查等方式及时掌握事故发生单位落实整改措施的情况，对未按照要求落实的，督促其落实；经督促仍然不落实的，依法采取有关措施。

5.事故整改和防范措施落实情况的评估

针对实践中一些地区事故调查报告出来后，对所提出的整改措施监督不力，落实不到位，致使同一地区、同一行业领域同类事故反复发生，旨在进一步强化对事故整改和防范措施落实情况的监督。建立事故暴露问题整改督办制度，事故结案后一年内，负责事故调查的地方政府和国务院有关部门要组织开展评估，及时向社会公开。评估的内容是指事故整改和防范措施落实情况。对履职不力、整改措施不落实的，依法依规严肃追究有关单位和人员责任。通过建立强制性的评估制度，最大限度地督促相关的整改措施在规定时间内落实到位，避免有关安全生产隐患久拖未决，导致人民群众的生命财产安全始终处在危险当中甚至导致相同或类似的事故再次发生。

6.任何单位和个人不得阻挠和干涉对事故的依法调查处理

无论是发生生产事故的生产经营单位、从业人员，还是其他有关单位和个人，都应当对事故调查进行积极配合，不得阻挠和干涉；否则，要根据情节轻重追究其相应的责任。

在事故调查环节，阻挠、干涉对事故的依法调查，可以表现为多种形式。例如，在事故调查组组成过程中阻挠和干涉事故调查组的组成；阻挠和干涉事故调查的过程，包括故意破坏事故现场或者转移、隐匿有关证据，无正当理由拒绝接受事故调查组的询问，或者拒绝提供有关情况和资料，或者作伪证、提供虚假情况，或者为事故调查设置障碍等；阻挠和干涉对事故性质的认定或者事故责任的确定等。在事故处理环节，则主要表现为拒不服从有关政府对事故调查报告的批复，阻挠和干涉对有关事故责任人员进行处理等。对阻挠、干涉依法调查处理事故的单位和个人，构成犯罪的，依法追究刑事责任，必须依法严肃处理。不构成犯罪的，依法给予行政处罚或者处分。

实践中需要注意的是，如果事故调查组及其成员不依法调查处理，如事故调查组的组成不合法，事故调查的程序不合法，对事故责任人的处理不符合法律规定，甚至借事故调查之名，超出调查职权范围对事故发生单位进行刁难甚至提出非法要求等，受调查的单位和其他有关单位和个人可以提出意见，并有权拒绝接受调查，并可以及时向有关部门举报、投诉；政府和有关部门有权及时予以纠正。

（三）责任追究

原文条款

第八十七条　生产经营单位发生生产安全事故，经调查确定为责任事故的，除了应当查明事故单位的责任并依法予以追究外，还应当查明对安全生产的有关事项负有审查批准和监督职责的行政部门的责任，对有失职、渎职行为的，依照本法第九十条的规定追究法律责任。

1.相关行政部门对安全生产有关事项负有的审查批准和监督职责

依据本条追究相关行政部门法律责任的前提，是相关行政部门负有审查批准和监督管理的职责。负有安全生产监督管理职责的部门依照有关法律、法规的规定，对涉及安全生产的事项需要审查批准（包括批准、核准、许可、注册、认证、颁发证照等）或者验收的，必须严格依照有关法律、法规和国家标准或者行业标准规定的安全生产条件和程序进行审查；不符合有关法律、法规和国家或者行业标准规定的安全生产条件的，不得批准或者验收通过。因此，具有相关行业事项审查批准或者验收职能的部门，在生产经营单位发生生产安全事故，经调查确定为责任事故时，同样有可能被追究相应的法律责任。

2.对安全生产的有关事项负有审查批准和监督职责的行政部门失职、渎职的法律责任

具有监督职责和审查批准权力的安全生产监管部门，同时也应当承担相应的责任，体现权责一致的原则。因此，发生生产安全事故，既要依法追究事故单位的责任，也要依法查明负有审批和监督职责的行政部门的责任。如果经查明，相关部门存在失职、渎职行为的，则应当一并追究法律责任。

其中，追究法律责任的前提是相关的生产安全事故被认定为责任事故，且有关行政部门具有失职、渎职的行为。按照国务院《生产安全事故报告和调查处理条例》的规定，认定这些负有审查批准和监督职责的行政部门责任，需要结合生产安全事故调查报告予以认定。

实践中，还需要注意以下两点：一是追究法律责任的对象，是负有安全生产监督管理职责的部门的工作人员。这里的工作人员，既包括具体从事安全生产有关事项审查批准和监督职责的经办人员，也包括相关行政部门及其相关机构的主要负责人。同时，对于法律责任性质的理解，应当结合失职、渎职行为的严重程度加以把握。情节较为轻微，不构成刑事责任的，则主要给予责任人降级或者撤职的政务处分。如果情节严重，影响恶劣，满足刑法相关罪名构成要件的，还要进一步追究有关人员的刑事责任。二是在追究失职、渎职行为时，要避免盲目扩大化。事故的调查处理，最终目的是查明原因、接受教训、举一反三，以后不再发生相类似的事故，而不仅仅是处罚相关人员。目前，不少地方把重点放在了惩戒方面，而忽视了对事故真正原因的分析，不重视把原因向同行业或社会公布，以提高广大职工和生产经营单位负责人对事故隐患的认知能力和预防水平，结果是同样的事故再次发生。这种做法应当予以转变。从总体上来说，只要负有安全生产监督管理职责的部门及其工作人员按照法律法规规定的职责，认真履行了义务，尽职尽责做了工作，就不能简单地定“罪”。对确实属于不负责任

的，或者有徇私枉法行为的，严格依法按失职、渎职处理。

(四)事故定期统计分析和定期公布制度

📖**原文条款**

第八十九条　县级以上地方各级人民政府应急管理部门应当定期统计分析本行政区域内发生生产安全事故的情况，并定期向社会公布。

1.定期统计分析的责任单位是应急管理部门

定期统计分析本行政区域内发生生产安全事故的情况并定期向社会公布的机关是县级以上地方各级人民政府应急管理部门。同时，考虑交通运输、住房和城乡建设、水利、民航等有关部门在各自职责范围内对有关行业、领域的安全生产工作也实施监督管理，且相关行业、领域的安全生产工作具有较强的专业性，因此各级应急管理部门在统计分析本行政区域生产安全事故情况时，应同各有关部门保持密切配合，共同做好生产安全事故情况的统计分析。

2.本行政区域的生产安全事故情况要定期分析和公布

目前，对于生产安全事故情况的统计分析和公布的具体分工是：省级人民政府应急管理部门负责本省、自治区、直辖市范围内发生生产安全事故的情况的统计分析和公布工作；市、县级人民政府应急管理部门负责本市、县行政区域内这方面的工作。省级人民政府应急管理部门应当在全省性的媒体上公布，市、县级人民政府应急管理部门应当分别在全市性和县级媒体上公布。

生产经营单位可以通过公布的生产安全事故情况，了解有关区域、有关行业总体的安全生产形势，并结合自身的行业特点采取必要的防范事故的具体措施，不断提高安全生产水平。例如，某一时段危险化学品爆炸事故频发，涉及相关危险化学品生产、储存、运输、装卸等生产经营单位应当密切关注当地政府发布的事故统计分析信息，及时查清自身可能存在的风险隐患，有针对性地开展专项检查，切实降低类似事故的发生率。社会公众也可以通过媒体的公布对一定时期发生生产安全事故的情况有所了解，及时消除不必要的恐慌和谣言，便于监督生产经营单位和政府有关部门的安全生产工作，有利于全社会安全生产意识的提高和社会总体的和谐稳定。

需要注意的是，生产安全事故情况向社会公布与生产安全事故调查报告向社会公布是有区别的。生产安全事故情况的公布主要是从统计分析的角度，对某一地区一段时间内生产安全事故的数量、类别、死伤人数、财产损失等综合情况的公布。两者不宜混淆，更不能以公布生产安全事故的总体情况替代对于具体事故调查报告的公布。

【任务训练】

结合以下案例，查阅相关资料，分析讨论企业编制生产安全事故应急救援预案的相关要求。

2019 年 9 月 6 日上午，根据执法计划安排，乐清市应急管理局执法人员到某企业进行安全生产执法监督检查，经查发现该公司未制定安全事故应急救援预案。该公司使用面积一千六百平方米，一楼是生产车间，六楼是生产、装配车间。现有员工 18 人，由总经理黄某主要负责公司的安全生产，生产经理刘某为该公司安全生产小组成员。当日，执法人员在查阅该企业安全生产方面的书面资料时发现，该企业未制定 2019 年生产安全事故应急救援预案。经询问董事长和生产经理,两人均表示没有制定生产安全事故应急救援预案。该案于 2019 年 9 月 12 日经乐清市应急管理局批准立案,按照法律法规,最终对该企业给予处罚款人民币 1.6 万元的行政处罚。

【巩固提升】

1.国家加强生产安全事故应急能力建设,在建立应急救援基地和应急救援队伍时,应该选择(　　)。

A.所有行业、领域　　B.重点行业、领域

C.经济发达地区　　D.经济欠发达地区

2.关于事故应急救援预案,以下表述错误的是(　　)。

A.县级以上地方各级人民政府应当组织有关部门制定本行政区域内生产安全事故应急救援预案

B.危险性较小的生产经营单位可以不制定生产安全事故应急救援预案

C.生产经营单位制定的生产安全事故应急救援预案应当与所在地县级以上地方人民政府组织制定的生产安全事故应急预案相衔接

D.生产经营单位应当定期组织应急救援预案演练

3.下列关于建立应急救援组织的表述正确的是(　　)。

A.生产经营单位都应当建立应急救援组织

B.危险物品的生产、经营、储存单位以及矿山、金属冶炼、城市轨道交通运营、建筑施工单位都应当建立应急救援组织

C.生产经营规模较小的危险物品生产单位可以不建立应急救援组织,不配备应急救援人员

D.金属冶炼企业、城市轨道交通运营企业应当建立应急救援组织;生产经营规模较小的,可以不建立应急救援组织,但应当指定兼职的应急救援人员

4.生产经营单位发生生产安全事故后,以下哪项处理措施是错误的?(　　)

A.事故现场有关人员应当立即报告本单位负责人

B.单位负责人接到事故报告后,应当首先向当地负有安全生产监督管理职责的部门报告,根据负有安全生产监督管理职责的部门的指令组织抢救

C.单位负责人接到事故报告后,应当迅速采取有效措施,组织抢救,防止事故扩大,减少人员伤亡和财产损失

D.生产经营单位负责人应当按照国家有关规定立即如实报告当地负有安全生产监督管理职责的部门

5.关于生产安全事故抢救的表述,错误的是(　　)。

A.有关地方人民政府和负有安全生产监督管理职责的部门的负责人接到生产安全事故报告后,应当按照事故应急救援预案的要求立即赶到事故现场,组织事故抢救

B.抢救时可以采取警戒、疏散等措施,防止事故扩大和次生灾害的发生

C.参与事故抢救的部门应当服从统一指挥

D.参与事故抢救的部门应当首先服从本部门负责人的指挥

【拓展阅读】

1.《生产安全事故应急预案管理办法》。
2.《重庆市安全生产条例》。
3.《生产经营单位生产安全事故应急预案编制导则》。

任务六　安全生产违法行为应负的法律责任

【任务目标】

1.熟悉安全生产监管部门及人员、安全技术服务中介机构违法责任。
2.掌握生产经营单位及人员违法责任。
3.能够初步分析安全生产违法行为应负的法律责任。

【知识准备】

法律责任是国家管理社会事务所采用的强制当事人依法办事的法律措施。依照《安全生产法》的规定,各类安全生产法律关系的主体必须履行各自的安全生产法律义务,保障安全生产。《安全生产法》的执法机关将依照有关法律规定,追究安全生产违法人员的法律责任,对有关生产经营单位给予法律制裁。

一、安全生产监管部门及人员违法责任

(一)监管部门违法责任

📖原文条款

第九十一条　负有安全生产监督管理职责的部门,要求被审查、验收的单位购买其指定的安全设备、器材或者其他产品的,在对安全生产事项的审查、验收中收取费用的,由其上级机关或者监察机关责令改正,责令退还收取的费用;情节严重的,对直接负责的主管人员和其他直接责任人员依法给予处分。

1.不得指定安全设备、器材或者其他产品,且不得收取安全生产事项的审查、验收费用

对有关安全生产设施、设备等依法进行安全审查、验收是负有安全生产监督管理职责的部门的权力,同时也是其必须履行的职责,其在履行法律赋予的职责时不得滥用职权,更不得以权谋私。负有安全生产监督管理职责的部门对涉及安全生产的事项进行审查、验收,不得收取费用;不得要求接受审查、验收的单位购买其指定品牌或者指定生产、销售单位的安全设备、器材或者其他产品。实践中有的负有安全生产监督管理职责的部门在对生产经营单位进行审查、验收时,违反规定收取费用,或者要求企业使用其推荐的安全设备、器材或者其他产品、以从中谋取不正当利益。这些违法行为加重了生产经营单位的负担,侵犯了生产经营单位的经营自主权等合法权利,损害了负有安全生产监督管理职责的部门作为国家机关公正执法的形象和信誉,还可能会滋生腐败。

值得注意的是，即便负有安全生产监督管理职责的部门没有为自身谋取不正当利益，要求被审查、验收的单位购买指定的安全设备、器材或者其他产品的仍然属于违法行为。根据有关规定，行政机关和法律、法规授权的具有管理公共事务职能的组织不得滥用行政权力，限定或者变相限定单位或者个人经营、购买、使用其指定的经营者提供的商品。因此，对相关安全设备、器材或者其他产品进行指定，涉嫌滥用行政权力实施地方性保护，即便并不谋求个人或单位的利益，仍然有违市场经济的精神和反垄断法的有关规定。

2.违反规定的处理办法和相关法律责任

违法行为应由其上级机关或者监察机关责令改正，责令退还收取的费用。对于接受审查、验收的单位符合审批、验收的条件，如果只是因为接受审查、验收的单位没有缴纳"审查费""验收费"等费用或者没有购买负有安全生产监督管理职责的部门指定品牌或者指定生产、销售单位的产品，而不予审查批准或验收通过的，还应责令审批部门依法予以批准或验收通过。

违法行为情节严重的，对直接负责的主管人员和其他直接责任人员依法给予处分。处分包括警告、记过、记大过、降级、撤职、开除，具体给予哪种处分，可根据具体情况而定。这里讲的"情节严重"，包括在审查、验收中多次要求接受审查、验收的单位购买其指定品牌或者指定的生产、销售单位的安全设备、器材或者其他产品，在审查、验收中多次收取费用，且数额较大，社会影响较恶劣等。这里所说的"直接负责的主管人员"，是指在单位违法行为中负有直接领导责任的人员，包括违法行为的决策人，事后对单位违法行为予以认可和支持的领导人员，以及由于疏于管理或放任而对单位违法行为负有不可推卸的责任的领导人员。"其他直接责任人员"，是指直接实施违法行为的人员。

(二)监管部门工作人员违法责任

🕮原文条款

第九十条　负有安全生产监督管理职责的部门的工作人员，有下列行为之一的，给予降级或者撤职的处分；构成犯罪的，依照刑法有关规定追究刑事责任：

(一)对不符合法定安全生产条件的涉及安全生产的事项予以批准或者验收通过的；

(二)发现未依法取得批准、验收的单位擅自从事有关活动或者接到举报后不予取缔或者不依法予以处理的；

(三)对已经依法取得批准的单位不履行监督管理职责，发现其不再具备安全生产条件而不撤销原批准或者发现安全生产违法行为不予查处的；

(四)在监督检查中发现重大事故隐患，不依法及时处理的。

负有安全生产监督管理职责的部门的工作人员有前款规定以外的滥用职权、玩忽职守、徇私舞弊行为的，依法给予处分；构成犯罪的，依照刑法有关规定追究刑事责任。

1.监管部门工作人员不依法履行列示职责的法律责任

负有安全生产监督管理职责的部门包括国务院应急管理部门、县级以上地方各级人民政府应急管理部门，依照法律、法规规定对有关行业、领域的安全生产工作负有监督管理职责的国务院有关部门和县级以上地方人民政府其他有关部门，这些部门的工作人员的违法行为主要有以下4种体现：

(1)对不符合法定安全生产条件的涉及安全生产的事项予以批准或者验收通过。法定安全生产条件是指本法和有关法律、行政法规和国家标准或者行业标准规定的安全生产条件，涉及安全生产的事项既包括本法规定的矿山、金属冶炼、建筑施工、道路运输等活动中涉及的安全设施的监管等事项，也包括其他有关法律、行政法规规定应由负有安全生产监督管理职责的部门进行审批、验收的事项。

(2)发现未依法取得批准、验收的单位擅自从事有关活动或者接到举报后不予取缔或者不依法予以处理。根据本法的规定，未依法取得批准或者验收合格的单位擅自从事有关活动的，负行政审批的部门发现或者接到举报后应当根据情况予以取缔，或者依法给予其他处理，否则就属于不依法履行法定职责的行为，应依照本条规定追究法律责任。

(3)对已经依法取得批准的单位，发现其不再具备安全生产条件而不撤销原批准或者发现安全生产违法行为不予查处。根据本法的规定，对已经依法取得批准的单位，负责行政审批的部门发现其不再具备安全生产条件的，应当撤销原批准。负责审批的部门不依法履行法律所规定的这一职责的，依照本条规定追究其法律责任。

(4)在监督检查中发现重大事故隐患，不依法及时处理。根据本法规定，应急管理部门和其他负有安全生产监督管理职责的部门对检查中发现的事故隐患，应当责令立即排除；重大事故隐患排除前或者排除过程中无法保证安全的，应当责令从危险区域内撤出作业人员，责令暂时停产停业或者停止使用相关设施或者设备。如果对发现的重大事故隐患不及时依法处理，依照本条规定追究法律责任。

对有本条第一款所列违法行为之一的负有安全生产监督管理职责的部门的工作人员，应当按照下列规定追究法律责任：

①给予降级或者撤职的处分。《公务员法》规定了公务员因违法违纪应当承担纪律责任的依法给予处分，处分分为警告、记过、记大过、降级、撤职、开除。负有安全生产监督管理职责的部门的工作人员有本条第一款列举的违法行为的，应当受到降级或者撤职的处分。

②构成犯罪的，依照刑法有关规定追究刑事责任。主要涉及玩忽职守犯罪和滥用职权犯罪。是否构成犯罪以及如何追究刑事责任，需要根据刑法规定的犯罪构成和刑罚等内容确定。

2.相关部门工作人员滥用职权、玩忽职守、徇私舞弊行为的法律责任

本条第二款的规定是对第一款规定的补充。本条第一款列举了有关人员违法行为的几种具体形式，但实践中违法行为的情况比较复杂，除了这几种形式外还可能有其他情形。例如，第一款第四项规定的是“在监督检查中发现重大事故隐患，不依法及时处理”，实践中也可能在检查过程中发现的是一般的事故隐患，也会造成比较严重的后果，这种情况下也要依法及时处理，否则也应承担相应的法律责任。因此，本款规定只要满足滥用职权、玩忽职守、徇私舞弊等情形的，即便不符合第一款中具体列示的相关情形，也要依法给予处分，可能是警告、记过、记大过，也可能是降级、撤职、开除等，需要根据具体情况确定。构成犯罪符合相关罪名构成要件的，也要一并追究刑事责任。

(三)未按规定报告事故违法责任

🕮原文条款

第一百一十一条　有关地方人民政府、负有安全生产监督管理职责的部门，对生产安全事故隐瞒不报、谎报或者迟报的，对直接负责的主管人员和其他直接责任人员依法给予处分；

构成犯罪的,依照刑法有关规定追究刑事责任。

1.违法行为

负有安全生产监督管理职责的部门接到事故报告后,应当立即按照国家有关规定上报事故情况。负有安全生产监督管理职责的部门和有关地方人民政府对事故情况不得隐瞒不报、谎报或者迟报,违反了这一规定,就要承担相应的法律责任。

本条规定的承担法律责任的主体是有关地方人民政府、负有安全生产监督管理职责的部门的直接负责的主管人员和其他直接责任人员。

2.法律责任

(1)对直接负责的主管人员和其他直接责任人员依法给予处分。处分,是指国家机关、企事业单位依法给隶属于它的犯有轻微违法行为人员的一种制裁性处理。警告、记过、记大过、降级、撤职、开除 6 种处分具体给予哪种,则根据违法行为人违法行为的情节,按照干部管理权限,由有关机关决定。

(2)构成犯罪的,依照刑法有关规定追究刑事责任。这里讲的构成犯罪,主要是指构成《刑法》第三百九十七条规定的关于国家机关工作人员滥用职权、玩忽职守的犯罪。依照该条第一款的规定国家机关工作人员滥用职权或者玩忽职守,致使公共财产、国家和人民利益遭受重大损失的,处 3 年以下有期徒刑或者拘役;情节特别严重的,处 3 年以上 7 年以下有期徒刑。构成本条犯罪必须具备的条件如下:一是客观上实施了滥用职权、玩忽职守的行为。例如,对生产安全事故隐瞒不报,就是一种不履行职责的行为。二是客观上必须有由于滥用职权、玩忽职守致使公共财产国家和人民利益遭受重大损失的严重后果。这是划分罪与非罪的重要标准。

二、生产经营单位及人员违法责任

(一)资金投入违法责任

🕮原文条款

第九十三条　生产经营单位的决策机构、主要负责人或者个人经营的投资人不依照本法规定保证安全生产所必需的资金投入,致使生产经营单位不具备安全生产条件的,责令限期改正,提供必需的资金;逾期未改正的,责令生产经营单位停产停业整顿。

有前款违法行为,导致发生生产安全事故的,对生产经营单位的主要负责人给予撤职处分,对个人经营的投资人处二万元以上二十万元以下的罚款;构成犯罪的,依照刑法有关规定追究刑事责任。

1.相关主体未保证安全生产所必需的资金投入

构成本条违法行为的主体,是生产经营单位的决策机构主要负责人、个人经营的投资人,其客观表现为由于不依照本法规定保证安全生产所必需的资金投入,从而导致生产经营单位不具备安全生产条件,生产经营存在重大安全隐患。

是否“具备安全生产条件”应当结合多方面的因素综合进行考虑,例如注册安全工程师出具的安全生产评估结论、负有安全生产监督管理职责的部门出具的安全生产整改通知、特定建设项目的安全设施的验收审查结果等。如果有关部门和专业人员对生产经营单位提出整改要求或者负面评价的,应当认为相关生产经营单位不具备安全生产条件。

2.未保证安全生产所必需的资金投入的法律责任

对于有本条规定的违法行为，首先应由负责安全生产监督管理的部门责令生产经营单位的决策机构、主要负责人、个人经营的投资人在规定的期限内纠正违法行为，提供生产经营单位应当具备的安全生产条件所必需的资金。主要考虑资金投入不到位，可能会导致安全生产隐患的存在，因此给予生产经营单位自觉主动改正的机会，避免对正常的生产经营造成影响。

如果违法行为人在规定的期限内仍然不改正的，则从保障广大人民群众生命财产安全的角度出发，有关部门有权责令生产经营单位停产停业整顿，直到相关资金投入到位，方可重新恢复生产经营。责令停产停业是指行政执法机关对违反行政管理秩序的企业事业单位，依法在一定期限内暂停其从事有关生产经营活动权利的行政处罚。

导致发生生产安全事故的，是对前款规定的一种加重处罚情形。具体又可以分为两个层次：一是虽发生生产安全事故，但相关情形不构成刑事犯罪的。本款主要规定的是对生产经营单位的主要负责人给予撤职处分，对个人经营的投资人处 2 万元以上 20 万元以下的罚款。二是导致发生生产安全事故，构成犯罪的，则给予行政处罚的同时，还应当依照刑法有关规定追究刑事责任。这里追究的刑事责任，主要是指构成刑法规定的关于重大劳动安全事故的犯罪。根据刑法第一百三十五条的规定，构成该罪须具备以下条件：

(1)安全生产设施或者安全生产条件不符合国家规定，即不符合有关的法律、法规、国家标准或者行业标准的规定，使生产经营单位不具备安全生产条件；

(2)导致发生重大伤亡事故或者造成其他严重后果的，其中重大伤亡事故的判断标准，可参考《生产安全事故报告和调查处理条例》中的生产安全事故等级划分。对于“其他严重后果”，则应结合经济损失金额、事故影响范围等因素综合考量。对造成犯罪结果的直接责任人员根据刑法处 3 年以下有期徒刑或者拘役；情节特别恶劣的，处 3 年以上 7 年以下有期徒刑。

(二)主要负责人违法责任

1.安全生产管理违法责任

📖原文条款

第九十四条　生产经营单位的主要负责人未履行本法规定的安全生产管理职责的，责令限期改正，处二万元以上五万元以下的罚款；逾期未改正的，处五万元以上十万元以下的罚款，责令生产经营单位停产停业整顿。

生产经营单位的主要负责人有前款违法行为，导致发生生产安全事故的，给予撤职处分；构成犯罪的，依照刑法有关规定追究刑事责任。

生产经营单位的主要负责人依照前款规定受刑事处罚或者撤职处分的，自刑罚执行完毕或者受处分之日起，五年内不得担任任何生产经营单位的主要负责人；对重大、特别重大生产安全事故负有责任的，终身不得担任本行业生产经营单位的主要负责人。

第九十五条　生产经营单位的主要负责人未履行本法规定的安全生产管理职责，导致发生生产安全事故的，由应急管理部门依照下列规定处以罚款：

(一)发生一般事故的，处上一年年收入百分之四十的罚款；

(二)发生较大事故的，处上一年年收入百分之六十的罚款；

(三)发生重大事故的，处上一年年收入百分之八十的罚款；

(四)发生特别重大事故的，处上一年年收入百分之一百的罚款。

1）不履行安全生产管理法定职责的情形

生产经营单位主要负责人未履行本法规定的安全生产管理职责，需要结合本法其他相关条款，尤其是第二十一条的有关规定来理解。根据本法第二十一条的规定，生产经营单位的主要负责人对本单位的安全生产工作负有以下职责：建立、健全并落实本单位全员安全生产责任制，加强安全生产标准化建设；组织制定并实施本单位安全生产规章制度和操作规程；组织制定并实施本单位安全生产教育和培训计划；保证本单位安全生产投入的有效实施；组织建立并落实安全风险分级管控和隐患排查治理双重预防工作机制，督促、检查本单位的安全生产工作，及时消除生产安全事故隐患；组织制定并实施本单位的生产安全事故应急救援预案；及时、如实报告生产安全事故。这些都是生产经营单位的主要负责人必须履行的法定职责，生产经营单位的主要负责人不履行法律规定的职责的，依照本条规定追究其法律责任。

2）不履行安全生产管理法定职责的法律责任

2021 年新修订的《安全生产法》中，除了在第二十一条对生产经营单位主要负责人的安全生产管理职责作进一步规范外，在本条中加重了主要负责人的违法行为的处罚力度。主要表现在两点：一是未履行法定安全生产管理职责的，在对生产经营单位的主要负责人责令改正的同时，应当处 2 万元以上 5 万元以下的罚款，不再要求“逾期未改正”的处罚前提。二是加重逾期未改正的处罚力度，由“处 2 万元以上 5 万元以下的罚款”修改为“处 5 万元以上 10 万元以下的罚款”。

结合本条其他规定要求，对生产经营单位主要负责人违法行为的法律责任，主要分为行政责任和刑事责任两部分。在行政责任方面，主要是四个方面：一是行政罚款，行政罚款主要针对未履行本法规定的安全生产管理职责的生产经营单位的主要负责人，并根据是否在限期内改正分为两档的罚款处罚，在限期内改正的，处 2 万元以上 5 万元以下的罚款，逾期未改正的，则增加罚款额度，处 5 万元以上 10 万元以下的罚款。二是撤职处分，这主要是针对国有企业中的生产经营单位主要负责人，非国有企业的主要负责人存在类似违法行为的，鼓励企业有关权力机关依据公司法和公司章程的有关规定，对主要负责人给予撤职处分。三是职业限制和禁止，根据本条第三款的规定，如果生产经营单位的主要负责人依照本条规定受刑事处罚或者撤职处分的自刑罚执行完毕或者受处分之日起，5 年内不得担任任何生产经营单位的主要负责人。这里规定的起算时间，受到刑事处罚的即从刑罚执行完毕之日起计算；受到处分的，即从处分之日起计算；既受到刑事处罚，又受到处分的，仍依此规定执行。对重大、特别重大生产安全事故负有责任的，终身不得担任本行业生产经营单位的主要负责人。四是主要负责人逾期未改正的，责令生产经营单位停产停业整顿。在对主要负责人罚款的同时，生产经营单位也应当被责令停产停业整顿，直到生产经营单位的主要负责人按照本法规定履行了法定职责，才能恢复生产经营活动。这样既有主要负责人的个人责任，又有生产经营单位的责任。

在刑事责任方面，主要是针对生产经营单位的主要负责人违法行为导致安全事故这一加重情形的。因此，根据本法要追究生产经营单位主要负责人的刑事责任，除需要具备相关罪名的构成要件外，应当有生产安全事故的现实发生。具体个案中是否追究相关主要负责人的刑事责任，还要结合事故的破坏损失程度、当事人的主观过错因素等综合考虑。

3)不履行安全生产管理法定职责导致事故发生的罚款

2021 年修订的《安全生产法》对相关处罚的比例作了较大调整,总体上增加了生产经营单位的主要负责人未履行安全生产管理职责,发生生产安全事故时的违法成本,促使相关人员高度重视安全生产工作,积极履行安全生产管理职责。根据本条规定,对主要负责人的罚款有两个条件:一是其未履行本法规定的安全生产管理职责,二是发生生产安全事故。

本条结合生产安全事故的严重程度和主要负责人的收入确定处罚标准。本次法律修正,针对本条规定的各档行政罚款,均在原有罚款数额的基础上作了较大幅度的提高。具体而言:发生一般事故,处上一年年收入 40%的罚款。发生较大事故,处上一年年收入 60%的罚款。发生重大事故,处上一年年收入 80%的罚款。发生特别重大事故,处上一年年收入 100%的罚款。

2.事故处理违法责任

🕮原文条款

第一百一十条　生产经营单位的主要负责人在本单位发生生产安全事故时,不立即组织抢救或者在事故调查处理期间擅离职守或者逃匿的,给予降级、撤职的处分,并由应急管理部门处上一年年收入百分之六十至百分之一百的罚款;对逃匿的处十五日以下拘留;构成犯罪的,依照刑法有关规定追究刑事责任。

生产经营单位的主要负责人对生产安全事故隐瞒不报、谎报或者迟报的,依照前款规定处罚。

1)违法行为

作为生产经营单位的主要负责人,在发生生产安全事故时,有义务按照法律规定尽力抢救,使损失降到最低;及时、如实地向有关部门报告,使有关部门能够尽快知悉事故情况,采取必要的措施。如果违反了法律的规定,应承担相应的法律责任。

2)法律责任

根据本条的规定,对于有本条所列违法行为的,应给予以下处罚:

(1)给予降级、撤职的处分,并由应急管理部门处其上一年年收入 60%至 100%的罚款。降级和撤职是两种法定的处分形式。生产经营单位的主要负责人在本单位发生生产安全事故时,不立即组织抢救或者在事故调查处理期间擅离职守或者逃匿,属于性质较为恶劣、情节较为严重的违法行为,相应给予降级和撤职处分,这也是两种相对较为严厉的处分。至于具体给予降级还是撤职处分,则根据行为人的违法情节进一步确定。同时,对该主要负责人由应急管理部门处其上一年年收入 60%至 100%的罚款。

(2)对于发生事故后逃匿的,由公安机关依照治安管理处罚法规定的程序处 15 日以下拘留。这是行政拘留,是在短期内限制其人身自由的一种处罚措施。

(3)构成犯罪的,依照刑法有关规定追究刑事责任。这里讲的构成犯罪,主要是指不报、谎报安全事故罪和国有公司、企业、事业单位人员失职、滥用职权的犯罪。

(三)安全生产管理人员违法责任

🕮原文条款

第九十六条　生产经营单位的其他负责人和安全生产管理人员未履行本法规定的安全生产管理职责的,责令限期改正,处一万元以上三万元以下的罚款;导致发生生产安全事故的，暂停或者吊销其与安全生产有关的资格，并处上一年年收入百分之二十以上百分之五十以下的罚款；构成犯罪的，依照刑法有关规定追究刑事责任。

1.关于生产经营单位的其他负责人和安全生产管理人员

本法明确规定，矿山、金属冶炼、建筑施工、运输单位和危险物品的生产、经营、储存、装卸单位，应当设置安全生产管理机构或者配备专职安全生产管理人员。其他生产经营单位，从业人员超过 100 人的，应当设置安全生产管理机构或者配备专职安全生产管理人员；从业人员在 100 人以下的，应当配备专职或者兼职的安全生产管理人员。本法第二十五条还对安全生产管理人员的职责作了专门详细规定。

根据本法第五条规定，生产经营单位的其他负责人对职责范围内的安全生产工作负责，第二十五条第二款规定，生产经营单位可以设置专职安全生产分管负责人，协助本单位主要负责人履行安全生产管理职责。本条中的“生产经营单位的其他负责人”不仅包括有关领域的分管负责人，如副总经理，财务总监等，还包括专职安全生产分管负责人，如安全生产总监或者分管安全生产工作的副总经理等，具体的安全生产管理职责，应当参考生产经营单位主要负责人的职责以及企业相关制度规定进行界定。

生产经营单位的其他负责人和安全生产管理人员应当依法履行安全生产管理职责，生产经营单位也要为生产经营单位的其他负责人和安全生产管理人员依法履行职责提供便利，同时也要督促其依法履行职责。

2.生产经营单位的其他负责人和安全生产管理人员的违法责任

生产经营单位的其他负责人和安全生产管理人员未依法履行安全生产管理职责的，不管是否已经发生生产安全事故，有关部门都应当责令限期改正，并根据本条规定应当处 1 万元以上 3 万元以下的罚款。

生产经营单位的其他负责人和安全生产管理人员未履行本法规定的安全生产管理职责而导致发生生产安全事故的，暂停或者撤销其与安全生产有关的资格。生产经营单位可以依法暂停该负责人和安全生产管理人员负责的安全生产管理工作，也可以依法对其进行撤换。

危险物品的生产、储存单位以及矿山、金属冶炼单位应当有注册安全工程师从事安全生产管理工作，注册安全工程师应当保证执业活动的质量，如果这些单位负责安全生产管理工作的注册安全工程师不依法履行职责而导致发生生产安全事故的，有关部门还可以撤销其资格，同时并处行政罚款，罚款数额为上一年年收入的 20% 以上 50% 以下。生产经营单位的其他负责人和安全生产管理人员构成犯罪的，依照刑法有关规定追究刑事责任。

这里需要说明的是，本条规定的安全生产管理人员既包括生产经营单位的职工担任安全生产管理人员的情形，也包括生产经营单位根据本法第十五条的规定委托有关安全生产管理服务机构的人员承担本单位安全生产管理工作的情形。目前，一些专门从事安全生产管理服务的中介机构，接受委托指派注册安全工程师到生产经营单位承担安全生产管理工作，接受委托指派的注册安全工程师在工作中未履行本法规定的安全生产管理职责，也应当适用本条的规定。

（四）生产经营单位安全管理违法责任

1.第一类违法情形

🕮原文条款

第九十七条　生产经营单位有下列行为之一的，责令限期改正，处十万元以下的罚款；逾期未改正的，责令停产停业整顿，并处十万元以上二十万元以下的罚款，对其直接负责的主管人员和其他直接责任人员处二万元以上五万元以下的罚款：

（一）未按照规定设置安全生产管理机构或者配备安全生产管理人员、注册安全工程师的；

（二）危险物品的生产、经营、储存、装卸单位以及矿山、金属冶炼、建筑施工、运输单位的主要负责人和安全生产管理人员未按照规定经考核合格的；

（三）未按照规定对从业人员、被派遣劳动者、实习学生进行安全生产教育和培训，或者未按照规定如实告知有关的安全生产事项的；

（四）未如实记录安全生产教育和培训情况的；

（五）未将事故隐患排查治理情况如实记录或者未向从业人员通报的；

（六）未按照规定制定生产安全事故应急救援预案或者未定期组织演练的；

（七）特种作业人员未按照规定经专门的安全作业培训并取得相应资格，上岗作业的。

1）违法行为

违法行为包括 7 项，这些内容涵盖了本法第二章对生产经营单位设定的各种义务。

2）法律责任

与原《安全生产法》相比，2021 年新修订的《安全生产法》规范了执法空间，加大了处罚力度，其中规定了生产经营单位只要有相关违法行为，除责令限期改正，并处罚款不再是自由裁量事项，而是法律的强制规定。同时，提高罚款的数额。责令限期改正的，罚款数额从“5 万元以下”调整为“10 万元以下”；逾期未改正的，罚款数额从“5 万元以上 10 万元以下”调整为“10 万元以上 20 万元以下”，对接负责的主管人员和其他直接责任人员的行政罚款，也从“1 万元以上 2 万元以下”调整为“2 万元以上 5 万元以下”。

2.第二类违法情形

🕮原文条款

第九十九条　生产经营单位有下列行为之一的，责令限期改正，处五万元以下的罚款；逾期未改正的，处五万元以上二十万元以下的罚款，对其直接负责的主管人员和其他直接责任人员处一万元以上二万元以下的罚款；情节严重的，责令停产停业整顿；构成犯罪的，依照刑法有关规定追究刑事责任：

（一）未在有较大危险因素的生产经营场所和有关设施、设备上设置明显的安全警示标志的；

（二）安全设备的安装、使用、检测、改造和报废不符合国家标准或者行业标准的；

（三）未对安全设备进行经常性维护、保养和定期检测的；

（四）关闭、破坏直接关系生产安全的监控、报警、防护、救生设备、设施，或者篡改、隐瞒、销毁其相关数据、信息的；

（五）未为从业人员提供符合国家标准或者行业标准的劳动防护用品的；

（六）危险物品的容器、运输工具，以及涉及人身安全、危险性较大的海洋石油开采特种设备和矿山井下特种设备未经具有专业资质的机构检测、检验合格，取得安全使用证或者安全标志，投入使用的；

（七）使用应当淘汰的危及生产安全的工艺、设备的。

（八）餐饮等行业的生产经营单位使用燃气未安装可燃气体报警装置的。

1）违法行为

违法行为包括8项，2021年修订的《安全生产法》增加了本条第四项和第八项。在常委会会议审议期间，有常委委员提出，2020年刑法修正案对关闭、破坏直接关系生产安全的监控、报警、防护、救生设备、设施，或者篡改、隐瞒、销毁其相关数据、信息的刑事责任作了规定，建议本法与刑法有关规定做好衔接。同时，国务院应急管理部门提出，安装可燃气体报警装置，对于降低餐饮等行业使用燃气的生产安全风险具有重要意义，建议在本法增加相关规定。全国人大宪法和法律委员会经研究，采纳了这些建议，在本法第三十六条对生产经营单位作了上述规定，并在本条中进一步明确违反这些规定应当承担的法律责任。

2）法律责任

（1）责令限期改正，处5万元以下的罚款。根据本条的规定，对于生产经营单位有本条所列8项违法行为之一的，将由有关行政执法机关责令有违法行为的生产经营单位在规定的期限内纠正违法行为，并处5万元以下的罚款。例如，没有为从业人员提供防护用品的，应当在规定期限内提供。值得注意的是，本次修改删去了“可以”，因此此处的行政罚款不再是选择性处罚措施，而是一项强制性法律规定。本条仅对处罚金额的上限作了规定，具体的行政罚款数额由有关行政执法机关根据具体情况决定。一般来说，对于违法情节比较严重的生产经营单位，应当给予顶格的罚款处罚，而违法情节轻且危害不大的，可以酌情减少罚款金额，但不能完全免除相关生经营单位的行政罚款处罚。

（2）逾期未改正的，处5万元以上20万元以下的罚款，对其直接负责的主管人员和其他直接责任人员处1万元以上2万元以下的罚款。生产经营单位有本条规定的违法行为，经有关行政机关责令限期改正而在规定的期限内没有纠正违法行为的，有关行政执法机关将根据情节给予5万元以上20万元以下的罚款处罚。在给予生产经营单位罚款处罚的同时，还要给予生产经营车位直接负责的主管人员和其他直接责任人员1万元以上2万元以下的罚款处罚。也就是说，生产经营单位逾期不改正违法行为的将对生产经营单位和生产经营单位直接负责的主管人员和其他直接责任人员均给予罚款的处罚，即实行双罚制。这也是为了进一步加大生产经营单位及其有关人员的违法成本。

（3）情节严重的，责令停产停业整顿。生产经营单位违法行为情节严重的，有关行政执法机关将责令其停产停业整顿，即责令其停止有关的生产经营活动，进行整顿。这里讲的“情节严重”包括违法行为持续时间较长，违法行为性质比较恶劣，违法行为导致生产安全事故等。实践中违法行为的情况比较复杂，是否属于“情节严重”，将由有关行政执法机关根据个案的具体情况进行判断。

（4）构成犯罪的，依照《刑法》有关规定追究刑事责任。这里讲的构成犯罪，主要是指构成刑法危险作业罪和重大劳动安全事故罪。

3.第三类违法情形

🕮原文条款

第一百零一条　生产经营单位有下列行为之一的，责令限期改正，处十万元以下的罚款；逾期未改正的，责令停产停业整顿，并处十万元以上二十万元以下的罚款，对其直接负责的主管人员和其他直接责任人员处二万元以上五万元以下的罚款；构成犯罪的，依照刑法有关规定追究刑事责任：

（一）生产、经营、运输、储存、使用危险物品或者处置废弃危险物品，未建立专门安全管理制度、未采取可靠的安全措施的；

（二）对重大危险源未登记建档，未进行定期检测、评估、监控，未制定应急预案，或者未告知应急措施的；

（三）进行爆破、吊装、动火、临时用电以及国务院应急管理部门会同国务院有关部门规定的其他危险作业，未安排专门人员进行现场安全管理的；

（四）未建立安全风险分级管控制度或者未按照安全风险分级采取相应管控措施的；

（五）未建立事故隐患排查治理制度，或者重大事故隐患排查治理情况未按照规定报告的。

1）违法行为

违法行为包括5项，这些是本法对生产经营单位在管理危险物品、进行危险作业等方面规定的应当采取的安全保障措施，生产经营单位必须严格执行，否则就有可能导致生产安全事故，造成损失。对于不依法执行这些措施，甚至因此导致严重后果的，要依法追究其法律责任。

本条规定的承担法律责任的主体有两类：一是本条规定的违法行为的生产经营单位；二是本条规定的违法行为的生产经营单位的直接负责的主管人员和其他直接责任人员。

2）法律责任

（1）责令限期改正，处10万元以下的罚款。相比于2014年版本的《安全生产法》，删去了"可以"，根据本条的规定，对于生产经营单位有本条所列5种违法行为之一的，有关行政执法机关在责令限期改正的同时给予10万元以下的罚款。相比原条文规定的选择性处罚措施，加重了生产经营单位有本条所列5种违法行为之一的处罚力度，加大了违法成本。

（2）逾期未改正的，责令停产停业整顿，并处10万元以上20万元以下的罚款，对其直接负责的主管人员和其他直接责任人员处2万元以上5万元以下的罚款。生产经营单位有本条规定的违法行为，经有关行政执法机关责令限期改正而在规定的期限内没有纠正违法行为的，有关行政执法机关将同时给予以下3种处罚：

①责令停产停业整顿，即责令违法的生产经营单位停止有关的生产经营活动，进行整顿。

②给予10万元以上20万元以下的罚款处罚，即有关行政执法机关根据生产经营单位违法行为的具体情节给予不低于10万元但不超过20万元罚款的处罚。

③给予违法的生产经营单位的直接负责的主管人员和其他直接责任人员2万元以上5万元以下的罚款处罚。

具体罚款数额由有关行政执法机关根据案件的具体情况决定。若生产经营单位在有关行政执法机关规定的期限内纠正了违法行为，则不再给予以上3种处罚。

（3）构成犯罪的，依照刑法有关规定追究刑事责任。这里讲的构成犯罪，主要是指构成《刑法》第一百三十六条规定的危险物品肇事罪。要构成危险物品肇事罪，行为人主观上需出于过失，客观上需实施了违反爆炸性、易燃性、放射性、毒害性、腐蚀性物品管理规定的行为，并且由于违反管理规定发生重大事故造成严重后果，不符合其中任何一项均不构成本罪。

4.第四类违法情形

📖原文条款

第一百一十三条　生产经营单位存在下列情形之一的，负有安全生产监督管理职责的部门应当提请地方人民政府予以关闭，有关部门应当依法吊销其有关证照。生产经营单位主要负责人五年内不得担任任何生产经营单位的主要负责人；情节严重的，终身不得担任本行业生产经营单位的主要负责人：

（一）存在重大事故隐患，一百八十日内三次或者一年内四次受到本法规定的行政处罚的；

（二）经停产停业整顿，仍不具备法律、行政法规和国家标准或者行业标准规定的安全生产条件的；

（三）不具备法律、行政法规和国家标准或者行业标准规定的安全生产条件，导致发生重大、特别重大生产安全事故的；

（四）拒不执行负有安全生产监督管理职责的部门作出的停产停业整顿决定的。

1）违法行为

（1）存在重大事故隐患，180 日内 3 次或者 1 年内 4 次受到本法规定的行政处罚的。根据本法的规定，生产经营单位应当建立生产安全事故隐患排查治理制度，按照规定报告重大事故隐患排查治理情况，对应急管理部门和其他负有安全生产监督管理职责的部门在安全生产执法检查中发现的重大事故隐患及时排除、整改，重大事故隐患排除后，经审查同意，方可恢复生产经营和使用。存在重大事故隐患，但 180 日内未受 3 次或者 1 年内未受 4 本法规定的行政处罚的，以及 180 日内 3 次或者 1 年内 4 次受本法规定的行政处罚，但不存在重大事故隐患的，均不属于本条规定的违法行为。

（2）经停产停业整顿，仍不具备法律、行政法规和国家标准或行业标准规定的安全生产条件的。本法第二十条规定，生产经营单位应当具备本法和有关法律、行政法规和国家标准或者行业标准规定的安全生产条件；不具备安全生产条件的，不得从事生产经营活动。这是生产经营单位从事生产经营活动必须具备的前提条件。本法对生产经营单位的安全生产条件有若干规定，例如要求生产经营单位新建、改建、扩建工程项目的安全设施必须与主体工程同时设计、同时施工、同时投入生产和使用；生产经营单位应当在有较大危险因素的生产经营场所和有关设施、设备上，设置明显的安全警示标志；安全设备的安装、使用、检测、改造和报废，应当符合国家标准或者行业标准等。根据本法的有关规定，对于生产经营单位违反有关安全生产的法律、法规和国家标准或者行业标准，不具备安全生产条件的，应由有关行政执法机关责令限期改正；逾期未改正的，给予责令停止建设或者停产停业整顿等行政处罚。根据本条的规定，经停产停业整顿仍不具备安全生产条件的，属于本条规定的违法行为。

（3）不具备法律、行政法规和国家标准或者行业标准规定的安全生产条件，导致发生重大、特别重大生产安全事故的。生产经营单位应当具备本法和有关法律、行政法规和国家标准或者行业标准规定的安全生产条件，不具备安全生产条件导致发生重大、特别重大生产安全事故的，属于本条规定的违法行为。

（4）执行负有安全生产监督管理职责的部门作出的停产停业整顿决定的。根据本法的规定，负有安全生产监督管理职责的部门依法对生产经营单位作出停产停业、停止施工、停止使用相关设施或者设备的决定的，生产经营单位应当依法执行，及时整顿。如果生产经营单位不执行停产停业整顿的，就构成本条规定的违法行为。

本条违法行为的主体包含两类：一是有本条规定的违法行为的生产经营单位；二是有本条规定的违法行为的生产经营单位的主要负责人。

2）法律责任

（1）予以关闭，依法吊销有关证照。由于生产经营单位具有本条规定的严重违法行为，不能再继续从事生产经营活动，负有安全生产监督管理职责的部门应当提请地方人民政府予以关闭，有关部门应当依法吊销其有关证照。这里所说的关闭，是指行政机关对违反行政管理秩序的企业、事业单位或者其他组织，依法剥夺其从事某项生产经营活动的权利的一种行政处罚。关闭，对于生产经营单位来说，是一种比较严厉的行政处罚。因此，在实施时应当慎重。对于不依法执行这些措施，甚至因此导致严重后果的，要依法追究其法律责任。根据本条的规定，对于有本条规定的违法行为的，在予以关闭的同时，有关部门应当依法吊销其有关证照。这里的“吊销有关证照”，是指有关行政执法机关依法取消生产经营单位从事生产经营活动的合法凭证，包括吊销营业执照、吊销采矿许可证、吊销危险化学品生产许可证、吊销危险化学品经营许可证等。吊销营业执照，是指市场监督管理部门取消企业和个体工商户经市场监督管理部门核准登记后获得的从事生产经营活动的合法凭证；吊销采矿许可证，是指由矿产资源主管部门取消有违法行为的单位所取得的许可开采矿产资源的合法凭证，取消其采矿的资格；吊销危险化学品生产许可证、危险化学品经营许可证，是指由负责颁发许可证的有关部门取消违法单位所取得的许可其从事危险化学品生产、经营的合法凭证，取消该企业从事危险化学品生产、经营活动的资格。

（2）生产经营单位主要负责人 5 年内不得担任任何生产经营单位的主要负责人。具有本条规定的严重违法行为的生产经营单位主要负责人 5 年内不得担任任何生产经营单位的主要负责人，这里的 5 年内包含本数。对被追究刑事责任的生产经营者依法实施相应的职业禁入，对事故发生负有重大责任的社会服务机构和人员依法严肃追究法律责任，并依法实施相应的行业禁入。这一规定还吸收了《生产安全事故报告和调查处理条例》的有关内容。其中规定，事故发生单位主要负责人受到刑事处罚或者撤职处分的，自刑罚执行完毕或者受处分之日起，5 年内不得担任任何生产经营单位的主要负责人。

（3）情节严重的，该生产经营单位的主要负责人终身不得担任本行业生产经营单位的主要负责人。对于具有本条规定的违法行为，情节严重的，对该生产经营单位的主要负责人实施终身禁业限制，即终身不得担任本行业生产经营单位的主要负责人。

（五）项目建设违法责任

📖原文条款

第九十八条　生产经营单位有下列行为之一的，责令停止建设或者停产停业整顿，限期改正，并处十万元以上五十万元以下的罚款，对其直接负责的主管人员和其他直接责任人员处二万元以上五万元以下的罚款；逾期未改正的，处五十万元以上一百万元以下的罚款，对其直接负责的主管人员和其他直接责任人员处五万元以上十万元以下的罚款；构成犯罪的，依照刑法有关规定追究刑事责任：

（一）未按照规定对矿山、金属冶炼建设项目或者用于生产、储存、装卸危险物品的建设项目进行安全评价的；

（二）矿山、金属冶炼建设项目或者用于生产、储存、装卸危险物品的建设项目没有安全设施设计或者安全设施设计未按照规定报经有关部门审查同意的；

（三）矿山、金属冶炼建设项目或者用于生产、储存、装卸危险物品的建设项目的施工单位未按照批准的安全设施设计施工的；

（四）矿山、金属冶炼建设项目或者用于生产、储存、装卸危险物品的建设项目竣工投入生产或者使用前，安全设施未经验收合格的。

1.特定建设项目安全生产相关的违法行为情形

矿山、金属冶炼建设项目或者用于生产、储存、装卸危险物品的建设项目技术难度大、运营风险高，相较普通的建设项目涉及更高的生产安全要求，本法第二章第三十二条至第三十四条对此类特定建设项目专门作了规定，具体包括以下要求：

（1）按照国家有关规定进行安全评价。

（2）安全设施设计应当按照国家有关规定报经有关部门审查。

（3）施工单位必须按照批准的安全设施设计施工。

（4）竣工投入生产或者使用前，相关建设单位组织对安全设施进行验收并合格。

特定建设项目的生产经营单位如果违反上述要求的，就要承担本条规定的相应法律责任。

2.特定建设项目安全生产相关违法行为的法律责任

针对本条规定涉及的违法行为，《安全生产法》修改的主要内容是进一步加重违法行为的行政处罚力度。与原条文规定相比，主要是两处变化：一是生产经营单位如果存在相关违法行为的，除责令停止建设或者停产停业整顿，限期改正外，对生产经营单位和直接负责的主管人员和其他直接责任人员分别并处罚款，具体金额分别为“10 万元以上 50 万元以下”和“2 万元以上 5 万元以下”。二是调整逾期未改正时，对其直接负责的主管人员和其他直接责任人员的罚款金额，从“2 万元以上 5 万元以下”调整为“5 万元以上 10 万元以下”。

结合本条原有的法律责任规定，本法从行政责任、刑事责任两个维度，通过责令停止建设或者停产停业整顿、罚款、违法入刑等方式对生产经营单位和相关人员个体的法律责任作了全面规定。这样严格而全面的规定，极大地增加了生产经营单位违反本法有关特定建设项目安全生产规定的违法成本，将落实特定建设项目安全生产相关规定与生产经营单位和有关个人的经济利益相挂钩，督促生产经营单位和有关个人在出现有关生产安全隐患时及时整改整顿，将人民群众的生命财产安全切实摆在首要位置，从源头防范特定行业、领域发生重大生产安全事故。

（六）违法经营危险物品的责任

🕮原文条款

第一百条　未经依法批准，擅自生产、经营、运输、储存、使用危险物品或者处置废弃危险物品的，依照有关危险物品安全管理的法律、行政法规的规定予以处罚；构成犯罪的，依照刑法有关规定追究刑事责任。

1.违法行为

根据本法的规定，生产、经营、运输、储存、使用危险物品或者处置废弃危险物品的，由有关主管部门依照有关法律、法规的规定和国家标准或者行业标准审批并实施监督管理。如果没有经过有关主管部门的审批而生产、经营、运输、储存、使用危险物品或者处置废弃危险物品,就构成本条规定的违法行为。

2.法律责任

1)依照有关危险物品安全管理的法律、行政法规的规定予以处罚

未经依法批准擅自生产、经营、运输、储存、使用危险物品或者处置废弃危险物品的行为在实践当中表现形式多种多样,情况十分复杂,危险物品种类不同、违法行为性质不同等,其主管部门也不同。除《安全生产法》外,我国在危险物品安全管理方面还制定有一系列法律和行政法规,对未经依法批准擅自生产、经营、运输、储存、使用危险物品或者处置废弃危险物品的,根据危险物品的种类、违法行为的性质和程度等规定了具体的法律责任,这些法律、行政法规主要有《固体废物污染环境防治法》《危险化学品安全管理条例》《烟花爆竹安全管理条例》《民用爆炸物品安全管理条例》《农药管理条例》《监控化学品管理条例》《易制毒化学品管理条例》等。因此,本条没有对违法行为应当承担的法律责任作具体规定,而仅作了衔接性规定,实践中对于未经依法批准擅自生产、经营、运输、储存、使用危险物品或者处置废弃危险物品的,有关部门将根据案件具体情况依照上述有关危险物品安全管理的法律、行政法规的规定予以处罚。

2)构成犯罪的,依照刑法有关规定追究刑事责任

构成犯罪,主要是指危险物品肇事罪。《刑法》第一百三十六条规定,违反爆炸性、易燃性、放射性、毒害性、腐蚀性物品的管理规定,在生产、储存、运输、使用中发生重大事故,造成严重后果的,处 3 年以下有期徒刑或者拘役;后果特别严重的,处 3 年以上 7 年以下有期徒刑。构成危险物品肇事罪,应当符合以下构成要件:一是行为人在主观方面是过失如果行为人主观上是故意,则不构成本罪,可能构成爆炸罪等犯罪。二是行为人客观上实施了违反爆炸性、易燃性、放射性毒害性、腐蚀性物品管理规定的行为。未经依法批准擅自生产经营、运输、储存、使用危险物品或者处置废弃危险物品的,就可能属于违反爆炸性、易燃性、放射性、毒害性、腐蚀性物品管理规定的行为。三是必须由于违反管理规定在生产、储存、运输、使用中发生重大事故造成严重后果,这是追究刑事责任的必要条件。根据《最高人民检察院、公安部关于公安机关管辖的刑事案件立案追诉标准的规定(一)》第十二条的规定,违反爆炸性、易燃性、放射性、毒害性、腐蚀性物品的管理规定,在生产储存、运输、使用中发生重大事故,涉嫌下列情形之一的,应予立案追诉:造成死亡 1 人以上,或者重伤 3 人以上的;造成直接经济损失 50 万元以上的;其他造成严重后果的情形。

(七)未采取措施消除事故隐患违法责任

📖原文条款

第一百零二条　生产经营单位未采取措施消除事故隐患的,责令立即消除或者限期消除,处五万元以下的罚款;生产经营单位拒不执行的,责令停产停业整顿,对其直接负责的主管人员和其他直接责任人员处五万元以上十万元以下的罚款;构成犯罪的,依照刑法有关规定追究刑事责任。

1.违法行为

根据本法的规定,生产经营单位应当采取技术、管理措施及时发现并消除事故隐患。生

产经营单位对于事故隐患没有采取措施或者没有采取有效措施予以消除的，将依照本条规定承担相应的法律责任。

本条规定的承担法律责任的主体有两类：一是有违法行为的生产经营单位；二是有违法行为的生产经营单位的直接负责的主管人员和其他直接责任人员。

2.法律责任

（1）责令立即消除或者限期消除事故隐患，处 5 万元以下的罚款。一般来说，凡是不符合本法规定的各种情形，都可能导致生产安全事故的发生，都可以初步认定为生产安全事故隐患，但实际中往往还要根据工作经验和具体情况来判断。对于生产安全事故隐患，生产经营单位有义务主动予以消除。生产经营单位不履行本法规定的义务主动消除生产安全事故隐患的，有关行政执法机关应当视情况责令其立即消除或者限期消除事故隐患，同时处 5 万元以下的罚款。一般来说，凡是事故隐患都具有危险性，都应当责令立即消除。但是，考虑现实情况非常复杂，有的事故隐患现实性不是很突出，并且其消除客观上需要一定的时间，无法立即消除，如需要补办某些手续，有关行政执法机关可以责令其限期消除。但是，对有紧迫的现实危险性的事故隐患，应当责令生产经营单位立即消除。在责令限期消除的期限问题上，应当遵循合理性原则，即应根据事故隐患的性质和实际情况，合理地确定消除时限，期限过长或者过短都不合适，既不能让生产经营单位客观上因时间太短而无法消除事故隐患，也不能过于宽松导致生产安全事故的发生。法律没有对责令限期消除的期限作出明确规定，行政机关如何确定这个期限，本质上属于行使自由裁量权的范畴。行使自由裁量权绝非随意而为，同样应当遵循行政合法性原则和行政合理性原则两大行政法的基本原则。责令限期消除的期限，应当在综合考虑消除事故隐患需要的时间、事故隐患的现实危险性等因素的基础上合理地确定。同 2014 年修正的《安全生产法》相比，根据本条的规定，凡是生产经营单位不履行本法规定的义务主动消除生产安全事故隐患的，不论有关行政执法机关责令其立即消除还是限期消除事故隐患，同时都应当处 5 万元以下的罚款，有关行政执法机关应当根据违法行为的情节等情况决定罚款的具体数额。增加了相应的经济处罚，有利于提高生产经营单位对生产安全事故隐患的重视程度，也有利于更好地督促生产经营单位采取措施消除事故隐患，从源头上防止生产安全事故的发生。

（2）拒不执行的，责令停产停业整顿，对其直接负责的主管人员和其他直接责任人员处 5 万元以上 10 万元以下的罚款。生产经营单位拒不按照有关行政执法机关的要求立即消除或者在规定的期限内消除事故隐患的，有关行政执法机关将责令停产停业整顿，即责令违法的生产经营单位停止有关的生产经营活动进行整顿，同时给予违法的生产经营单位的直接负责的主管人员和其他直接责任人员 5 万元以上 10 万元以下的罚款处罚，具体罚款数额由有关行政执法机关根据案件的具体情况决定。以上处罚措施的实施不以实际发生生产安全事故为前提，只要生产经营单位没有按照有关行政执法机关的要求立即消除或者在规定的期限内消除事故隐患，不论是否导致生产安全事故发生，都应当给予处罚。

（3）构成犯罪的，依照刑法有关规定追究刑事责任。这里讲的构成犯罪，主要是指构成危险作业罪。《刑法》第一百三十四条规定，在生产、作业中违反有关安全管理的规定，因存在重大事故隐患被依法责令停产停业、停止施工、停止使用有关设备、设施、场所或者立即采取排除危险的整改措施，而拒不执行，具有发生重大伤亡事故或者其他严重后果的现实危险的，处一年以下有期徒刑、拘役或者管制。构成危险作业罪,须具备以下要件:一是主观上是过失,如果是故意则构成其他犯罪,但对存在重大事故隐患是明知;二是在客观上实施了拒不整改重大事故隐患的行为,即对因存在重大事故隐患被依法责令停产停业、停止施工、停止使用有关设备、设施、场所或者立即采取排除危险的整改措施拒不执行;三是具有发生重大伤亡事故或者其他严重后果的现实危险。

(八)违法发包、出租和违反项目安全管理的法律责任

🕮原文条款

第一百零三条　生产经营单位将生产经营项目、场所、设备发包或者出租给不具备安全生产条件或者相应资质的单位或者个人的,责令限期改正,没收违法所得;违法所得十万元以上的,并处违法所得二倍以上五倍以下的罚款;没有违法所得或者违法所得不足十万元的,单处或者并处十万元以上二十万元以下的罚款;对其直接负责的主管人员和其他直接责任人员处一万元以上二万元以下的罚款;导致发生生产安全事故给他人造成损害的,与承包方、承租方承担连带赔偿责任。

生产经营单位未与承包单位、承租单位签订专门的安全生产管理协议或者未在承包合同、租赁合同中明确各自的安全生产管理职责,或者未对承包单位、承租单位的安全生产统一协调、管理的,责令限期改正,处五万元以下的罚款,对其直接负责的主管人员和其他直接责任人员处一万元以下的罚款;逾期未改正的,责令停产停业整顿。

矿山、金属冶炼建设项目和用于生产、储存、装卸危险物品的建设项目的施工单位未按照规定对施工项目进行安全管理的,责令限期改正,处十万元以下的罚款,对其直接负责的主管人员和其他直接责任人员处二万元以下的罚款;逾期未改正的,责令停产停业整顿。以上施工单位倒卖、出租、出借、挂靠或者以其他形式非法转让施工资质的,责令停产停业整顿,吊销资质证书,没收违法所得;违法所得十万元以上的,并处违法所得二倍以上五倍以下的罚款,没有违法所得或者违法所得不足十万元的,单处或者并处十万元以上二十万元以下的罚款;对其直接负责的主管人员和其他直接责任人员处五万元以上十万元以下的罚款;构成犯罪的,依照刑法有关规定追究刑事责任。

1.一般发包和出租违法行为及处罚

1)违法行为

根据本法规定,生产经营单位不得将生产经营项目、场所、设备发包或者出租给不具备安全生产条件或者相应资质的单位或者个人。生产经营项目、场所发包或者出租给其他单位的,生产经营单位应当与承包单位、承租单位签订专门的安全生产管理协议,或者在承包合同、租赁合同中约定各自的安全生产管理职责;生产经营单位对承包单位、承租单位的安全生产工作统一协调、管理,定期进行安全检查,发现安全问题的,应当及时督促整改。本条中提到的“不具备相应资质”,是指不具备法律、法规规定的承包、承租有关生产经营项目、场所、设备所需要的资格条件。生产经营单位违反上述规定发包或者出租的,实际上是一种对安全生产不负责任的行为,应当根据本条规定承担相应的法律责任。

本条规定的承担法律责任的主体有两类:一是本条规定的违法行为的生产经营单位;二是本条规定的违法行为的生产经营单位的直接负责的主管人员和其他直接责任人员。

2)法律责任

生产经营单位将生产经营项目、场所、设备发包或者出租给不具备安全生产条件或者相应资质的单位或者个人的,根据本条规定应当承担以下法律责任:

(1)责令限期改正。即由有关行政执法机关责令有违法行为的生产经营单位在规定的期限内解除承包关系或者租赁关系。

(2)没收违法所得。实施该行政处罚的前提是有违法所得,没有违法所得的就不必给予上述行政处罚。

(3)违法所得在10万元以上的,在没收违法所得的同时应当给予违法所得2倍以上5倍以下的罚款;有违法所得但违法所得不足10万元的,在没收违法所得的同时应当给予10万元以上20万元以下的罚款,没有违法所得的也要给予10万元以上20万元以下的罚款。

(4)对其直接负责的主管人员和其他直接责任人员处1万元以上2万元以下的罚款。

(5)导致发生生产安全事故给他人造成损害的,与承包方、承租方承担连带赔偿责任。连带责任的特征主要表现在:连带责任对于责任人来说是一种比较严重的责任方式,作为对外整体责任,连带责任中的每个责任人都需要对权利人承担全部责任被请求承担全部责任的连带责任人,不得以自己的过错程度等为由只承担自己的责任。连带责任对权利人保护得更为充分,连带责任给予权利人选择权,权利人可以请求一个或者数个连带责任人承担全部或者部分责任,在某个或者部分连带责任人无偿还能力的情况下,权利人的全部债权并不受到威胁。连带责任是法定责任,责任人不能约定改变责任的性质,对于内部责任份额的约定对外不发生效力。

生产经营单位未与承包单位、承租单位签订专门的安全生产管理协议或者未在承包合同、租赁合同中明确各自的安全生产管理职责,或者未对承包单位、承租单位的安全生产统一协调、管理的,根据本条规定应当承担以下法律责任:

(1)责令限期改正,处5万元以下的罚款,对其直接负责的主管人员和其他直接责任人员处1万元以下的罚款。对这一违法行为,首先由有关行政执法机关责令有违法行为的生产经营单位在一定期限内纠正违法行为。在责令违法的生产经营单位限期改正的同时,给予生产经营单位及其直接负责的主管人员和其他直接责任人员罚款的处罚。罚款的数额对生产经营单位是在5万元以下,对其直接负责的主管人员和其他直接责任人员是在1万元以下。

(2)逾期未改正的,责令停产停业整顿。如果生产经营单位在规定的期限内不纠正违法行为,则由有关行政执法机关责令其在一定时间内停止生产经营活动,进行整顿。

2.特殊行业领域施工单位违法行为及处罚

1)违法行为

根据本法规定,矿山、金属冶炼建设项目和用于生产、储存、装卸危险物品的建设项目施工单位应当加强对施工项目的安全管理。具有上述建设项目施工资质的施工单位不能将本单位的施工资质以倒卖、出租、出借、挂靠或者以其他形式非法转让给其他无资质或资质不符合的施工单位;不得将其承包的全部建设工程转包给第三人,也不允许将其承包的全部建设工程分解成多个项目之后,以分包的名义分别转包给第三人。违反以上规定,就构成本条规定的违法行为,应依照本条承担相应的法律责任。

本条规定的承担法律责任的主体有两类:一是有本条规定的违法行为的生产经营单位;

二是有本条规定的违法行为的生产经营单位的直接负责的主管人员和其他直接责任人员。

2)法律责任

矿山、金属冶炼建设项目和用于生产、储存、装卸危险物品管的建设项目施工单位未按照规定对施工项目进行安全管理的,根据本条规定应当承担以下法律责任:

(1)责令限期改正。即由有关行政执法机关责令有违法行为的生产经营单位在规定的期限内按规定开展安全管理工作。

(2)处10万元以下的罚款,对其直接负责的主管人员和其他改正的直接责任人员处2万元以下的罚款。在有关行政执法机关责令有违法行为的生产经营单位在一定期限内纠正的同时,对生产经营单位、直接负责的主管人员和其他直接责任人员分别处以罚款。

(3)逾期未改正的,责令停产停业整顿。对于生产经营单位在规定的期限内仍未纠正违法行为的,有关行政执法机关责令其营单位在一定时间内停止生产经营活动,进行整顿。

倒卖、出租、出借、挂靠或者以其他形式非法转让施工资质的,根据本条规定应当承担以下法律责任:

(1)责令停产停业整顿。即由有关行政执法机关责令涉及该款规定违法行为的工程项目在规定的期限内停止生产经营活动,进行整顿。

(2)吊销资质证书。对于将施工资质倒卖、出租、出借、挂靠或者以其他形式非法转让的生产经营单位,吊销其相关资质证书。

(3)没收违法所得。对于因实施违法行为有违法所得的予以没收。

(4)区分违法所得的数额,规定了两种不同幅度的罚款。违法所得10万元以上的,在没收违法所得的同时,并处违法所得2倍以上5倍以下的罚款;对于没有违法所得或者违法所得不足10万元的,在没收违法所得的同时应当给予10万元以上20万元以下的罚款。

(5)对其直接负责的主管人员和其他直接责任人员处5万元以上10万元以下的罚款。除给予生产经营单位罚款处罚外,有关行政执法机关同时给予违法的生产经营单位的直接负责的主管人员和其他直接责任人员罚款处罚,数额为不低于5万元但不超过10万元。

(6)构成犯罪的,依照刑法有关规定追究刑事责任。如果按照刑法相关条款规定,生产经营单位的违法行为构成了犯罪,则要追究直接负责的主管人员和其他直接责任人员的刑事责任。这里讲的构成犯罪,主要是指可能构成重大责任事故罪和买卖国家机关证件罪。

(九)同一作业区域安全管理违法责任

🕮原文条款

第一百零四条　两个以上生产经营单位在同一作业区域内进行可能危及对方安全生产的生产经营活动,未签订安全生产管理协议或者未指定专职安全生产管理人员进行安全检查与协调的,责令限期改正,处五万元以下的罚款,对其直接负责的主管人员和其他直接责任人员处一万元以下的罚款;逾期未改正的,责令停产停业。

1.违法行为

根据本法的规定,两个以上生产经营单位在同一作业区域内进行生产经营活动,可能危及对方生产安全的,应当签订安全生产管理协议,明确各自的安全生产管理职责和应当采取的安全措施,并指定专职安全生产管理人员进行安全检查与协调。签订安全生产管理协议、指定专职安全生产管理人员,目的是落实安全生产管理责任制,保证各项安全措施落到实处。

如果各方不签订安全生产管理协议或者不指定专职安全生产管理人员，在安全生产管理中就可能因为职责不清或者安全措施落实不到位而酿成生产安全事故。各方依法签订了安全生产管理协议，按照协议的约定履行各自的职责；指定了专职安全生产管理人员进行安全检查与协调，确保法律的规定和协议的约定落到实处，才能有效保证同一作业区域内的生产安全。符合规定情形的生产经营单位应当既签订安全生产管理协议又指定专职安全生产管理人员，既不签订安全生产管理协议又不指定专职安全生产管理人员，只签订安全生产管理协议而未指定专职安全生产管理人员，或者只指定专职安全生产管理人员而未签订安全生产管理协议的，均属于本条规定的违法行为，应当承担相应的法律责任。

本条规定的承担法律责任的主体有两类：一是有本条规定的违法行为的生产经营单位；二是有本条规定的违法行为的生产经营单位的直接负责的主管人员和其他直接责任人员。这里的生产经营单位是在同一作业区域内进行可能危及对方安全生产的生产经营活动的生产经营单位，从数量上来说至少为两个，包括两个和两个以上。

2.法律责任

(1)责令限期改正，处 5 万元以下的罚款，对其直接负责的主管人员和其他直接责任人员处 1 万元以下的罚款。生产经营单位有本条规定违法行为的，首先由有关行政执法机关责令其限期改正，同时处 5 万元以下的罚款。责令其限期改正，即责令有关的生产经营单位在规定的期限内签订安全生产管理协议，指定专职的安全生产管理人员。依照行政处罚法的规定，“责令改正或者限期改正”不属于行政处罚，而是行政机关在实施行政处罚时必须采取的行政措施。在责令限期改正的同时，有关行政执法机关还有权实施罚款的行政处罚。与 2014 年修正的《安全生产法》相比，本条规定的“处五万元以下的罚款，对其直接负责的主管人员和其他直接责任人员处一万元以下的罚款”属于非选择性的行政处罚，在责令限期改正的同时并处经济处罚。有关行政执法机关应当根据违法行为的情节等情况决定罚款的具体数额。

(2)逾期未改正的，责令停产停业。责令停产停业，是指行政执法机关对违反行政管理秩序的企业事业单位，依法在一定期限内暂停其从事有关生产经营活动权利的行政处罚。责令停产停业属于行政处罚中的资格罚或能力罚，它不是永久性剥夺被处罚人已经获得的从事生产经营活动的资格，而只是暂时性限制其从事生产经营活动的资格。如果在同一作业区域内从事生产经营活动的各方在规定的期限内不签订安全生产管理协议或者不指定专职的安全生产管理人员进行安全检查与协调，则由有关行政执法机关责令这些生产经营单位停止生产经营活动，直到签订安全生产管理协议、指定专职安全生产管理人员后，才能重新开始生产经营活动。

(十)生产经营场所和员工宿舍违法责任

🕮原文条款

第一百零五条　生产经营单位有下列行为之一的，责令限期改正，处五万元以下的罚款，对其直接负责的主管人员和其他直接责任人员处一万元以下的罚款；逾期未改正的，责令停产停业整顿；构成犯罪的，依照刑法有关规定追究刑事责任：

(1)生产、经营、储存、使用危险物品的车间、商店、仓库与员工宿舍在同一座建筑内，或者与员工宿舍的距离不符合安全要求的；

(2)生产经营场所和员工宿舍未设有符合紧急疏散需要、标志明显、保持畅通的出口、疏散通道,或者占用、锁闭、封堵生产经营场所或者员工宿舍出口、疏散通道的。

1.违法行为

根据本法的规定,生产、经营、储存、使用危险物品的车间、商店,仓库不得与员工宿舍在同一座建筑物内,并应当与员工宿舍保持安全距离。生产经营场所和员工宿舍应当设有符合紧急疏散要求、标志明显、保持畅通的出口、疏散通道。禁止占用、锁闭、封堵生产经营场所或者员工宿舍的出口、疏散通道。违反以上规定,就应当依据本条承担相应的法律责任。

本条规定的承担法律责任的主体有两类:一是本条规定的违法行为的生产经营单位;二是本条规定的违法行为的生产经营单位的直接负责的主管人员和其他直接责任人员。

2.法律责任

(1)责令限期改正,处 5 万元以下的罚款,对其直接负责的主管人员和其他直接责任人员处 1 万元以下的罚款。责令限期改正,即由有关行政执法机关责令该生产经营单位在规定的期限内,将生产、经营、储存、使用危险物品的车间、商店、仓库与在同一建筑物内的员工宿舍分开,并保持一定的安全距离;使生产经营场所和员工宿舍的出口、疏散通道符合紧急疏散的需要,设置明显的标志;将占用的出口、疏散通道清理,将堵塞的出口、疏散通道腾空,将封闭的出口、疏散通道打开等。在责令限期改正的同时,有关行政执法机关对生产经营单位处以 5 万元以下的罚款,对其直接负责的主管人员和其他直接责任人员处以 1 万元以下的罚款。罚款的具体数额由有关行政执法机关根据违法行为的情节等情况决定。

(2)逾期未改正的,责令停产停业整顿。如果生产经营单位在规定的期限内没有纠正,不采取改正措施,将由有关行政执法机关责令其停止生产经营活动,进行整顿,直到生产、经营、储存使用危险物品的车间、商店、仓库以及生产经营场所与员工宿舍都符合安全要求后,才能重新开始生产经营活动。

(3)构成犯罪的,依照《刑法》有关规定追究刑事责任。

(十一)免责协议违法行为

🕮原文条款

第一百零六条　生产经营单位与从业人员订立协议,免除或者减轻其对从业人员因生产安全事故伤亡依法应承担的责任的,该协议无效;对生产经营单位的主要负责人、个人经营的投资人处二万元以上十万元以下的罚款。

1.违法行为

根据本法的规定,生产经营单位不得以任何形式与从业人员订立协议,免除或者减轻其对从业人员因生产安全事故伤亡依法应承担的责任。这些年在实践中,尤其是在采矿业、建筑业等行业中,一些生产经营单位强迫劳动者与其订立“生死协议”,一旦发生人身伤亡事故,只给受害人或者其家属很有限的补偿,就不再承担任何责任的情况时有发生,严重侵害了劳动者的权利。法律对此作出了禁止性的规定,是对从业人员劳动安全合法权利的法律保障。生产经营单位违反法律的这一规定,与从业人员签订协议,免除或者减轻因发生生产安全事故造成从业人员伤亡依法应当承担的责任的,要按照本条规定承担相应的法律责任。这里的“协议”,既包括生产经营单位与从业人员单独订立的协议,也包括生产经营单位与从业人员签订的劳动合同中的有关条款。

本条规定的承担法律责任的主体是生产经营单位的主要负责人和个人经营的投资人,而不是生产经营单位。根据本法规定生产经营单位的主要负责人对本单位的安全生产工作全面负责,既有管理指挥的权力,又有承担全面责任的义务。此外,实践中一些民营企业,投资人对企业的重大事项掌握最后的决策权,因此在处罚对象中特别列出个人经营的投资人,即直接由个人业主负责,而不是他所招用的管理人员负责,这样规定可以防止一些个人业主招用其他人挂名而逃脱自身应尽的责任。

2.法律责任

(1)协议无效。即该协议是违法订立的,不具有合法性,不能产生效力,因而生产经营单位不能免除或者减轻其责任,仍然应当依法对从业人员因生产安全事故伤亡承担责任。违法订立的无效的协议一般具有以下特征:

① 具有违法性。大都违反法律、行政法规的强制性规定,损害了国家利益、社会公共利益。无效协议的违法性表明此类协议不符合国家的意志和立法的目的,因此,对此类协议国家就应当实行干预,使其不发生效力,而不管当事人是否主张协议的效力。

② 自始无效。即从签订之日起,就没有法律约束力,法律既不保护无效协议当事人的利益,也不强制当事人履行无效协议规定的义务。需要注意的是,当生产经营单位免除或者减轻其对从业人员因生产安全事故伤亡依法应承担的责任的协议表现为生产经营单位与从业人员签订的劳动合同中的有关条款时,无效的仅仅是生产经营单位免除或者减轻其责任的那部分条款,劳动合同的其余部分仍然有效,对双方当事人有约束力。

(2)对生产经营单位的主要负责人、个人经营的投资人处 2 万元以上 10 万元以下的罚款。生产经营单位与从业人员订立协议,免除或者减轻其对从业人员因生产安全事故造成人身伤亡依法应当承担的责任的,属于严重侵犯从业人员合法权益的违法行为,除签订的有关协议无效以外,本条规定还要对有关责任人给予罚款的行政处罚,即由有关行政执法机关对生产经营单位的主要负责人、个人经营的投资人根据违法行为的情节,给予不低于 2 万元但不超过 10 万元的罚款,以通过惩罚责任人来达到遏制违法行为的目的。

(十二)从业人员违章操作的责任

🕮原文条款

第一百零七条　生产经营单位的从业人员不落实岗位安全责任,不服从管理,违反安全生产规章制度或者操作规程的,由生产经营单位给予批评教育,依照有关规章制度给予处分;构成犯罪的,依照刑法有关规定追究刑事责任。

1.违法行为

根据本法的规定,从业人员在作业过程中,应当严格落实岗位规章安全责任,遵守本单位的安全生产规章制度和操作规程,服从管理,正确佩戴和使用劳动防护用品。这是本法对从业人员规定的义务也是保障安全生产的一个必要条件,从业人员必须遵守,如果违反了法律所规定的这项义务,就要依照本条规定承担相应的法律责任。

本条规定的承担法律责任的主体是生产经营单位的从业人员包括生产经营单位的主要负责人、安全生产管理人员、特种作业人员和其他从业人员。

2.法律责任

根据本条的规定,对于从业人员不落实岗位安全责任,不服从管理,违反安全生产规章制度或者操作规程的,应当根据以下 3 个方面进行处理:

(1)由生产经营单位给予批评教育。即由生产经营单位对该从业人员由于违反安全生产规章制度或者操作规程的行为进行批评,同时对其进行有关安全生产知识等方面的教育,使其认识到严格遵守安全生产规章制度和操作规程的重要性,以及违反安全生产规章制度或者操作规程可能造成的严重后果和依法应当承担的法律责任,确保其不再违法。

(2)依照有关规章制度给予处分。这里的“规章制度”,主要是指生产经营单位依法制定的内部惩戒制度,给予从业人员处分的主体是从业人员所属的生产经营单位。

(3)构成犯罪的,依照刑法有关规定追究刑事责任。这里讲的构成犯罪,主要是指构成重大责任事故罪。

(十三)生产经营单位不服从监督检查违法责任

原文条款

第一百零八条　违反本法规定,生产经营单位拒绝、阻碍负有安全生产监督管理职责的部门依法实施监督检查的,责令改正;拒不改正的,处二万元以上二十万元以下的罚款;对其直接负责的主管人员和其他直接责任人员处一万元以上二万元以下的罚款;构成犯罪的,依照刑法有关规定追究刑事责任。

1.违法行为

根据本法的规定,生产经营单位对负有安全生产监督管理职责的部门的监督检查人员依法履行监督检查职责,应当予以配合,不得拒绝、阻挠。保障负有安全生产监督管理职责的部门依法履行职责,是加强安全生产监督、保护人民群众生命财产安全的要求。因此,法律在要求负有安全生产监督管理职责的部门严格履行职责的同时,也要为其履行职责提供必要的条件,对拒绝、阻碍其依法履行职责的行为给予一定的法律制裁。本条规定是保障负有安全生产监督管理职责的部门依法履行对生产经营单位监督职责的法律武器。

本条规定的承担法律责任的主体有两类:一是有本条规定的违法行为的生产经营单位;二是有本条规定的违法行为的生产经营单位的直接负责的主管人员和其他直接责任人员。

2.法律责任

(1)责令改正。即责令拒绝、阻碍执法部门实施监督检查的生产经营单位立即停止任何形式的拒绝、阻碍行为,配合并采取有效措施保证执法部门能够依法实施监督检查,接受执法部门依法实施的监督检查。

(2)拒不改正的,处 2 万元以上 20 万元以下的罚款。对于经责令改正而拒绝改正,继续以各种方式拒绝、阻碍执法部门实施监督检查的生产经营单位,将视情节给予 2 万元以上 20 万元以下的罚款。一般来说,相对于以积极作为的方式阻碍负有安全生产监督管理职责的部门依法实施监督检查的,以不作为的方式实施拒绝执法部门监督检查的违法情节比较轻微,可以在罚款的数额中予以体现,给予相对较少的罚款。

(3)对直接负责的主管人员和其他直接责任人员处 1 万元以上 2 万元以下的罚款。在责令拒绝、阻碍监督检查的生产经营单位改正违法行为的同时,还要对其直接负责的主管人员和其他直接责任人员给予罚款的行政处罚,罚款数额为 1 万元以上 2 万元以下,具体数额在个案中根据责任人违法行为的情节确定。

(4)构成犯罪的,依照刑法有关规定追究刑事责任。这里讲的构成犯罪,主要是指构成妨害公务罪。

（十四）未投保安全生产责任保险的违法行为

📖原文条款

第一百零九条　高危行业、领域的生产经营单位未按照国家规定投保安全生产责任保险的，责令限期改正，处五万元以上十万元以下的罚款；逾期未改正的，处十万元以上二十万元以下的罚款。

1.违法行为

根据本法的规定，属于国家规定的高危行业、领域的生产经营单位，应当投保安全生产责任保险。安全生产责任保险，是指保险机构对投保的生产经营单位发生的生产安全事故造成的人员伤亡和有关经济损失等予以赔偿，并且为投保的生产经营单位提供生产安全事故预防服务的商业保险。本条是新增的规定，主要目的是对高危行业、领域的生产经营单位未按照国家规定投保安全生产责任保险的行为追究相应的法律责任。通过责任追究来倒逼高危行业、领域的生产经营单位按照国家规定投保安全生产责任保险。本法在“生产经营单位的安全生产保障”一章中规定属于国家规定的高危行业、领域的生产经营单位，应当投保安全生产责任保险。为保证高危行业、领域的生产经营单位遵守这一义务，本条对高危行业、领域的生产经营单位违反这一义务应当承受的不利后果作了规定。

本条规定的承担法律责任的主体是有本条规定的违法行为的高危行业、领域的生产经营单位，包括矿山、危险化学品、烟花爆竹、交通运输、建筑施工、民用爆炸物品、金属冶炼、渔业生产等行业领域的生产经营单位。

2.法律责任

（1）责令限期改正，处 5 万元以上 10 万元以下的罚款。责令限期改正，即由有关行政执法机关责令该高危行业、领域的生产经营单位在规定的期限内按照国家规定投保安全生产责任保险。在责令限期改正的同时，有关行政执法机关对生产经营单位处以 5 万元以上 10 万元以下的罚款。

（2）逾期未改正的，处 10 万元以上 20 万元以下的罚款。如果该高危行业、领域的生产经营单位在规定的限期内没有改正违法行为，即仍未按照国家规定投保安全生产责任保险，有关行政执法机关对生产经营单位处 10 万元以上 20 万元以下的罚款。罚款的具体数额由有关行政执法机关根据违法行为的情节等情况决定。

（十五）按日连续处罚

📖原文条款

第一百一十二条　生产经营单位违反本法规定，被责令改正且受到罚款处罚，拒不改正的，负有安全生产监督管理职责的部门可以自作出责令改正之日的次日起，按照原处罚数额按日连续处罚。

1.“按日计罚”的适用情形

2021 年新修订的《安全生产法》增加了关于“按日计罚”规定，提高生产经营单位的违法成本，严厉打击拒不整改、虚假整改等违法行为。按日计罚措施比较严厉，需要设定严格的适用条件，防止在实践中被滥用。根据本条的规定，对生产经营单位实施按日计罚，需要具备以下 3 个条件：

（1）生产经营单位违反本法规定。本法明确规定了生产经营单位的安全生产职责，生产经营单位负有履行本法和其他法律、法规规定的有关安全生产的法定义务,违反这些义务,应当承担相应的法律责任。因此,对生产经营单位实施按日计罚的基本前提是该生产经营单位违反了本法的规定。按日计罚措施的实施对象是生产经营单位。

(2)生产经营单位被责令改正,且受到罚款处罚。“受到罚款处罚”,即有关部门强制违法行为人在一定期限内缴纳一定数量货币而使其遭受经济利益损失。实施按日计罚,“被责令改正”和“受到罚款处罚”这两个条件需同时兼备。

(3)生产经营单位存在拒不改正情形。本法有关“责令改正”且给予“罚款处罚”情形中的“责令改正”,多数是“责令限期改正”,要求生产经营单位在限定期限内改正到位。实践中,“拒不改正”的典型表现是:有些生产经营单位在限定期限内无动于衷、置之不理,甚至明确表示拒绝改正;有些生产经营单位虽表面上采取改正措施,但改正措施流于形式,不符合有关部门责令改正的实质要求和主要目的,敷衍了事,本质上是逃避改正、拒绝改正。

2.“按日计罚”的具体实施

作为安全生产执法中的一项重要制度,“按日计罚”的起始期限、计算基数和计算方式等规则如何操作适用,将是执法过程中面临的突出问题,有必要予以明确。

(1)本条规定,负有安全生产监督管理职责的部门可以自作出责令改正之日的次日起开始计算连续罚款日期。责令改正区分为责令立即改正和责令限期改正。在责令立即改正的情况下,如果生产经营单位拒不改正,可以从有关部门作出责令立即改正决定之日的次日起开始计算;在责令限期改正的情况下如果生产经营单位在限定期满后被认定属于拒不改正,从有关部门作出责令限期改正决定之日的次日起开始计算。

(2)计算基数。本条规定按照“原处罚数额”按日连续处罚,“原处罚数额”,即指生产经营单位被作出责令改正时受到罚款处罚的数额。例如,根据本法第九十八条的规定,生产经营单位有相关违法行为的,责令停止建设或者停产停业整顿,限期改正,并处 10 万元以上 50 万元以下的罚款。如果行政机关按照本条规定,责令生产经营单位限期改正,并处 20 万元的罚款,“原处罚数额”即 20 万元。

(3)计算方式。按照原处罚数额按日连续处罚,即按照原处罚数额按日累加连续计算,并非按日倍增计算或者以其他方法计算,避免处罚过重。同时,本法有些条文还规定了“逾期未改正”的法律责任,在生产经营单位逾期拒不改正的情况下,在可以适用按日计罚规定的同时,还应当适用以上关于逾期未改正法律责任的规定。例如,本法第一百零一条规定,“生产经营单位有下列行为之一的,责令限期改正,处十万元以下的罚款;逾期未改正的责令停产停业整顿,并处十万元以上二十万元以下的罚款”。如果行政机关就生产经营单位违反本条规定适用“按日计罚”,那么还应当适用责令停产停业整顿,并处 10 万元以上 20 万元以下罚款的规定。

案例

有关部门于 1 月 1 日按照本法第一百零二条的规定,对生产经营单位未采取措施消除事故隐患的违法行为,作出责令立即消除事故隐患,处 5 万元罚款的决定。1 月 5 日,有关部门现场检查时发现生产经营单位拒不采取措施消除事故隐患。那么有关部门可以按照本条规定,自 1 月 2 日起,按照每日 5 万元的金额连续计罚,即可以对生产经营单位再处以 20 万元的罚款,总罚款金额为 25 万元。

有关部门在1月1日根据本法第一百零二条的规定，对生产经营单位未采取措施消除事故隐患的违法行为，作出责令限期10日消除事故隐患，处5万元罚款的决定。该生产经营单位在限定时间内拒不改正，有关部门可以在1月11日作出按照原处罚数额按日连续处罚的决定，自1月2日起开始计算，按照每日5万元的金额连续计罚，即可以对生产经营单位再处以50万元的罚款，总罚款金额为55万元。

需要说明的是，在本法中规定“按日计罚”制度，并非单纯让生产经营单位承担巨额违法成本，罚款不是主要目的，而是针对生产经营单位拒不改正违法行为的情况，通过罚款数额的不断累加，使违法者感受到巨大的经济惩戒，从而受到法律的震慑迫使其尽早改正违法行为，履行安全生产责任。因此，“按日计罚”不能无限期计罚，如果实施“按日计罚”措施已经不能或者预期不能制止违法行为持续的，应当及时采取停业整顿、关闭等合理措施，有效制止违法行为的持续发生，避免一罚了之，用罚款代替其他合理措施。

(十六)事故责任单位处罚

📖原文条款

第一百一十四条　发生生产安全事故，对负有责任的生产经营单位除要求其依法承担相应的赔偿等责任外，由应急管理部门依照下列规定处以罚款：

(1)发生一般事故的，处三十万元以上一百万元以下的罚款；

(2)发生较大事故的，处一百万元以上二百万元以下的罚款；

(3)发生重大事故的，处二百万元以上一千万元以下的罚款；

(4)发生特别重大事故的，处一千万元以上二千万元以下的罚款。

发生生产安全事故，情节特别严重、影响特别恶劣的，应急管理部门可以按照前款罚款数额的二倍以上五倍以下对负有责任的生产经营单位处以罚款。

1.违法行为

生产安全事故往往会给人民群众生命安全带来重大损失，预防生产安全事故的发生是本法的重要立法目的。对生产安全事故，不仅需要从源头上加以防范，对发生事故负有责任的单位，也应当依法给予制裁，从而督促其更好地加强前期预防。给予本条规定的处罚应当具备以下条件：

(1)生产经营单位发生生产安全事故。这里的事故既包括重特大事故和较大事故，也包括一般事故。

(2)生产经营单位对事故发生负有责任，即该事故是责任事故。因第三方原因、不可抗力等因素引起的事故，生产经营单位没有责任，不应当依据本条规定给予处罚。

此外，根据本条的规定，对事故责任单位处以罚款与生产经营单位依法承担民事赔偿责任并不冲突。生产安全事故发生后，往往对受害人需要承担民事赔偿责任，二者互不影响。

本条违法行为的主体是具有本条规定的违法行为的生产经营单位。

2.法律责任

本条规定的处罚决定机关是应急管理部门，根据本条的规定，对事故责任单位按照下列标准处以罚款：发生一般事故的，处30万元以上100万元以下的罚款；发生较大事故的，处100万元以上200万元以下的罚款；发生重大事故的，处200万元以上1 000万元以下的罚款；发生特别重大事故的，处1 000万元以上2 000万元以下的罚款。发生生产安全事故，情节特别严重、影响特别恶劣的，应急管理部门可以按照本条第一款罚款数额的2倍以上5倍以下对负有责任的生产经营单位处以罚款。这一规定与2014年修正的《安全生产法》相比，大大提高了罚款幅度，有利于更好地加大违法成本，遏制违法行为。需要说明的是，在具体适用中，本条规定的具体的处罚数额依据违法行为的情节轻重等因素，在法定的处罚幅度范围内确定。

（十七）行政处罚决定机关

📖原文条款

第一百一十五条　本法规定的行政处罚，由应急管理部门和其他负有安全生产监督管理职责的部门按照职责分工决定；其中，根据本法第九十五条、第一百一十条、第一百一十四条的规定应当给予民航、铁路、电力行业的生产经营单位及其主要负责人行政处罚的，也可以由主管的负有安全生产监督管理职责的部门进行处罚。予以关闭的行政处罚，由负有安全生产监督管理职责的部门报请县级以上人民政府按照国务院规定的权限决定；给予拘留的行政处罚，由公安机关依照治安管理处罚的规定决定。

1.行政处罚决定的分工

行政处罚是行政执法机关为了维护公共利益和社会秩序，保护公民、法人和其他组织的合法权益，对违反行政管理秩序，依法应当给予行政相对人的法律制裁。行政处罚的种类，按照《行政处罚法》的规定，包括：警告、通报批评；罚款、没收违法所得、没收非法财物；暂扣许可证件、降低资质等级、吊销许可证件；限制开展生产经营活动、责令停产停业、责令关闭、限制从业；行政拘留；法律、行政法规规定的其他行政处罚。本法规定的行政处罚包括责令停产停业整顿、没收违法所得、罚款等。根据本法第十条的规定，国务院和地方各级人民政府应急管理部门依照本法对安全生产工作实施综合监督管理，有关部门依照本法和其他有关法律在各自的职责范围内对有关的安全生产工作实施监督管理。本法是安全生产领域的综合性、基础性法律，本法规定的安全生产，不仅包括应急管理部门主要负责监管的矿山安全、危险物品安全等，也包括建设行政部门主要负责监管的建筑施工安全、民航部门主要负责监管的民航安全、铁路部门主要负责监管的铁路运输安全、电力管理部门主要负责监管的电力事业安全等。因此，规定各部门都可以按照本法规定对各自监管领域的安全生产违法行为实施行政处罚，包括依据本法第六十五条规定采取相关行政措施，有利于加强对各行业、领域安全生产的管理，规范和统一执法尺度。需要说明的是，上述各部门有关实施行政处罚的具体领域，针对的违法行为的范围，需要根据各部门的职责分工来确定。目前，规定各部门的职责分工的依据有相关法律、行政法规以及国务院的“三定”方案等。

2.特定行业的处罚机关

根据本法第九十五条、第一百一十条、第一百一十四条的规定应当给予民航、铁路、电力行业的生产经营单位及其主要负责人行政处罚的也可以由主管的负有安全生产监督管理职责的部门进行处罚。本法第九十五条、第一百一十条、第一百一十四条规定的处罚决定机关是应急管理部门，本条对特殊行业领域的处罚作出特别规定。对于民航、铁路、电力行业的生产经营单位及其主要负责人给予行政处罚的，可以由应急管理部门进行处罚，也可以由主管的负有安全生产监督管理职责的部门进行处罚。

3.予以关闭的行政处罚

予以关闭的行政处罚由负有安全生产监督管理职责的部门报请县级以上人民政府按照国务院规定的权限决定。这里所说的关闭，是指行政机关对违反行政管理秩序的企业、事业单位或者其他组织，依法剥夺其从事某项生产经营活动的权利的一种行政处罚。由于关闭这种处罚，对于生产经营单位来说，是一种比较严厉的行政处罚，对其影响很大，在实施时应当很慎重。因此，本条规定要由负有安全生产监督管理职责的部门报请县级以上人民政府按照国务院规定的权限来决定。

4.给予拘留的行政处罚

拘留的行政处罚由公安机关依照治安管理处罚的规定决定。这里规定的拘留，是行政拘留，是法定行政机关依法对违反行政法律规范的人，在短期内限制其人身自由的一种处罚。行政拘留是行政处罚中最为严厉的一种处罚。实施行政拘留的机关，一般仅限于公安机关。按照《治安管理处罚法》的规定，只有县级以上的公安机关才享有行政拘留的裁决权，其他任何行政机关都没有决定行政拘留的权力。

(十八)生产经营单位赔偿责任

🕮原文条款

第一百一十六条　生产经营单位发生生产安全事故造成人员伤亡、他人财产损失的，应当依法承担赔偿责任；拒不承担或者其负责人逃匿的，由人民法院依法强制执行。

生产安全事故的责任人未依法承担赔偿责任，经人民法院依法采取执行措施后，仍不能对受害人给予足额赔偿的，应当继续履行赔偿义务；受害人发现责任人有其他财产的，可以随时请求人民法院执行。

1.生产经营单位的赔偿责任

根据本条第一款的规定，生产经营单位发生生产安全事故，造成人员伤亡、他人财产损失的，应当依法承担赔偿责任。这是生产经营单位依法应当承担的损害赔偿的民事责任。根据《民法典》的规定，行为人因过错侵害他人民事权益造成损害的，应当承担侵权责任。依照法律规定推定行为人有过错，其不能证明自己没有过错的，应当承担侵权责任。行为人造成他人民事权益损害不论行为人有无过错，法律规定应当承担侵权责任的，依照其规定。如果生产经营单位拒不承担赔偿责任，或者生产经营单位的负责人逃匿的，由人民法院依法强制执行。按照《民事诉讼法》的规定，发生法律效力的判决书、裁定书和调解书，当事人必须履行。一方拒绝履行的，对方当事人可以向人民法院申请执行，也可以由审判员移送执行员执行。调解书和其他应当由人民法院执行的法律文书，当事人必须履行。一方拒绝履行的，对方当事人可以向人民法院申请执行。人民法院在强制执行时，可以采取以下强制措施：扣押、冻结、划拨、变价被执行人的财产；扣留、提取被执行人的收入；查封、扣押、冻结、拍卖、变卖被执行人的财产；搜查被执行人的财产；强制被执行人履行法律文书指定的行为等。

2.赔偿责任的继续履行

根据本条第二款的规定，生产安全事故的责任人未依法承担赔偿责任，经人民法院依法采取执行措施后，仍不能对受害人给予足额赔偿的，应当继续履行赔偿义务。按照民事诉讼法的规定，人民法院采取一定的执行措施后，被执行人仍不能偿还债务的，应当继续履行义务。受害人发现被执行人有其他财产的，可以随时请求人民法院执行。实践中，一般有两种情况:一是有些生产安全事故的责任人有能力履行赔偿义务,但是称自己没有赔偿能力,企图拖延时间,不承担责任;二是有些生产安全事故的责任人确实是由于经济状况不好,或者资金周转不灵,无力承担赔偿责任。无论是由于何种情况不能履行赔偿义务,都不能免除其赔偿义务。生产安全事故责任人的赔偿义务,也不因采取强制措施而终止。生产安全事故的责任人什么时候有能力履行赔偿义务,什么时候就应当履行义务,直到完全履行赔偿义务为止。在这期间,如果受害人发现生产安全事故的责任人在采取执行措施后,还有其他可供执行的财产,或者发现生产安全事故的责任人经过一段时间的恢复后,又获得了新的财产,可以随时请求人民法院执行。

需要注意的是,本条有关生产经营单位的民事赔偿责任的规定比较原则,实践中处理民事赔偿问题,还应当适用《民法典》的有关规定。

三、安全技术服务中介机构违法责任

🕮原文条款

第九十二条　承担安全评价、认证、检测、检验职责的机构出具失实报告的,责令停业整顿,并处三万元以上十万元以下的罚款;给他人造成损害的,依法承担赔偿责任。

承担安全评价、认证、检测、检验职责的机构租借资质、挂靠、出具虚假报告的,没收违法所得;违法所得在十万元以上的,并处违法所得二倍以上五倍以下的罚款,没有违法所得或者违法所得不足十万元的,单处或者并处十万元以上二十万元以下的罚款;对其直接负责的主管人员和其他直接责任人员处五万元以上十万元以下的罚款;给他人造成损害的,与生产经营单位承担连带赔偿责任;构成犯罪的,依照刑法有关规定追究刑事责任。

对有前款违法行为的机构及其直接责任人员,吊销其相应资质和资格,五年内不得从事安全评价、认证、检测、检验等工作;情节严重的,实行终身行业和职业禁入。

(一)承担安全评价、认证、检测、检验职责的机构的违法情形

本条规定的承担安全评价、认证、检测、检验职责的机构的违法情形主要是两种:一种是自身有相关资质,但出具失实报告的;另一种是己方或对方不具备相关资质,通过租借资质、挂靠等方式,进而由己方或者对方出具虚假报告的。其中,出具失实报告的,主要是指相关机构违反了本法第七十二条第一款的规定,未能保证其安全评价、认证、检测、检验结果的合法性、真实性。而租借资质、挂靠、出具虚假报告的,则违反了本法第七十二条关于承担安全评价、认证、检测、检验职责的机构应当具备国家规定的资质条件的规定,严重破坏安全生产监督管理秩序,对安全生产工作构成严重威胁,甚至会因此直接导致重大生产安全事故。

(二)相关违法机构和直接责任人员的法律责任

本法对上述违法情形,从行政责任、刑事责任和民事赔偿责任 3 个方面重新梳理和规定。

在行政责任方面,一是没收违法所得。由本法规定的行政执法机关将承担安全评价、认证、检测、检验职责的机构由于出具虚假证明文件而获得的财产上的非法利益强制无偿收归国有。二是行政罚款。罚款分为对机构的罚款和对个人的罚款。对机构的罚款分为两种情形:违法所得在 10 万元以上的,在没收违法所得同时,处违法所得 2 倍以上 5 倍以下的罚款;没有违法所得或者违法所得不足 10 万元的,单处或者并处 10 万元以上 20 万元以下的罚款。对个人的罚款,则规定对直接负责的主管人员和其他直接责任人员处 5 万元以上 10 万元以

下的罚款。三是吊销资质和资格。这是一种资格罚,即由有关部门撤销有违法行为的机构所取得的安全评价、认证、检测、检验的资质。《生产安全事故报告和调查处理条例》规定,为发生事故的单位提供虚假证明的中介机构,由有关部门依法暂扣或者吊销其有关证照及其相关人员的执业资格。同时,本款对吊销后重新获得相关资质和资格的时限作了进一步规定,即5年内不得从事安全评价、认证、检测、检验等工作。四是终身行业和职业禁入。《关于推进安全生产领域改革发展的意见》明确要求严格责任追究制度。其中,对被追究刑事责任的生产经营者依法实施相应的职业禁入,对事故发生负有重大责任的社会服务机构和人员依法严肃追究法律责任,并依法实施相应的行业禁入。

在刑事责任方面,构成犯罪的,依照《刑法》有关规定追究刑事责任。这里的"构成犯罪",对有关的机构来说,主要是指构成提供虚假证明文件罪。构成该罪须具备以下条件:一是主体特定,是承担安全评价职责的中介组织的人员;二是客观上实施了故意提供虚假证明文件的行为;三是情节严重。这里的"情节严重",是指故意提供虚假证明文件手段比较恶劣、虚假的内容特别重要以及因此而造成生产安全事故等。按照《刑法》的规定,对故意提供虚假证明文件,情节严重的,处5年以下有期徒刑或者拘役,并处罚金。如果涉及公共安全的重大工程、项目中提供虚假的安全评价等证明文件,致使公共财产、国家和人民利益遭受特别重大损失的,处5年以上10年以下有期徒刑,并处罚金。

在民事赔偿责任方面,因出具虚假证明导致发生生产安全事故给他人造成损害的,与生产经营单位承担连带赔偿责任。而如果根据第一款规定出具失实报告的机构,通常与委托其提供安全评价、认证、检测、检验的生产经营单位间签有相关的服务合同,该情形一般属于典型的瑕疵履行合同义务,应当承担相应的违约赔偿责任。

【任务训练】

结合以下案例,分析讨论案例中可以追究事故责任者的法律责任有哪些?

2019年3月21日14时48分许,位于江苏省盐城市响水县生态化工园区的天嘉宜化工有限公司发生特别重大爆炸事故,造成78人死亡、76人重伤、640人住院治疗,直接经济损失19.86亿元。

事故调查组查明,事故的直接原因是天嘉宜公司旧固废库内长期违法贮存的硝化废料持续积热升温导致自燃,燃烧引发爆炸。事故调查组认定,天嘉宜公司无视国家环境保护和安全生产法律法规,刻意瞒报、违法贮存、违法处置硝化废料,安全环保管理混乱,日常检查弄虚作假,固废仓库等工程未批先建。相关环评、安评等中介服务机构严重违法违规,出具虚假失实评价报告。

【巩固提升】

1.关于《安全生产法》规定的行政处罚的决定机关,以下表述错误的是(　　)。

A.由安全生产监督管理部门决定;法律、行政法规对行政处罚的决定机关另有规定的,从其规定

B.由安全生产监督管理部门和其他负有安全生产监督管理职责的部门按照职责分工决定

C.给予拘留的行政处罚由公安机关依照治安管理处罚法的规定决定

D.予以关闭的行政处罚由负有安全生产监督管理职责的部门报请县级以上人民政府按照国务院规定的权限决定

2.发生生产安全事故造成人员伤亡和财产损失的,对事故发生负有责任的生产经营单位承担责任的有关表述不正确的是(　　)。

A.生产经营单位拒不承担赔偿责任或者其负责人逃匿的,由当地人民政府依法强制执行

B.责任人未依法承担赔偿责任,经人民法院依法采取执行措施后,仍不能对受害人给予足额赔偿的,应当继续履行赔偿义务

C.从业人员依法获得了工伤保险赔偿后,不能再向生产经营单位要求赔偿

D.受害人发现责任人有其他财产的,可以随时请求地方人民政府执行

3.某生产经营单位主要负责人张某在本单位发生生产安全事故后逃匿,根据《安全生产法》的有关规定,应当处以拘留(　　)。

A.5 日　　B.10 日　　C.15 日　　D.30 日

4.承担安全评价、认证、检测、检验职责的机构出具失实报告的机构及其直接责任人员,吊销其相应资质和资格,(　　)年内不得从事安全评价、认证、检测、检验等工作。

A.2 年　　B.3 年　　C.5 年　　D.10 年

5.生产经营单位的主要负责人依照前款规定受刑事处罚或者撤职处分的,自刑罚执行完毕或者受处分之日起,(　　)年内不得担任任何生产经营单位的主要负责人。

A.2 年　　B.3 年　　C.5 年　　D.10 年

【拓展阅读】

1.《国务院关于特大安全事故行政责任追究的规定》。

2.《地方党政领导干部安全生产责任制规定》。

3.《生产安全事故罚款处罚规定》。

4.《重庆市安全生产举报奖励办法》。

模块三
安全生产相关法律

【模块背景】

安全生产相关法律是我国安全生产法律法规体系的重要组成部分,在事故责任追究、劳动保护、矿山安全、特种设备安全、突发事件应对、消防安全、职业病防治等方面均有具体的规范和约束,对保障劳动者生命健康安全,加强企业安全生产法治管理,指导和推动我国安全生产工作向好发展具有十分重要的意义。

【学习目标】

知识目标:了解安全生产相关法律的体系架构;掌握我国针对事故责任追究、劳动保护、矿山安全、特种设备安全、突发事件应对、消防安全、职业病防治等方面的法律要求。

能力目标:学会应用安全生产相关法律进行企业安全生产管理、生产安全事故分析,并提出事故预防控制措施和建议。

素质目标:培养学生法治思维,强化安全意识,树立社会责任感。

任务一　中华人民共和国刑法

【任务目标】

1.了解刑法中有关安全生产的相关规定和要求,理解有关安全生产犯罪的罪名。

2.结合事故案例,学会分析事故责任并对责任者进行责任认定。

【知识准备】

刑法是规定犯罪、刑事责任和刑罚的法律。刑法有广义和狭义之分。广义的刑法,是指规定犯罪、刑事责任和刑罚的法律规范的总和;狭义的刑法,是指系统规定犯罪、刑事责任和刑罚的法律规范的刑法典,在我国即《中华人民共和国刑法》(以下简称《刑法》)。2020 年 12

月 26 日,第十三届全国人民代表大会常务委员会第二十四次会议通过《中华人民共和国刑法修正案(十一)》(以下简称《刑法修正案(十一)》),对刑法作出修改、补充,2021 年 3 月 1 日起施行。

一、刑法的基本理论

(一)刑法的基本原则

《刑法》基本原则是指体现刑法的性质和任务,贯穿于刑法始终的指导刑事立法和刑事司法的基本准则。安全生产领域内刑事犯罪同样以刑法基本原则为指导,贯穿于定罪和量刑的始终。

1.罪刑法定原则

《刑法》第三条规定,法律明文规定为犯罪行为的,依照法律定罪处刑;法律没有明文规定为犯罪行为的,不得定罪处刑。这是我国刑法中罪刑法定原则的具体体现。

罪刑法定原则的含义是:什么是犯罪,有哪些犯罪,各种犯罪的构成条件是什么,有哪些刑种,各个刑种如何适用,以及各种具体罪的具体量刑幅度如何等,均由刑法加以规定。对于刑法分则没有明文规定为犯罪行为的行为,不得定罪处刑。概括起来,就是"法无明文规定不为罪,法无明文规定不处罚"。

2.适用刑法平等原则

《刑法》第四条规定,对任何人犯罪,在适用法律上一律平等。不允许任何人有超越法律的特权。这是法律面前人人平等原则在刑事法律领域的具体化。

适用刑法人人平等原则的含义是:对任何人犯罪,不论犯罪人的家庭出身、社会地位、职业性质、财产状况、政治面貌、才能业绩如何,都应追究刑事责任,一律平等地适用刑法,依法定罪、量刑和行刑,不允许任何人有超越法律的特权。

3.罪刑相适应原则

《刑法》第五条规定,刑罚的轻重,应当与犯罪分子所犯罪行和承担的刑事责任相适应。罪刑相适应原则是指犯罪人所犯的罪行与应承担的刑事责任应当相当,重罪重判,轻罪轻判,罚当其罪,罪刑相称,不能重罪轻判,也不能轻罪重判。

(二)犯罪的基本理论

1.犯罪的定义

《刑法》第十三条规定,一切危害国家主权、领土完整和安全,分裂国家、颠覆人民民主专政的政权和推翻社会主义制度,破坏社会秩序和经济秩序,侵犯国有财产或者劳动群众集体所有的财产,侵犯公民私人所有的财产,侵犯公民的人身权利、民主权利和其他权利,以及其他危害社会的行为,依照法律应当受刑事处罚的,都是犯罪,但是情节显著轻微危害不大的,不认为是犯罪。这一定义准确地揭示了我国现阶段犯罪的法律特征,同时也通过但书将罪与非罪(一般违法行为)区别开来。

2.犯罪的基本特征

犯罪的基本特征是指犯罪行为区别于一般违法行为的核心要素,根据我国《刑法》第十三条的规定,犯罪这种行为具有以下 3 个基本特征:

(1)犯罪是危害社会的行为,即具有一定的社会危害性。犯罪的社会危害性是指犯罪行为对刑法所保护的社会关系造成或可能造成这样或那样损害的特性。这是犯罪与一般违法行为、不道德行为的最大区别之处。

(2)犯罪是触犯刑律的行为,即具有刑事违法性。违法行为有各种各样的情况:有的是违反民事法律、法规,经济法律、法规,称为民事违法行为、经济违法行为;有的是反行政法律、法规,称为行政违法行为。犯罪也是违法行为,但不是一般的违法行为,而是违反刑法即触犯刑律的行为,是刑事违法行为。违法并不都是犯罪,只有违反了刑法的才构成犯罪。

(3)犯罪是应受刑罚处罚的行为,即具有应受刑事处罚性。刑事处罚是犯罪的必然后果,某种行为一旦定罪,国家就必然进行刑事责任处罚,并且刑事责任处罚也只能加诸犯罪行为。

犯罪的上述 3 个基本特征相互联系,不可分割。同时,这 3 个基本特征对于认定安全生产相关领域的罪与非罪、此罪与彼罪具有重大意义。

3.犯罪构成的要件

犯罪构成是指我国刑法规定的某种行为构成犯罪所必须具备的主观要件和客观要件的总和。首先,犯罪构成所要求的主观要件和客观要件都必须是我国刑法所规定的;其次,犯罪构成是我国刑法的主观要件和客观要件的总和;最后,犯罪构成主观要件和客观要件说明的是犯罪成立所要求的基本事实特征,而不是一般的事实描述,更不是案件全部事实与情节不加选择地堆砌。

按照我国犯罪构成一般理论,我国刑法规定的犯罪都必须具备犯罪客体、犯罪的客观方面、犯罪主体和犯罪的主观方面这 4 个要件。具体来说,犯罪客体,就是指我国刑法所保护的,而为犯罪所侵害的社会主义社会关系。犯罪的客观方面,是指刑法所规定的、构成犯罪在客观上必须具备的危害社会的行为和由这种行为所引起的危害社会的结果。犯罪主体,就是实施了犯罪行为,依法应当承担刑事责任的人。我国刑法对犯罪主体规定了两种类型:一种是达到刑事责任年龄,具有刑事责任能力,实施了犯罪行为的自然人;另一种是实施了犯罪行为的企业、事业单位、国家机关、社会团体等单位。犯罪的主观要件,是指犯罪主体对自己实施的危害社会行为及其结果所持的心理态度,分为故意与过失两种情形。这 4 个要件是任何一个犯罪都必须具备的。犯罪构成从根本上说明了犯罪成立的基本条件,对刑法理论和刑事司法实践具有重大的意义。只有精确地界定了犯罪构成要件,才能分清罪与非罪、此罪与彼罪。

4.犯罪的预备、未遂与中止

犯罪的预备、未遂与中止,是故意犯罪行为发展中可能出现的几个不同的形态。这些形态都是相对于犯罪的既遂而言的,而犯罪的既遂是指犯罪人所实施的行为,已经具备了构成某一犯罪的一切要件。犯罪的预备、未遂与中止,都只存在于故意犯罪的情况之下,而且都是在实现犯罪目的的过程中发生的。

《刑法》第二十二条第一款规定,为了犯罪,准备工具,制造条件的,是犯罪预备。犯罪的预备,是着手犯罪前的一种准备活动,是犯罪的最初阶段。对于预备犯,可以比照既遂犯从轻、减轻处罚或者免除处罚。

《刑法》第二十三条规定,已经着手实行犯罪,由于犯罪分子意志以外的原因而未得逞的,是犯罪未遂。对于未遂犯,可以比照既遂犯从轻或者减轻处罚。

《刑法》第二十四条规定,在犯罪过程中,自动放弃犯罪或者自动有效地防止犯罪结果发生的，是犯罪中止。对于中止犯罪，没有造成损害的，应当免除处罚；造成损害的，应当减轻处罚。

5.刑事责任

刑事责任是指依照刑事法律的规定，行为人实施刑事法律禁止的行为所必须承担的法律后果。这一后果只能由行为人自己承担。具备犯罪构成的要件是负刑事责任的依据。从主观方面说，凡法律规定达到一定年龄、精神正常的人故意或者过失犯罪，法律有规定的应负刑事责任；从客观方面说，某种行为侵犯刑事法律保护的社会关系并具有社会危害性的，应负刑事责任。然而，某些行为从表面上看已经具备犯罪构成的要件，但实际上并不危害社会，不负刑事责任。如无责任能力人的行为、正当防卫、紧急避险、实施有益于社会的行为等。

6.刑罚的基本理论

刑罚权作为国家制裁犯罪人的一种权力，是国家的一种统治权，是国家基于其主权地位所拥有的确认犯罪行为范围、制裁犯罪行为以及执行这种制裁的权力。它不仅仅是一种适用刑罚的权力，实际上是决定、支配整个刑法的权力。刑罚是指审判机关依照刑法的规定剥夺犯罪人某种权益的一种强制处分。刑罚只适用于实施刑事法律禁止的行为的犯罪分子。

刑罚，首先具有剥夺功能，剥夺功能意味着对犯罪人某种权益的剥夺；其次具有威慑功能，是指行为人因恐惧刑罚制裁而不敢实施犯罪行为；再次刑罚还具有改造功能，是指刑罚具有改变犯罪人的价值观念和行为方式，使其成为社会有用之人的作用；最后刑罚具有安抚功能，是指国家通过对犯罪适用和执行刑罚，能够在一定程度上满足受害人及其家属要求惩罚罪犯的强烈报复愿望，可以平息或缓和给被害人以及社会其他成员造成的激愤情绪，使他们在心理上、精神上得到安抚。

(三)安全生产犯罪

为了制裁安全生产违法犯罪分子，《安全生产法》关于追究刑事责任的规定共计十三条，如果违反了其中任何一条规定而构成犯罪的，都要依照《刑法》追究刑事责任。《刑法》有关安全生产犯罪的罪名主要有重大责任事故罪、重大劳动安全事故罪、大型群众性活动重大安全事故罪、不报、谎报安全事故罪、危险物品肇事罪、提供虚假证明文件罪以及国家工作人员职务犯罪等。依照《刑事诉讼法》的规定，追究刑事责任的执法主体是法定的司法机关，即按照各自的职责分工，分别由公安机关、检察机关和人民法院追究刑事责任，由人民法院依法作出最终的司法判决。

二、生产经营单位及其有关人员犯罪及其刑事责任

(一)危险作业罪

《刑法》第一百三十四条后增加一条，作为第一百三十四条之一，在生产、作业中违反有关安全管理的规定，有下列情形之一，具有发生重大伤亡事故或者其他严重后果的现实危险的，处一年以下有期徒刑、拘役或者管制：涉及安全生产的事项未经依法批准或者许可；擅自从事矿山开采、金属冶炼、建筑施工，以及危险物品生产、经营、储存等高度危险的生产作业活动的。

在生产、作业中违反有关安全管理的规定，有下列情形之一，具有发生重大伤亡事故或者其他严重后果的现实危险的，处一年以下有期徒刑、拘役或者管制：

(1)关闭、破坏直接关系生产安全的监控、报警、防护、救生设备、设施,或者篡改、隐瞒、销毁其相关数据、信息的。

(2)因存在重大事故隐患被依法责令停产停业、停止施工、停止使用有关设备、设施、场所或者立即采取排除危险的整改措施,而拒不执行的。

(3)涉及安全生产的事项未经依法批准或者许可,擅自从事矿山开采、金属冶炼、建筑施工,以及危险物品生产、经营、储存等高度危险的生产作业活动的。

本项罪名是《刑法修正案(十一)》新增内容,过去人们常见的"关闭""破坏""篡改""隐瞒""销毁",以及"拒不执行""擅自"活动等违法行为,将不再只是行政处罚,或将被追究刑事责任。

(二)重大责任事故罪

《刑法》第一百三十四条第一款规定,在生产作业中违反有关安全管理的规定,因而发生重大伤亡事故或者造成其他严重后果的,处三年以下有期徒刑或者拘役;情节特别恶劣的,处三年以上七年以下有期徒刑。

重大责任事故罪,是指在生产、作业中违反有关安全管理的规定,因而发生重大伤亡事故或者造成其他严重后果的行为。

重大责任事故罪的构成要件包括以下 4 个方面:

(1)本罪侵犯的客体是生产、作业的安全。生产、作业的安全是各行各业都十分重视的问题。在生产过程中,出现一点问题都有可能导致正常生产秩序的破坏,甚至发生重大伤亡事故,造成财产损失。同时,生产安全也是公共安全的重要组成部分,危害生产安全同样会使不特定多数人的生命、健康或者公私财产遭受重大损失。

(2)客观方面表现为在生产、作业中违反有关安全生产的规定,因而发生重大伤亡事故或者造成其他严重后果的行为。违反有关安全管理的规定而发生重大伤亡事故或者造成其他严重后果,是重大责任事故罪的本质特征。其在实践中多表现为"不服管理""违反规章制度"。

(3)犯罪主体为一般主体。根据最高人民法院、最高人民检察院于 2015 年 12 月 14 日公布的《最高人民法院、最高人民检察院关于办理危害生产安全刑事案件适用法律若干问题的解释》(以下简称《若干问题的解释》)第一条规定,刑法第一百三十四条第一款规定的犯罪主体,包括对生产、作业负有组织、指挥或者管理职责的负责人、管理人员、实际控制人、投资人等人员,以及直接从事生产、作业的人员。

(4)主观方面表现为过失。行为人在生产、作业中违反有关安全管理规定,可能是出于故意,但对于其行为引起的严重后果而言,则是过失,因为行为人对其行为造成的严重后果是不希望发生的,之所以发生了安全事故是由于行为人在生产过程中严重不负责任,疏忽大意或者对事故隐患不积极采取补救措施,轻信能够避免,结果导致安全事故的发生。

(三)强令、组织他人违章冒险作业罪

《刑法》第一百三十四条第二款,强令他人违章冒险作业,或者明知存在重大事故隐患而不排除,仍冒险组织作业,因而发生重大伤亡事故或者造成其他严重后果的,处五年以下有期徒刑或者拘役;情节特别恶劣的,处五年以上有期徒刑。

企业、工厂、矿山等单位的领导者、指挥者、调度者等在明知确实存在危险或者已经违章,工人的人身安全和国家、企业的财产安全没有保证，继续生产会发生严重后果的情况下，仍然不顾相关法律规定，以解雇、减薪以及其他威胁，强行命令或者胁迫下属进行作业，造成重大伤亡事故或者严重财产损失。

2021 年的《刑法修订案（十一）》修改增加“明知存在重大事故隐患而不排除，仍冒险组织作业”的违法行为，也就是说不用“拒不整改”，有证据证明你“明知”，就可量罪判刑。

（四）重大劳动安全事故罪

《刑法》第一百三十五条规定，安全生产设施或者安全生产条件不符合国家规定，因而发生重大伤亡事故或者造成其他严重后果的，对直接负责的主管人员和其他直接责任人员，处三年以下有期徒刑或者拘役；情节特别恶劣的，处三年以上七年以下有期徒刑。

重大劳动安全事故罪，是指安全生产设施或者安全生产条件不符合国家规定，因而发生重大伤亡事故或者造成其他严重后果的行为。其构成要件是：

（1）本罪侵犯的客体是生产安全。保护劳动者在生产过程中的安全与健康，是生产经营单位的法律义务和责任。

（2）客观方面表现为安全生产设施或者安全生产条件不符合国家规定，因而发生重大伤亡事故或者造成其他严重后果的行为。

（3）犯罪主体为一般主体，是指对发生重大伤亡事故或者造成其他严重后果负有责任的事故发生单位的主管人员和其他直接责任人员。根据《若干问题的解释》，《刑法》第一百三十五条规定的“直接负责的主管人员和其他直接责任人员”，是指对安全生产设施或者安全生产条件不符合国家规定负有直接责任的生产经营单位负责人、管理人员、实际控制人、投资人，以及其他对安全生产设施或者安全生产条件负有管理、维护职责的人员。

（4）主观方面由过失构成。即行为人应当预见到安全生产设施或者安全生产条件不符合国家规定所产生的后果，但由于疏忽大意没有预见或者虽然已经预见，但轻信可以避免，结果导致发生了重大安全生产事故。

本罪与重大责任事故罪都是涉及违反安全生产规定的犯罪，在适用范围上的区别在于：前者强调劳动场所的硬件设施或者对劳动者提供的安全生产防护用品和防护措施不符合国家规定，追究的是所在单位的责任，考虑发生安全事故的单位须立即整改，其安全措施、安全生产条件达到国家规定，以及对安全事故伤亡人员进行治疗、赔偿，需要大量资金。因此，该条在处罚上只追究“直接负责的主管人员和其他责任人员”的刑事责任，没有规定对单位处罚资金，属于实行单罚制的单位犯罪。后者主要强调自然人在生产、作业过程中违章操作或者强令他人违章作业而引起安全事故的行为。

（五）大型群众性活动重大安全事故罪

《刑法》第一百三十五条之一规定，举办大型群众性活动违反安全管理规定，因而发生重大伤亡事故或者造成其他严重后果的，对直接负责的主管人员和其他直接责任人员，处三年以下有期徒刑或者拘役；情节特别恶劣的，处三年以上七年以下有期徒刑。

大型群众性活动重大安全事故罪，是指举办大型群众性活动违反安全管理规定，因而发生重大伤亡事故或者造成其他严重后果的行为。本罪是 2006 年 6 月 29 日《刑法修正案（六）》第三条增设的新罪名。

（1）本罪侵犯的客体是公共安全。这是针对一些大型活动的组织者只顾举办活动从中谋取利益,把广大群众的安全置之脑后,致使在大型群众性活动中出现现场秩序严重混乱、失控,造成人员挤压、踩踏等恶性伤亡事故而设置的。

(2)客观方面表现为举办大型群众性活动违反安全管理规定,因而发生重大伤亡事故或者造成其他严重后果的行为。“安全管理规定”是指国家有关部门为保证大型群众性活动安全、顺利举行制定的管理规定。

(3)犯罪主体为对发生大型群众性活动重大安全事故“直接负责的主管人员和其他直接责任人员”。“直接负责的主管人员”是指大型群众活动的策划者、组织者和举办者;“其他直接责任人员”是指对大型活动的安全举行、紧急预案负有具体落实和执行职责的人员。

(4)主观方面表现为过失。即行为人对举办大型群众性活动违反安全管理规定所发生的重大伤亡事故或者造成的其他严重后果具有疏忽大意或者过于自信的主观心理。

(六)不报、谎报安全事故罪

《刑法》第一百三十九条之一规定,在安全事故发生后,负有报告职责的人员不报或者谎报事故情况,贻误事故抢救,情节严重的,处三年以下有期徒刑或者拘役;情节特别严重的,处三年以上七年以下有期徒刑。

不报、谎报安全事故罪是指在安全事故发生后,负有报告责任的人员不报或者谎报事故情况,贻误事故抢救,情节严重的行为。本罪是《刑法修正案(六)》第四条增设的新罪名。

(1)本罪侵犯的客体是安全事故监管制度。本罪主要是针对近年来一些事故单位的责任人和对安全事故负有监管职责的人员在事故发生后弄虚作假,结果贻误事故抢救,造成人员伤亡和财产损失进一步扩大的行为而增设的。

(2)客观方面表现为安全事故发生之后,负有报告职责的人员不报或者谎报事故情况,贻误事故抢救,情节严重的行为。

(3)犯罪主体为对安全事故负有报告职责的人员。“安全事故”不仅限于安全生产经营单位发生的安全生产事故、大型群众性活动中发生的重大伤亡事故,还包括刑法分则第二章规定的所有与安全事故有关的犯罪,但第一百三十三条、第一百三十八条除外,因为这两条已将不报告作为构成犯罪的条件之一根据前文中所提到的《若干问题的解释》第四条的规定,刑法第一百三十九条之一规定的“负有报告职责的人员”,是指负有组织、指挥或者管理职责的负责人、管理人员实际控制人、投资人,以及其他负有报告职责的人员。

(4)主观方面表现为故意。安全事故发生后明知应当报告,主观上具有不报、谎报安全事故真相的故意。

三、关于生产安全犯罪适用《刑法》的司法解释

为依法惩治危害生产安全犯罪,根据《刑法》有关规定,最高人民法院、最高人民检察院2015年12月14日公布了《最高人民法院、最高人民检察院关于办理危害生产安全刑事案件适用法律若干问题的解释》。

《若干问题的解释》共17条,包括生产安全犯罪的犯罪主体、定罪标准、疑难问题的法律适用、国家工作人员职务犯罪的行为和刑事责任、刑事处罚和量刑情节等。

(一)重大责任事故罪和重大劳动安全事故罪的定罪标准

《若干问题的解释》第六条第一款规定,实施刑法第一百三十四条第一款、第一百三十五

条规定的行为，因而发生安全事故，具有下列情形之一的，应当认定为“造成严重后果”或者“发生重大伤亡事故或者造成其他严重后果”：

（1）造成死亡一人以上，或者重伤三人以上的。

（2）造成直接经济损失一百万元以上的。

（3）造成其他严重后果或者重大安全事故的情形。

（二）疑难问题的法律适用依据

1.共同犯罪

《若干问题的解释》第九条规定，在安全事故发生后，与负有报告职责的人员串通，不报或者谎报事故情况，贻误事故抢救，情节严重的，依照刑法第一百三十九条之一的规定，以共犯论处。

2.数罪并罚

《若干问题的解释》第十二条规定，实施“采取弄虚作假、行贿等手段，故意逃避、阻挠负有安全监督管理职责的部门实施监督检查”的行为，同时构成刑法第三百八十九条规定的犯罪的，依照数罪并罚的规定处罚。

（三）国家机关工作人员职务犯罪

《若干问题的解释》第十五条规定，国家机关工作人员在履行安全监督管理职责时滥用职权、玩忽职守，致使公共财产、国家和人民利益遭受到重大损失的，或者徇私舞弊，对发现的刑事案件依法应当移交司法机关追究刑事责任而不移交，情节严重的，分别依照刑法第三百九十七条、第四百零二条的规定，以滥用职权罪、玩忽职守罪或者徇私舞弊不移交刑事案件罪定罪处罚。

（四）量刑情节的规定

《若干问题的解释》第七条第一款规定，实施刑法第一百三十四条第一款、第一百三十五条规定的行为，因而发生安全事故，具有下列情形之一的，对相关责任人员，处三年以上七年以下有期徒刑：

（1）造成死亡三人以上或者重伤十人以上，负事故主要责任的。

（2）造成直接经济损失五百万元以上，负事故主要责任的。

（3）其他造成特别严重后果、情节特别恶劣或者后果特别严重的情形。

《若干问题的解释》第八条第一款规定，在安全事故发生后，负有报告职责的人员不报或者谎报事故情况，贻误事故抢救，具有下列情形之一的，应当认定为刑法第一百三十九条之一规定的“情节严重”：

（1）导致事故后果扩大，增加死亡一人以上，或者增加重伤三人以上，或者增加直接经济损失一百万元以上的。

（2）实施下列行为之一，致使不能及时有效开展事故抢救的：

①决定不报、迟报、谎报事故情况或者指使、串通有关人员不报、迟报、谎报事故情况的。

②在事故抢救期间擅离职守或者逃匿的。

③伪造、破坏事故现场，或者转移、藏匿、毁灭遇难人员尸体，或者转移、藏匿受伤人员的。

④毁灭、伪造、隐匿与事故有关的图纸、记录、计算机数据等资料以及其他证据的。

(3)其他情节严重的情形。

《若干问题的解释》第八条第二款规定,具有下列情形之一的,应当认定为《刑法》第一百三十九条之一规定的“情节特别严重”:

①导致事故后果扩大,增加死亡三人以上,或者增加重伤十人以上,或者增加直接经济损失五百万元以上的。

②采用暴力、胁迫、命令等方式阻止他人报告事故情况,导致事故后果扩大的。

③其他情节特别严重的情形。

【任务训练】

结合以下案例,分析讨论案例中事故责任者的违法行为和责任罪名。

2010 年 11 月 15 日 13 时,上海胶州路 728 号教师公寓正在进行外墙保温改造工程,工人在北侧外立面进行电焊作业。金属熔融物溅落在大楼电梯前室北窗 9 楼平台,引燃堆积在外墙的聚氨酯保温材料碎屑。火势随后迅猛蔓延,因烟囱效应引发大面积立体火灾,最终造成 58 人死亡、71 人受伤的严重后果,建筑物过火面积 12 000 平方米,直接经济损失 1.58 亿元。

经调查发现,事故相关单位存在问题有:装修工程违法违规,层层多次分包,导致安全责任落实不到位;施工作业现场管理混乱,存在明显的抢工期、抢进度、突击施工的行为;事故现场安全措施不落实,违规使用大量尼龙网、毛竹片等易燃材料,易燃的尼龙防护网和脚手架上的毛竹片导致大火迅速蔓延;监理单位、施工单位、建设单位存在隶属关系,相互配合共同牟利,项目负责人、安全员、监理没有按规定履行职责;政府部门监管不力,导致以上 4 种情况“多次分包多家作业、现场管理混乱、事故现场违规选用材料、建设主体单位存在利害关系”的出现。

【巩固提升】

1.某化工企业因安全生产设施不符合国家规定,发生事故,造成 6 人死亡的严重后果。依据《刑法》的规定,直接负责的主管人员触犯的刑法罪名是(　　)。

A.重大责任事故罪　　B.重大劳动安全事故罪

C.危险物品肇事罪　　D.消防责任事故罪

2.依据《刑法》的规定,由于强令他人违章冒险作业而导致重大伤亡事故发生或者造成其他严重后果,情节特别恶劣的,应处有期徒刑(　　)。

A.10 年以上　　B.7 年以上　　C.5 年以上　　D.3 年以上

3.陈某承包经营电镀厂,未按照国家标准为电镀设备安装漏电保护装置,导致两名工人作业时触电死亡。根据《刑法》的规定,陈某的行为构成(　　)。

A.失职渎职罪　　B.重大劳动安全事故罪

C.强令违章冒险作业罪　　D.玩忽职守罪

4.某煤矿发生透水事故,当场死亡 5 人,主管安全生产的副总经理李某未向有关部门报告,贻误了事故抢险救援的时机,又导致 3 人死亡,依据《刑法》及相关规定,对李某的处罚,下列说法正确的是(　　)。

A.应处三年以下有期徒刑　　B.应处七年以上有期徒刑

C.应处三年以上七年以下有期徒刑　　　　　　D.应处以拘役

5.2021 年 3 月 1 日《刑法修正案(十一)》正式施行,安全生产领域新增一项罪名是(　　),体现了事前问责,意味着企业必须高度重视安全生产工作,否则即使不发生生产安全事故,也可能被追究刑事责任。

A.危险作业罪　　　　　　　　　　　　　　B.重大责任事故罪

C.重大劳动安全事故罪　　　　　　　　　　D.工程重大安全事故罪

【拓展阅读】

1.《中华人民共和国刑法修正案(十一)》。

2.《最高人民法院最高人民检察院关于办理危害生产安全刑事案件适用法律若干问题的解释》解读。

任务二　中华人民共和国劳动法

【任务目标】

1.了解《劳动法》中有关劳动者的权利和义务的规定,掌握有关劳动安全卫生的基本要求。

2.结合案例,学会用法律思维分析、解决案例中的法律问题。

【知识准备】

1994 年 7 月 5 日第八届全国人民代表大会常务委员会第八次会议审议通过《中华人民共和国劳动法》,自 1995 年 1 月 1 日起施行。《劳动法》的立法目的是保护劳动者的合法权益,调整劳动关系,建立和维护适应社会主义市场经济的劳动制度,促进经济发展和社会进步。

一、劳动安全卫生的规定

(一)安全卫生的基本要求

1.劳动者的权利

《劳动法》第三条在劳动卫生方面赋予了劳动者享有以下权利:劳动者享有平等就业和选择职业的权利、取得劳动报酬的权利、休息休假的权利、获得劳动安全卫生保护的权利、接受职业技能培训的权利、享受社会保险和福利的权利、提请劳动争议处理的权利以及法律规定的其他劳动权利。同时,根据《劳动法》相关规定,劳动者有权依法参加和组织工会。工会代表和维护劳动者的合法权益,依法独立自主地开展活动。

2.劳动者的义务

《劳动法》第三条设定了劳动者需要履行的 4 项义务:一是劳动者应当完成劳动任务;二是劳动者应当提高职业技能;三是劳动者应当执行劳动安全卫生规程;四是劳动者应当遵守劳动纪律和职业道德。

3.用人单位的义务

《劳动法》第五十二条规定，用人单位必须建立健全劳动安全卫生制度，严格执行国家劳动安全卫生规程和标准，对劳动者进行劳动安全卫生教育，防止劳动过程中的事故，减少职业危害。

《劳动法》同时规定，用人单位的劳动安全卫生设施必须符合国家规定的标准。新建、改建、扩建工程的劳动安全卫生设施必须与主体工程同时设计、同时施工、同时投生产和使用，而且用人单位必须为劳动者提供符合国家规定的劳动安全卫生条件和必要的劳动防护用品，对从事有职业危害作业的劳动者应当定期进行健康检查。

（二）女职工和未成年工特殊保护

女职工和未成年人由于生理等原因不适宜从事某些危险性较大或者劳动强度较大的劳动，属于弱势群体，应当在劳动就业上给予特殊的保护。《劳动法》明确规定，国家对女职工和未成年工实行特殊保护。未成年工是指年满 16 周岁未满 18 周岁的劳动者。《劳动法》同时对女职工和未成年人专门作出了特殊保护的规定。

1.女职工保护

一是禁止用人单位安排女职工从事矿山井下、国家规定的第四级体力劳动强度的劳动和其他禁忌从事的劳动。二是禁止用人单位安排女职工在经期从事高处、低温冷水作业和国家规定的第三级体力劳动强度的劳动。三是禁止用人单位安排女职工在怀孕期间从事国家规定的第三级体力劳动强度的劳动和孕期禁忌从事的活动。对怀孕 7 个月以上的职工，不得安排其延长工作时间和夜班劳动。四是禁止用人单位安排女职工在哺乳未满 1 周岁婴儿期间从事国家规定的第三级体力劳动强度的劳动和哺乳期禁忌从事的其他劳动，不得延长其工作时间和安排夜班劳动。

2.未成年工保护

一是禁止用人单位安排未成年工从事矿山井下、有毒有害、国家规定的第四级体力劳动强度的劳动和其他禁忌从事的劳动；二是要求用人单位应当对未成年工定期进行健康检查。

二、劳动安全卫生监督检查的规定

（一）劳动监察

（1）县级以上各级人民政府劳动行政部门依法对用人单位遵守劳动法律、法规的情况进行监督检查，对违反劳动法律、法规的行为有权制止，并责令改正。

（2）县级以上各级人民政府劳动行政部门监督检查人员执行公务，有权进入用人单位了解执行劳动法律、法规的情况，并对劳动场所进行检查。县级以上各级人民政府劳动行政部门监督检查人员执行公务，必须出示证件，秉公执法并遵守有关规定。

（二）有关部门的监督

县级以上各级人民政府有关部门在各自职责范围内，对用人单位遵守劳动法律、法规的情况进行监督。

（三）工会的监督

各级工会依法维护劳动者的合法权益，对用人单位遵守劳动法律、法规的情况进行监督。任何组织和个人对于违反劳动法律、法规的行为有权检举和控告。

三、劳动安全卫生违法行为实施行政处罚的决定机关

（一）劳动安全卫生监督管理体制的改革

2005年2月23日，国务院决定将国家安全生产监督管理局升格为国家安全生产监督管理总局，由其负责全国安全生产综合监督管理职能。国家的安全生产监督管理体制改革和职责分工调整后，各级人民政府劳动行政部门不再负责安全生产综合监督管理工作，改由各级人民政府安全生产综合监督管理部门负责。

（二）劳动安全卫生监管和行政执法的机关

依照《安全生产法》和国务院的规定，现由县级以上人民政府负责安全生产监督管理的部门负责履行《劳动法》赋予劳动行政部门负责的劳动安全卫生监督管理的职责，行使《劳动法》中有关劳动安全卫生监督管理和行政执法的职权。县级以上人民政府劳动行政部门依照法律和本级人民政府的规定，行使劳动安全卫生以外的其他劳动活动的监督管理和行政执法的职权。

【任务训练】

结合以下案例，分析讨论劳动者可以根据《劳动法》的哪些规定来维护自己的合法权益。

某企业因长期开工不足，处于半停产状态，连给工人发工资都存在困难。不久前该企业与一家公司签订了产品供货合同，一下子给企业注入了生机。该产品的最后一道工序是表面喷漆，由于喷漆工作台只有一个，加上空气潮湿，漆干得很慢，造成半成品大量积压。

在这种情况下，为避免耽误工期，该企业决定在一个废旧仓库中进行喷漆作业。该废旧仓库房屋低矮，没有窗户，根本不具备通风条件，在这种情况下作业会对身体有害。

有职工提出异议，企业提出要么继续干，要么就解除合同。该企业喷漆班职工有8人进入仓库作业，两个小时后，8人全部出现了不同程度的头晕、恶心、呕吐等症状。后经医院诊断，这8名职工均因吸入大量的有机溶剂，造成急性苯中毒。

事后，该企业认为进入废旧仓库进行喷漆作业是经过劳动者认可的，不愿意承担责任。

【巩固提升】

1.根据《劳动法》规定，劳动安全卫生设施必须符合（　　）。

A.国家规定的要求　　B.企业规定的要求

C.劳动者安全需要　　D.方便使用的需要

2.根据《劳动法》规定，新建、改建、扩建工程的（　　）必须与主体工程同时设计、同时施工、同时投入生产和使用。

A.防护措施　　B.个人防护用品

C.劳动安全卫生设施　　D.安全设施

3.根据《劳动法》规定，国家建立伤亡事故和职业病（　　）。

A.调查制度　　B.上报制度

C.统计制度　　D.统计报告和处理制度

4.根据《劳动法》，劳动者对用人单位管理人员违章指挥、强令冒险作业，有权拒绝执行；

对危害生命安全和身体健康的行为，有权提出（　　）。

A.批评、检举和控告　　　　B.处罚意见

C.停止作业　　　　D.整改建议

5.按照《劳动法》，国家建立（　　）。县级以上各级人民政府劳动行政部门、有关部门和用人单位应当依法对劳动者在劳动过程中发生的伤亡事故和劳动者的职业病状况，进行统计、报告和处理。

A.伤亡和职业病统计报告和处理制度

B.伤亡和职业病统计制度

C.伤亡和职业病事故上报制度

D.伤亡和职业病事故处理制度

【拓展阅读】

1.《中华人民共和国劳动合同法》。

2.《劳动保障监察条例》。

3.《中华人民共和国劳动合同法实施条例》。

4.《女职工劳动保护特别规定》。

任务三　中华人民共和国矿山安全法

【任务目标】

1.了解矿山安全违法行为所应承担的法律责任。

2.掌握矿山建设的安全保障的规定，矿山开采的安全保障的规定，矿山企业的安全管理的规定，矿山安全的监督与管理的规定。

【知识准备】

1992年11月7日，第七届全国人大常委会第二十八次会议审议通过《中华人民共和国矿山安全法》，自1993年5月1日起施行。根据2009年8月27日第十一届全国人民代表大会第十次会议通过的《全国人民代表大会常务委员会关于修改部分法律的决定》进行了修正，自公布之日起施行。《矿山安全法》是我国唯一的矿山安全单行法律。凡是在中华人民共和国领域和管辖的其他海域从事矿产资源开采活动的公民、法人或者其他组织，均应遵守该法的规定。《矿山安全法》的立法目的是保障矿山生产安全，防止矿山事故，保护矿山职工人身安全，促进采矿业的发展。

一、矿山建设的安全保障规定

（一）矿山建设工程安全设施“三同时”

矿产资源开采属于危险性较大的作业，其中从事井下开采的矿山具有更大的危险性，尤

其是地下开采面临来自地下水、火、瓦斯、顶板和粉尘等地质灾害的威胁,需要采用多种安全设施抵御地质灾害,监控矿井内的气体、温度、地压情况,预防矿山事故。作为矿山开采系统的重要组成部分,安全设施是保障矿井建设和矿山开采安全的主要设施。为此,《矿山安全法》第七条明确规定,矿山建设工程的安全设施必须和主体工程同时设计、同时施工、同时投入生产和使用。

(二)矿山建设工程安全设施的设计和竣工验收

矿山建设工程安全设施的设计是否可靠、科学、规范,是保证矿井生产安全系统能否保障安全的首要环节。《矿山安全法》第八条规定,矿山建设工程的设计文件,必须符合矿山安全规程和行业技术规范,并按照国家规定经管理矿山企业的主管部门批准;不符合矿山安全规程和行业技术规范的,不得批准。矿山建设工程安全设施的设计必须由劳动行政主管部门(现为负责安全生产监督管理的部门,下同)参加审查。矿山安全规程和行业技术规范,由国务院管理矿山企业的主管部门制定。

法律还对必须符合矿山安全规程和行业技术规范的矿山设计项目作出了规定:

(1)矿井的通风系统和供风量、风质、风速。

(2)露天矿的边坡角和台阶的宽度、高度。

(3)供电系统。

(4)提升、运输系统。

(5)防水、排水系统和防火、灭火系统。

(6)防瓦斯系统和防尘系统。

(7)有关矿山安全的其他项目。

矿山建设工程必须按照管理矿山的主管部门批准的设计文件施工。矿山建设工程安全设施竣工后,由管理矿山企业的主管部门验收并须有劳动行政主管部门参加;不符合矿山安全规程和行业技术规范的,不得验收,不得投入生产。

案例

2020 年,温州市文成县应急管理局在文成县某石材有限公司矿山现场检查时,发现有开采痕迹,现场有零碎矿石,且矿山厂区门卫后有大量矿石堆放。经调查取证核实,该石材有限公司开采矿石的时间在基建期内,但矿山建设工程安全设施未经验收,擅自投入生产。最终,文成县应急管理局根据《浙江省实施〈中华人民共和国矿山安全法〉》办法第四十一条规定,对该石材有限公司依法作出警告并处人民币 7 万元罚款的行政处罚。

(三)矿井安全出口和运输通信设施

矿井安全出口是用于矿山开采和矿山事故发生时紧急撤离的必经的安全通道,其数量和空间应当满足安全要求。有些小矿山不按照规定设置必要的安全出口,发生事故时人员难以迅速撤离,造成了人员伤亡或者扩大了事故损失。《矿山安全法》第十条规定,每个矿井必须有两个以上能行人的安全出口,出口之间的直线水平距离必须符合矿山安全规程和行业技术规范。

矿山运输设施是保证矿山开采的运送传输设施,保证其正常运行对于正常生产和预防事故必不可少。通信设施是传递组织生产和安全管理的各种信息的电信设施。保持通信畅通,是实行安全生产的重要条件。由于各类矿山的运输通信设施有所不同,法律对此的最低要求是矿山必须有与外界相通的、符合安全要求的运输和通信设施。

二、矿山开采的安全保障规定

（一）矿山开采的基本要求

矿山开采是非常危险、复杂的生产活动，要保障矿山开采安全，需要具备严格的、系统的安全保障条件，严格按照开采不同矿种的安全规程和技术规范进行操作。国家有关主管部门制定的许多矿种的保护规范和安全要求，成为实现矿山开采安全必须遵守的基本规范。因此，《矿山安全法》第十三条规定，矿山开采必须具备保障安全生产的条件，执行开采不同矿种的矿山安全规程和行业技术规范。

案例

2018 年 12 月 28 日，龙岩市永定区鲤坑煤矿有限公司鲤坑煤矿发生一起瓦斯（窒息）较大事故，造成 6 人死亡、1 人受伤，直接经济损失 778.06 万元。

事故原因分析：鲤坑煤矿西采区主井以改建项目为名，采取虚假密闭等手段，长期越界盗采煤炭资源，在不具备安全生产条件下，-100 m 区段没有形成通风系统，长期微风、循环风作业，在氧气含量低等情况下组织作业人员冒险蛮干。-100 m-43#西采面切眼掘进面位于应力集中区域的小背斜轴部，巷道采用木头点柱支护，支护强度低，工人采用电镐落煤，在煤层底部掏挖，造成集中应力失衡，引发煤炭压出。煤炭压出后，导致甲烷、二氧化碳等气体和煤尘瞬间涌出，并向下部-100 m 区段巷道扩散，引起氧气浓度急剧下降，造成事故发生。

（二）矿用特殊设备、器材、护品、仪器的安全保障

矿山使用的有特殊安全要求的设备、器材、防护用品和安全检测仪器，必须符合国家安全标准或者行业安全标准；不符合国家安全标准或者行业安全标准的，不得使用。

矿山企业必须对机电设备及其防护装置、安全检测仪器定期检查、维修，保证使用安全。

（三）开采作业的安全保障

矿山企业必须对作业场所中的有毒有害物质和井下空气含氧量进行检测，保证符合安全要求。

矿山企业必须对下列危害安全的事故隐患采取预防措施：冒顶片帮、边坡滑落和地表塌陷；瓦斯爆炸、煤尘爆炸；冲击地压、瓦斯突出、井喷；地面和井下的火灾、水害；爆破器材和爆破作业产生的危害；粉尘、有毒有害气体、放射性物质和其他有害物质引起的危害；其他危害。

矿山企业对使用机械、电气设备，排土场、矸石山、尾矿库和矿山闭坑后可能引起的危害，应当采取预防措施。

三、矿山企业的安全管理规定

（一）安全生产责任制

《矿山安全法》第二十条规定，矿山企业必须建立、健全安全生产责任制。矿长对本企业的安全生产工作负责。

矿长（含矿务局局长、矿山公司经理）对本企业的安全生产工作负有下列职责：

（1）认真贯彻执行《矿山安全法》以及其他法律、法规中有关矿山安全生产的规定。

（2）制定本企业安全生产管理制度。

(3)根据需要配备合格的安全工作人员,对每个作业场所进行跟班检查。

(4)采取有效措施,改善职工劳动条件,保证安全生产所需要的材料、设备、仪器和劳动防护用品的及时供应。

(5)对职工进行安全教育、培训。

(6)制定矿山灾害的预防和应急计划。

(7)及时采取措施,处理矿山存在的事故隐患。

(8)及时、如实向劳动行政主管部门和管理矿山企业的主管部门报告矿山事故。

案例

2020 年 9 月 27 日,重庆能投渝新能源有限公司松藻煤矿发生重大火灾事故,造成 16 人死亡、42 人受伤,直接经济损失 2 501 万元。

事故暴露出重庆能投集团督促煤矿安全生产管理责任落实不到位。集团对煤矿安全实行四级管理,职能交叉、职责不清,责任落实层层弱化;近年来,煤矿事故多发,吸取事故教训不深刻;未按集团规定正常召开安全生产例会,未认真分析解决安全生产被动局面的系统性问题和深层次矛盾。

(二)矿山安全的内部监督

为了加强安全管理和企业内部监督,法律授权职代会、工会民主监督权,职工批评、检举和控告权,以形成矿山企业安全生产的内部监督机制。

1.职工代表大会的监督

《矿山安全法》第二十一条规定,矿长应当定期向职工代表大会或者职工大会报告安全生产工作,发挥职工代表大会的监督作用。

矿长应当定期向职工代表大会或者职工大会报告下列事项,接受民主监督:

(1)企业安全生产重大决策。

(2)企业安全技术措施计划及其执行情况。

(3)职工安全教育、培训计划及其执行情况。

(4)职工提出的改善劳动条件的建议和要求的处理情况。

(5)重大事故处理情况。

(6)有关安全生产的其他重要事项。

2.职工的监督

《矿山安全法》第二十二条第二款规定,矿山企业职工有权对危害安全的行为,提出批评、检举和控告。

矿山企业职工享有下列权利:

(1)有权获得作业场所安全与职业危害方面的信息。

(2)有权向有关部门和工会组织反映矿山安全状况和存在的问题。

(3)对任何危害职工安全健康的决定和行为,有权提出批评、检举和控告。

3.工会的监督

《矿山安全法》第二十三条规定,矿山企业工会依法维护职工生产安全的合法权益,组织职工对矿山安全工作进行监督。第二十五条规定,矿山企业工会发现企业行政方面违章指挥、强令工人冒险作业或者生产过程中发现明显重大事故隐患和职业危害,有权提出解决的建议;发现危及职工生命安全的情况时,有权向矿山企业行政方面建议组织职工撤离危险现场,矿山企业行政方面必须及时做出处理决定。

(三)安全培训

1.全员培训

全员培训是矿山企业最基本的基础性安全培训,是每个职工的必修课。不具备最基本的安全知识和操作技能,就不能胜任本职工作。因此依法规定矿山企业全员安全教育培训是非常必要的。组织安全教育培训是矿山企业的责任,参加和接受安全教育和培训是矿山企业职工的义务。《矿山安全法》第二十六条第一款规定,矿山企业必须对职工进行安全教育、培训;未经安全教育、培训的,不得上岗作业。

案例

2019 年 10 月 26 日,四川省川南煤业泸州古叙煤电有限公司石屏一矿发生较大顶板事故,造成 6 人死亡、1 人受伤,直接经济损失 721 万元。

在事故调查中发现,石屏一矿安全教育不力,培训无针对性。该矿对职工的培训方式单一,未分岗位、分工种开展有针对性的安全培训。特别是从掘进队先后抽调 30 人到采煤一队重新组建了安装队,安装队组建后未开展转岗安全培训教育。该矿同时存在以会代训现象,职工接受安全教育的效果差,致使作业人员整体的安全意识和技能水平不高,对现场的作业环境和灾害情况认识不够,应对和处置灾变的能力不足。

2.特种作业人员培训

从事特种作业的职工面临的危险大于一般职工,他们应具有更高、更全面的安全专业知识和操作技能。因此,必须对他们进行特殊的、更为严格的安全培训,取得相应的资格才能上岗作业。矿山企业的特种作业人员主要有瓦斯检查工、爆破工、通风工、信号工、拥罐工、电工、金属焊接(切割)工、矿井泵工、瓦斯抽放工、主扇风机操作工、主提升机操作工、绞车操作工、输送机操作工、尾矿工、安全检查工及矿内机动车司机等。《矿山安全法》第二十六条第二款规定,矿山企业安全生产的特种作业人员必须接受专门培训,经考核合格取得操作资格证书的,方可上岗作业。

3.矿长及安全工作人员培训

矿长负责直接组织指挥矿山开采作业,既要有组织能力,又要有全面的安全专业知识、丰富的安全管理经验和领导能力。因此,《矿山安全法》要求矿长必须经过考核,具备安全专业知识,具有领导安全生产和处理矿山事故的能力。

矿山企业安全工作人员必须具备必要的安全专业知识和矿山安全工作经验。

(四)未成年人和女职工的保护

《矿山安全法》第二十九条规定,矿山企业不得录用未成年人从事矿山井下劳动。矿山企业对女职工按照国家规定实行特殊保护不得分配女职工从事矿山井下劳动。

(五)矿山事故防范和救护

《矿山安全法》第三十条规定,矿山企业必须制定矿山事故防范措施,并组织落实。第三十一条规定,矿山企业应当配备专职或者兼职人员组成的救护和医疗急救组织,配备必要的装备、器材和药物。

(六)安全技术措施专项费用

安全投入是指保障矿山企业的安全设施齐全可靠、安全技术装备精良的资金,矿山建设和开采过程中都需要不断地投入必要的资金，对安全设施进行建设、安全维护、改造和更新，使其始终处于正常状态，确保安全生产。没有必要的安全投入，矿山安全就没有保障。为此，《矿山安全法》第三十二条规定，矿山企业必须从矿产品销售额中按照国家规定提取安全技术措施专项费用。安全技术措施专项费用必须全部用于改善矿山安全生产条件，不得挪作他用。

四、矿山安全的监督与管理规定

（一）矿山安全的监督

1.矿山安全监督的部门

制定《矿山安全法》时，立法规定由劳动行政主管部门负责监督矿山安全。根据国务院的现行行政法规，矿山安全监督的主管部门已不再是劳动行政主管部门，而是县级以上人民政府负责安全生产监督管理的部门，由其承担矿山安全的监督管理和行政执法职责。因此，《矿山安全法》中监督管理和行政执法主要体现为负责安全生产监督管理的部门。

2.矿山安全监督部门的职责

依照《矿山安全法》第三十三条的规定，负责安全生产监督管理的部门对矿山安全工作行使 7 项监督职责：

（1）检查矿山企业和管理矿山企业的主管部门贯彻执行矿山安全法律、法规的情况。

（2）参加矿山建设工程安全设施的设计审查和竣工验收。

（3）检查矿山劳动条件和安全状况。

（4）检查矿山企业职工安全教育、培训工作。

（5）监督矿山企业提取和使用安全技术措施专项费用的情况。

（6）参加并监督矿山事故的调查和处理。

（7）法律、行政法规规定的其他监督职责。

案例

2016 年 12 月 5 日，湖北省巴东县辛家煤矿有限责任公司发生煤与瓦斯突出事故，造成 11 人死亡，直接经济损失 1 531.5 万元。

事故的主要原因为该煤矿未按规定采取防治煤与瓦斯突出措施，在未消除突出危险的情况下违法生产，割煤机扰动诱发煤与瓦斯突出。事故也暴露出安全监管和行业管理部门对辛家煤矿日常监管不到位，对辛家煤矿复工复产的审批把关不严，对辛家煤矿被停产整改后擅自组织生产的违法行为失职失察。相关地方党委政府未认真贯彻落实 2016 年 11 月 27 日全国安全生产电视电话会议、11 月 30 日全国煤矿事故警示教育视频会议及 12 月 4 日全国安全生产紧急视频会议的精神要求，切实履行对煤矿安全生产工作进行督导的职责，对相关部门对辛家煤矿监管不力的情况失察。

（二）矿山安全的管理

1.矿山安全管理部门

1992 年制定《矿山安全法》时，各级人民政府都有专设的负责管理矿山企业的主管部门，如煤炭、石油、冶金、建材等部门。1998 年以后，国务院撤销了这些专业主管部门，地方人民政府也进行相应的机构改革，导致矿山企业的主管部门发生较大变化且各地主管机构不统一。

但不论机构如何变化，依照法律、法规和各级人民政府授权负责管理矿山企业的主管部门，就应当履行《矿山安全法》规定的管理矿山企业的主管部门的职责。

2.矿山安全管理部门的职责

依照《矿山安全法》第三十四条的规定，县级以上人民政府管理矿山企业的主管部门对矿山安全工作行使6项管理职责：

（1）检查矿山企业贯彻执行矿山安全法律、法规的情况。

（2）审查批准矿山建设工程安全设施的设计。

（3）负责矿山建设工程安全设施的竣工验收。

（4）组织矿长和矿山企业安全工作人员的培训工作。

（5）调查和处理重大矿山事故。

（6）法律、行政法规规定的其他管理职责。

五、矿山安全违法行为所应承担的法律责任

（一）矿山企业的法律责任

1.矿山安全管理违法行为的法律责任

依照《矿山安全法》的规定，有下列5种行为之一的，责令改正，可以并处罚款；情节严重的，提请县级以上人民政府决定责令停产整顿；对主管人员和直接责任人员由其所在单位或者上级主管机关给予行政处分：

（1）未对职工进行安全教育、培训，分配职工上岗作业的。

（2）使用不符合国家安全标准或者行业安全标准的设备、器材、防护用品、安全检测仪器的。

（3）未按照规定提取和使用安全技术措施专项费用的。

（4）拒绝矿山安全监督人员现场检查或者在被检查时隐瞒事故隐患、不如实反映情况的。

（5）未按照规定及时、如实报告矿山事故的。

2.矿长、特种作业人员的法律责任

矿长不具备安全专业知识，安全生产的特种作业人员未取得操作资格证书上岗作业的，责令限期改正；逾期不改正的，提请县级以上人民政府决定责令停产，调整配备合格人员后，方可恢复生产。

3.矿山工程安全设施设计和验收违法行为的法律责任

矿山建设工程安全设施的设计未经批准擅自施工的，责令停止施工；拒不执行的，提请县级以上人民政府决定由有关主管部门吊销其采矿许可证和营业执照。矿山建设工程的安全设施未经验收或者验收不合格擅自投入生产的，责令停止生产，并处以罚款；拒不停止生产的，提请县级以上人民政府决定由有关主管部门吊销其采矿许可证和营业执照。

4.不具备安全生产条件的法律责任

已经投入生产的矿山企业，不具备安全生产条件而强行开采的，责令限期改进；逾期仍不具备安全生产条件的，提请县级以上人民政府决定责令停产整顿，或者由有关主管部门吊销其采矿许可证和营业执照。

（二）矿山事故的法律责任

1.违章指挥、强令冒险作业的事故责任

矿山企业主管人员违章指挥、强令工人冒险作业，因而发生重大伤亡事故的，依照《刑法》追究刑事责任。

2.对事故隐患不采取措施的事故责任

矿山企业主管人员对矿山事故隐患不采取措施，因而发生重大伤亡事故的，依照《刑法》追究刑事责任。

（三）矿山安全监管人员的法律责任

矿山安全监督人员和安全管理人员滥用职权、玩忽职守、徇私舞弊，构成犯罪的，依法追究刑事责任；不构成犯罪的，给予行政处分。

【任务训练】

根据事故案例材料，结合《安全生产法》《矿山安全法》等法律法规，分析讨论矿山安全监督管理部门的职责有哪些？

2020 年 11 月 4 日 12 时 15 分，陕西省铜川市印台区乔子梁煤业有限公司（以下简称乔子梁煤矿）发生煤与瓦斯突出事故，造成 8 人死亡、13 人受伤，直接经济损失 1 732.05 万元。事故的发生暴露出乔子梁煤业有限公司现场安全管理混乱，安全教育培训不到位；未严格执行矿领导入井带班制度，安排不具备带班资格的生产技术科科长作为矿级领导入井带班；通风安全设施不可靠，采用简易木板风帐控制风流；特种作业人员无证上岗作业，职工应急处置能力差，事故当班工人不熟悉井下避灾路线。同时，也反映了地方安全监管部门履行安全监管职责不到位；驻矿安监员未按规定及时报告该矿存在的重大安全隐患；印台区煤炭工业局未按监管计划实施检查，未严格执行印台区政府针对乔子梁煤矿存在问题进行挂牌督办的工作要求。

【巩固提升】

1.矿山企业安全生产的（　　）必须接受专门培训，经考核合格取得操作资格证书的，方可上岗作业。

A.特种作业人员　　B.新入厂人员　　C.复岗人员　　D.转岗员工

2.矿山安全规程和行业技术规范，由（　　）制定。

A.劳动行政主管部门　　B.国务院管理矿山企业的主管部门

C.安全生产监督管理部门　　D.建设行政主管部门

3.根据《矿山安全法》的规定，矿山企业必须从（　　）中按照国家规定提取安全技术措施专项费用。

A.矿产品销售额　　B.矿产品销售利润

C.企业经营纯利润　　D.企业经营总收入额

4.依据《矿山安全法》的规定，矿山企业中，应当具备安全专业知识，具有领导安全生产和处理矿山事故的能力，并必须经过考核合格的人员是（　　）。

A.总工程师　　B.安全生产管理人员

C.矿长　　　　　　　　　　　　　　D.特种作业人员

5.某矿山工会人员发现作业场所存在火灾隐患,可能危及职工生命安全,依据《矿山安全法》的规定,矿山工会有权采取的措施是(　　)。

A.立即决定停工

B.告知职工拒绝作业

C.直接采取排除火灾隐患的处理措施

D.向矿山企业行政方面建议组织职工撤离危险现场

【拓展阅读】

1.《中华人民共和国矿山安全法实施条例》。

2.《国务院关于预防煤矿生产安全事故的特别规定》。

3.《煤矿安全监察条例》。

4.《煤矿重大事故隐患判定标准》。

5.《煤矿安全培训规定》。

6.《煤矿安全规程》。

7.《煤矿企业安全生产许可证实施办法》。

8.《煤矿作业场所职业病危害防治规定》。

9.《煤矿建设项目安全设施监察规定》。

10.《非煤矿矿山企业安全生产许可证实施办法》。

11.《尾矿库安全监督管理规定》。

12.《露天煤矿运输安全技术规范》(MT/T 1186—2020)。

13.《露天煤矿剥离采煤安全技术规范》(MT/T 1184—2020)。

14.《金属非金属矿山排土场安全生产规则》(AQ 2005—2005)。

15.《金属非金属矿山安全规程》(GB 16423—2020)。

任务四　中华人民共和国特种设备安全法

【任务目标】

1.了解特种设备安全管理的一般规定。

2.掌握特种设备生产、经营、使用及检验检测的安全要求。

【知识准备】

2013 年 6 月 29 日,第十二届全国人民代表大会常务委员会第三次会议表决通过了《中华人民共和国特种设备安全法》(以下简称《特种设备安全法》),自 2014 年 1 月 1 日起施行。《特种设备安全法》的立法目的是加强特种设备安全工作,预防特种设备事故,保障人身和财产安全,促进经济社会发展。

一、一般规定

（一）责任主体与人员配备

特种设备生产、经营、使用单位及其主要负责人对特种设备安全负责，单位主要负责人对特种设备安全管理享有指挥决策权，同时负有法定的义务。特种设备生产、经营和使用单位应按照国家规定配备安全管理人员、检测人员和作业人员，并对其进行必要的安全教育和技能培训。

（二）自行检测、维护保养与申报

特种设备生产、经营、使用单位应当做好设备的自行检测和维护保养工作，经常性开展自行检测、自行检查和维护保养，及时发现并处理问题，保持设备正常运行。如锅炉要经常地清理水垢、清理炉胆等，电梯等需要经常地上油、调整等。自行检测、自行检查、自行保养应该按照安全技术规范和设备使用维护保养说明进行，并作好记录。

对特种设备进行检验，包括生产活动中的监督检验和使用中的定期检验，是特种设备安全的一项基本制度。国家规定的检验具有强制性，特种设备在检验合格有效期届满前 1 个月，需要向特种设备检验机构提出定期检验要求。

二、特种设备的生产

（一）生产许可与生产单位义务

特种设备生产许可是一项重要的市场准入制度，国家按照分类监督管理的原则对特种设备生产实行许可制度，特种设备生产单位应当具备法定的条件。从事特种设备生产活动的单位需要有与生产相适应的专业技术人员，设备、设施和工作场所，健全的质量保证、安全管理和岗位责任等制度。特种设备设计、制造、安装、改造、修理等环节的活动特点不同，从事相应活动应具备的条件也应不同。

特种设备出厂时应当随附安全技术规范要求的设计文件、产品质量合格证明、安装及使用维护保养说明、监督检验证明等相关技术资料和文件，并在特种设备显著位置设置产品铭牌、安全警示标志及其说明。铭牌固定在产品上，可以向用户、检验机构等提供生产单位信息、产品基本技术参数、产品生产信息等内容，相当于产品的简易说明书。

（二）安装、改造与修理

电梯的安装、改造、修理，必须由电梯制造单位或者委托的依照本法取得相应许可的单位进行。电梯是一种特殊的机电产品，在制造完成时以部件形式出厂，安装完成之后才形成完整的产品，安装实际上是电梯总装配工序，是制造的继续。电梯的改造是指改变或更换原设备的结构、机构、控制系统等，电梯的性能参数、技术指标都会发生变化。电梯的修理过程中对主要受力结构件的修理、主要零部件的更换和校验、调试等，需要熟悉电梯的结构和特性。电梯的安装、改造和修理质量直接影响电梯的安全。电梯的制造、安装、改造、修理由同一家单位负责有利于保障电梯安全和保护品牌，有利于明确责任，也是发展趋势。

特种设备安装、改造、修理的施工单位应当在施工前将拟进行的特种设备安装、改造、修理情况书面告知直辖市或者设区的市级人民政府负责特种设备安全监督管理的部门。施工单位需要填写《特种设备安装改造修理告知书》，提交负责特种设备安全监督管理部门，施工告知不是行政许可,施工告知的目的是便于审查相关活动并获取信息。告知可以通过派人送达、挂号信、特快专递、传真、电子邮件等方式。

特种设备安装、改造、修理竣工后,安装、改造、修理的施工单位应当在验收后三十日内将相关技术资料和文件移交特种设备使用单位。特种设备使用单位应当将其存入该特种设备的安全技术档案。

(三)监督检验

锅炉、压力容器、压力管道元件等特种设备的制造过程和锅炉、压力容器、压力管道、电梯、起重机械、客运索道、大型游乐设施的安装、改造、重大修理过程,应当经特种设备检验机构按照安全技术规范的要求进行监督检验;未经监督检验或者监督检验不合格的,不得出厂或者交付使用。

三、特种设备的经营

(一)销售单位的义务

特种设备销售单位销售的特种设备,应当符合安全技术规范及相关标准的要求,其设计文件、产品质量合格证明、安装及使用维护保养说明、监督检验证明等相关技术资料和文件应当齐全。特种设备所附出厂资料和技术文件应当为出厂的原件,并且与产品一致;对于批量出厂的产品,出厂资料如果是原件的复印件,必须加盖销售单位的公章。

销售是特种设备全过程管理中的一个重要环节。为了能够查清特种设备销售环节的来龙去脉,检查验收和销售记录是重要的凭证。特种设备销售单位应当建立特种设备检查验收和销售记录制度。

(二)出租单位的义务

特种设备出租单位不得出租未取得许可生产的特种设备或者国家明令淘汰和已经报废的特种设备,以及未按照安全技术规范的要求进行维护保养和未经检验或者检验不合格的特种设备。出租一般有两种形式:一种是出租单位只提供设备;另一种是既提供设备又提供人员进行设备操作。

特种设备在出租期间的使用管理和维护保养义务由特种设备出租单位承担,法律另有规定或者当事人另有约定的除外。承租单位使用租赁来的设备,也要落实一定的使用操作责任。如果是长期租赁,承租单位可以承担除办理使用登记以外的设备使用单位的法定义务,并承担相应责任。

(三)特种设备进口

进口的特种设备应当符合我国安全技术规范的要求,并经检验合格;需要取得我国特种设备生产许可的,应当取得许可。进口特种设备随附的技术资料和文件应当符合本法第二十一条的规定,其安装及使用维护保养说明、产品铭牌、安全警示标志及其说明应当采用中文。特种设备的进出口检验,应当遵守有关进出口商品检验的法律、行政法规。进口特种设备,应当向进口地负责特种设备安全监督管理的部门履行提前告知义务。

四、特种设备的使用

(一)特种设备安全管理

特种设备使用单位应当使用取得许可生产并经检验合格的特种设备,禁止使用国家明令淘汰和已经报废的特种设备。特种设备应当按照相关安全技术规范的要求实施报废制度,如在检验中发现了严重缺陷并无法修复或者超过设计使用年限,经安全评估无法继续使用,以及达到安全技术规范及相关标准规定报废条件的特种设备,应及时报废。

特种设备使用单位应当在特种设备投入使用前或者投入使用后三十日内,向负责特种设备安全监督管理的部门办理使用登记,取得使用登记证书。登记标志应当置于该特种设备的显著位置。

特种设备使用单位应当建立岗位责任、隐患治理、应急救援等安全管理制度,制定操作规程,保证特种设备安全运行。岗位责任制通常包括岗位责任制度、交接班制度、巡回检查制度等。

特种设备使用单位应当建立特种设备安全技术档案。安全技术档案应当包括以下内容:

(1)特种设备的设计文件、产品质量合格证明、安装及使用维护保养说明、监督检验证明等相关技术资料和文件。

(2)特种设备的定期检验和定期自行检查记录。

(3)特种设备的日常使用状况记录。

(4)特种设备及其附属仪器仪表的维护保养记录。

(5)特种设备的运行故障和事故记录。

电梯、客运索道、大型游乐设备等特种设备是供乘客或游客乘坐的,为公众提供服务的,一旦发生事故,直接造成人员伤害,社会影响较大。因此,法律要求,电梯、客运索道、大型游乐设施等为公众提供服务的特种设备的运营使用单位,应当对特种设备的使用安全负责,设置特种设备安全管理机构或者配备专职的特种设备安全管理人员;其他特种设备使用单位,应当根据情况设置特种设备安全管理机构或者配备专职、兼职的特种设备安全管理人员。

特种设备的使用应当具有规定的安全距离、安全防护措施。与特种设备安全相关的建筑物、附属设施,应当符合有关法律、行政法规的规定。

(二)维护保养与定期检验

特种设备使用单位应当对其使用的特种设备进行经常性维护保养和定期自行检查,并作出记录。特种设备使用单位应当对其使用的特种设备的安全附件、安全保护装置进行定期校验、检修,并作出记录。

特种设备使用单位应当按照安全技术规范的要求,在检验合格有效期届满前一个月向特种设备检验机构提出定期检验要求。在有关安全技术规范中,规定了特种设备的检验周期,如锅炉一般为两年,压力容器为三至六年,电梯为一年等。

锅炉使用单位应当按照安全技术规范的要求进行锅炉水(介)质处理,并接受特种设备检验机构的定期检验。从事锅炉清洗应当按照安全技术规范的要求进行,并接受特种设备检验机构的监督检验。

电梯的维护保养应当由电梯制造单位或者依照本法取得许可的安装、改造、修理单位进行。电梯的维护保养单位应当在维护保养中严格执行安全技术规范的要求,保证其维护保养的电梯的安全性能,并负责落实现场安全防护措施,保证施工安全。电梯的维护保养单位应当对其维护保养的电梯的安全性能负责;接到故障通知后,应当立即赶赴现场,并采取必要的应急救援措施。特种设备进行改造、修理,按照规定需要变更使用登记的,应当办理变更登记,方可继续使用。

(三)隐患排查与故障处理

特种设备安全管理人员应当对特种设备使用状况进行经常性检查,发现问题应当立即处理;情况紧急时,可以决定停止使用特种设备并及时报告本单位有关负责人。特种设备作业人员在作业过程中发现事故隐患或者其他不安全因素,应当立即向特种设备安全管理人员和单位有关负责人报告;特种设备运行不正常时,特种设备作业人员应当按照操作规程采取有效措施保证安全。

特种设备存在严重事故隐患,无改造、修理价值,或者达到安全技术规范规定的其他报废条件的,特种设备使用单位应当依法履行报废义务,采取必要措施消除该特种设备的使用功能,并向原登记的负责特种设备安全监督管理的部门办理使用登记证书注销手续。

规定报废条件以外的特种设备,达到设计使用年限可以继续使用的,应当按照安全技术规范的要求通过检验或者安全评估,并办理使用登记证书变更,方可继续使用。允许继续使用的,应当采取加强检验、检测和维护保养等措施,确保使用安全。

(四)移动式压力容器与气瓶充装

移动式压力容器、气瓶充装单位,应当具备下列条件,并经负责特种设备安全监督管理的部门许可,方可从事充装活动:一是有与充装和管理相适应的管理人员和技术人员;二是有与充装和管理相适应的充装设备、检测手段、场地厂房、器具、安全设施;三是有健全的充装管理制度、责任制度、处理措施。充装单位应当建立充装前后的检查、记录制度,禁止对不符合安全技术规范要求的移动式压力容器和气瓶进行充装。气瓶充装单位应当向气体使用者提供符合安全技术规范要求的气瓶,对气体使用者进行气瓶安全使用指导,并按照安全技术规范的要求办理气瓶使用登记,及时申报定期检验。

五、特种设备的检验和检测

从事特种设备监督检验、定期检验的特种设备检验机构,以及为特种设备生产、经营、使用提供检测服务的特种设备检测机构应当具备相应的条件,并经负责特种设备安全监督管理的部门核准,方可从事检验、检测工作。法律规定的条件主要有:一是有与检验、检测工作相适应的检验、检测人员;二是有检验、检测仪器和设备;三是有健全的检验、检测管理制度和责任制度。特种设备检验、检测机构的检验、检测人员应当经考核,取得检验、检测人员资格,方可从事检验、检测工作。

【任务训练】

结合以下案例,分析讨论案例中事故责任者的违法行为和违法责任。

2015 年 7 月 26 日上午,湖北省荆州市安良百货公司手扶电梯发生事故,一名 30 岁女子因踩到了松动的扶梯踏板,被卷入电梯内不幸遇难。

经调查发现，安良百货公司安全生产主体责任和安全生产管理制度不落实，对电梯运行的日常巡视不到位，5次维保记录未进行签字确认，缺少对员工进行电梯应急培训和演练，导致事故现场工作人员未能及时关停电梯。德富机电质量体系运行不够规范，维保记录填写不全，未填写电梯基本情况和技术参数，有5次记录未经安良百货公司人员签字确认。

【巩固提升】

1.下列哪项适用《特种设备安全法》？（　　）

①设计、制造、安装、改造、修理　　②经营、使用、检验、检测

③监督管理　　④审查制度

A.①、②、③、④　　B.①、②、③

C.②、③、④　　D.①、②、④

2.特种设备安全工作应当坚持（　　）、综合治理的原则。

①安全第一　　②预防为主　　③节能环保　　④监督管理

A.②、③、④　　B.①、②、③

C.①、②、③、④　　D.①、②、④

3.国务院负责特种设备安全监督管理的部门对全国特种设备安全实施监督管理。（　　）以上地方各级人民政府负责特种设备安全监督管理的部门对本行政区域内特种设备安全实施监督管理。

A.市级　　B.县级　　C.地区级　　D.省级

4.负责特种设备安全监督管理的部门在依法履行职责过程中，发现重大违法行为或者特种设备存在严重事故隐患时，应当责令有关单位立即（　　）、采取措施消除事故隐患，并及时向上级负责特种设备安全监督管理的部门报告。接到报告的负责特种设备安全监督管理的部门应当采取必要措施，及时予以处理。B

A.停止生产　　B.停止违法行为　　C.停止使用　　D.停止经营

5.特种设备使用单位应当对其使用的特种设备进行（　　）维护保养和定期自行检查，并作出记录。

A.经常性　　B.不定期　　C.每月　　D.每年

【拓展阅读】

1.《特种设备安全监察条例》。

2.《特种设备事故报告和调查处理规定》。

3.《特种设备现场安全监督检查规则》。

4.《特种设备目录》。

5.《锅炉压力容器压力管道特种设备安全监察行政处罚规定》。

任务五　中华人民共和国突发事件应对法

【任务目标】

1.了解《突发事件应对法》的立法背景及目的。

2.熟悉突发事件的概念、分类与分级。

3.掌握突发事件的应对程序及要求。

【知识准备】

2007 年 8 月 30 日,第十届全国人大常委会第二十九次会议审议通过了《中华人民共和国突发事件应对法》(以下简称《突发事件应对法》),自 2007 年 11 月 1 日起施行。《突发事件应对法》的立法目的是预防和减少突发事件的发生,控制、减轻和消除突发事件引起的严重社会危害,规范突发事件应对活动,保护人民生命财产安全,维护国家安全、公共安全、环境安全和社会秩序。

一、突发事件及其应对的分工

(一)突发事件的概念

《突发事件应对法》所指的突发事件,是指突然发生,造成或者可能造成严重社会危害,需要采取应急处置措施予以应对的自然灾害、事故灾难、公共卫生事件和社会安全事件。《突发事件应对法》所指的突发事件包含以下特征:

1.具有明显的公共性或者社会性

“公共危机”是国家启动制定《突发事件应对法》的初衷。公共危机是指在公共领域内发生的危机,即危机事件对一个社会系统的基本价值和行为准则架构产生严重威胁,给公众的正常生活造成严重影响,其影响和涉及的主体具有社群性和大众性。公共危机事件会引起公众的高度关注;事件对公共利益产生较大消极负面影响,甚至严重破坏正常的社会秩序、危及社会基本价值;事件本身与公权之间发生直接联系,尤其是形成某种公法关系时,才能构成公共危机事件,如果不需要公权介入,一定群体能自行解决则不具有公共性。

2.突发性和紧迫性

突发事件往往突如其来,如果不能及时采取应对措施,危机就会迅速扩大和升级造成更大的危害和损害。

3.危害性和破坏性

危害性与破坏性是突发事件的本质特征,一旦发生该法所指的突发事件,将对生命财产、社会秩序、公共安全构成严重威胁,如应对不当就会造成生命财产的巨大损失或社会秩序的严重动荡。

4.需要公权介入和社会力量

必须借助公权介入和社会力量才能解决该法所指的公共突发事件。公权在突发事件应对过程中发挥着传导、组织、指挥、协调等功能，公权介入突发事件的应对，既是政府的职权，又是政府的职责。

(二)突发事件的分类与分级

《突发事件应对法》按照事件的性质、过程和机理的不同，将突发事件分为4类，即自然灾害、事故灾难、公共卫生事件和社会安全事件。其中，事故灾难主要包括工矿商贸等企业的各类安全事故、交通运输事故、公共设施和设备事故、环境污染和生态破坏事件等。

《突发事件应对法》按照社会危害程度、影响范围、突发事件性质、可控性、行业特点等因素，将突发事件分为特别重大、重大、较大和一般4级。现行的有关法律、法规和规范性文件对突发事件的分类并不完全统一，法律、行政法规或者国务院另有规定的，从其规定。分级的目的是落实"分级负责"和"分级响应"的措施，同时也尊重了特殊行业管理的特殊性、专业性和灵活性。

(三)应对突发事件时政府部门的分工

《突发事件应对法》第七条规定，县级人民政府对本行政区域内突发事件的应对工作负责；涉及两个以上行政区域的，由有关行政区域共同的上一级人民政府负责，或者由各有关行政区域的上一级人民政府共同负责。

健全应急运行机制，提高应对突发事件的实效性，是合理划分各级人民政府和有关部门应急分工负责的基本出发点和落脚点。《突发事件应对法》规定的应急管理机制，着重强调了"属地为主"原则下的县级人民政府的责任，以及"分级负责"原则下各级人民政府的责任，还强调了"分类管理"原则下国务院有关部门对特定突发事件应对工作的责任，同时按照"条块结合"的原则对地方人民政府的协助义务提出了要求。

1.各级人民政府应对突发事件的分工负责

国家突发事件应急管理体制是在国务院统一领导下，各地方、各部门按照分级管理、分级响应的原则，建立健全应急管理机构，明确各级应急管理机构的工作职责。

县级人民政府对本行政区域内发生的突发事件负首要的应对处置责任，包括信息的收集、险情的监测和预警、组织调动应急队伍，依法采取必要的其他应对措施；涉及两个以上行政区域的，由有关行政区域的共同的上一级人民政府负责，或者由各有关行政区域的上一级人民政府共同负责。较大和一般突发事件，分别由发生地设区的市级人民政府和县级人民政府统一领导和协调应急处置工作。重大和特别重大自然灾害、公共卫生事件、事故灾难的应急处置工作由发生地省级人民政府统一领导和协调，其中影响全国或者跨省级行政区域的特别重大事件由国务院统一领导和协调。社会安全事件在必要时上级人民政府可以直接组织处置。

2.国务院有关部门对突发事件的应对工作负责

基于历史和专业的原因，有效借助专业和行业的力量，本着"条块结合"的工作原则，《突发事件应对法》规定由国务院有关部门对特定领域和行业的突发事件的应对工作负责，但是并不排除突发事件发生地人民政府的应急责任，事件发生地人民政府应当积极配合并提供必要支持。

二、预防与应急准备

《突发事件应对法》全面规定了突发事件预防与应急准备的基础性工作，主要包括：制定应急预案、开展应急培训、宣传及应急演练，各类救援队伍组建、物资储备、经费保障、通信保障，建设应急避难场所、建立健全监测预警制度，开展危险源调查、登记、风险评估，调处和化解易引发突发事件的基层矛盾纠纷等。有关企事业单位特别是高危行业企业、公共场所、公共交通工具和其他人群密集场所的管理单位、居民委员会、村民委员会应当积极配合、协助政府及有关部门做好预防与应急准备工作。

（一）建立健全应急预案体系

1.应急预案体系

《突发事件应对法》规定国家建立健全突发事件应急预案体系。国家突发事件应急预案分为两个层次：一是国家级应急预案，包括突发事件总体应急预案、专项应急预案和部门应急预案；二是地方级应急预案，即地方各级人民政府和县级以上地方各级人民政府有关部门根据有关法律、法规、规章、上级人民政府及其有关部门的应急预案以及本地区的实际情况，制定相应的突发事件应急预案。

此外，企事业单位也应根据有关法律法规制定应急预案；举办大型会展和文化体育等重大活动，主办单位也要制定应急预案。

应急预案的制定、修订程序由国务院规定。应急预案制定单位应当根据实际情况和形势的变化，适时修订应急预案。

2.应急预案的内容

《突发事件应对法》第十八条规定了应急预案的基本内容，要求应急预案应当根据《突发事件应对法》和其他有关法律、法规的规定，针对突发事件的性质、特点和可能造成的社会危害，具体规定突发事件应急管理工作的组织指挥体系与职责和突发事件的预防与预警机制、处置程序、应急保障措施以及事后恢复与重建措施等内容。

其中，应急保障措施内容较多，包括人力资源保障、财力保障、物资保障、基本生活保障、医疗卫生保障、交通运输保障、治安维护、人员防护、通信保障、公共设施及科技支撑等。

（二）单位预防与应对突发事件的义务

1.所有单位预防突发事件的义务

《突发事件应对法》第二十二条规定，所有单位应当建立健全安全管理制度，定期检查本单位各项安全防范措施的落实情况，及时消除事故隐患；掌握并及时处理本单位存在的可能引发社会安全事件的问题，防止矛盾激化和事态扩大；对本单位可能发生的突发事件和采取安全防范措施的情况，应当按照规定及时向所在地人民政府或者人民政府有关部门报告。

2.高危行业企业预防突发事件的义务

《突发事件应对法》第二十三条规定，矿山、建筑施工单位和易燃易爆物品、危险化学品、放射性物品等危险物品的生产、经营、储运、使用单位，应当制定具体应急预案，并对生产经营场所、有危险物品的建筑物、构筑物及周边环境开展隐患排查，及时采取措施消除隐患，防止发生突发事件。

高危行业企业所从事的生产经营等活动有特殊性，一旦发生事故，将对人民群众生命财产安全造成严重损害。高危企业必须本着高度负责的精神，严格执行相关法律、法规和标准的规定，建立健全严格的安全管理规章制度，设置必要的安全防范设施，提高从业人员的素质，编制有针对性的应急预案，组织力量排查隐患，采取可靠的安全保障措施，保证生产经营活动的安全进行。

3.人员密集场所经营单位预防突发事件的义务

《突发事件应对法》第二十四条规定，公共交通工具、公共场所和其他人员密集场所的经营单位或者管理单位应当制定具体应急预案，为交通工具和有关场所配备报警装置和必要的应急救援设备、设施，注明其使用方法，并显著标明安全撤离的通道、路线，保证安全通道、出口的畅通。有关单位应当定期检测、维护其报警装置和应急救援设备、设施，使其处于良好状态，确保正确使用。

（三）应急能力建设

《突发事件应对法》规定，县级以上人民政府应当整合应急资源，建立综合性或者专业性的应急救援队伍，对有关部门负责处置突发事件职责的工作人员定期培训，为专业应急救援人员购买人身意外伤害保险，配备必要的防护装备与器材，组织开展应急宣传普及和必要的演练，开展学校应急教育，为保障突发事件应对工作提供经费，建立应急通信保障，完善公用通信网，鼓励并发展保险事业，鼓励并扶持应急教学科研等内容。

三、监测与预警

加强监测和预警，不仅是应对突发事件本身的要求，也是政府管理目标的要求，政府管理的目的是使用较低的成本来预防，而不是花高额的成本来抢救和重建。

（一）突发事件信息的收集与报告

《突发事件应对法》第三十八条规定了政府及有关部门、专业机构应当通过多种途径收集突发事件信息，县级人民政府应当在居民委员会、村民委员会和有关单位建立专职或者兼职信息报告员制度，公民、法人和其他组织也有报告突发事件信息的义务。第三十九条规定了信息报告应当做到及时、客观、真实，不得迟报、谎报、瞒报和漏报。第四十条规定了对收集到的信息应当及时汇总分析，对突发事件的可能性及其可能造成的影响进行评估，认为可能发生重大或者特别重大突发事件的，应当立即报告或者通报。

（二）突发事件监测制度

《突发事件应对法》第四十一条规定，县级以上人民政府及其有关部门应当根据自然灾害、事故灾难和公共卫生事件的种类和特点，建立健全基础信息数据库，完善监测网络，划分监测区域，确定监测点，明确监测项目提供必要的设备、设施，配备专职或者兼职人员，对可能发生的突发事件进行监测。

（三）突发事件预警

国家将自然灾害、事故灾难和公共卫生事件预警分为一级、二级、三级和四级，分别用红色、橙色、黄色和蓝色标示，一级为最高级别。不同的突发事件特点不同，预警级别标准也有区别，具有较强的专业性。《突发事件应对法》授权国务院或国务院规定的部门制定预警级别划分标准。

当可以预警的突发事件即将发生或者发生的可能性增大时，县级以上地方人民政府应当发布相应级别的警报，并宣布有关地区进入预警期。

1.三级、四级警报后的措施

三级、四级警报是预警中级别相对较低的，三级、四级警报后，县级以上地方各级人民政府应当采取以下 5 种措施：一是启动应急预案；二是责令有关部门、专业机构、监测网点和负有特定职责的人员收集、报告有关信息，向社会公布反映突发事件信息的渠道，加强监测、预报和预警；三是组织对突发事件信息进行分析评估，预测事件的可能性与影响范围和强度，以及可能发生的突发事件的级别；四是向社会公布预测的信息和分析评估的结果，并对信息的报道进行管理；五是及时发布警告、宣传减灾常识和公布咨询电话。

2.一级、二级警报后的措施

一级、二级警报级别比较高，特别是一级警报，意味着应对突发事件进入最高警戒级别。县级以上人民政府除采取三级和四级警报后的措施之外，还要采取以下 8 种措施：一是责令应急救援队伍、负有特定职责的人员进入待命状态，并动员后备人员做好参加应急救援和处置工作的准备；二是调集应急救援所需物资、设备、工具，准备应急设施和避难场所，并确保其处于良好状态、随时可以投入正常使用；三是加强对重点单位、重要部位和重要基础设施的安全保卫，维护社会治安秩序；四是采取必要措施，确保交通、通信、供水、排水、供电、供气、供热等公共设施的安全和正常运行；五是及时向社会发布有关采取特定措施避免或者减轻危害的建议、劝告；六是转移、疏散或者撤离易受突发事件危害的人员并予以妥善安置，转移重要财产；七是关闭或者限制使用易受突发事件危害的场所，控制或者限制容易导致危害扩大的公共场所的活动；八是法律、法规、规章规定的其他必要的防范性、保护性措施。

四、应急处置与救援

突发事件发生后，必须在第一时间采取有力措施控制事态发展，开展应急救援工作。不同的突发事件发生之后，应当根据实际情况采取相应的应急处置措施，相关组织、单位、公民在应急处置中有相应的义务。

（一）应急处置措施

1.应急处置措施的法定条件、主体和要求

突发事件发生之后，事件发生地人民政府有必要实施应急处置措施，有力组织并有序开展各种抢险救援工作。应急处置措施的总体要求是保护公民的权利和应急处置的需要。应急处置措施是一种暂时的强制性行政应急措施，是一种行政行为。处置措施的法定条件是突发事件发生，实施的主体是履行统一领导职责或者组织处置突发事件的人民政府；具体要求是应当针对突发事件的性质、特点和危害程度；途径是组织有关部门，调动应急救援队伍和社会力量；依据是《突发事件应对法》的规定及有关法律、法规、规章和规定。

2.自然灾害、事故灾难或者公共卫生事件发生后的应急处置措施

突发事件发生后，究竟采取哪些措施，应当视具体情况而定。《突发事件应对法》规定了 10 项措施：一是救助性措施，主要是对公民人身的救助；二是控制性措施，主要是针对场所的强制；三是保障性措施，主要是针对生命线工程系统；四是保护性措施，阻止事件蔓延传播；五是调用急需的物资、设备设施和工具；六是组织公民参与救援；七是保障生活必需品的供应；八是稳定市场的经济性管制；九是维护社会稳定和治安的措施；十是防止次生事件和衍生事

件的措施。

3.信息的发布与传播

人民政府应当尊重公众的知情权，按照规定统一、准确、及时发布有关突发事件事态发展和应急处置工作的信息，让民众远离谣言，克服恐慌，减少不安定因素，形成政府与民众的良性互动，激发战胜危机的信心。

任何单位和个人，一切国家机关、社会团体企业事业单位和所有公民，都不得编造、传播有关突发事件事态发展或者应急处置工作的虚假信息。新闻媒体应当严格遵守有关法律、法规，客观、公正地进行新闻报道。

（二）应急救援

突发事件发生后，发生地的居民委员会、村民委员会和其他组织应当按照当地人民政府的决定、命令，组织群众开展自救和互救，协助维护社会秩序。发生地的公民应当服从指挥和安排，配合人民政府采取的应急处置措施，积极参加应急救援工作。

受到自然灾害危害或者发生事故灾难、公共卫生事件的单位，应当立即组织本单位应急救援队伍和工作人员营救受害人员，疏散、撤离、安置受到威胁的人员，控制危险源，标明危险区域，封锁危险场所，并采取其他防止危害扩大的必要措施，同时向所在地县级人民政府报告。突发事件发生地的其他单位应配合人民政府采取的应急处置措施，做好本单位的应急救援工作，并积极组织人员参加所在地的应急救援和处置工作。

五、事后恢复与重建

突发事件的威胁和危害得到控制或者消除后，履行统一领导职责或者组织处置突发事件的人民政府应当停止执行应急处置措施，并采取必要措施防止发生次生、衍生事件或者重新引发社会安全事件；承担恢复与重建职责，请求上一级政府支持恢复重建工作；制定善后工作计划并组织实施；及时查明事件经过与原因，总结经验教训。

六、法律责任

地方人民政府及县级以上人民政府有关部门及其工作人员、有关单位和个人违反《突发事件应对法》的规定都应当承担法律责任。

1.地方各级人民政府和县级以上各级人民政府有关部门法律责任

政府部门的违法行为主要包括：未按规定采取预防措施，导致发生突发事件，或者未采取必要的防范措施，导致发生次生、衍生事件的；迟报、谎报、瞒报、漏报有关突发事件的信息，或者通报、报送、公布虚假信息造成后果的；未按规定及时发布突发事件警报、采取预警期的措施，导致损害发生的；未按规定及时采取措施处置突发事件或者处置不当，造成后果的；不服从上级人民政府对突发事件应急处置工作的统一领导、指挥和协调的；未及时组织开展生产自救、恢复重建等善后工作的；截留、挪用、私分或者变相私分应急救援资金、物资的；不及时归还征用的单位和个人的财产，或者对被征用财产的单位和个人不按规定给予补偿的。有上述情形之一的，根据情节对直接负责的主管人员和其他直接责任人员依法给予处分。

2.有关单位法律责任

容易引发突发事件和容易受突发事件影响的生产经营单位和管理单位的违法行为主要包括：未按照规定采取预防措施，导致发生严重突发事件的；未及时消除已发现的可能引发突发事件的隐患，导致发生严重突发事件的；未做好应急设备、设施日常维护、检测工作，导致发生严重突发事件或者突发事件危害扩大的；突发事件发生后，不及时组织开展应急救援工作，造成严重后果的。有上述情形之一的，由所在地履行统一领导职责的人民政府责令停产停业，暂扣或者吊销许可证或者营业执照，并处五万元以上二十万元以下的罚款；构成违反治安管理行为的，由公安机关依法给予处罚。其他法律、行政法规规定由人民政府有关部门依法决定处罚的，从其规定。

案例

2021年2月6日，白银市靖远县市场监管局在检查过程中发现，靖远醉骨大叔餐饮店于2021年2月4日从兰州市城关区嘉峪关东路老孟水产经营部自行购进原产国为英国的进口冻猪颈骨20箱，当事人向靖远县市场监管局提供了中华人民共和国海关进口货物报关单和入境货物检验检疫证明（电子版）。

经市场监管部门调查，上述产品无供货商（老孟水产经营部）提供的食品购销凭证（电子一票通）、疫情病毒检测证明和进口冷链食品消毒证明，该餐饮店在购进该批进口冷链食品前，未按照《甘肃省进口冷链食品疫情防控工作指南》相关规定向市场监管部门报备。

靖远县市场监管局依照《突发事件应对法》相关规定，拟吊销靖远醉骨大叔餐饮店的食品经营许可证和营业执照，并处五万元以上二十万元以下的罚款，同时移交公安机关进行处理。

【任务训练】

假如你是监管部门执法人员，请你针对以下案例，结合《突发事件应对法》进行违法责任分析并说明理由。

2020年1月29日，蔚县市场监管局根据群众举报，对蔚县知信药房连锁有限公司涨价销售口罩及其他消杀用品的问题进行了调查。经查，该公司借防疫用品需求激增之机，将原售价5元的口罩，1月25日提价到10元销售；将原售价1.5元的消毒液，1月25日提价到5元销售；将原售价1元的酒精，1月25日提价到5元销售；将原售价13元的板蓝根颗粒，1月25日提价到18元销售。

【巩固提升】

1.根据《突发事件应对法》的规定，可以预警的自然灾害、事故灾难和公共卫生事件的预警级别分为4级，即一级、二级、三级和四级，分别是下列何种颜色标示（　　）。

A.红、橙、黄、蓝　　　　B.红、黄、橙、绿

C.红、黄、绿、蓝　　　　D.黄、红、橙、蓝

2.根据《突发事件应对法》的规定，县人民政府应对突发事件的工作原则是（　　）。

A.处置为主、预防为辅

B.预防为主、预防与应急相结合

C.预防为主、处置为辅

D.处置与预防并重

3.根据《突发事件应对法》的规定,县人民政府应当在何时向县人大常委会作专项工作报告(　　)。

A.应急准备阶段　　B.应急处置工作结束

C.恢复重建工作结束　　D.应急处置期间

【拓展阅读】

1.《突发事件应急预案管理办法》。

2.《教育重大突发事件专项督导暂行办法》。

3.《突发事件应急演练指南》。

4.《突发事件应急体系建设"十四五"规划》。

5.《国家突发事件预警信息发布系统运行管理办法(试行)》。

6.《重大活动和突发事件档案管理办法》。

7.《突发公共卫生事件应急条例》。

8.《重庆市突发事件应对条例》。

9.《重庆市突发事件应急预案管理办法》。

任务六　中华人民共和国消防法

【任务目标】

1.了解消防法的立法背景及发展历程。

2.掌握生产经营单位消防工作职责及相关规定。

3.掌握个人消防职责及相关规定。

【知识准备】

1998 年 4 月 29 日第九届全国人大常委会第二次会议审议通过了《中华人民共和国消防法》(以下简称《消防法》),自 1998 年 9 月 1 日起施行 2008 年 10 月 28 日第十一届全国人民代表大会常务委员会第五次会议对《消防法》做了修订,自 2009 年 5 月 1 日起施行。2019 年 4 月 23 日第十三届全国人民代表大会常务委员会第十次会议修订,自 4 月 23 日起施行。《消防法》的立法目的是预防和减少火灾危害,加强应急救援工作,保护公民人身、公共财产和公民财产的安全,维护公共安全。

一、火灾预防的规定

(一)消防规划

《消防法》第八条规定了城乡消防规划,以及城乡消防安全布局、公共消防设施和消防装备的完善。要求地方各级人民政府应当将包括消防安全布局、消防站、消防供水、消防通信、消防车通道、消防装备等内容的消防规划纳入城乡规划,并负责组织实施。城乡消防安全布局不符合消防安全要求的,应当调整、完善;公共消防设施、消防装备不足或者不适应实际需要的,应当增建、改建、配置或者进行技术改造。

(二)安全位置

《消防法》第二十二条规定了易燃易爆危险物品场所要求,要求生产、储存、装卸易燃易爆危险品的工厂、仓库和专用车站、码头的设置应当符合消防技术标准。易燃易爆气体和液体的充装站、供应站、调压站,应当设置在符合消防安全要求的位置,并符合防火防爆要求。已经设置的生产、储存、装卸易燃易爆危险品的工厂、仓库和专用车站、码头,易燃易爆气体和液体的充装站、供应站、调压站,不再符合前款规定的,地方人民政府应当组织、协调有关部门、单位限期解决,消除安全隐患。

(三)建设工程的消防安全

《消防法》第十条对消防设计审查验收作出规定。明确对按照国家工程建设消防技术标准需要进行消防设计的建设工程,实行建设工程消防设计审查验收制度。第十一条规定,国务院住房和城乡建设主管部门规定的特殊建设工程,建设单位应当将消防设计文件报送住房和城乡建设主管部门,住房和城乡建设主管部门依法对审查的结果负责。前款规定以外的其他建设工程,建设单位申请领取施工许可证或者申请批准开工报告时应当提供满足施工需要的消防设计图纸及技术资料。

《消防法》第十二条对消防设计未经审核,或者消防设计不合格的法律后果提出了明确要求。特殊建设工程未经消防设计审查或者审查不合格的,建设单位、施工单位不得施工;其他建设工程,建设单位未提供满足施工需要的消防设计图纸及技术资料的,有关部门不得发放施工许可证或者批准开工报告。第十三条对消防验收和备案、抽查作出了规定。国务院住房和城乡建设主管部门规定应当申请消防验收的建设工程竣工,建设单位应当向住房和城乡建设主管部门申请消防验收。前款规定以外的其他建设工程,建设单位在验收后应当报住房和城乡建设主管部门备案,住房和城乡建设主管部门应当进行抽查。依法应当进行消防验收的建设工程,未经消防验收或者消防验收不合格的,禁止投入使用;其他建设工程经依法抽查不合格的,应当停止使用。

案例

沧州市华兴置业房地产开发有限公司在沧州市建设的华兴太阳城二期3#项目,未经消防设计审查,擅自施工,其行为违反了《消防法》第十二条的规定。依据《消防法》第五十八条的规定,沧州市住房和城乡建设局对其作出罚款5万元的行政处罚。

(四)公众聚集场所和大型群众性活动的消防安全

《消防法》第十五条规定,公众聚集场所在投入使用、营业前,建设单位或者使用单位应当向场所所在地的县级以上地方人民政府消防救援机构申请消防安全检查。未经消防安全检查或者经检查不符合消防安全要求的,不得投入使用、营业。第二十条规定,举办大型群众性活动,承办人应当依法向公安机关申请安全许可,制定灭火和应急疏散预案并组织演练,明确消防安全责任分工,确定消防安全管理人员,保持消防设施和消防器材配置齐全、完好有效,保证疏散通道、安全出口、疏散指示标志、应急照明和消防车通道符合消防技术标准和管理规定。

案例

2021 年 3 月 7 日,龙南市消防大队对龙南县××有限公司进行举报投诉核查。经核查,反映情况属实,该场所未经消防安全检查擅自投入使用、营业,涉嫌违反《中华人民共和国消防法》第十五条第二款的规定。3 月 8 日,大队对此案进行受理登记,同时依照法律程序开展了调查取证,并将拟作出处罚的事实、理由、依据告知该公司的单位法人代表吕某。3 月 29 日,大队依法向龙南县××有限公司下发了《行政处罚决定书》,给予龙南县××有限公司责令停止使用,并处罚款人民币 3 万元的处罚。整个行政处罚过程,均使用了执法记录仪进行记录。

(五)有关单位的消防安全职责

《消防法》第十六条规定了机关、团体、企业、事业等单位的消防安全职责,主要包括:

(1)落实消防安全责任制,制定本单位的消防安全制度、消防安全操作规程,制定灭火和应急疏散预案。

(2)按照国家标准、行业标准配置消防设施、器材,设置消防安全标志,并定期组织检验、维修,确保完好有效。

(3)对建筑消防设施每年至少进行一次全面检测,确保完好有效,检测记录应当完整准确,存档备查。

(4)保障疏散通道、安全出口、消防车通道畅通,保证防火防烟分区、防火间距符合消防技术标准。

(5)组织防火检查,及时消除火灾隐患。

(6)组织进行有针对性的消防演练。

(7)法律、法规规定的其他消防安全职责。

该条款明确规定,单位的主要负责人是本单位的消防安全责任人。

案例

某娱乐城不重视消防安全管理,在营业期间,经常将娱乐城的安全出口上锁,无法确保火灾时人员疏散,经公安消防机构责令限期改正后,仍未改正。

因此,公安消防机构依法责令该娱乐城停业整顿,罚款 5 000 元,并对该娱乐城的直接责任人处以罚款 1 000 元。

(六)消防安全重点单位的安全管理

《消防法》第十七条规定了重点消防单位的确定方法及其应当履行的职责。县级以上地方人民政府消防救援机构应当将发生火灾可能性较大以及发生火灾可能造成重大的人身伤亡或者财产损失的单位,确定为本行政区域内的消防安全重点单位,并由应急管理部门报本级人民政府备案。消防安全重点单位除应当履行一般单位消防安全管理职责外,还应当履行下列消防安全职责:

(1)确定消防安全管理人,组织实施本单位的消防安全管理工作。

(2)建立消防档案,确定消防安全重点部位,设置防火标志,实行严格管理。

(3)实行每日防火巡查,并建立巡查记录。

(4)对职工进行岗前消防安全培训,定期组织消防安全培训和消防演练。

(七)消防产品和电器产品、燃气用具的管理

《消防法》第二十四条明确规定了消防产品实行强制性论证及技术鉴定制度,消防产品必须符合国家标准;没有国家标准的,必须符合行业标准。禁止生产、销售或者使用不合格的消防产品以及国家明令淘汰的消防产品。依法实行强制性产品认证的消防产品,由具有法定资质的认证机构按照国家标准、行业标准的强制性要求认证合格后,方可生产、销售、使用。实行强制性产品认证的消防产品目录,由国务院产品质量监督部门会同国务院应急管理部门制定并公布。新研制的尚未制定国家标准、行业标准的消防产品,应当按照国务院产品质量监督部门会同国务院应急管理部门规定的办法,经技术鉴定符合消防安全要求的,方可生产、销售、使用。依照本条规定经强制性产品认证合格或者技术鉴定合格的消防产品,国务院应急管理部门应当予以公布。第二十七条对电器产品、燃气用具产品及其安装、使用提出了要求,电器产品、燃气用具的产品标准,应当符合消防安全的要求。电器产品、燃气用具的安装、使用及其线路管路的设计、敷设、维护保养、检测,必须符合消防技术标准和管理规定。

二、消防组织的规定

《消防法》第三十六条对地方人民政府建立消防队提出了具体要求,县级以上地方人民政府应当按照国家规定建立国家综合性消防救援队、专职消防队,并按照国家标准配备消防装备,承担火灾扑救工作。乡镇人民政府应当根据当地经济发展和消防工作的需要,建立专职消防队、志愿消防队,承担火灾扑救工作。第三十七条明确了消防队的职责,国家综合性消防救援队、专职消防队除按照国家规定承担重大灾害事故救援之外,还要承担其他以抢救人员生命为主的应急救援工作。《消防法》第三十九条明确规定了需要设立专职消防队的单位及其职责,下列单位应当建立单位专职消防队,承担本单位的火灾扑救工作:

(1)大型核设施单位、大型发电厂、民用机场、主要港口。

(2)生产、储存易燃易爆危险品的大型企业。

(3)储备可燃的重要物资的大型仓库、基地。

(4)前三项规定以外的火灾危险性较大、距离国家综合性消防救援队较远的其他大型企业。

(5)距离国家综合性消防救援队较远、被列为全国重点文物保护单位的古建筑群的管理单位。

三、灭火救援的规定

《消防法》第四十三条明确了地方政府建立火灾应急预案和应急反应机制的要求,县级以上地方人民政府应当组织有关部门针对本行政区域内的火灾特点制定应急预案,建立应急反应和处置机制,为火灾扑救和应急救援工作提供人员、装备等保障。第四十四条规定了公民的消防义务,任何人发现火灾都应当立即报警。任何单位、个人都应当无偿为报警提供便利,不得阻拦报警。严禁谎报火警。人员密集场所发生火灾,该场所的现场工作人员应当立即组

织、引导在场人员疏散。任何单位发生火灾,必须立即组织力量扑救。邻近单位应当给予支援。消防队接到火警,必须立即赶赴火灾现场,救助遇险人员,排除险情,扑灭火灾。第四十五条明确了火灾现场扑救的组织指挥,规定公安机关消防机构统一组织和指挥火灾现场扑救,应当优先保障遇险人员的生命安全。

四、监督检查的规定

地方各级人民政府应当落实消防工作责任制,对本级人民政府有关部门履行消防安全职责的情况进行监督检查。县级以上地方人民政府有关部门应当根据本系统的特点,有针对性地开展消防安全检查,及时督促整改火灾隐患。消防救援机构应当对机关、团体、企业、事业等单位遵守消防法律、法规的情况依法进行监督检查。消防救援机构在消防监督检查中发现火灾隐患的,应当通知有关单位或者个人立即采取措施消除隐患;不及时消除隐患可能严重威胁公共安全的,消防救援机构应当依照规定对危险部位或者场所采取临时查封措施。消防救援机构在消防监督检查中发现城乡消防安全布局、公共消防设施不符合消防安全要求,或者发现本地区存在影响公共安全的重大火灾隐患的,应当由应急管理部门书面报告本级人民政府。住房和城乡建设主管部门消防救援机构及其工作人员应当按照法定的职权和程序进行消防设计审查、消防验收备案抽查和消防安全检查。

五、法律责任

(一)建设工程和公众聚集场所消防安全违法行为的法律责任

有关单位违反《消防法》的规定,有下列行为之一的,由住房和城乡建设主管部门、消防救援机构按照各自职权责令停止施工、停止使用或者停产停业,并处三万元以上三十万元以下罚款:

(1)依法应当进行消防设计审查的建设工程,未经依法审查或者审查不合格,擅自施工的。

(2)依法应当进行消防验收的建设工程,未经消防验收或者消防验收不合格,擅自投入使用的。

(3)其他建设工程验收后经依法抽查不合格,不停止使用的。

(4)公众聚集场所未经消防安全检查或者经检查不符合消防安全要求,擅自投入使用、营业的。

建设单位未依照本法规定将消防设计文件报住房和城乡建设主管部门备案的,由住房和城乡建设主管部门责令限期改正,处五千元以下罚款。

(二)消防设计与施工不符合标准的法律责任

有关单位违反《消防法》的规定,有下列行为之一的,由住房和城乡建设主管部门责令改正或者停止施工,并处一万元以上十万元以下罚款:

(1)建设单位要求建筑设计单位或者建筑施工企业降低消防技术标准设计、施工的。

(2)建筑设计单位不按照消防技术标准强制性要求进行消防设计的。

(3)建筑施工企业不按照消防设计文件和消防技术标准施工,降低消防施工质量的。

(4)工程监理单位与建设单位或者建筑施工企业串通,弄虚作假,降低消防施工质量的。

（三）单位与个人消防安全违法行为的法律责任

单位违反《消防法》的规定，有下列行为之一的，责令改正，处五千元以上五万元以下罚款：

（1）消防设施、器材或者消防安全标志的配置、设置不符合国家标准、行业标准，或者未保持完好有效的。

（2）损坏、挪用或者擅自拆除、停用消防设施、器材的。

（3）占用、堵塞、封闭疏散通道、安全出口或者有其他妨碍安全疏散行为的。

（4）埋压、圈占、遮挡消火栓或者占用防火间距的。

（5）占用、堵塞、封闭消防车通道，妨碍消防车通行的。

（6）人员密集场所在门窗上设置影响逃生和灭火救援的障碍物的。

（7）对火灾隐患经消防救援机构通知后不及时采取措施消除的。

个人有前款第二项、第三项、第四项、第五项行为之一的，处警告或者五百元以下罚款。

有本条第一款第三项、第四项、第五项、第六项行为，经责令改正拒不改正的，强制执行，所需费用由违法行为人承担。

（四）公安消防机构工作人员的法律责任

住房和城乡建设主管部门、消防救援机构的工作人员在消防工作中滥用职权、玩忽职守、徇私舞弊，有违反《消防法》第七十一条规定的违法行为、尚不构成犯罪的，依法给予处分；构成犯罪的，依法追究刑事责任。

【任务训练】

1.结合以下案例，试分析对堵塞疏散通道、安全出口等行为应该如何处理？

某地消防大队在对该地某商行进行检查时发现，该单位存在消防设施、器材、消防安全标志配置不符合标准，疏散通道及安全出口堵塞，安全出口疏散门开启方向错误等违法行为和火灾隐患。

2.结合以下案例，谎报火警该如何处理？

2020年2月9日15时许，湖南省益阳市119指挥中心接到一居民家中厨房起火的报警，当即指令赫山消防出动。消防指战员到场后，未发现火灾迹象。经回拨报警人姚某电话联系核实，对方却声称自己并未报警。

【巩固提升】

1.国务院公安部门规定的大型的人员密集场所和其他特殊建设工程，建设单位应当将消防设计文件报送公安机关消防机构审核，其他建设工程的消防设计实行（　　）制度。

A.消防技术服务机构审核　　B.备案

C.备案、抽查　　D.抽查

2.依法实行（　　）的消防产品，由具有法定资质的认证机构按照国家标准、行业标准的强制性要求认证合格后，方可生产、销售、使用。

A.强制性产品认证　　B.备案公告　　C.监督管理　　D.技术鉴定

3.地方各级人民政府应当加强对农村消防工作的领导，采取措施加强（　　）建设，组织建立和督促落实消防安全责任制。

A.消防水源　　B.公共消防设施

C.志愿消防队　　D.义务消防队

【拓展阅读】

1.《中华人民共和国消防救援衔条例》。

2.《中华人民共和国消防救援衔标志式样和佩带办法》。

3.《消防产品监督管理规定》。

4.《消防安全责任制实施办法》。

5.《高层民用建筑消防安全管理规定》。

6.《社会消防技术服务管理规定》。

7.《高等学校消防安全管理规定》。

8.《消防技术服务机构从业条件》。

9.《关于开展公众聚集场所消防安全专项治理的实施意见》。

10.《机关、团体、企业、事业单位消防安全管理规定》。

11.《重庆市消防条例》。

任务七　中华人民共和国职业病防治法

【任务目标】

1.了解职业病防治的基本方针及制度。

2.理解《职业病防治法》的立法目的及意义。

3.掌握职业病防治的相关要求。

【知识准备】

2001 年 10 月 27 日,第九届全国人民代表大会常务委员会第二十四次会议审议通过《中华人民共和国职业病防治法》,自 2002 年 5 月 1 日起施行。根据 2018 年 12 月 29 日第十三届全国人民代表大会常务委员会第七次会议《关于修改〈中华人民共和国劳动法〉等七部法律的决定》第四次修正。《职业病防治法》的立法目的是预防、控制和消除职业病危害,防治职业病,保护劳动者健康及其相关权益,促进经济社会发展。

一、职业病的范围

《职业病防治法》第二条规定,职业病是指企业、事业单位和个体经济组织等用人单位的劳动者在职业活动中,因接触粉尘、放射性物质和其他有毒、有害因素而引起的疾病。《职业病防治法》所称的职业病,并非泛指的职业病,而是由法律作出界定的职业病。由法律授权国务院的卫生行政部门和劳动保障行政部门制定职业病目录,可以更确切地反映实际情况,根据现实的需要及时地进行调整,既有原则性,又有灵活性。

职业病危害是指对从事职业活动的劳动者可能导致职业病的各种危害。职业病危害因素包括职业活动中存在的各种有害的化学、物理、生物因素以及在作业过程中产生的其他职业有害因素。

二、职业病防治的基本方针、制度

《职业病防治法》的总则部分对职业病防治的基本方针、制度作出了规定。

(一)预防为主、防治结合的基本方针

这是职业病防治工作必须坚持的基本方针。预防可减少职业病的发生,减轻职业病的危害程度,但对已引起的疾病仍要重视治疗、救治病人,减少痛苦。因此,预防为主、防治结合是一个全面的方针,概括了职业病防治的基本要求。

(二)职业病防治工作机制

《职业病防治法》确立了用人单位负责、行政机关监管、行业自律、职工参与和社会监督工作机制。用人单位是职业病预防的首要责任主体,应当积极采取措施,为劳动者创造安全卫生的工作条件和工作环境。行政机关的监管是用人单位落实责任的重要外部监督力量。行业组织是行业自律性组织,要切实发挥好行业自律作用,推动职业病防治工作深入开展。职业病防治事关广大职工的切身利益,要保障和扩大广大职工参与职业病防治的积极性。接受社会监督是企业防治职业病的社会义务。

(三)劳动者依法享有职业卫生保护的权利

这是劳动者的基本权利,也是制定《职业病防治法》的前提。劳动者参与职业活动,创造社会财富,有理由要求其健康受到保护,从国家来说,保护劳动者的健康,让劳动者获得一个符合国家职业卫生标准和卫生要求的工作环境和条件,是合理的而且是必要的,有利于社会的发展进步,有利于保障各种合法的职业活动正常进行。

(四)实行用人单位职业病防治责任制

这是立法确立的职业病防治的一项基本的制度。它的核心是用人单位对职业病防治负有法定的责任。《职业病防治法》中作出了以下规定:用人单位应当建立、健全职业病防治责任制,加强对职业病防治的管理,提高职业病防治水平,对本单位产生的职业病危害承担责任。

(五)依法参加工伤保险

依法参加工伤保险是职业病防治中保护劳动者的一项基本措施。将职业病纳入工伤保险,不仅有利于保障职业病病人的合法权益,同时也分担了用人单位的工伤风险,有利于生产经营的稳定。

(六)国家实行职业卫生监督制度

《职业病防治法》明确国家实行职业卫生监督制度,对职业卫生实施监督管理是国家管理职能的体现。职业卫生监督包括职业病危害前期预防监督、劳动过程中防护与管理的监督、职业病诊断与职业病病人保障监督、职业卫生执法监督。

(七)加强社会监督

《职业病防治法》第十三条规定,任何单位和个人有权对违反本法的行为进行检举和控告。

三、前期预防要求

(一)工作场所的职业卫生要求

《职业病防治法》第十五条规定,工作场所还应当符合下列职业卫生要求:

(1)职业病危害因素的强度或者浓度符合国家职业卫生标准。

(2)有与职业病危害防护相适应的设施。

(3)生产布局合理,符合有害与无害作业分开的原则。

(4)有配套的更衣间、洗浴间、孕妇休息间等卫生设施。

(5)设备、工具、用具等设施符合保护劳动者生理、心理健康的要求。

(6)法律、行政法规和国务院卫生行政部门关于保护劳动者健康的其他要求。

(二)职业病危害项目申报

《职业病防治法》第十六条规定,国家建立职业病危害项目申报制度。用人单位工作场所存在职业病目录所列职业病的危害因素的应当及时、如实向所在地卫生行政部门申报危害项目,接受监督。

(三)建设项目职业病危害预评价

新建、扩建、改建建设项目和技术改造、技术引进项目(以下统称建设项目)可能产生职业病危害的,建设单位在可行性论证阶段应当进行职业病危害预评价。职业病危害预评价报告应当对建设项目可能产生的职业病危害因素及其对工作场所和劳动者健康的影响作出评价,确定危害类别和职业病防护措施。建设项目职业病危害分类管理办法由国务院卫生行政部门制定。

(四)职业病危害防护设施

建设项目的职业病防护设施所需费用应当纳入建设项目工程预算,并与主体工程同时设计,同时施工,同时投入生产和使用。

四、劳动过程中职业病的防护与管理

(一)用人单位职业病防治措施

《职业病防治法》规定,用人单位应当采取下列职业病防治管理措施:

(1)设置或者指定职业卫生管理机构或者组织,配备专职或者兼职的职业卫生管理人员,负责本单位的职业病防治工作。

(2)制定职业病防治计划和实施方案。

(3)建立健全职业卫生管理制度和操作规程。

(4)建立健全职业卫生档案和劳动者健康监护档案。

(5)建立健全工作场所职业病危害因素监测及评价制度。

(6)建立健全职业病危害事故应急救援预案。

案例

2020 年 4 月 23 日 15 时许,湖北省随州市高新区正大有限公司羽毛粉车间在清理污水沟时发生一起较大中毒和窒息事故,造成 3 人死亡。发生原因:进入污水沟作业的两人和参与施救的一人,吸入污水沟内硫化氢、氰化氢等高浓度混合型有毒有害气体,导致急性中毒死亡。主要教训:湖北正大有限公司违反有关安全规定,将有限空间作业项目发包给不具备安全生产条件的个人。进入污水沟开展清理作业的人员未履行作业审批手续,未按照“先通风、再检测、后作业”要求,在未检测有毒气体浓度、未佩戴有毒气体防护用品、无监护人员的情况下,违规进入污水沟内作业。

(二)职业病防护资金投入

《职业病防治法》第二十一条规定,用人单位应当保障职业病防治所需的资金投入,不得挤占挪用,并对因资金投入不足导致的后果承担责任。

(三)职业病防护设施和防护用品

《职业病防治法》第二十二条规定,用人单位必须采用有效的职业病防护设施,并为劳动者提供个人使用的职业病防护用品。用人单位为劳动者个人提供的职业病防护用品必须符合防治职业病的要求;不符合要求的,不得使用。

(四)用人单位职业病管理

1.职业危害公告和警示

《职业病防治法》第二十四条规定,产生职业病危害的用人单位,应当在醒目位置设置公告栏,公布有关职业病防治的规章制度、操作规程、职业病危害事故应急救援措施和工作场所职业病危害因素检测结果。对产生严重职业病危害的作业岗位,应当在其醒目位置,设置警示标识和中文警示说明。警示说明应当载明产生职业病危害的种类、后果、预防以及应急救治措施等内容。

《职业病防治法》第二十五条规定,对可能发生急性职业损伤的有毒、有害工作场所,用人单位应当设置报警装置,配置现场急救用品、冲洗设备、应急撤离通道和必要的泄险区。

2.职业病危害因素的监测、检测

《职业病防治法》第二十六条规定,用人单位应当实施由专人负责的职业病危害因素日常监测,并确保监测系统处于正常运行状态。用人单位应当按照国务院卫生行政部门的规定,定期对工作场所进行职业病危害因素检测、评价。检测、评价结果存入用人单位职业卫生档案,定期向所在地卫生行政部门报告并向劳动者公布。

案例

2020 年 7 月 18 日 18 时许,河南省焦作市悯农面制品有限公司发生一起较大中毒和窒息事故,造成 6 人死亡。发生原因:焦作悯农面制品有限公司 1 名员工作业时不慎坠入物料罐,吸入二氧化硫或硫化氢中毒死亡,其他 5 名员工救援处置不当,也中毒死亡。主要教训:焦作悯农公司安全管理制度操作规程不完善,有限空间管理制度缺失;未组织开展风险辨识管控和隐患排查治理,现场安全管理混乱;安全教育培训不到位,从业人员安全意识淡薄,应急处置能力差。

3.向用人单位提供可能产生职业病危害的设备的规定要求

《职业病防治法》第二十八条规定,向用人单位提供可能产生职业病危害的设备的,应当提供中文说明书,并在设备的醒目位置设置警示标识和中文警示说明。警示说明应当载明设备性能、可能产生的职业病危害、安全操作和维护注意事项、职业病防护以及应急救治措施等内容。

4.职业病危害如实告知

《职业病防治法》第三十三条规定,用人单位与劳动者订立劳动合同(含聘用合同,下同)时,应当将工作过程中可能产生的职业病危害及其后果、职业病防护措施和待遇等如实告知劳动者,并在劳动合同中写明不得隐瞒或者欺骗。劳动者在已订立劳动合同期间因工作岗位或者工作内容变更,从事与所订立劳动合同中未告知的存在职业病危害的作业时,用人单位应当依照前款规定,向劳动者履行如实告知的义务,并协商变更原劳动合同相关条款。用人单位违反前两款规定的,劳动者有权拒绝从事存在职业病危害的作业,用人单位不得因此解除与劳动者所订立的劳动合同。

5.职业卫生培训要求

《职业病防治法》第三十四条规定,用人单位的主要负责人和职业卫生管理人员应当接受职业卫生培训,遵守职业病防治法律、法规,依法组织本单位的职业病防治工作。用人单位应当对劳动者进行上岗前的职业卫生培训和在岗期间的定期职业卫生培训,普及职业卫生知识,督促劳动者遵守职业病防治法律、法规、规章和操作规程,指导劳动者正确使用职业病防护设备和个人使用的职业病防护用品。

6.职业健康检查

《职业病防治法》第三十五条规定,对从事接触职业病危害的作业的劳动者,用人单位应当按照国务院卫生行政部门的规定组织上岗前、在岗期间和离岗时的职业健康检查,并将检查结果书面告知劳动者。

用人单位不得安排未经上岗前职业健康检查的劳动者从事接触职业病危害的作业;不得安排有职业禁忌的劳动者从事其所禁忌的作业;对在职业健康检查中发现有与所从事的职业相关的健康损害的劳动者,应当调离原工作岗位,并妥善安置;对未进行离岗前职业健康检查的劳动者不得解除或者终止与其订立的劳动合同。

7.职业健康监护档案

《职业病防治法》第三十六条规定,用人单位应当为劳动者建立职业健康监护档案,并按照规定的期限妥善保存。职业健康监护档案应当包括劳动者的职业史、职业病危害接触史.职业健康检查结果和职业病诊疗等有关个人健康资料。劳动者离开用人单位时,有权索取本人职业健康监护档案复印件,用人单位应当如实、无偿提供,并在所提供的复印件上签章。

8.急性职业病危害事故

《职业病防治法》第三十七条规定,发生或者可能发生急性职业病危害事故时,用人单位应当立即采取应急救援和控制措施并及时报告所在地卫生行政部门和有关部门。卫生行政部门接到报告后,应当及时会同有关部门组织调查处理;必要时,可以采取临时控制措施。

9.对未成年工和女职工劳动保护

《职业病防治法》第三十八条规定,用人单位不得安排未成年工从事接触职业病危害的作业;不得安排孕期、哺乳期的女职工从事对本人和胎儿、婴儿有危害的作业。

10.据实列支职业病防治费用

《职业病防治法》第四十一条规定,用人单位按照职业病防治要求,用于预防和治理职业病危害、工作场所卫生检测、健康监护和职业卫生培训等费用,按照国家有关规定,在生产成本中据实列支。

五、职业病诊断与职业病病人保障

（一）职业病诊断

职业病诊断应当由取得《医疗机构执业许可证》的医疗卫生机构承担。职业病诊断，应当综合分析病人的职业史、职业病危害接触史和工作场所职业病危害因素情况、临床表现以及辅助检查结果等因素。没有证据否定职业病危害因素与病人临床表现之间的必然联系的，应当诊断为职业病。

用人单位应当如实提供职业病诊断、鉴定所需的劳动者职业史和职业病危害接触史、工作场所职业病危害因素检测结果等资料；卫生行政部门应当监督检查和督促用人单位提供上述资料；劳动者和有关机构也应当提供与职业病诊断、鉴定有关的资料。

当事人对职业病诊断有异议的，可以向作出诊断的医疗卫生机构所在地地方人民政府卫生行政部门申请鉴定。职业病诊断争议由设区的市级以上地方人民政府卫生行政部门根据当事人的申请，组织职业病诊断鉴定委员会进行鉴定。当事人对设区的市级职业病诊断鉴定委员会的鉴定结论不服的，可以向省、自治区、直辖市人民政府卫生行政部门申请再鉴定。

（二）职业病病人保障

1.疑似职业病待遇

医疗卫生机构发现疑似职业病病人时，应当告知劳动者本人并及时通知用人单位。用人单位应当及时安排对疑似职业病病人进行诊断；在疑似职业病病人诊断或者医学观察期间，不得解除或者终止与其订立的劳动合同。

2.职业病待遇

用人单位应当保障职业病病人依法享受国家规定的职业病待遇。按照国家有关规定，安排职业病病人进行治疗、康复和定期检查。对不适宜继续从事原工作的职业病病人，应当调离原岗位，并妥善安置。对从事接触职业病危害的作业的劳动者，应当给予适当岗位津贴。

职业病病人除依法享有工伤保险外，依照有关民事法律，尚有获得赔偿的权利的，有权向用人单位提出赔偿要求。

3.特殊情况保障

劳动者被诊断患有职业病，但用人单位没有依法参加工伤保险的，其医疗和生活保障由该用人单位承担。职业病病人变动工作单位，其依法享有的待遇不变。

4.医疗病人社会救助

用人单位已经不存在或者无法确认劳动关系的职业病病人，可以向地方人民政府医疗保障、民政部门申请医疗救助和生活等方面的救助。

六、职业病防治监督检查

发生职业病危害事故或者有证据证明危害状态可能导致职业病危害事故发生时，卫生行政部门可以采取下列临时控制措施：

（1）责令暂停导致职业病危害事故的作业。

（2）封存造成职业病危害事故或者可能导致职业病危害事故发生的材料和设备。

（3）组织控制职业病危害事故现场。

在职业病危害事故或者危害状态得到有效控制后，卫生行政部门应当及时解除控制措施。

【任务训练】

结合以下案例，分析讨论案例中事故责任者的违法行为和违法责任。

2020 年，济南市针对重点行业、重点领域治理难点和突出问题，集中开展卫生监督执法“蓝盾行动”。2020 年 8 月，在“蓝盾行动”专项整治过程中，发现某民营医院放射科内一名工作人员李某正在从事放射诊疗工作。经调查，李某为新入职放射医师，该单位尚未组织李某进行上岗前职业健康检查、未为其佩戴个人剂量计。该单位的行为违反了《职业病防治法》第二十五条第二款，以及第三十五条第一款、第二款的规定。在调查过程中，该单位积极改正，立即为李某购买佩戴了个人剂量计、安排其进行上岗前职业健康检查，并于行政处罚事先告知书下发前提供了结果正常的职业健康检查资料。

本案依据《职业病防治法》第七十五条第（三）（七）项的规定，遵照《山东省卫生健康行政处罚裁量基准》第四百六十七条、第四百七十一条的“一般”阶次，适用《济南市卫生健康委员会关于推行第二批行政处罚“四张清单”制度的通知》减轻处罚情形，对该单位处以罚款 1 万元的行政处罚。该单位自觉履行，在法定期限内未申请行政复议、未提起行政诉讼，本案顺利结案。

【巩固提升】

1.依据《职业病防治法》，建设项目的职业病防护设施所需费用应当纳入建设项目工程预算，并与主体工程（　　）。

A.同时检验　　B.同时设计，同时施工，同时投入生产和使用

C.同时验收　　D.同时使用

2.依据《职业病防治法》，用人单位应当及时将职业健康检查结果及职业健康检查机构的建议以书面形式（　　）劳动者。

A.如实告知　　B.如实通知　　C.选择性告知　　D.选择性通知

3.依据《职业病防治法》，职业健康检查费用由（　　）承担。

A.卫生部门　　B.主要负责人　　C.用人单位　　D.检查者

【知识拓展】

1.《中华人民共和国尘肺病防治条例》。

2.《使用有毒物品作业场所劳动保护条例》。

3.《女职工劳动保护特别规定》。

4.《职业病危害项目申报办法》。

5.《用人单位职业健康监护监督管理办法》。

6.《职业卫生技术服务机构监督管理暂行办法》。

7.《煤矿作业场所职业病危害防治规定》。

8.《放射工作卫生防护管理办法》。

9.《国家职业卫生标准管理办法》。

10.《放射工作人员职业健康管理办法》。

11.《职业病诊断与鉴定管理办法》。

12.《职业健康检查管理办法》。

模块四
安全生产行政法规

【模块背景】

行政法规是指国务院根据宪法和法律，按照法定程序制定的有关行使行政权力，履行行政职责的规范性文件的总称。行政法规一般以条例、办法、实施细则、规定等形式组成。发布行政法规需要国务院总理签署国务院令。行政法规的效力仅次于宪法和法律，高于部门规章和地方性法规。本模块主要讲解与安全生产相关的行政法规，重点介绍《安全生产许可证条例》《生产安全事故应急条例》《生产安全事故报告和调查处理条例》《工伤保险条例》。

【学习目标】

知识目标：了解安全生产行政法规与安全生产法的关系；熟悉安全生产行政法规的效力和地位；掌握安全生产许可、事故应急、事故报告和调查处理、工伤保险等安全生产的具体化规定。

能力目标：依据安全生产行政法规的具体规定，运用法律思维开展事故案例分析，并在此基础上提出建议措施。

素质目标：培养学生牢固树立法治观念，强化安全意识、应急意识、责任意识。

任务一　安全生产许可证条例

【任务目标】

1.了解《安全生产许可证条例》的适用范围。

2.熟悉取得安全生产许可证的条件和程序。

3.掌握安全生产许可监督管理的规定、安全生产许可违法行为应负的法律责任。

【知识准备】

2004 年 1 月 13 日国务院公布《安全生产许可证条例》,自公布之日起施行。2014 年 7 月 29 日,对其部分条款进行了修改。《安全生产许可证条例》的立法目的是严格规范安全生产条件,进一步加强安全生产监督管理,防止和减少生产安全事故。这部行政法规通过确立安全生产许可制度,提高了安全生产准入门槛,加大了安全生产监管力度,同时填补了我国安全生产法律制度的一项空白。

一、适用范围

确立安全生产行政许可制度,是《安全生产许可证条例》的核心内容。国家对矿山企业、建筑施工企业和危险化学品、烟花爆竹、民用爆炸物品生产企业实行安全生产许可制度。凡是没有取得安全生产许可证的,一律不得从事相关生产活动。理解和把握安全生产许可制度,应当着重于以下 3 个方面:

(1)安全生产许可制度是一项专门的、统一的制度。这个制度是第一个专门针对安全生产条件而设立的行政许可,同时又是一个统一的制度,适用于规定的五类企业,与其他只适用于某一类企业的安全生产审批、许可事项不同。

(2)安全生产许可制度是一项带有市场准入性质的制度。企业要进行生产,就必须依法取得安全生产许可证。要取得安全生产许可证,就必须具备相应的安全生产条件。

(3)安全生产许可制度是一项新的基本制度。安全生产许可制度是为了严格规范安全生产条件,进一步加强安全生产监督管理,在现行有关安全生产的法律法规已有规定基础上新设立的一项基本制度,不是现行法律、法规已有规定的翻版,同时也并不取代有关安全生产法律、法规规定的审批、许可事项。将来修订有关安全生产法律法规时,可以统筹考虑安全生产许可制度与相关制度的衔接。

《安全生产许可证条例》的适用范围包括空间范围、时间范围和主体及其行为范围。

1.空间的范围

《安全生产许可证条例》的适用范围涵盖了在我国国家主权所涉及范围内从事的矿产资源开发、建筑施工和危险化学品、烟花爆竹、民用爆炸物品生产等活动。这里需要指出的是,除了在我国领土、领空范围内从事上述活动的企业以外,领水的范围既包括我国的内陆水域,又包括领海海域和其他海域;既包括领海毗连区,又包括 200 海里海洋专属经济区。

2.时间的范围

依照国务院令第 397 号的决定,《安全生产许可证条例》自公布之日起施行。这就是说,它的生效时间自 2004 年 1 月 13 日起算,对于《安全生产许可证条例》公布生效之后新开办的矿山企业、建筑施工企业和危险化学品、烟花爆竹、民用爆炸物品生产企业来说,必须依法申请取得安全生产许可证;未取得安全生产许可证的,不得从事生产经营活动。另外,在该条例施行前,已经进行生产的企业,应当自该条例施行之日起 1 年内,按照规定申请办理安全生产许可证。

3.主体及其行为范围

《安全生产许可证条例》对人的效力范围包括从事矿产资源开发、建筑施工和危险化学品、烟花爆竹、民用爆炸物品生产等活动的自然人,又包括法人和非企业法人单位。凡是在中华人民共和国领域内从事矿产资源开发、建筑施工和危险化学品、烟花爆竹、民用爆炸物品生产等活动的所有企业法人、非企业法人单位和中国人、外籍人、无国籍人,不论其是否领取安全生产许可证,不论其所有制性质和生产方式如何,都要遵守《安全生产许可证条例》的各项规定。

二、取得安全生产许可证的条件和程序

(一)取得安全生产许可证的条件

1.三类企业

《安全生产许可证条例》将施行许可制度的企业分为 6 种:矿山企业分为煤矿企业和非煤矿企业两种,危险物品生产企业分为危险化学品生产企业、烟花爆竹生产企业和民用爆炸物品生产企业 3 种,加上建筑施工企业共为 6 种。

2.三类企业均应具备的基本安全生产条件

三类高危企业虽各有特点,但都具有危险性较大的共性。《安全生产许可证条例》第六条规定的企业应当具备的安全生产条件,不是高危生产企业应当具备的全部的安全生产条件,而是这些企业必须具备的共同的安全生产条件,即从有关安全生产法律、行政法规中概括出来的基本安全生产条件。这些安全生产条件好似"通用件",对三类高危生产企业普遍适用。

案例

2018 年 4 月 9 日,海宁市安监局执法人员对海宁市江潮油墨有限公司进行检查,发现该公司厂房内存放有危险化学品原料、混合釜等生产设备和产品。经调查,当事人生产的 5 个产品均属危险化学品,而该公司持有的危险化学品安全生产许可证已于 2018 年 2 月 27 日注销。6 月 7 日,海宁市安监局依据《安全生产许可证条例》的规定,决定给予责令停止危险化学品生产,并处罚款人民币 5.5 万元的行政处罚。

3.基本安全生产条件需要细化为具体的、可操作的安全生产条件

《安全生产许可证条例》第六条规定,企业取得安全生产许可证,应当具备下列安全生产条件:

(1)建立、健全安全生产责任制,制定完备的安全生产规章制度和操作规程。

(2)安全投入符合安全生产要求。

(3)设置安全生产管理机构,配备专职安全生产管理人员。

(4)主要负责人和安全生产管理人员经考核合格。

(5)特种作业人员经有关业务主管部门考核合格,取得特种作业人员操作资格证书。

(6)从业人员经安全生产教育和培训合格。

(7)依法参加工伤保险,为从业人员缴纳保险费。

(8)厂房、作业场所和安全设施、设备、工艺符合有关安全生产法律、法规、标准和规程的要求。

(9)有职业危害防治措施,并为从业人员配备符合国家标准或者行业标准的劳动防护用品。

(10)依法进行安全评价。

(11)有重大危险源检测、评估、监控措施和应急预案。

(12)有生产安全事故应急救援预案、应急救援组织或者应急救援人员,配备必要的应急救援器材、设备。

(13)法律、法规规定的其他条件。

《安全生产许可证条例》第六条第(十三)项关于"法律、法规规定的其他条件"的规定,是指有关法律、法规对高危生产企业的安全生产条件另有规定的,应当从其规定,它可以将分散于相关法律、法规中的有关法律规范联结为一体,更具有可操作性,更能够体现特殊性。应当注意的是,"法律、法规规定的其他条件"还包括法律、法规规定必须具备的国家标准或者行业标准、安全规程和行业技术规范中设定的安全生产条件。

案例

广东省住建厅于2020年6月9日委托深圳市住建局对深圳找找装饰工程有限公司的安全生产条件进行核查。经核查,被处罚人存在以下问题:一是未提供设置安全生产管理机构证明材料;二是未提供企业项目负责人、专职安全生产管理人员通过住房和城乡建设主管部门安全生产考核合格证明材料;三是未提供企业管理人员和作业人员安全生产教育培训记录等。以上事实表明被处罚人降低了安全生产条件,不再具备《建筑施工企业安全生产许可证管理规定》(建设部令第128号公布,住房和城乡建设部令第23号修改)第四条第三项、第四项、第六项规定的安全生产条件。广东省住建厅决定给予被处罚人暂扣建筑施工企业安全生产许可证30天的行政处罚。暂扣时间从2021年1月21日至2月19日。

(二)取得安全生产许可证的程序

1.公开申请事项和要求

设定和实施安全生产许可是一项面向全社会的行政管理活动。安全生产许可证颁发管理机关应当将有关申请领取安全生产许可证的时间、地点、机关和应当提交的文件、资料向社会公布,使申请人能够知道、了解有关申办事项及其具体要求,以便能够及时申请领取安全生产许可证。安全生产许可证颁发管理机关制定的安全生产许可证颁发管理的规章制度等具体规定应当公布;否则,不得作为实施行政许可的具体依据。

2.企业应当依法提出申请

颁发安全生产许可证的前提是企业必须依法向安全生产许可证颁发管理机关提出申请,即不申请不发证。

(1)新设立生产企业的申请。现行有关法律、行政法规对设立企业审批、领取工商营业执照和颁发许可证的时间、顺序等程序性规定不尽相同,暂时难以统一。依照《安全生产许可证条例》的规定,不论法律、行政法规关于高危生产企业领取有关证照的时间和程序如何规定以及是否相同,安全生产许可证必须在企业建成投产前提出申请;如不提出申请并未取得安全生产许可证,不得从事生产活动。

(2)企业必须依法向安全生产许可证颁发管理机关提出申请。企业具备了条例规定的安全生产条件,只能表明具备了从事生产的潜在安全资质,并不表示企业具备从事安全生产的当然资格,必须依法向安全生产许可证颁发管理机关申请领取安全生产许可证。根据《安全生产许可证条例》第三条、第四条、第五条的规定,安全生产监督管理部门负责非煤矿矿山企业和危险化学品、烟花爆竹生产企业安全生产许可证的颁发和管理,煤矿安全监察机构负责煤矿企业安全生产许可证的颁发和管理,建设主管部门负责建筑施工企业安全生产许可证的颁发和管理,民用爆炸物品行业主管部门负责民用爆炸物品生产企业安全生产许可证的颁发和管理。除此之外,其他任何单位和个人都无权受理安全生产许可证申请事宜。

(3)申请人应当提交相关文件、资料。依照《安全生产许可证条例》及其配套实施规章的规定,6 种高危生产企业申请办理安全生产许可证,都要向安全生产许可证颁发管理机关提交相关文件、资料。每种企业需要提交的相关文件、资料不尽相同,应由有关安全生产许可证颁发管理机关作出具体规定。申请人提交的相关文件、资料必须能够满足对安全生产条件审查的需要。

3.受理申请及审查

接到申请人关于领取安全生产许可证的申请书、相关文件和资料后,安全生产许可证颁发管理机关应当决定是否受理和审查。审查工作分为两部分:一部分是形式审查;另一部分是实质性审查。

1)形式审查

所谓形式审查,是指安全生产许可证颁发管理机关依法对申请人提交的申请文件、资料是否齐全、真实、合法进行检查核实的工作。这些书面文件、资料可以在一定程度上反映申请人的安全生产条件。如果发现提交的文件、资料不齐全、不真实、不符合法定要求,安全生产许可证颁发管理机关有权向申请人说明并要求补正,申请人应当按照要求补正;否则,安全生产许可证颁发管理机关有权拒绝受理安全生产许可证的申请。

2)实质性审查

申请人提交的文件、资料通过形式审查以后,安全生产许可证颁发管理机关认为有必要的,应当对申请文件、资料和企业的实际安全生产条件进行实地审查或者核实。例如,需要对一些生产厂房、作业场所进行检查、审验;对一些安全设施、设备需要进行检测、检验或者试运行。

安全生产许可证颁发管理机关进行实质性审查的方式主要有 3 种:一是委派本机关的工作人员直接进行审查或者核实;二是委托其他行政机关代为进行审查或者核实;三是委托安全中介机构对一些专业技术性很强的设施、设备和工艺进行专门的检测、检验。

4.决定

经审查或者核实后,安全生产许可证颁发管理机关可以依法作出两种决定:企业具备法定安全生产条件的,决定颁发安全生产许可证;不具备法定安全生产条件的,决定不予颁发安全生产许可证,书面通知企业并说明理由。

关于审查发证的法定时限,《安全生产许可证条例》第七条规定,安全生产许可证颁发管理机关完成审查和发证工作的时限是自收到申请之日起 45 日之内。如果安全生产许可证颁发管理机关未在法定时限内完成审查发证工作,将会构成行政违法并要承担相应的法律责任。在实践中,如何计算安全生产许可证审查发证工作的法定时限,需要视不同情形加以确定:

(1)自安全生产许可证颁发管理机关收到申请人提交的相关文件、资料之日起,应当在 45 日内完成审查发证工作。45 日是指法定工作日,如遇法定节日、假日自动顺延,不连续计算。

(2)安全生产许可证颁发管理机关收到申请人提交的相关文件、资料后，经审查相关文件、资料认为其不符合法定要求，安全生产许可证颁发管理机关要求申请人予以补正的，完成安全生产许可证审查发证工作的法定时限，自申请人重新提交补正的相关文件、资料之日起计算。

(3)安全生产许可证颁发管理机关对申请人的实际安全生产条件进行审查或者核实后，认为不具备安全生产条件需要纠正的，申请人纠正后再次提请安全生产许可证颁发管理机关进行审查的，完成安全生产许可证审查发证工作的法定时限，自申请人再次提出申请之日起计算。

(4)在审查过程中，安全生产许可证颁发管理机关认为需要聘请专家或者安全中介机构进行专门的检测、检验的，完成安全生产许可证审查发证工作的法定时限自提交检测、检验报告之日起计算。

(5)审查发证工作中遇有不可抗力的情况，完成安全生产许可证审查发证工作的法定时限，自不可抗力的情况消失之日起计算。

5.期限与延续

安全生产许可证有效期为 3 年，不设年检。在安全生产许可证有效期满后的延续问题上，行政法规规定了两种情形：

1)有效期满的例行延续

《安全生产许可证条例》第九条第一款规定，安全生产许可证的有效期为 3 年。安全生产许可证有效期满需要延期的，企业应当于期满前 3 个月向原安全生产许可证颁发管理机关办理延期手续。企业办理安全生产许可证延期手续所需提供的文件、资料或者有关情况，由国务院安全生产监督管理部门、建设行政主管部门、国防科技工业主管部门和国家煤矿安全监察机构规定。

2)有效期满的免审延续

《安全生产许可证条例》第九条第二款对严格遵守有关安全生产法规，安全生产状况良好、没有发生死亡事故的企业予以免审延期的特殊规定，目的是要鼓励企业自觉做好安全生产工作，不出生产安全事故。但有一点需要注意，不是自动延期，应当在有效期满前向原安全生产许可证颁发管理机关提出延期的申请，经其同意后方可免审延续 3 年。

6.补办与变更

《安全生产许可证条例》的配套规章中对安全生产许可证的补办与变更的情况作出了明确的规定。企业持有的安全生产许可证如遇损毁、丢失等情况，就需要向原安全生产许可证颁发管理机关申请补办。经过审核，应当重新颁发安全生产许可证。另外，已经取得安全生产许可证的企业的有关事项发生变化，也需要及时办理安全生产许可证变更手续。

7.档案管理与公告

档案管理是安全生产许可证管理的一项重要内容。档案管理的主要目的是保证安全生产许可证管理的基本情况有据可查，规范安全生产许可证的颁发管理行为。为评价安全生产许可证颁发管理工作，监督检查有关工作人员依法履行职责，完善许可证制度提供基础。建立健全安全生产许可证档案管理制度，一是要建立、健全归档制度，保证及时、全面地将安全生产许可证申请、颁发及监督管理等有关情况存入档案；二是要加强对已归档材料的管理，强化日常监督检查，严格责任追究制度，将安全生产许可证颁发的情况向社会公告，是行政许可工作公开透明的需要，是进行社会监督的需要。《安全生产许可证条例》第十条要求安全生产许可证颁发管理机关定期向社会公布企业取得安全生产许可证的情况。公布的具体形式可以多样但须规范，公布的时间由安全生产许可证颁发管理机关决定。

三、安全生产许可监督管理

实行安全生产许可制度，必须建立相应的安全生产许可证颁发管理体制，确定安全生产许可证颁发管理的行政机关。鉴于煤矿企业、非煤矿矿山企业、建筑施工企业和危险化学品、烟花爆竹、民用爆炸物品生产企业的特点各不相同，负有安全生产监督管理职责的部门及其职责各不相同，这就决定了安全生产许可证的颁发管理机关不是一个而是多个。

《安全生产许可证条例》从实际出发，根据不同情况规定了安全生产许可证颁发管理机关的级别及其权限。

（一）安全生产许可证发证机关的层级

《安全生产许可证条例》按照两级发证的原则规定了安全生产许可证的颁发机关，并对民用爆炸物品生产企业安全生产许可证的颁发机关作出了特殊的规定。

1.两级发证

根据《行政许可法》规定，有权依法设定行政许可的只有国家和省、自治区、直辖市两级国家权力机关和行政机关，具有行政许可设定权的行政机关有权依法实施行政许可。《安全生产许可证条例》确定国务院与省、自治区、直辖市两级人民政府的负有安全生产监督管理职责的部门和建设主管部门为安全生产许可证的发证机关。

2.一级发证

在两级发证的原则下，也要对特殊情况作出特别规定，民用爆炸物品生产企业安全生产许可证的发证机关就是特例。民用爆炸物品生产企业数量较少，发证和管理的工作量较小。《安全生产许可证条例》第五条规定，省、自治区、直辖市人民政府民用爆炸物品行业主管部门负责民用爆炸物品生产企业安全生产许可证的颁发和管理，并接受国务院民用爆炸物品行业主管部门的指导和监督。

（二）煤矿企业安全生产许可证的颁发和管理

1.发证对象

《煤炭法》第二十二条规定，煤矿投入生产前，煤矿企业应当依照有关安全生产的法律、行政法规的规定取得安全生产许可证。未取得安全生产许可证的，不得从事煤炭生产。《安全生产许可证条例》第七条第二款规定，煤矿企业应当以矿（井）为单位，依照本条例的规定取得安全生产许可证。

2.发证机关

煤矿企业安全生产许可证颁发管理机关是相关煤矿安全监察机构。《安全生产许可证条例》第三条规定，国家煤矿安全监察机构负责中央管理的煤矿企业安全生产许可证的颁发和管理。在省、自治区、直辖市设立的煤矿安全监察机构负责前款规定以外的其他煤矿企业安全生产许可证的颁发和管理，并接受国家煤矿安全监察机构的指导和监督。国家未设直属煤矿安全监察机构的其他省、自治区、直辖市的煤矿企业安全生产许可证颁发管理机关，应当是

《煤矿安全监察条例》授权的省、自治区、直辖市人民政府指定的部门，多数为省级安全生产监督管理局在这些地方，省级安全生产监督管理局依法履行煤矿企业安全生产许可证颁发管理机关的全部职责。

（三）非煤矿矿山企业安全生产许可证的颁发和管理

1.发证对象

非煤矿矿山企业的矿种和数量远远超过煤矿企业，情况比较复杂。从矿产资源赋存状态来看，非煤矿种包括固态、液态和气态3种。《安全生产许可证条例》第三条规定，国务院安全生产监督管理部门负责中央管理的非煤矿矿山企业安全生产许可证的颁发和管理。省、自治区、直辖市人民政府安全生产监督管理部门负责前款规定以外的非煤矿矿山企业安全生产许可证的颁发和管理。

2.发证机关

绝大多数非煤矿矿山企业的生产作业场所比较固定，其安全生产许可证的发证机关也是两级，即国务院安全生产监督管理部门和省自治区、直辖市人民政府安全生产监督管理部门。

（四）危险化学品和烟花爆竹生产企业安全生产许可证的颁发和管理

1.发证对象

原国家安全生产监督管理局依照《危险化学品安全管理条例》的授权制定公布的原《危险化学品目录》的规定，纳入监督管理的危险化学品主要包括最终产品和中间产品是危险化学品的化学品。危险化学品生产企业包括两类：一类是最终产品是危险化学品的生产企业；另一类是中间产品是危险化学品的生产企业。后者虽然不直接生产危险化学品，但其中间产品可以作为其他产品的原料而具有易燃、易爆、腐蚀或者辐射等危险性。因此，也要将中间产品是危险化学品的生产企业纳入危险化学品生产企业安全生产许可证的发证对象范围内，加强监督管理。

2.发证机关

依照《安全生产许可证条例》的规定，危险化学品和烟花爆竹生产企业安全生产许可证的发证机关分别是国务院和省、自治区、直辖市人民政府的安全生产监督管理部门。

国务院安全生产监督管理部门负责中央管理的危险化学品和烟花爆竹生产企业安全生产许可证的颁发和管理，省、自治区、直辖市人民政府安全生产监督管理部门负责其他危险化学品、烟花爆竹生产企业安全生产许可证的颁发和管理。

（五）建筑施工企业安全生产许可证的颁发和管理

1.发证对象

依照《建筑法》和《建设工程安全生产管理条例》的规定，施工单位不论是否具有法人资格，都要取得相应等级的资质，并申请领取建筑施工许可证。鉴于建筑施工活动具有流动性大、独立作业的特点，除了将建筑施工企业作为安全生产许可证的发证对象外，也要考虑安全生产许可证与施工单位资质等级和施工许可证发证对象的一致性，对独立从事建筑施工活动的施工单位颁发安全生产许可证。

2.发证机关

《安全生产许可证条例》第四条规定，省、自治区、直辖市人民政府建设主管部门负责建筑施工企业安全生产许可证的颁发和管理，并接受国务院建设主管部门的指导和监督。根据该条规定，建筑施工企业都要向省级建设主管部门申请领取安全生产许可证，而后再向工程所在地县级以上建设主管部门申请领取建筑施工许可证。

（六）民用爆炸物品生产企业安全生产许可证的颁发和管理

《安全生产许可证条例》第五条规定，省、自治区、直辖市人民政府民用爆炸物品行业主管部门负责民用爆炸物品生产企业安全生产许可证的颁发和管理，并接受国务院民用爆炸物品行业主管部门的指导和监督。

（七）中央管理企业安全生产许可证的颁发和管理

国务院特设的国有资产管理委员会，对关系国计民生的大型国有企业实行国有资产管理。原国家安全生产监督管理局对中央管理企业的安全生产进行监督管理。

1.发证对象

中央管理企业的发证对象主要有以下3种：

（1）总公司（总厂）、集团公司。中央管理企业中资产最多的是国家投资设立的全资总公司、集团公司，也称母公司，如中国中煤能源集团公司、中国石油天然气集团公司、中国海洋石油公司、中国石油化工集团公司、中国建筑工程总公司等。中央管理的总公司（总厂）、集团公司也要接受法律的规范和政府的监管，应当取得安全生产许可证

（2）一级上市公司。全部由中央管理的总公司（总厂）、集团公司投资和控股的一级上市公司，是具有独立法人资格的生产企业。这种企业也应当依法申请领取安全生产许可证。

（3）中央管理的总公司（总厂）、集团公司全资或者控股的子公司和具有法人资格的企业。这种全部或者大部由国家投资的子公司和具有法人资格的企业是中央管理企业不可分割的组成部分，它们的生产活动是否安全不仅关系企业经济效益的提高，而且关系国有资产的保值、增值。因此，中央管理的总公司（总厂）、集团公司全资或者控股的子公司和具有法人资格的企业应当依照《安全生产许可证条例》的规定，申请领取安全生产许可证。

2.发证机关

依照《安全生产许可证条例》的规定，除了建筑施工企业、民用爆炸物品生产企业之外，其他中央管理企业安全生产许可证的发证机关都是两级。

（1）中央管理的总公司（总厂）、集团公司及其投资或者控股的一级上市公司，由国务院有关部门颁发安全生产许可证。不论这些企业在中华人民共和国境内的任何地方注册，均应依照《安全生产许可证条例》的规定，由国务院安全生产监督管理部门、国家煤矿安全监察机构按照各自的职责颁发安全生产许可证并进行监督管理。

（2）中央管理的总公司（总厂）、集团公司全资或者控股的子公司和具有法人资格的企业，由其所在地省级有关部门颁发安全生产许可证。根据《行政许可法》确定的效能与便民原则和《安全生产许可证条例》的规定，中央管理的总公司（总厂）、集团公司全资或者控股的子公司和具有法人资格的企业应以省级行政区域为限，不论在何地注册，均由所在地省级人民政府安全生产监督管理部门、省级建设主管部门和省级煤矿安全监察机构按照各自的职责，颁发安全生产许可证并进行监督管理。

（八）安全生产许可监督管理

1.安全生产许可监督管理的对象

《安全生产许可证条例》规定国务院和省级人民政府有关主管部门负责安全生产许可证

的颁发和管理。《安全生产许可证条例》所称的管理，包含两个方面：一是对安全生产许可证的申请和颁发工作实施管理；二是对取得安全生产许可证企业的生产（建筑施工）活动的安全生产实施监督检查。

2.安全生产许可证的申请和颁发工作实施管理的主要事项

（1）制定安全生产许可证颁发工作的规章制度和工作程序。

（2）受理安全生产许可的申请。

（3）对申请人的安全生产条件进行审查。

（4）决定安全生产许可证的颁发。

（5）规定安全生产许可证的式样或者制作安全生产许可证。

（6）建立安全生产许可证档案管理制度。

（7）公布企业取得安全生产许可证的情况。

（8）协调、解决安全生产许可证颁发工作的有关事项。

3.对取得安全生产许可证企业的生产（建筑施工）活动的安全生产实施监督检查的主要事项

（1）监督检查企业取得安全生产许可证的情况。

（2）监督检查取得安全生产许可证的企业执行有关安全生产的法律、法规、规章和国家标准或者行业标准的情况。

（3）检查企业的安全生产条件和日常安全生产管理的情况。

（4）受理有关安全生产许可违法行为的举报。

（5）监督安全生产许可证颁发机关工作人员履行职责的情况。

四、法律责任

《安全生产许可证条例》共有6条关于法律责任追究的规定，涵盖了对安全生产许可违法行为实施法律责任追究的原则、违法行为的界定、行政处罚和刑事处罚等方面的内容。

（一）法律责任追究的原则

《行政许可法》关于法律责任追究的原则是有过必罚、过罚相当。所谓有过必罚，是指许可人和被许可人不履行法定义务，就要承担相应的法律责任，受到法律制裁。所谓过罚相当，是指违法过错或者过失与应受的处罚相当，过大罚重，过小罚轻。《安全生产许可证条例》关于安全生产许可证颁发管理机关和高危生产企业各自的权力（权利）、义务与责任的规定，体现了“谁持证谁负责”“谁发证谁处罚”的原则。

（二）安全生产许可违法行为的界定

依照《安全生产许可证条例》的规定，下列行为属于安全生产许可违法行为：

1.安全生产许可证颁发管理机关工作人员的安全生产许可违法行为

这里所说的机关工作人员，是指负责颁发管理安全生产许可证的行政机关的领导人、有关内设机构的负责人、具体承办人员和负责监督管理的行政人员。《安全生产许可证条例》第十八条列举了安全生产许可证颁发管理机关工作人员的违法行为包括：

（1）向不符合本条例规定的安全生产条件的企业颁发安全生产许可证的。

（2）发现企业未依法取得安全生产许可证擅自从事生产活动，不依法处理的。

(3)发现取得安全生产许可证的企业不再具备本条例规定的安全生产条件,不依法处理的。

(4)接到对违反本条例规定行为的举报后,不及时处理的。

(5)在安全生产许可证颁发、管理和监督检查工作中,索取或者接受企业的财物,或者牟取其他利益的。

2.企业的安全生产许可违法行为

制定《安全生产许可证条例》的目的之一就是严格规范企业的安全生产条件和生产活动的安全。实施安全生产许可,不仅要规范、促使企业实现安全生产,也要查处安全生产许可违法行为的责任者。《安全生产许可证条例》规定实施处罚的违法行为包括:

(1)未取得安全生产许可证擅自进行生产的。这是一种无证非法生产的违法行为依照《安全生产许可证条例》的规定,无证非法生产的违法行为有 3 种情况:一是从未申请领取安全生产许可证擅自生产的;二是申请领取安全生产许可证,但经审查不具备安全生产条件,不颁发安全生产许可证擅自生产的;三是被暂扣或者吊销安全生产许可证擅自进行生产的。

案例

中山市安全监管局东凤分局的执法人员在对某化工有限公司进行检查时,发现该公司生产车间内存放有危险化学品原料,工人正在进行危化品生产作业。经执法人员调查,该公司负责人在未办理危险化学品安全生产许可证的情况下擅自生产危险化学品。

执法人员依据《安全生产许可证条例》第十九条第一款的规定,当即责令企业停止违法生产危险化学品行为,现场进行拍照和对该公司两种底漆产品进行证据现行保存,并对其违法行为处以 10 万元的行政处罚。

(2)取得安全生产许可证后不再具备安全生产条件的。这是一种持证违法的行为。《安全生产许可证条例》第十四条第一款规定,企业取得安全生产许可证后,不得降低安全生产条件,并应当加强日常安全生产管理,接受安全生产许可证颁发管理机关的监督检查。持证企业在生产过程中降低安全生产条件,也都是违法的。

案例

2020 年 5 月 16 日,深圳市南海装饰工程有限公司承建的深圳技术大学建设项目(一期)施工总承包Ⅱ标工程发生一起高处坠落事故,造成 1 人死亡。根据事故调查报告认定:深圳市南海装饰工程有限公司作为该项目的劳务分包单位,施工安全管理不到位,未按施工方案施工,未及时消除生产安全事故隐患,对作业人员安全教育培训不到位,作业人员安全意识淡薄,在责令停工整改期间,施工现场安全巡查及监管不到位,未能及时发现并制止员工违规作业行为,对事故的发生负有管理责任。

上述行为表明被处罚人降低了安全生产条件,不再具备《建筑施工企业安全生产许可证管理规定》第四条第六项、第八项规定的安全生产条件,违反了《安全生产许可证条例》第十四条第一款、《建筑施工企业安全生产许可证管理规定》第十五条等规定。省住建厅决定给予被处罚人暂扣建筑施工企业安全生产许可证 30 天的行政处罚。暂扣时间从 2021 年 1 月 21 日至 2 月 19 日。

(3)安全生产许可证有效期满未办理延期手续,继续进行生产的。《安全生产许可证条例》第九条第一款规定,安全生产许可证的有效期为 3 年。安全生产许可证有效期满需要延期的,企业应当于期满前3个月向原安全生产许可证颁发管理机关办理延期手续。不设安全生产许可证年检是为了方便企业,简化手续。但是,安全生产许可证有效期满,仍要依法办理延期手续。逾期仍不办理延期手续继续生产的,以无证非法生产论处。

(4)转让、冒用安全生产许可证或者使用伪造安全生产许可证的。这是行政法规明令禁止的违法行为。安全生产许可证是企业具备安全生产条件,取得从事相应生产活动的权利的法定凭证。《安全生产许可证条例》第十三条规定,企业不得转让、冒用安全生产许可证或者使用伪造的安全生产许可证。

(三)行政处罚的种类和决定行政处罚的机关

1.行政处罚的种类

《安全生产许可证条例》设定的行政处罚有责令停止生产、没收违法所得、罚款、暂扣和吊销安全生产许可证5种。关于没收违法所得和暂扣安全生产许可证两种行政处罚,在实施时需要特别注意。

(1)没收违法所得。《安全生产许可证条例》第十九条、第二十条、第二十一条和第二十二条都设定了没收违法所得的行政处罚。违法所得不仅指货币收入,也包括非法取得的财物或者资产,一律应当作为违法所得而予以没收。

(2)暂扣安全生产许可证。《安全生产许可证条例》第十四条规定应予暂扣安全生产许可证的行政处罚。在给予暂扣安全生产许可证的行政处罚后,企业不得继续进行生产,必须停产整改;经整改具备安全生产条件的,应当申请安全生产许可证颁发管理机关进行复查。复查后具备安全生产条件的,可以发还安全生产许可证。企业不进行整改或者经整改仍不具备安全生产条件的,可以决定吊销安全生产许可证。

2.行政处罚的决定机关

安全生产许可证颁发管理的原则是"谁发证、谁管理、谁处罚"。发证权、管理权和处罚权三位一体,不可分离。《安全生产许可证条例》第二十三条规定,本条例规定的行政处罚,由安全生产许可证颁发管理机关决定。按照职责分工,有权对安全生产许可行为实施行政处罚的行政执法主体不是1个,而是4个。

(1)国务院和省级人民政府的安全生产监督管理部门,是对非煤矿矿山企业和危险化学品、烟花爆竹生产企业安全生产许可违法行为实施行政处罚的决定机关。

(2)国家煤矿安全监察机构和省级煤矿安全监察机构,是对煤矿企业安全生产许可违法行为实施行政处罚的决定机关。

(3)国务院和省级人民政府的建设主管部门,是对建筑施工企业安全生产许可违法行为实施行政处罚的决定机关。

(4)省、自治区、直辖市人民政府民用爆炸物品行业主管部门,是对民用爆炸物品生产企业安全生产许可违法行为实施行政处罚的决定机关。

(四)刑事处罚

刑事处罚是追究安全生产许可违法行为的法律责任的主要方式。《安全生产许可证条例》规定适用刑事处罚的违法行为,主要有:

(1)安全生产许可证颁发管理机关工作人员构成职务犯罪的。

(2)企业未取得安全生产许可证擅自进行生产造成重大生产安全事故或者其他严重后

果，有关人员构成犯罪的。

（3）企业安全生产许可证有效期满逾期不办理延期手续，继续进行生产，有关人员构成犯罪的。

（4）企业转让、冒用安全生产许可证或者使用伪造的安全生产许可证，有关人员构成犯罪的。

（5）《安全生产许可证条例》施行前已经进行生产的企业逾期不办理安全生产许可证，或者经审查不具备安全生产条件，未取得安全生产许可证，继续进行生产，有关人员构成犯罪的。

【任务训练】

请结合《安全生产许可证条例》分析以下案例，你认为应该作出什么样的处罚并说明理由。

承德兴华恒通实业有限公司在承德市承建的女企业家创业活动中心项目存在施工总承包单位专职安全管理人员配备不足、特种作业人员配备不足；3#楼、4#楼公用塔吊起重限制器失效，附着支撑杆私自焊接，与5#楼塔吊起重臂互相碰撞；3#楼模板支架无专项施工方案，模板支架和脚手架搭设存在扫地杆、水平杆缺失，自由端超长，连墙件设置不符合规范要求，安全网、脚手板不符合要求等隐患，未严格按照专项施工方案组织施工；现场临时用电一级箱漏电保护器参数不符合规范，二级箱 PE 线未接，重复接地使用螺纹钢；项目未建立“双控”制度，未开展“双控”教育培训且未编制发布风险分布图等问题。

【巩固提升】

1.下列哪些企业必须取得安全生产许可证？（　　）

A.民用建筑施工　　B.氰化钾储存　　C.大型铸造设备制造

D.雷管生产　　E.非煤矿山开采

2.（多选题）下列哪些是取得安全生产许可证的必要条件？（　　）

A.特种作业人员和安全科的一般人员都经考核合格

B.参加了工伤保险

C.通过了企业安全卫生管理体系认证

D.通过了安全评价

E.对政府主管部门关于安全投入不足的批评已着手改进

3.生产经营单位的下列违法行为未构成犯罪，其中对哪种行为的处罚不是责令停止生产，没收违法所得，并处罚款？（　　）

A.未取得安全生产许可证擅自进行生产或逾期不办理安全生产许可证而继续生产

B.转让安全生产许可证

C.冒用或使用伪造的安全生产许可证

D.接受转让的安全生产许可证

【拓展阅读】

1.《建筑施工企业安全生产许可证管理规定》。

2.《煤矿企业安全生产许可证实施办法》。
3.《非煤矿矿山企业安全生产许可证实施办法》。
4.《危险化学品生产企业安全生产许可证实施办法》。
5.《煤层气地面开采企业安全生产许可证实施办法》。
6.《烟花爆竹生产企业安全生产许可证实施办法》。
7.《安全监管监察部门许可证档案管理办法》。
8.《海洋石油天然气企业安全生产许可服务指南》。

任务二　生产安全事故应急条例

【任务目标】

1.了解《生产安全事故应急条例》的适用范围。
2.熟悉生产安全事故应急工作的体制。
3.掌握生产安全事故应急准备和应急救援的规定。

【知识准备】

党中央国务院历来高度重视安全生产工作。为了解决生产安全事故应急工作中存在的突出问题,提高生产安全事故应急工作的科学化、规范化和法治化水平,2019 年 2 月 17 日,国务院总理李克强签署了第 78 号国务院令,公布《生产安全事故应急条例》(以下简称《条例》),自 2019 年 4 月 1 日起施行。《条例》,共五章三十五条,对生产安全事故应急工作体制、应急准备、应急救援等作了规定。

一、适用范围

(1)《条例》是《安全生产法》和《突发事件应对法》的配套行政法规。《条例》第一条规定,为了规范生产安全事故应急工作,保障人民群众生命和财产安全,根据《中华人民共和国安全生产法》和《中华人民共和国突发事件应对法》,制定本条例。

(2)《条例》是生产安全事故应急工作的行为规范。《条例》第二条规定,本条例适用于生产安全事故应急工作;法律、行政法规另有规定的,适用其规定。这里包括两方面内容:一是普遍适用原则。《条例》是规范生产安全事故应急工作的普遍规定,所有生产安全事故应急工作都要遵守本条例的规定。二是例外适用原则。法律、行政法规对生产安全事故应急工作另有规定的,适用其规定,不适用《条例》,这是《条例》与其他法律、行政法规的衔接性规定。

(3)《条例》是科研机构、学校、医院等单位的安全事故应急工作的重要参照。按照参照适用原则,《条例》第三十四条规定,储存、使用易燃易爆物品、危险化学品等危险物品的科研机构、学校、医院等单位的安全事故应急工作,参照本条例有关规定执行。

二、生产安全事故应急工作的体制

为了加强和规范生产安全事故应急工作,《条例》第三条、第四条从政府、企业两个层面 5

个方面明确了相应的职责,厘清了工作机制。

(1)明确生产安全事故应急工作由县级以上人民政府统一领导、分级负责。《条例》第三条第一款规定,国务院统一领导全国的生产安全事故应急工作,县级以上地方人民政府统一领导本行政区域内的生产安全事故应急工作。生产安全事故应急工作涉及两个以上行政区域的,由有关行政区域共同的上一级人民政府负责,或者由各有关行政区域的上一级人民政府共同负责。

(2)明确政府有关部门按照各自职责负责有关行业、领域的生产安全事故应急工作。《条例》第三条第二款规定,县级以上人民政府应急管理部门和其他对有关行业、领域的安全生产工作实施监督管理的部门(以下统称负有安全生产监督管理职责的部门)在各自职责范围内,做好有关行业、领域的生产安全事故应急工作。

(3)明确应急管理部门对生产安全事故应急工作负有统筹职责。《条例》第三条第三款规定,县级以上人民政府应急管理部门指导、协调本级人民政府其他负有安全生产监督管理职责的部门和下级人民政府的生产安全事故应急工作。

(4)明确乡镇等政府和派出机关协助做好生产安全事故应急工作。《条例》第三条第四款规定,乡、镇人民政府以及街道办事处等地方人民政府派出机关应当协助上级人民政府有关部门依法履行生产安全事故应急工作职责。

(5)明确生产经营单位是本单位生产安全事故应急工作的责任主体,主要负责人全面负责。《条例》第四条规定,生产经营单位应当加强生产安全事故应急工作,建立、健全生产安全事故应急工作责任制,其主要负责人对本单位的生产安全事故应急工作全面负责。

三、生产安全事故的应急准备

应急准备是整个应急工作的前提。《条例》设立专章,共12条,从预案编制、预案备案、预案演练、队伍建设、值班制度、人员培训、物资储备、信息系统8个方面进行规范。

1.规范了应急预案的编制

(1)明确县级以上政府及部门要制定生产安全事故预案,并向社会公布。《条例》第五条规定,县级以上人民政府及其负有安全生产监督管理职责的部门和乡、镇人民政府以及街道办事处等地方人民政府派出机关,应当针对可能发生的生产安全事故的特点和危害,进行风险辨识和评估,制定相应的生产安全事故应急救援预案,并依法向社会公布。

(2)明确生产经营单位要制定生产安全事故预案,并向从业人员公布。《条例》第五条规定,生产经营单位应当针对本单位可能发生的生产安全事故的特点和危害,进行风险辨识和评估,制定相应的生产安全事故应急救援预案,并向本单位从业人员公布。

(3)明确了预案编制的依据和内容。《条例》第六条规定,生产安全事故应急救援预案应当符合有关法律、法规、规章和标准的规定,具有科学性、针对性和可操作性,明确规定应急组织体系、职责分工以及应急救援程序和措施。

(4)规范了应急预案的修订。《条例》第六条规定,有下列情形之一的,生产安全事故应急救援预案制定单位应当及时修订相关预案:制定预案所依据的法律、法规、规章、标准发生重大变化;应急指挥机构及其职责发生调整;安全生产面临的风险发生重大变化;重要应急资源发生重大变化;在预案演练或者应急救援中发现需要修订预案的重大问题;其他应当修订的情形。出现上述情况的，有关政府及部门、生产经营单位等预案制定部门应当及时修订相应的应急预案。

2.规范了预案的备案

预案备案是加强应急管理的重要内容。《条例》从政府部门应急预案和生产经营单位应急预案两个方面对备案作出规定：

（1）政府部门的应急预案向本级人民政府备案。《条例》第七条规定，县级以上人民政府负有安全生产监督管理职责的部门应当将其制定的生产安全事故应急救援预案报送本级人民政府备案。

（2）高危生产经营单位和人员密集场所经营单位的应急预案向政府有关部门备案，并依法向社会公布。《条例》第七条规定，易燃易爆物品、危险化学品等危险物品的生产、经营、储存、运输单位，矿山、金属冶炼、城市轨道交通运营、建筑施工单位，以及宾馆、商场、娱乐场所、旅游景区等人员密集场所经营单位，应当将其制定的生产安全事故应急救援预案按照国家有关规定报送县级以上人民政府负有安全生产监督管理职责的部门备案，并依法向社会公布。

案例

2021 年 5 月 24 日，淮安市盱眙生态环境执法人员对江苏某科技有限公司现场检查时，发现该公司发酵液混合包装及畜禽预混料车间正在生产。该公司 2021 年 2 月编制环境影响报告书，2021 年 3 月 4 日取得环境影响报告书批复。环评文件明确要求制定突发环境事故应急预案。现场检查时，该公司未编制突发环境事件应急预案和履行备案手续。依据《突发环境事件应急管理办法》第三十八条，对该公司作出罚款 1 万元的行政处罚决定，并责令该公司编制突发环境事件应急预案并报生态环境主管部门备案。

3.规范了预案的演练

应急预案进行演练是保证应急预案有效性的重要手段。《条例》从 3 个方面对应急预案演练作出规定：

（1）政府及部门应急预案必须至少每 2 年组织 1 次演练。《条例》第八条规定，县级以上地方人民政府以及县级以上人民政府负有安全生产监督管理职责的部门，乡、镇人民政府以及街道办事处等地方人民政府派出机关，应当至少每 2 年组织 1 次生产安全事故应急救援预案演练。

（2）高危生产经营单位和人员密集场所经营单位必须至少每半年组织 1 次演练。《条例》第八条规定，易燃易爆物品、危险化学品等危险物品的生产、经营、储存、运输单位，矿山、金属冶炼、城市轨道交通运营、建筑施工单位，以及宾馆、商场、娱乐场所、旅游景区等人员密集场所经营单位，应当至少每半年组织 1 次生产安全事故应急救援预案演练，并将演练情况报送所在地县级以上地方人民政府负有安全生产监督管理职责的部门。

（3）规定了政府部门对高危生产经营单位和人员密集场所经营单位演练的监督。对演练的监督，是保证演练取得效果的重要手段和措施。《条例》第八条规定，县级以上地方人民政府负有安全生产监督管理职责的部门应当对本行政区域内前款规定的重点生产经营单位的生产安全事故应急救援预案演练进行抽查；发现演练不符合要求的，应当责令限期改正。

4.强化了应急救援队伍能力建设

为了加强应急救援队伍建设，提高应急救援人员素质。《条例》从以下 7 个方面进行了规范：

（1）明确政府应急救援队伍建设。政府及有关部门建立的综合和专职应急救援队伍，是参与生产安全事故应急救援工作的主要力量。为了避免应急救援队伍的重复建设，《条例》第九条从建设规划和队伍建设两个方面作出了规定：一是规定各级人民政府对应急救援队伍建设进行统筹，明确“县级以上人民政府应当加强对生产安全事故应急救援队伍建设的统一规划、组织和指导”；二是规定有关部门可以单独建立，也可以共同建立应急救援队伍，明确“县级以上人民政府负有安全生产监督管理职责的部门根据生产安全事故应急工作的实际需要，在重点行业、领域单独建立或者依托有条件的生产经营单位、社会组织共同建立应急救援队伍”。

（2）明确社会化救援队伍建设。实践中部分生产经营单位自己建立了专门的应急救援队伍，除了满足自身救援工作外，更多从事社会化救援服务；还有一些专门从事应急救援工作的社会组织，其本身性质也各不相同，有企业性质的，也有事业单位性质的等。这些社会救援力量，也是我国应急救援工作的重要支持。为了发挥这些救援力量的作用，《条例》第九条规定，国家鼓励和支持生产经营单位和其他社会力量建立提供社会化应急救援服务的应急救援队伍。

（3）明确高危生产经营单位和人员密集场所经营单位应急救援队伍建设。《条例》第十条规定，易燃易爆物品、危险化学品等危险物品的生产、经营、储存、运输单位，矿山、金属冶炼、城市轨道交通运营、建筑施工单位，以及宾馆、商场、娱乐场所、旅游景区等人员密集场所经营单位，应当建立应急救援队伍。其中，小型企业或者微型企业等规模较小的生产经营单位，可以不建立应急救援队伍，但应当指定兼职的应急救援人员，并且可以与邻近的应急救援队伍签订应急救援协议。

（4）明确产业聚集区可以联合建立应急救援队伍。实践中，工业园区、开发区等区域内，特别是化工园区内，高危生产经营单位较多，每个单位都建立应急救援队伍，既浪费资源，也无必要。为此，《条例》第十条规定，工业园区、开发区等产业聚集区域内的生产经营单位，可以联合建立应急救援队伍。

（5）明确应急救援人员素质和培训。应急救援人员从事的工作特殊，需要面对火灾、水害、尘毒等风险，专业性极强，必须具有较高的素质和技能。为此，《条例》第十一条从两个方面作出规定：一是对专业知识、技能素质提出要求，明确“应急救援队伍的应急救援人员应当具备必要的专业知识、技能、身体素质和心理素质”；二是对培训提出要求，必须经过培训合格方可参加应急救援工作，明确“应急救援队伍建立单位或者兼职应急救援人员所在单位应当按照国家有关规定对应急救援人员进行培训，应急救援人员经培训合格后，方可参加应急救援工作”。

（6）明确应急救援队伍的训练。应急救援队伍必须经常训练，方可提高应急救援能力。为此，《条例》第十一条规定，应急救援队伍应当配备必要的应急救援装备和物资，并定期组织训练。

（7）明确了应急队伍的统筹管理。应急救援队伍的统筹管理和信息化，是调动各方面应急救援力量，提高整体应急救援能力的重要手段。为此，《条例》第十二条从两个方面作出规定：一是规定生产经营单位建立的应急救援队伍要向政府部门报告，明确“生产经营单位应当及时将本单位应急救援队伍建立情况按照国家有关规定报送县级以上人民政府负有安全生产监督管理职责的部门，并依法向社会公布”；二是规定政府有关部门建立的应急救援队伍要向本级政府报告，便于统筹管理，明确“县级以上人民政府负有安全生产监督管理职责的部门应当定期将本行业本领域的应急救援队伍建立情况报送本级人民政府，并依法向社会公布”。

5.规范了物资储备要求

为了强化生产安全事故应急物资储备，保障应急工作的需要，《条例》第十三条从两个方面作出规定：一是政府应急物资储备的要求，明确“县级以上地方人民政府应当根据本行政区域内可能发生的生产安全事故的特点和危害，储备必要的应急救援装备和物资，并及时更新和补充”；二是高危生产经营单位以及人员密集场所经营单位的储备要求，明确“易燃易爆物品、危险化学品等危险物品的生产、经营、储存、运输单位，山、金属冶炼、城市轨道交通运营、建筑施工单位以及宾馆、商场、娱乐场所、旅游景区等人员密集场所经营单位，应当根据本单位可能发生的生产安全事故的特点和危害，配备必要的灭火、排水、通风以及危险物品稀释、掩埋、收集等应急救援器材、设备和物资，并进行经常性维护、保养，保证正常运转”。

案例

2021 年 3 月 15 日，铁岭市生态环境局调兵山市分局执法人员对“辽宁某某新材料集团有限公司”进行检查。检查中发现，该企业存在“未按规定储备必要的环境应急装备和物资”的行为。该单位涉嫌违反《突发环境事件应急管理办法》第二十二条第二款的规定，依据《突发环境事件应急管理办法》第三十八条第一款第（五）项的规定，罚款人民币 1 万元。该单位于 2021 年 5 月 11 日主动缴纳了罚款，应急装备和物资已补充完毕。

6.规范的应急值班制度

为了保证应急工作的开展，及时联络相关人员和应急救援队伍，以及易燃易爆等高危物品应急救援的技术支撑，《条例》第十四条从两个方面作出规定：一是要求三类单位建立应急值班制度，配备应急值班人员。明确“下列单位应当建立应急值班制度，配备应急值班人员：（一）县级以上人民政府及其负有安全生产监督管理职责的部门；（二）危险物品的生产、经营、储存、运输单位以及矿山、金属冶炼、城市轨道交通运营、建筑施工单位；（三）应急救援队伍”。二是要求易燃易爆等高危物品单位成立应急处置技术组，24 小时值班。明确“规模较大、危险性较高的易燃易爆物品、危险化学品等危险物品的生产、经营、储存、运输单位应当成立应急处置技术组，实行 24 小时应急值班”。

7.规范了从业人员的应急培训

《安全生产法》对生产经营单位从业人员的安全生产教育和培训提出了要求。实践中，生产经营单位往往忽视从业人员应急能力的提高，导致发生事故后，从业人员不知、不会逃生，不具备基本的应急知识。为了提高从业人员的应急能力，《条例》第十五条规定，生产经营单位应当对从业人员进行应急教育和培训，保证从业人员具备必要的应急知识，掌握风险防范技能和事故应急措施。生产经营单位必须按照规定加强对业人员的应急教育和培训，切实提高从业人员的应急能力；违反规定的，将予以处罚。

8.强化了应急救援的信息化建设

应急救援的信息化，是保障应急救援有效的重要手段。应急救援队伍、人员、物资、预案等信息必须实现共享、互通。《条例》第十六条从两个方面作出了规定：一是建立统一的生产安全事故应急救援信息系统，明确"国务院负有安全生产监督管理职责的部门应当按照国家有关规定建立生产安全事故应急救援信息系统，并采取有效措施，实现数据互联互通、信息共享"。二是规定生产安全事故应急救援信息系统与日常监管结合，实现"互联网+监督"服务。明确"生产经营单位可以通过生产安全事故应急救援信息系统办理生产安全事故应急救援预案备案手续，报送应急救援预案演练情况和应急救援队伍建设情况；但依法需要保密的除外"。

四、生产安全事故的应急救援

为了规范生产安全事故应急救援工作，结合近年来应急救援的实践，《条例》从以下 11 个方面进行了规范：

1.规范了生产经营单位的初期处置行为

发生事故后，生产经营单位是第一救援力量，必须进行初期处置，避免事态扩大。为此，《条例》第十七条规定发生生产安全事故后，生产经营单位应当立即启动生产安全事故应急救援预案，采取下列一项或者多项应急救援措施，并按照国家有关规定报告事故情况。这些措施有：迅速控制危险源，组织抢救遇险人员；根据事故危害程度，组织现场人员撤离或者采取可能的应急措施后撤离；及时通知可能受到事故影响的单位和人员；采取必要措施，防止事故危害扩大和次生、衍生灾害发生；根据需要请求邻近的应急救援队伍参加救援，并向参加救援的应急救援队伍提供相关技术资料、信息和处置方法；维护事故现场秩序，保护事故现场和相关证据；法律、法规规定的其他应急救援措施。

针对上述措施，生产经营单位可以针对应急处置的需要，采取其中一项应急措施，或者采取多项应急措施。如果没有规定，还可以采取《突发事件应对法》《安全生产法》等法律、行政法规、地方性法规规定的其他应急救援措施。不得采取没有法律、法规规定的措施。

2.规范了政府的应急救援程序

有关地方人民政府及其部门接到生产安全事故报告后，应当按照国家有关规定上报事故情况，立即应急响应，开展应急救援工作。为此，《条例》第十八条从 4 个方面作出规定：一是按照国家有关规定上报事故情况。二是启动相应的生产安全事故应急救援预案。三是按照应急救援预案的规定采取下列一项或者多项应急救援措施。这些措施有：组织抢救遇险人员，救治受伤人员，研判事故发展趋势以及可能造成的危害；通知可能受到事故影响的单位和人员，隔离事故现场，划定警戒区域，疏散受到威胁的人员，实施交通管制；采取必要措施，防止事故危害扩大和次生、衍生灾害发生，避免或者减少事故对环境造成的危害；依法发布调用和征用应急资源的决定；依法向应急救援队伍下达救援命令；维护事故现场秩序，组织安抚遇险人员和遇险遇难人员亲属；依法发布有关事故情况和应急救援工作的信息；法律、法规规定的其他应急救援措施。四是有关的人民政府不能有效控制生产安全事故的，应当及时向上级人民政府报告。上级人民政府应当及时采取措施，统一指挥应急救援。

3.设立现场救援指挥部

实践中，如果事故比较复杂，往往救援工作就很难，救援队伍、人员、政府领导和专家等较多，救援方案难以统一和确定。这种情况下亟须有一个权威机构来统一指挥救援工作。针对这些情况，《条例》规定可以设立现场指挥部，实行总指挥负责制，从两个方面进行规定：一是可以设立现场指挥部。《条例》第二十条规定，发生生产安全事故后，有关人民政府认为有必要的，可以设立由本级人民政府及其有关部门负责人、应急救援专家、应急救援队伍负责人、事故发生单位负责人等人员组成的应急救援现场指挥部，并指定现场指挥部总指挥。二是实行总指挥负责制。《条例》第二十一条规定，现场指挥部实行总指挥负责制，按照本级人民政府的授权组织制定并实施生产安全事故现场应急救援方案协调、指挥有关单位和个人参加现场应急救援。参加生产安全事故现场应急救援的单位和个人应当服从现场指挥部的统一指挥。总指挥的职责有两项：一是根据本级人民政府的授权，组织制定并实施生产安全事故现场应急救援方案；二是协调、指挥有关单位个人参加现场应急救援。参加生产安全事故现场应急救援的单位和个人应当服从现场指挥部的统一指挥。

4.设置了应急救援中止

实践中，应急救援过程中，因社会影响等原因，往往救援工作难以开展或出现盲目施救。为此，《条例》第二十二条对应急救援中止作出了规定，明确"在生产安全事故应急救援过程中，发现可能直接危及应急救援人员生命安全的紧急情况时，现场指挥部或者统一指挥应急救援的人民政府应当立即采取相应措施消除隐患，降低或者化解风险，必要时可以暂时撤离应急救援人员"。

5.设置了应急救援终止

实践中，应急救援工作什么时候结束，没有具体规定。为此，《条例》第二十五条规定，生产安全事故的威胁和危害得到控制或者消除后，有关人民政府应当决定停止执行依照本条例和有关法律、法规采取的全部或者部分应急救援措施。

6.设立了必须履行救援命令或者救援请求的规定

《条例》第十九条规定，应急救援队伍接到有关人民政府及其部门的救援命令或者签有应急救援协议的生产经营单位的救援请求后，应当立即参加生产安全事故应急救援。根据规定，一是应急救援队伍接到有关人民政府及其部门的救援命令，必须立即参加生产安全事故应急救援；二是应急救援队伍接到签有应急救援协议的生产经营单位的救援请求后，应当立即参加生产安全事故应急救援。

7.规范了通信等保障的要求

在《安全生产法》《突发事件应对法》总体规定的基础上，《条例》第二十三条明确规定，生产安全事故发生地人民政府应当为应急救援人员提供必需的后勤保障，并组织通信、交通运输、医疗卫生、气象、水文、地质、电力、供水等单位协助应急救援。

8.规定了可以调用和征用财产的情形

为了保障应急救援工作的进行，《突发事件应对法》对征用和调用作出了规定。《条例》第二十六条规定，有关人民政府及其部门根据生产安全事故应急救援需要依法调用和征用的财产，在使用完毕或者应急救援结束后，应当及时归还。财产被调用、征用或者调用、征用后毁损、灭失的，有关人民政府及其部门应当按照国家有关规定给予补偿。这是法定的行为，可以征用或者调用财产，但必须是应急救援工作的需要。

9.规范了应急救援评估

应急救援评估是整体应急工作的重要环节，其目的是评估应急救援工作的有效性，为修订应急预案提供依据和后续应急救援工作提供经验。《条例》从以下两个方面作出了规定：

(1)规定了应急救援资料和证据的收集。《条例》第二十四条规定,现场指挥部或者统一指挥生产安全事故应急救援的人民政府及其有关部门应当完整、准确地记录应急救援的重要事项,妥善保存相关原始资料和证据。已成立现场指挥部的,由现场指挥部负责应急救援有关资料和证据的收集工作;没有成立现场指挥部的,由统一指挥生产安全事故应急救援的人民政府及其有关部门负责应急救援有关资料和证据的收集工作。

(2)事故调查组负责事故评估。《条例》第二十七条规定,按照国家有关规定成立的生产安全事故调查组应当对应急救援工作进行评估,并在事故调查报告中作出评估结论。事故救援工作结束后,现场指挥部或者统一指挥生产安全事故应急救援的人民政府及其有关部门可能已经解散,事故调查组将成立。这时,现场指挥部或者统一指挥生产安全事故应急救援的人民政府及其有关部门应当将保存的有关应急救援资料或者证据移送给成立的事故调查组,由事故调查组进行评估,并纳入事故调查报告。

10.明确应急救援费用由事故责任单位承担

生产经营单位是本单位安全生产的责任主体,应当遵守有关安全生产的法律、法规、规章和标准等规定,建立健全安全生产责任制,加强安全管理,完善安全生产条件,防止和减少事故。为了落实生产经营单位的主体责任,明确有关方责任,并借鉴国外的做法,《条例》第十九条规定,应急救援队伍根据救援命令参加生产安全事故应急救援所耗费用,由事故责任单位承担;事故责任单位无力承担的,由有关人民政府协调解决。需要说明的,事故救援费用原则上由事故责任单位承担。

11.明确了救治和抚恤以及烈士评定的要求

为了保障应急救援人员的安全,《条例》对救治和抚恤以及评定烈士等作出了衔接规定。《条例》第二十八条规定,县级以上地方人民政府应当按照国家有关规定,对在生产安全事故应急救援中伤亡的人员及时给予救治和抚恤;符合烈士评定条件的,按照国家有关规定评定为烈士。

五、法律责任

在法律责任部分,《条例》对生产经营单位、有关人员等多种违法行为进行制裁,并与《安全生产法》《突发事件应对法》等法律进行了衔接。

(1)明确了有关政府及部门和有关人员违法行为的制裁。《条例》第二十九条规定,地方各级人民政府和街道办事处等地方人民政府派出机关以及县级以上人民政府有关部门违反本条例规定的,由其上级行政机关责令改正;情节严重的,对直接负责的主管人员和其他直接责任人员依法给予处分。

(2)明确了生产经营单位未制定应急预案等违法行为的处罚。《条例》第三十条规定,生产经营单位未制定生产安全事故应急救援预案、未定期组织应急救援预案演练、未对从业人员进行应急教育和培训,生产经营单位的主要负责人在本单位发生生产安全事故时不立即组织抢救的,由县级以上人民政府负有安全生产监督管理职责的部门依照《中华人民共和国安全生产法》有关规定追究法律责任。

案例

2020 年 10 月 21 日,龙岗区应急管理局执法人员在深圳市添脉网络科技有限公司进行执法检查时,发现该公司未按照规定制定生产安全事故应急救援预案、未定期组织应急救援演练等7项问题。执法人员当即开具《责令限期整改指令书》,要求该公司于2020年11月5日前完成整改。

2020年11月10日,龙岗区应急管理局执法人员对该公司进行复查,发现该公司未按照规定制定生产安全事故应急救援预案、未定期组织应急救援演练等两项问题未整改,其行为违反了《中华人民共和国安全生产法》第七十八条的规定。

2020年12月14日,龙岗区应急管理局依据《中华人民共和国安全生产法》第九十四条的规定,对该公司处以责令停产停业整顿10日,并处5.3万元罚款的行政处罚;对该公司直接负责的主管人员洪某处以1.2万元罚款的行政处罚。

(3)明确了生产经营单位未对应急救援器材、设备和物资进行经常性维护、保养等违法行为的处罚。《条例》第三十一条规定,生产经营单位未对应急救援器材、设备和物资进行经常性维护、保养,导致发生严重生产安全事故或者生产安全事故危害扩大,或者在本单位发生生产安全事故后未立即采取相应的应急救援措施,造成严重后果的,由县级以上人民政府负有安全生产监督管理职责的部门依照《中华人民共和国突发事件应对法》有关规定追究法律责任。

案例

2020年9月4日,杭州市安全生产综合行政执法队执法人员依法对位于杭州市临安区的杭州青辰化学试剂厂进行安全生产执法检查,发现该企业危险化学品仓库里防爆风机线路的金属镀锌套管锈蚀、破损,不符合防爆要求;检查还发现,储存乙醇、甲醇、丙酮、乙酸乙酯等甲类液体危险化学品仓库里的防流散装置缺失,未及时维护和安装。执法人员对其下达了《责令整改指令书》,责令其限期整改。同时,市应急管理局以杭州青辰化学试剂厂涉嫌储存危险化学品场所的安全设施未经常性维护、保养为由立案调查。

调查查明,该单位违反了《危险化学品安全管理条例》第二十条第一款的相关规定。市应急管理局依据《危险化学品安全管理条例》第八十条第一款第二项的相关规定,对其作出罚款人民币5万元的行政处罚决定。

(4)明确了生产经营单位未将生产安全事故应急救援预案报送备案、未建立应急值班制度或者配备应急值班人员的违法行为的处罚。《条例》第三十二条规定,生产经营单位未将生产安全事故应急救援预案报送备案,未建立应急值班制度或者配备应急值班人员的,由县级以上人民政府负有安全生产监督管理职责的部门责令限期改正;逾期未改正的,处3万元以上5万元以下的罚款,对直接负责的主管人员和其他直接责任人员处1万元以上2万元以下的罚款。

(5)明确有关单位和人员违反治安管理行为的处罚。《条例》第三十三条规定,违反本条例规定,构成违反治安管理行为的,由公安机关依法给予处罚;构成犯罪的,依法追究刑事责任。

【任务训练】

请结合《生产安全事故应急条例》给企业提出有针对性的措施或建议。

2018年5月26日9时30分许,位于东莞市大岭山镇大沙村委会下虎山的东莞市华业鞋材有限公司发生一起气体中毒事故，造成 4 人死亡、5 人受伤，直接经济损失约为人民币621.54万元。

根据调查，发现事故单位华业鞋材有限公司未按要求定期开展有限空间作业应急救援演练，现场负责人、监护人员、作业人员和应急救援人员均未掌握应急预案内容，不具备相应的应急处置能力。事故发生后，主要安全生产管理人员黄某瑜、邓某、吕某杰未在第一时间实施本单位的有限空间应急救援预案，且在未做好自身防护、佩戴必要的呼吸器具和救援器材的情况下盲目施救，造成自身死亡。同时，邓某、李某明先后要求不了解有限空间作业危害和有限空间作业应急预案内容、不具备相应应急处置能力的码纸工唐某等人展开应急救援，最终导致多人受伤。

【巩固提升】

1.(　　)人民政府应急管理部门和其他对有关行业、领域的安全生产工作实施监督管理的部门在各自职责范围内，做好有关行业、领域的生产安全事故应急工作。

A.县级以上　　B.市级以上　　C.县级　　D.市级

2.生产经营单位应当加强生产安全事故应急工作，建立、健全生产安全事故应急工作责任制，其(　　)对本单位的生产安全事故应急工作全面负责。

A.主要负责人　　B.分管安全负责人

C.行政负责人　　D.党政负责人

3.生产经营单位可以通过生产安全事故应急救援信息系统办理生产安全事故应急救援预案备案手续，报送应急救援预案演练情况和(　　)建设情况；但依法需要保密的除外。

A.应急救援队伍　　B.应急抢修队伍

C.应急专家队伍　　D.应急体系

【拓展阅读】

1.《生产安全事故应急演练指南》。

2.《生产安全事故应急预案管理办法》。

3.《电力安全事故应急处置和调查处理条例》。

4.《湖北省生产安全事故应急实施办法》。

5.《铁路交通事故应急救援和调查处理条例》。

6.《生产安全事故应急处置评估暂行办法》。

7.《生产经营单位生产安全事故应急预案编制导则》。

8.《突发环境事件应急管理办法》。

9.《危险化学品安全管理条例》。

任务三 生产安全事故报告和调查处理条例

【任务目标】

1.了解《生产安全事故报告和调查处理条例》的适用范围。

2.掌握生产安全事故报告和调查处理的程序及要求。

3.掌握生产安全事故报告和调查处理违法行为应负的法律责任。

【知识准备】

2007 年 4 月 9 日国务院令第 493 号公布《生产安全事故报告和调查处理条例》，自 2007 年 6 月 1 日施行。《生产安全事故报告和调查处理条例》是我国第一部全面规范事故报告和调查处理的基本法规。《生产安全事故报告和调查处理条例》的立法目的是规范生产安全事故的报告和调查处理，落实生产安全事故责任追究制度，防止和减少生产安全事故。

一、事故报告和调查处理的基本规定

(一)适用范围

《生产安全事故报告和调查处理条例》从以下 5 个方面对其适用范围作出了规定：

1.普遍适用

《生产安全事故报告和调查处理条例》第二条规定，生产经营活动中发生的造成人身伤亡或者直接经济损失的事故的报告和调查处理，适用本条例，即适用于在中华人民共和国领域内的生产经营单位从事生产经营活动中发生的造成人身伤亡或者直接经济损失的事故的报告和调查处理，但排除适用的除外。

2.衔接适用

《生产安全事故报告和调查处理条例》第四十五条规定，特别重大事故以下等级事故的报告和调查处理，有关法律、行政法规或者国务院另有规定的，依照其规定。为了体现某些事故的报告和调查处理工作的特殊性，并与相关法律、行政法规相衔接，在保证国家行使对各类特别重大事故调查处理的最高行政权和普遍适用《生产安全事故报告和调查处理条例》关于事故报告、调查和处理程序的基本规定的前提下，允许一些特殊行业依照有关法律、行政法规和国务院的特别规定报告和调查处理重大事故、较大事故和一般事故，如水上交通事故、煤矿事故等。

3.选择适用

《生产安全事故报告和调查处理条例》第四十四条第一款规定，没有造成人员伤亡，但是社会影响恶劣的事故，国务院或者有关地方人民政府认为需要调查处理的，依照本条例的有关规定执行。在实践中也有一些没有造成人员伤亡或者人员伤亡达不到相应等级，但是社会影响恶劣的事故。这类事故是否需要调查处理，其选择决定权属于国务院和有关地方人民政府。

4.参照适用

《生产安全事故报告和调查处理条例》第四十四条第二款规定，国家机关、事业单位、人民团体发生的事故，参照本条例执行。各类事故中也有一些发生在国家机关、事业单位和人民团体等社会组织，这些事故发生单位虽不同于生产经营单位，但也会造成人身伤亡、直接经济损失或者恶劣的社会影响，具有危害性和违法性，应当依法报告和调查处理。有利于解决国家机关、事业单位、人民团体发生事故的报告和调查处理无法可依的问题。

5.排除适用

《生产安全事故报告和调查处理条例》第二条规定，环境污染事故、核设施事故、国防科研生产事故的报告和调查处理，不适用本条例。鉴于上述事故的报告和调查处理非常特殊，并且国家已有相关法律规定。因此，《生产安全事故报告和调查处理条例》对其作出了排除适用的规定。

(二)生产安全事故分级

《生产安全事故报告和调查处理条例》确定了以人员伤亡(急性工业中毒)、直接经济损失和社会影响等对生产安全事故进行分级。

1.通用的事故分级的规定

《生产安全事故报告和调查处理条例》将一般的生产安全事故分为下列 4 级：

(1)特别重大事故，是指一次造成 30 人以上死亡，或者 100 人以上重伤(包括急性工业中毒，下同)，或者 1 亿元以上直接经济损失的事故。

(2)重大事故，是指一次造成 10 人以上 30 人以下死亡，或者 50 人以上 100 人以下重伤，或者 5 000 万元以上 1 亿元以下直接经济损失的事故。

(3)较大事故，是指一次造成 3 人以上 10 人以下死亡，或者 10 人以上 50 人以下重伤，或者 1 000 万元以上 5 000 万元以下直接经济损失的事故。

(4)一般事故，是指一次造成 3 人以下死亡，或者 10 人以下重伤，或者 1000 万元以下直接经济损失的事故。

上述规定中的“以上”含本数，“以下”不含本数。

2.特殊的事故分级的规定

1)补充分级

除了对事故分级的一般性规定之外，考虑某些行业事故分级的特点，《生产安全事故报告和调查处理条例》第三条第二款规定，国务院安全生产监督管理部门可以会同国务院有关部门，制定事故等级划分的补充性规定。

2)社会影响恶劣事故

《生产安全事故报告和调查处理条例》第四十四条关于社会影响恶劣事故报告和调查处理的规定没有明确其事故等级，在实践中可以根据影响大小和危害程度，比照相应等级的事故进行调查处理。

二、生产安全事故报告的规定

(一)报告事故是政府和企业的法定义务和责任

虽然有关地方人民政府及其职能部门和事故发生单位在事故报告和调查处理工作的法

律地位不同,各自的义务和责任有所不同,但其报告事故的法定义务和责任是共同的。作为监管主体,政府及其职能部门的义务和责任主要是及时掌握传递报送事故信息,组织事故应急救援和调查处理;不履行法定职责的,要承担相应的法律责任。作为生产经营主体,事故发生单位的义务和责任主要是及时、如实报告其事故情况,组织自救,配合和接受事故调查,否则要承担相应的法律责任。

(二)事故报告主体

要做到及时报告事故情况,必须明确法定的事故报告主体(义务人)。事故报告主体不履行法定报告义务,将受到法律追究。《生产安全事故报告和调查处理条例》明确的负有事故报告义务的主体主要有以下5种:

(1)事故发生单位现场人员。从事生产经营作业的从业人员或者其他相关人员,只要发现发生了事故,应当立即报告本单位负责人。

(2)事故单位负责人。事故发生单位主要负责人或者有关负责人接到事故报告后,必须依照《生产安全事故报告和调查处理条例》的规定向有关政府职能部门报告。

(3)有关政府职能部门。县级以上人民政府安全生产综合监督管理部门、负有安全生产监督管理职责的有关部门负有报告事故情况的义务。

(4)有关地方人民政府。不论是哪一级地方人民政府的哪一个有关部门接到事故报告后,都要按照程序向本级人民政府报告。有关地方人民政府负有向上级人民政府报告事故情况的义务。

(5)其他报告义务人。

(三)事故报告对象

发生事故后,作为不同的事故报告主体应当履行各自的报告义务。

(1)事故发生单位的报告对象。发生事故后,现场有关人员应当立即向本单位负责人(包括主要负责人或者有关负责人)报告,单位负责人接到报告后,应当立即报告事故发生地县级以上人民政府安全生产综合监督管理部门。对于有关人民政府设有负责监管事故发生单位的行业主管部门的,事故发生单位除了向安全生产综合监督管理部门报告外,还要向负有安全生产监督管理的有关部门报告。

(2)县级以上人民政府职能部门的报告对象。按照逐级报告的程序,县级以上人民政府安全生产综合监督管理部门、负有安全生产监督管理的有关部门接到事故发生单位的报告后,其报告对象有两个:一是上一级人民政府安全生产综合监督管理部门、负有安全生产监督管理的有关部门;二是本级人民政府。

(四)事故通知对象

为了便于组织事故调查和开展善后工作,《生产安全事故报告和调查处理条例》除了规定事故报告主体之外,还规定了安全生产综合监督管理部门、负有安全生产监督管理的有关部门接到事故报告后,应当通知同级公安机关、劳动保障部门、工会和人民检察院。

(五)事故报告的程序

(1)事故发生单位向政府职能部门报告。《生产安全事故报告和调查处理条例》第九条规定,事故发生后,事故现场有关人员应当立即向本单位负责人报告;单位负责人接到报告后,应当于1小时内向事故发生地县级以上人民政府安全生产监督管理部门和负有安全生产监督管理职责的有关部门报告。

(2)政府部门报告的程序:

①特别重大事故、重大事故逐级上报至国务院安全生产监督管理部门和负有安全生产监督管理的有关部门。

②较大事故逐级上报至省、自治区、直辖市人民政府安全生产监督管理部门和负有安全生产监督管理的有关部门。

③一般事故逐级上报至设区的市级安全生产监督管理部门和负有安全生产监督管理的有关部门。

安全生产监督管理部门和负有安全生产监督管理职责的有关部门依照上述规定上报事故情况,应当同时报告本级人民政府。国务院安全生产监督管理部门和负有安全生产监督管理职责的有关部门以及省级人民政府接到发生特别重大事故、重大事故的报告后,应当立即报告国务院。

(3)越级报告:

①事故发生单位越级报告。情况紧急时,事故现场有关人员可以直接向事故发生地县级以上人民政府安全生产监督管理部门和负有安全生产监督管理职责的有关部门报告。

②安全生产监管部门和有关部门越级报告。必要时,安全生产监督管理部门和负有安全生产监督管理的有关部门可以越级上报事故情况。

(4)事故续报、补报。事故报告后出现新情况事故发生单位和安全生产监督管理部门和负有安全生产监督管理的有关部门应当及时续报。自事故发生之日起 30 日内(道路交通事故、火灾事故自发生之日起 7 日内),事故造成的伤亡人数发生变化的,事故发生单位和安全生产监督管理部门和负有安全生产监督管理的有关部门应当及时补报。

(六)事故报告内容

《生产安全事故报告和调查处理条例》第十二条规定,报告事故应当包括下列内容:

(1)事故发生单位概况。

(2)事故发生的时间、地点以及事故现场情况。

(3)事故的简要经过。

(4)事故已经造成或者可能造成的伤亡人数(包括下落不明的人数)和初步估计的直接经济损失。

(5)已经采取的措施。

(6)其他应当报告的情况。

(七)事故报告时限

为了提高事故报告速度,及时组织现场救援,《生产安全事故报告和调查处理条例》对时限作出了规定。

(1)事故发生单位事故报告的时限。从事故发生单位负责人接到事故报告时起算,该单位向政府职能部门报告的时限是 1 小时。

(2)政府职能部门事故报告的时限。县级以上人民政府安全生产监督管理部门和有安全生产监督管理的有关部门向上一级人民政府安全生产监督管理部门和负有安全生产监督管理的有关部门逐级报告事故的时限是每级上报的时间不得超过 2 小时。逐级上报事故情况的同时，应当报告本级人民政府。

(3)法定事故报告时限的界定。《生产安全事故报告和调查处理条例》关于事故报告的法定时限，从事故发生单位发现事故发生和有关人民政府职能部门接到事故报告时起算。超过法定时限且没有正当理由报告事故情况的，为迟报事故并承担相应法律责任。但是，遇有不可抗力的情况并有证据证明的除外。例如，因通信中断、交通阻断或者其他自然原因致使事故信息等情况不能按时报送的，其报告时限可以适当延长。

(八)事故应急救援

(1)《生产安全事故报告和调查处理条例》第十四条规定，事故发生单位负责人接到事故报告后，应当立即启动事故应急预案，或者采取有效措施，组织抢救，防止事故扩大，减少人员伤亡和财产损失。该条规定对事故发生单位提出了3项要求：一是主要负责人或者有关负责人必须立即启动本单位的事故应急预案或者采取有效措施，发出事故信息，组织有关人员，调动救援物资，进入事故应急状态；二是主要负责人和相关人员要立即赶赴事故现场，组织抢险救灾；三是尽最大努力防止事故扩大，全力抢救受害人员，最大限度地减少人员伤亡和财产损失。

(2)《生产安全事故报告和调查处理条例》第十五条规定，事故发生地有关地方人民政府、安全生产监督管理部门和负有安全生产监督管理职责的有关部门接到事故报告后，其负责人应当立即赶赴事故现场，组织事故救援。强调了地方人民政府及其有关部门在事故应急救援工作中的法定职责。

(九)事故现场保护

1.事故现场的保护

《生产安全事故报告和调查处理条例》第十六条规定，事故发生后，有关单位和人员应当妥善保护事故现场以及相关证据，任何人不得破坏事故现场、毁灭相关证据。这里明确了两个问题：一是保护事故现场以及相关证据是有关单位和人员的法定义务；二是禁止破坏事故现场、毁灭有关证据。不论是过失还是故意，有关单位和人员均不得破坏事故现场、毁灭相关证据。

2.现场物件的保护

有时，为了便于抢险救灾，需要改变事故现场某些物件的状态。《生产安全事故报告和调查处理条例》第十六条第二款规定，在采取相应措施的前提下，因抢救人员、防止事故扩大以及疏通交通等原因，需要移动事故现场物件的，应当作出标记，绘制现场简图并作出书面记录，妥善保护现场重要痕迹、物证。

(十)事故犯罪嫌疑人的控制

为了加强对事故犯罪嫌疑人的控制，保证事故调查处理工作的顺利进行，《生产安全事故报告和调查处理条例》第十七条规定，事故发生地公安机关根据事故的情况，对涉嫌犯罪的，应当依法立案侦查，采取强制措施控制犯罪嫌疑人。犯罪嫌疑人逃匿的，公安机关应当迅速追捕归案。

(十一)事故举报

各级人民政府负有安全生产监督管理职责的部门应当建立相关工作制度，受理举报并查处安全生产违法行为。《生产安全事故报告和调查处理条例》第十八条规定，安全生产监督管理部门和负有安全生产监督管理的有关部门应当建立值班制度,并向社会公布值班电话,受理事故报告和举报。

三、生产安全事故调查的规定

政府领导、分级负责事故调查处理工作,是《生产安全事故报告和调查处理条例》确定的重要原则。这项原则的核心是确立有关人民政府对事故调查处理的领导权。

(一)事故调查处理必须坚持政府领导、分级负责的原则

各级人民政府在事故调查处理工作中的法律定位,是一个重大原则问题。实行政府领导、分级负责的原则,主要是基于以下考虑:

(1)安全生产实行行政首长负责制。党和国家明确提出,安全生产工作必须实行和强化行政首长负责制。各级地方人民政府守土有责,保一方平安,对本行政区域内的安全生产工作负总责。组织调查处理事故,有关人民政府责无旁贷。

(2)对本行政区域安全生产工作实行统一领导,是各级人民政府的法定权力。《宪法》《国务院组织法》《地方人民政府组织法》明确规定,各级人民政府是国家和地方的政权组织,按照各自的职权分别对国家和地方事务实施行政管理。安全生产工作包括事故调查处理,应当置于各级人民政府统一领导之下。

(3)政府领导、分级负责原则既符合事故调查处理工作的实际需要,又有利于发挥、协调有关部门的作用。强调政府领导、分级负责,不仅不会排斥政府有关部门的作用,反而会在政府统一领导下更好地发挥其职能作用,在有关人民政府不直接组织事故调查的情况下,需要授权或者委托有关部门组织事故调查。受权或者受托的政府部门在本级政府领导下开展事故调查工作,由其牵头组织成立的事故调查组是政府的调查组而不是部门的事故调查组。不论有关人民政府授权或者委托哪个部门组织事故调查,都需要其他部门的参加和配合。

(4)事故报告、抢救、调查处理和善后工作都要依靠地方人民政府。事故调查工作与事故报告、抢救、调查处理和善后工作是一个有机整体,都离不开地方人民政府的领导。事故信息报告要依靠地方政府,事故应急救援和现场抢险要依靠地方政府,事故调查处理要依靠地方政府,事故善后和稳定工作要依靠地方政府,事故责任人的追究和落实要依靠地方政府。

(二)事故调查的一般规定

按照属地分级组织事故调查的原则,分别作出了规定。

1.有关人民政府直接组织调查

《生产安全事故报告和调查处理条例》第十九条对有关人民政府直接组织事故调查,作出了下列规定:

(1)特别重大事故由国务院组织事故调查组进行调查。

(2)重大事故由事故发生地省级人民政府直接组织事故调查组进行调查。省级人民政府是指省、自治区、直辖市人民政府。

(3)较大事故由事故发生地设区的市级人民政府直接组织事故调查组进行调查。设区的市级人民政府还包括地区行政公署和民族自治地方的州、盟人民政府。

(4)一般事故由事故发生地县级人民政府直接组织事故调查组进行调查。其中未造成人员伤亡的,县级人民政府也可委托事故发生单位组织事故调查组进行调查。县级人民政府还

包括县级市人民政府和民族自治地方的旗人民政府。

2.授权或者委托有关部门组织调查

在有关人民政府不直接组织事故调查的情况下,《生产安全事故报告和调查处理条例》对有关人民政府可以授权或者委托有关部门组织调查,作出了下列规定:

(1)特别重大事故由国务院授权的部门组织事故调查组进行调查。

(2)重大事故由事故发生地省级人民政府授权或者委托有关部门组织事故调查组进行调查。

(3)较大事故由事故发生地设区的市级人民政府授权或者委托有关部门组织事故调查组进行调查。

(4)一般事故由事故发生地县级人民政府授权或者委托有关部门组织事故调查组进行调查。

《生产安全事故报告和调查处理条例》所称的有关部门既包括安全生产监督管理部门,也包括负有安全生产监督管理职责的有关部门。目前,有关人民政府通常授权或者委托安全生产监督管理部门组织事故调查组进行调查,有时授权或者委托负有安全生产监督管理职责的有关部门组织事故调查组进行调查。

3.事故调查的特别规定

鉴于事故调查工作情况复杂和有关法律、行政法规对某些事故调查的主体另有规定,因此,《生产安全事故报告和调查处理条例》除了对事故调查作出一般规定之外,还作出了下列特别规定:

1)提级调查

对于一些情况复杂、影响恶劣、涉及面宽、调查难度大的事故,上级人民政府认为必要时,可以直接调查由下级人民政府负责调查的事故。《生产安全事故报告和调查处理条例》第二十条关于提级调查的规定,没有限制上级人民政府的层级,在实践中可能是上一级政府,但也不限于上一级人民政府,还可能提到上两级人民政府乃至国务院直接组织调查。

2)升级调查

有些事故发生当时根据人员伤亡和直接经济损失情况确定了相应事故等级,并由有关人民政府组织调查,但经过一定时间后事故情况有所变化而构成了上一级事故,这就需要按照提升后的事故等级另行组织调查。例如,在一定期限内出现了伤亡人员或者重伤(急性工业中毒)者医治无效死亡而导致伤亡人数增加的情况。因此,《生产安全事故报告和调查处理条例》第二十条第二款规定,在事故发生之日起 30 日内(道路交通事故、火灾事故自发生之日起 7 日内),因事故伤亡人数变化导致事故等级发生变化,依照本条例应当由上级人民政府负责调查的,上级人民政府可以另行组织事故调查组进行调查。

3)跨行政区域的事故调查

有些事故特别是流动作业事故(如交通运输事故)的发生地跨两个县级以上行政区域,需要确定事故调查主体。对于异地发生事故的调查《生产安全事故报告和调查处理条例》第二十一条规定,特别重大以外的事故,事故发生地与事故发生单位所在地不在同一个县级以上行政区域的,由事故发生地人民政府负责调查,事故发生单位所在地人民政府应当派人参加。也就是说,两地有关人民政府负有共同调查跨行政区域事故的职责,双方应当相互支持和配合，任何一方不得拒绝参加事故调查。

4.法律授权部门组织事故调查

依照《生产安全事故报告和调查处理条例》第十九条的一般规定，国家和省、设区的市、县四级人民政府分别负责特别重大事故、重大事故、较大事故、一般事故的调查工作。

此外，国家制定的有关法律、行政法规中直接对组织事故调查的主体作出了特殊规定，即由法定政府部门直接组织一些特殊事故的调查。也就是说，按照现行法律规定，有关人民政府是事故调查的一般主体，法律授权部门是事故调查主体中的特殊主体。因此，《生产安全事故报告和调查处理条例》第四十五条规定，特别重大事故以下等级的事故的报告和调查处理，有关法律、行政法规另有规定的，依照其规定。该条规定在明确特别重大事故国家调查权的前提下，允许由特别法授权的政府部门直接组织特殊事故调查。

目前，对法律授权部门直接组织事故调查有明确规定的，主要有《海上交通安全法》《海上交通事故调查处理条例》《铁路交通事故应急救援和调查处理条例》《煤矿安全监察条例》等。法律、行政法规授权有关部门负责组织事故调查的，也要依靠有关地方人民政府的支持和配合。

（三）事故调查组的地位及其职责

1.参与事故调查的单位

《生产安全事故报告和调查处理条例》对组成事故调查组的成员单位和参加单位分别作出了规定。

1）事故调查组的成员单位

《生产安全事故报告和调查处理条例》第二十二条规定，事故调查组的组成应当遵循精简、效能的原则。根据事故的具体情况，事故调查组由有关人民政府、安全生产监督管理部门、负有安全生产监督管理职责的有关部门、监察机关、公安机关以及工会派人组成。在实践中，有关人民政府安全生产监督管理部门、监察机关、公安机关以及同级工会通常都是事故调查组的组成单位。关于有关人民政府和负有安全生产监督管理职责的有关部门是否参加事故调查组的问题，有两种情况需要注意：一是有关人民政府直接组织事故调查组的，它是事故调查组的成员单位并且领导事故调查工作；如果授权或者委托其职能部门组织事故调查的，有关人民政府不是事故调查组的成员单位。二是发生某些行业或者领域生产安全事故时，有关人民政府设有负有安全生产监督管理职责的有关部门的，有关部门是事故调查组的成员单位。

2）事故调查的邀请单位

检察机关是国家法律监督机关，依法负有追究国家工作人员职务犯罪的职责。检察机关参加事故调查，既有利于支持、协助有关人民政府部门调查处理事故，又有利于履行法定职责。加强行政机关与检察机关的联系和配合，是建立联合执法机制的需要。《生产安全事故报告和调查处理条例》第二十二条规定，应当邀请人民检察院派人参加事故调查。这里，需要注意以下 3 个问题：

（1）事故责任人中的国家工作人员涉嫌犯罪，是邀请检察机关参加事故调查的前提条件。生产安全事故的性质有责任事故与非责任事故之分，事故责任人的法律责任既有行政责任，又有刑事责任。有的责任人既要负行政责任又要负刑事责任，有的只负行政责任不负刑事责任。有关事故责任人中的国家工作人员是否应负刑事责任，不可能事先确定，只有经过调查才能确定。因此，有必要邀请人民检察院派人参加事故调查。通过调查，对涉嫌刑事犯罪的事故责任人中的国家工作人员检察机关立案侦查、提起公诉，依法追究刑事责任。

(2)检察机关与行政机关在事故调查中职责不同、目标一致。检察机关参与事故调查主要是依照《刑法》《刑事诉讼法》和《安全生产法》等法律的规定，负责对生产安全事故涉嫌职务犯罪的国家工作人员立案侦查、拘捕和起诉，目的是惩治安全生产犯罪分子。行政机关主要是查明事故原因、认定事故性质提出事故责任追究的意见、建议和实施行政处罚。检察机关与行政机关同属国家机关，虽有职责分工不同，但其共同目标都是依法制裁安全生产违法犯罪者，共同构建安全生产法律秩序。

(3)调查组成员单位与检察机关应当相互支持配合。两者在事故调查中应当加强相互联系和支持，紧密合作、沟通协商，共同完成事故调查工作。

2.事故调查组的职责

事故调查组依法享有事故调查权，责任重大，其职责必须明确具体。《生产安全事故报告和调查处理条例》第二十五条规定的五项法定职责，是事故调查组开展工作的主要法律依据。

1)查明事故发生经过、原因、人员伤亡情况及直接经济损失

这就要求事故调查组按照尊重科学、实事求是和“四不放过”原则，查清事故基本情况，为认定事故的性质和责任提供最直接、最真实、最可靠的有关材料、证据。事故基本情况应当经得起实践和历史的检验，具有确凿充分的证明力和说服力。

2)认定事故的性质和事故责任

根据对事故基本情况的分析判定，事故调查组应对事故性质作出属于责任事故或者非责任事故的认定。经认定属于责任事故的，应当确定明确的事故责任单位及其责任人，界定不同事故责任主体各自应当承担的行政责任、民事责任、刑事责任。《生产安全事故报告和调查处理条例》对事故调查组及其提交的调查报告的基本要求是定性准确、责任明晰、程序合法。

3)提出对事故责任者的处理建议

《生产安全事故报告和调查处理条例》所称的事故责任者，既包括事故发生单位和对事故报告、抢救、调查、处理负有责任的行政机关，又包括事故发生单位的主要负责人、直接负责的主管人员、其他直接责任人员和行政机关的直接负责的主管人员、参与事故调查人员、其他直接责任人员。《生产安全事故报告和调查处理条例》赋予事故调查组享有对事故责任者处理的建议权。事故调查组要准确认定责任主体，分清责任。处理建议应当体现权责一致、责罚相当、宽严相济的原则，于法有据。

4)总结事故教训，提出防范和整改措施

事故是反面教材，调查事故不仅要体现责任追究，更要总结吸取血的教训。要提出可操作的防范和整改措施，以避免或者减少同类事故的发生。

5)提交事故调查报告

事故调查报告是全面、准确地反映事故调查结果或者结论的法定文书，是有关人民政府作出事故批复的主要依据。事故调查组应当依照《生产安全事故报告和调查处理条例》的规定，在法定时限内向有关人民政府提交经事故调查组全体成员签名的事故调查报告。事故调查报告具有法定的证明力，事故调查组应当对其真实性、准确性、合法性负责。

3.事故调查组的法定地位

事故调查处理工作常见的问题之一，就是对事故调查组的地位问题存在着不同认识，甚至由此引发了对事故调查组及其提交的事故调查报告提起的行政复议或者行政诉讼。《生产安全事故报告和调查处理条例》关于事故调查组法定地位的规定，需要明确以下两个问题：

1)事故调查组的属性

事故调查组是有关人民政府或其授权、委托的部门和法律、行政法规授权的部门临时组成、专门负责事故调查的工作机构，事故调查组的法律属性体现为"四性"：一是法定性。它是法定的工作机构，代表有关人民政府履行事故调查职责，相关单位和人员必须予以支持和配合。二是临时性。它成立于事故发生，解散于调查结束。事故调查组不是一个独立的、常设的行政主体，不能成为行政复议和行政诉讼的主体。三是专业性。它的工作任务单一，专门负责事故调查。四是建设性。它对事故定性、责任划分和事后处理所提出的结论、意见、建议虽对有关人民政府作出批复具有重要的影响力，但都是建设性的。是否同意事故调查报告的决定权，属于组成事故调查组的有关人民政府。

2)事故调查组的统一性、权威性、纪律性

事故调查组是统一整体，成员单位之间有时对事故原因、事故性质、事故责任的认识和意见不尽相同是正常的。这就需要建立组长负责制，成员单位应当在组长的领导下各负其责、密切配合，确保事故调查工作的顺利进行。为此，《生产安全事故报告和调查处理条例》第二十四条规定，事故调查组组长由负责事故调查的人民政府指定。事故调查组组长主持事故调查组的工作。第二十八条规定，事故调查组成员在事故调查工作中应当诚信公正、恪尽职守，遵守调查组的纪律，保守事故调查的秘密。未经事故调查组组长允许，事故调查组成员不得擅自发布有关事故的信息。

案例

2021年5月5日14时45分左右，在上海外高桥造船有限公司4号码头新建的180 000吨H1502散货船发生一起中毒和窒息事故，造成两人死亡。

根据《中华人民共和国安全生产法》《生产安全事故报告和调查处理条例》等相关法律法规和文件，上海市应急管理局会同上海市经济和信息化委员会、上海市总工会、长江航运公安局上海分局组成"上海外高桥造船有限公司'5·5'中毒和窒息一般事故调查组"。

通过现场勘查、调查取证、综合分析等工作，查明了事故原因，认定了事故性质和责任，提出了对有关责任人员、责任单位的处理意见和改进工作的措施建议。经调查，上海外高桥造船有限公司"5·5"中毒和窒息一般事故是一起生产安全责任事故。

(四)事故调查时限

《生产安全事故报告和调查处理条例》第二十九条规定，事故调查组应当自事故发生之日起60日内提交事故调查报告；特殊情况下，经负责事故调查的人民政府批准，提交事故调查报告的期限可以适当延长，但延长的期限最长不超过60日。

(五)事故调查报告内容

《生产安全事故报告和调查处理条例》第三十条规定，事故调查报告应当包括下列内容：

(1)事故发生单位概况。

(2)事故发生经过和事故救援情况。

(3)事故造成的人员伤亡和直接经济损失。

(4)事故发生的原因和事故性质。

(5)事故责任的认定以及对事故责任者的处理建议。

(6)事故防范和整改措施。

事故调查报告应当附具有关证据材料。事故调查组成员应当在事故调查报告上签名。

四、生产安全事故处理的规定

依照《生产安全事故报告和调查处理条例》的规定,事故调查组应当提交事故调查报告,有关人民政府应当作出事故处理批复。这是在事故调查阶段和事故处理阶段形成的重要法律文书。确认调查报告和事故处理批复的法律属性,对于查明事故原因、认定事故性质、分清事故责任、实施责任追究,减少行政复议和行政诉讼,具有重要意义。

(一)事故调查报告的法律属性

《生产安全事故报告和调查处理条例》规定事故调查组在一定期限内应当向有关人民政府提交符合法定内容的事故调查报告(以下简称调查报告)。在事故调查处理过程中,最容易发生的异议或者提起行政复议和行政诉讼的就是关于调查报告是否具有行政约束力和法律效力的问题。对调查报告的法律属性有了正确认识,这些问题即可迎刃而解。依照《安全生产法》《行政复议法》和《生产安全事故报告和调查处理条例》的有关规定,调查报告是在事故调查中反映事故真实情况、提出处理意见的法律文书,其法律属性表现在以下 4 个方面:

1.调查报告具有真实性

调查报告是在进行详细周密的调查核实之后,以客观事实为依据,真实、准确、全面地反映事故发生单位概况、事故发生经过和救援情况、人员伤亡和直接经济损失、事故发生原因的原始材料。调查报告不得对事故原貌进行修改、修饰,不得掺杂人为色彩,不得弄虚作假。

2.调查报告具有证据性

经依法调查核实和有关人民政府认定的调查报告及其证明材料具有法定的证明力,它是有关人民政府作出事故处理批复的重要依据,也可以作为司法机关办案的佐证材料。调查报告及其证明材料包括主报告及其附具的调查记录、讯问笔录、鉴定报告、物证、书证、视听材料和其他相关材料。

3.调查报告具有建议性

调查报告在查明事故真相的基础上,要对事故性质、事故责任认定、事故责任者的处理建议和事故防范整改措施等问题提出结论性意见。调查报告反映的是参加事故调查的成员单位的意见建议,至于其是否正确、适当,应由有关人民政府加以确认。

4.调查报告具有不可复议、诉讼性

由于一些当事人对事故调查报告具有不可复议、不可诉讼的法律属性不了解,因此对调查报告持有异议而提起的行政复议和行政诉讼时有发生。调查报告的这种属性表现在:一是提交调查报告的不是独立的行政主体。事故调查组是临时工作机构,无权独立作出确认当事人的权利、义务和责任的具体行政行为。二是调查报告不具有独立完整、直接执行的法律效力和行政约束力。不能依据调查报告直接实施法律责任追究。三是对调查报告持有异议,不属于法定的行政复议和行政诉讼的受案范围。调查报告提交后,有关人民政府对调查报告中关于事故基本情况尤其是事故定性、责任划分和处理建议等问题要进行全面的讨论研究。如果认为调查报告对事故原因认定不清、定性不准、责任不明，有权要求进行重新调查或者补充调查和补正材料。

(二)事故处理批复的法律属性

事故处理批复(以下简称事故批复)与调查报告不同，它是由有关人民政府或其授权的部门依法作出的具有行政约束力和执行力的法律文书。对于事故批复的性质存在着不同认识，影响了事故批复的法律效力和执行力。

1.事故批复主体是法定的行政机关

《生产安全事故报告和调查处理条例》第三十二条的规定，负责事故调查的国家、省、市、县四级人民政府接到事故调查报告后，应当在法定期限内作出批复。这就是说，事故批复权属于上述有关人民政府。在实践中，下达事故批复的形式有两种：一种是由有关人民政府直接下达事故批复；另一种是由有关人民政府或其授权的部门，或者法律、行政法规授权的部门受权下达事故批复。

2.作出事故批复是对确定事故原因、事故性质和实施事故追究责任的具体行政行为

这是有关人民政府根据事故调查报告，依照职权独立作出的、直接确定事故责任者的权利、义务和责任，具有法律效力和强制约束力的行政决定。有关行政机关和单位必须遵照执行，不得任意改变或者拒绝执行。

3.事故批复是事故处理的法定依据

依照《生产安全事故报告和调查处理条例》的规定，事故批复应当对负有行政责任的事故责任者作出追究行政责任的决定。有关机关应当根据人民政府的批复，依照法律、行政法规规定的权限和程序，对事故发生单位和有关人员进行行政处罚，对负有事故责任的国家工作人员进行处分。事故发生单位应当按照负责事故调查的人民政府的批复，对本单位负有事故责任的人员进行处理。负有事故责任的人员涉嫌犯罪的，依法追究刑事责任。需要指出的是，事故批复不是而且不能替代有关机关根据事故批复对事故责任者制作下达的行政处分、行政处罚等法律文书。

4.行政相对人对事故批复持有异议的可以依法申请行政复议或者提起行政诉讼

从作出事故批复的主体、内容和效力上看，进行事故处理具备了具体行政行为的法定要件。因此，事故发生单位或者有关责任人员认为事故批复侵犯了其合法权益，有权依法申请行政复议或者提起行政诉讼。

(三)事故批复的实施机关

鉴于事故责任主体及其法律责任有所不同，因此需要明确落实事故批复、实施责任追究的主体即实施机关。《生产安全事故报告和调查处理条例》第三十二条规定的“有关机关”是事故批复的实施机关，主要包括行政机关和司法机关两类国家机关。有关机关应当依照法律、行政法规规定的权限和程序，实施事故责任追究。

1.行政机关

事故责任主体不同，责任追究机关和追究方式也不同。行政机关工作人员和企业、事业单位中由行政机关任命的人员对生产安全事故负有行政责任应当给予罚款的行政处罚的，由《生产安全事故报告和调查处理条例》第四十三条规定的行政机关实施；应当给予行政处分

的，由其任命机关实施。事故发生单位及其非国家工作人员的有关责任人员，对生产安全事故负有行政责任应当给予罚款的行政处罚的，由《生产安全事故报告和调查处理条例》第四十三条规定的行政机关实施。

2.司法机关

事故批复认定负有事故责任的人员涉嫌犯罪的，移交司法机关依法追究刑事责任。其中：事故发生单位责任人员中的非国家工作人员涉嫌犯罪的，由公安机关立案侦查；行政机关和事故发生单位责任人员中的国家工作人员涉嫌犯罪的，由检察机关立案侦查和起诉；所有涉嫌犯罪人员被起诉追究刑事责任的，一律由审判机关依法审理并作出判决。

五、生产安全事故报告和调查处理违法行为应负的法律责任

（一）确定事故责任的要件

《生产安全事故报告调查处理条例》规定，对责任事故的责任者依法追究法律责任。不论是事故发生单位还是有关人民政府、安全生产监督管理部门、负有安全生产监督管理职责的有关部门及其有关人员，凡是实施了《生产安全事故报告和调查处理条例》规定的违法行为的，都要对其实施责任追究。但在如何界定其是否负有责任并且是否应当追究责任的法律适用上，应当遵循责任法定的原则，明确严格、具体的法律界限。根据法理，确定事故责任的要件有 4 个，缺一不可。

1.责任者依法应当履行义务

确定是否属于事故责任者，一要看其是否负有法定义务，二要看其是否履行了法定义务。负有法定义务而未履行其义务的，承担法律责任，没有法定义务的，不承担法律责任。

2.责任者实施了违法行为

事故责任者主观上必须有违法的故意或者过失，客观上独立并且直接实施了《生产安全事故报告和调查处理条例》规定的具有社会危害性的违法行为。这里要强调的是，责任者实施的违法行为的范围不得扩大或者缩小，必须是安全生产法律、法规有关义务性规范和禁止性规范中明文规定的行为。实施了法无规定的行为，不能认定或者推定为违法行为。

3.违法行为应与事故发生有直接的因果关系

确定是否应负法律责任，必须搞清楚违法行为与损害后果之间是否具有直接的因果关系。所谓直接的因果关系，应当是出自行为人的故意或者过失而实施的违法行为，直接导致了事故的发生。在这个问题上，既应坚持对事故的直接责任者不放过，也应注意不要把一些间接原因推导成为直接原因，从而扩大责任追究的范围。

4.责任者必须是依法应当予以制裁的

依照《生产安全事故报告和调查处理条例》的规定，实施责任追究的不仅是未履行法定义务、实施了违法行为并造成危害后果的责任者，而且必须是法律、行政法规明文规定应当给予法律制裁的责任者。也就是说，只具备了前 3 个要件还不够，还要同时具备第四个要件，才能实施责任追究。由于对某些实施了一般违法行为、危害后果和违法情节显著轻微的责任者，有关法律、法规并不规定都要给予法律制裁。因此，只有法律、法规明文规定应当承担法律责任的，才能实施责任追究。

（二）事故责任主体的确定

事故责任主体即事故责任者，是指未履行法定义务、实施了相关违法行为、对事故发生和

事故报告、救援、调查处理负有责任并应受法律制裁的社会组织和个人。依照《生产安全事故报告和调查处理条例》的规定，应受责任追究的事故责任主体主要有以下 4 种：

1.事故发生单位

《安全生产法》规定，生产经营单位是生产经营活动的主体，依法应当履行加强管理、确保安全生产的义务；因其违法造成事故的，应当承担相应的法律责任。《生产安全事故报告和调查处理条例》规定，生产经营单位（事故发生单位）发生生产安全事故后，负有报告、救援和接受调查的义务。据此，生产经营单位对事故发生负有直接责任，应当作为独立的责任主体承担法律责任。

2.事故发生单位有关人员

《生产安全事故报告和调查处理条例》规定，不仅要追究事故发生单位的责任，还要对其有关人员实行责任追究。事故发生单位有关人员包括负有责任的主要负责人、直接负责的主管人员和其他直接责任人员。“主要负责人”包括企业法定代表人、实际控制人等对生产经营活动负全面领导责任、有主要决策指挥权的负责人；“直接负责的主管人员”包括负有直接领导管理责任的有关负责人、安全管理机构的负责人和管理人员；“其他直接责任人员”包括负有直接责任的从业人员和其他人员。

3.有关政府、部门工作人员

《生产安全事故报告和调查处理条例》规定，有关地方人民政府、安全生产监督管理部门和负有安全生产监督管理职责的有关部门实施违法行为，对其直接负责的主管人员和其他直接责任人员予以责任追究。“直接负责的主管人员”包括负有责任的有关地方人民政府的领导人、安全生产监督管理部门和有关部门的负责人；“其他直接责任人员”包括负有责任的行政机关内设机构的负责人和其他工作人员。

4.中介机构及其相关人员

《生产安全事故报告和调查处理条例》规定，对发生事故的单位提供虚假证明的中介机构及其相关人员实行责任追究。

（三）实施法律制裁的规定

追究事故责任者的法律责任，必须正确、适当地适用法律，既不能放纵责任者，也不能枉及无辜。《生产安全事故报告和调查处理条例》有关实施法律制裁的规定，主要涉及 4 个问题：

1.法律制裁的责任方式

《生产安全事故报告和调查处理条例》明确了对事故责任者实施法律制裁的责任方式，有行政责任和刑事责任两种，两种责任方式可以单独适用或者并用。

1）行政责任

《生产安全事故报告和调查处理条例》规定应当实施责任追究的行政责任主体包括行政主体和企业主体两类，责任主体不同则责任追究的规定也不同。行政主体包括对事故负有责任的有关地方人民政府安全生产监管部门和有关部门中的工作人员。企业主体包括事故发生单位及其有关人员。两类主体因违反国家行政管理法律、法规的规定而应当承担的法律责任是行政责任。

2)刑事责任

《生产安全事故报告和调查处理条例》规定对事故责任者中构成刑事犯罪的,依法追究刑事责任。刑事责任主体也包括行政主体和企业主体两类。两类主体有关人员的违法行为触犯《刑法》关于安全生产犯罪规定的,应当承担相应的刑事责任。

2.事故责任主体的违法行为

《生产安全事故报告和调查处理条例》按照责任主体的不同,对其应予追究法律责任的违法行为,分别作出了界定。

(1)事故发生单位的违法行为。《生产安全事故报告和调查处理条例》第三十六条、第三十七条、第四十条规定有 6 种行为之一的,对事故发生单位给予行政处罚。其中,前 5 种行为是在事故发生后实施的违法行为;第六种行为主要是指在事故发生前,由事故发生单位及其有关人员实施的造成事故的违法行为。只要事故是因生产经营单位及其有关人员违反安全生产法律、法规的规定而发生的,均应负法律责任。

(2)事故发生单位有关人员的违法行为。《生产安全事故报告和调查处理条例》重点对事故发生单位主要负责人的三类十种违法行为作出了界定:第一类有第三十五条列举的 3 种违法行为;第二类有第三十六条列举的 6 种违法行为;第三类有第三十七条列举的未履行法定安全生产管理职责的违法行为。事故发生单位的直接负责的主管人员、其他直接责任人员有第三十六条列举的 6 种违法行为之一的,也要追究责任。

(3)行政机关工作人员的违法行为。《生产安全事故报告和调查处理条例》对有关地方人民政府、安全生产监管部门和负有安全生产监督管理职责的有关部门等行政机关工作人员的 3 类 8 种违法行为也作出了界定:第一类有第三十九条列举的 4 种违法行为;第二类有第四十一条列举的事故调查人员的 3 种违法行为;第三类有第四十二条列举的故意拖延或者拒绝落实经批复的对事故责任人的处理意见的违法行为。

(4)中介机构及其相关人员的违法行为《生产安全事故报告和调查处理条例》第四十条第二款对因中介机构及其相关人员出具虚假证明造成事故的违法行为,设定了行政处罚。

3.行政处罚种类、幅度的设定

《生产安全事故报告和调查处理条例》对负有行政责任的事故责任者,设定了资格罚、财产罚和治安管理处罚 3 种行政处罚,旨在强化安全准入监管和加大事故违法"成本"。

1)资格罚

这是指行政机关依法停止、吊销、撤销行政责任主体从事相关活动的许可、资格的行政处罚。《生产安全事故报告和调查处理条例》第四十条规定的对事故发生负有责任的事故发生单位、有关人员和提供虚假证明的中介机构及其相关人员的资格罚,应当依照有关安全生产法律、法规的规定处罚。这不仅是指依照某个或者几个法律、法规实施处罚,凡是有关法律、法规对生产经营单位、中介机构及其相关责任人员有资格罚的规定的,都可以实施处罚。

2)财产罚

这是指行政机关依法处以行政责任主体缴纳一定数额的罚款的行政处罚。《生产安全事故报告和调查处理条例》规定实施财产罚的企业主体,不以其所有制不同而有所区分。凡是依法应当给予财产罚的,不论事故发生单位的所有制和管理体制有何不同,都要对该单位及其有关人员处以罚款。

3)治安管理处罚

为了配合事故报告、救援和调查处理工作,维护事故现场秩序和社会公共安全,《生产安全事故报告和调查处理条》第三十六条对实施6种违法行为中构成违反治安管理行为的,规定由公安机关依照《治安管理处罚法》给予治安管理处罚。

4.行政处罚的实施

1)关于财产罚的一般规定

《生产安全事故报告和调查处理条例》第四十三条第一款规定,本条例规定的罚款的行政处罚,由安全生产监督管理部门决定。至于由哪一级安全生产监督管理部门决定,应当依照《生产安全事故报告和调查处理条例》的上位法《安全生产法》第一百一十条的规定,由县级以上人民政府安全生产监督管理部门决定。

2)关于行政处罚种类、幅度和决定机关的特别规定

按照特别法优于一般法的法律适用原则,《生产安全事故报告和调查处理条例》第四十三条第二款规定,法律、行政法规对行政处罚种类、幅度和决定机关另有规定的,依照其规定。该款规定仅限于国家法即法律、行政法规对负有责任的事故发生单位及其有关人员实施行政处罚有特别规定的。地方性法规或者地方政府规章对此另有规定或者没有规定的,应当适用法律、行政法规的规定。具体而言,法律、行政法规设定的行政处罚种类超出《生产安全事故报告和调查处理条例》规定的,可以依法作出资格罚、财产罚以外的其他种类的行政处罚;处以罚款的幅度与《生产安全事故报告和调查处理条例》规定不同的,可以依照特别法规定的幅度处以罚款;对行政执法主体另有规定的,应由特别法授权的行政机关实施行政处罚。

(四)具体追究法律责任的形式

1.事故发生单位主要负责人违反事故抢救及报告规定的法律责任

依据《生产安全事故报告和调查处理条例》第三十五条规定,事故发生单位主要负责人有下列行为之一的,处上一年年收入40%至80%的罚款;属于国家工作人员的,并依法给予处分;构成犯罪的,依法追究刑事责任:

(1)不立即组织事故抢救的。

(2)迟报或者漏报事故的。

(3)在事故调查处理期间擅离职守的。

2.事故发生单位及有关人员违反事故报告和调查规定的法律责任

依据《生产安全事故报告和调查处理条例》第三十六条规定,事故发生单位及其有关人员有下列行为之一的,对事故发生单位处100万元以上500万元以下的罚款;对主要负责人、直接负责的主管人员和其他直接责任人员处上一年年收入60%至100%的罚款;属于国家工作人员的,并依法给予处分;构成违反治安管理行为的,由公安机关依法给予治安管理处罚;构成犯罪的,依法追究刑事责任:

(1)谎报或者瞒报事故的。

(2)伪造或者故意破坏事故现场的。

(3)转移、隐匿资金、财产,或者销毁有关证据、资料的。

(4)拒绝接受调查或者拒绝提供有关情况和资料的。

(5)在事故调查中作伪证或者指使他人作伪证的。

(6)事故发生后逃匿的。

案例

2018年10月29日湖州市吴兴区安监局接举报对湖州金洁实业有限公司进行调查后,发现该公司老厂房拆除工程,于2017年10月24日发生一起作业工人高空坠落死亡事故。湖州金洁实业有限公司瞒报该起事故,违反《生产安全事故报告和调查处理条例》第九条第一款规定。2018年12月18日,湖州市吴兴区安监局根据《生产安全事故报告和调查处理条例》第三十六条第一项的规定,对该公司作出"罚款人民币100万元"、对该公司主要负责人郑某作出"罚款人民币16万元"的行政处罚;根据《安全生产违法行为行政处罚办法》,对相关责任人沈某、宋某、李某、丁某分别作出"罚款人民币3万元"的行政处罚。

3.事故发生单位的法律责任

依据《生产安全事故报告和调查处理条例》第三十七条规定,事故发生单位对事故发生负有责任的,依照下列规定处以罚款:

(1)发生一般事故的,处10万元以上20万元以下的罚款。

(2)发生较大事故的,处20万元以上50万元以下的罚款。

(3)发生重大事故的,处50万元以上200万元以下的罚款。

(4)发生特别重大事故的,处200万元以上500万元以下的罚款。

4.事故发生单位主要负责人未履行职责的法律责任

依据《生产安全事故报告和调查处理条例》第三十八条规定,事故发生单位主要负责人未依法履行安全生产管理职责,导致事故发生的,依照下列规定处以罚款;属于国家工作人员的,并依法给予处分;构成犯罪的,依法追究刑事责任:

(1)发生一般事故的,处上一年年收入30%的罚款。

(2)发生较大事故的,处上一年年收入40%的罚款。

(3)发生重大事故的,处上一年年收入60%的罚款。

(4)发生特别重大事故的,处上一年年收入80%的罚款。

5.政府、部门及工作人员违反事故调查处理规定的法律责任

依据《生产安全事故报告和调查处理条例》第三十九条规定,有关地方人民政府、安全生产监督管理部门和负有安全生产监督管理职责的有关部门有下列行为之一的,对直接负责的主管人员和其他直接责任人员依法给予处分;构成犯罪的,依法追究刑事责任:

(1)不立即组织事故抢救的。

(2)迟报、漏报、谎报或者瞒报事故的。

(3)阻碍、干涉事故调查工作的。

(4)在事故调查中作伪证或者指使他人作伪证的。

6.事故发生单位、中介机构有关资质的处罚

依据《生产安全事故报告和调查处理条例》第四十条规定,事故发生单位对事故发生负有责任的,由有关部门依法暂扣或者吊销其有关证照;对事故发生单位负有事故责任的有关人员,依法暂停或者撤销其与安全生产有关的执业资格、岗位证书;事故发生单位主要负责人受到刑事处罚或者撤职处分的,自刑罚执行完毕或者受处分之日起,5年内不得担任任何生产经营单位的主要负责人。为发生事故单位提供虚假证明的中介机构,由有关部门依法暂扣或者

吊销其有关证照及其相关人员的执业资格;构成犯罪的,依法追究刑事责任。

7.事故调查人员违反规定的法律责任

依据《生产安全事故报告和调查处理条例》第四十一条规定,参与事故调查的人员在事故调查中有下列行为之一的,依法给予处分;构成犯罪的,依法追究刑事责任:

(1)对事故调查工作不负责任,致使事故调查工作有重大疏漏的。

(2)包庇、袒护负有事故责任的人员或者借机打击报复的。

【任务训练】

查阅相关资料,了解下列事故报告与调查处理的过程,分析讨论事故带来的教训。

2020 年 9 月 27 日 0 时 20 分,重庆能投渝新能源有限公司松藻煤矿发生重大火灾事故,造成 16 人死亡、42 人受伤,直接经济损失 2 501 万元。事故原因是,松藻煤矿二号大倾角运煤上山胶带下方煤矸堆积,起火点 63.3 米标高处回程托辊被卡死、磨穿形成破口,内部沉积粉煤;磨损严重的胶带与起火点回程托辊滑动摩擦产生高温和火星,点燃回程托辊破口内积存粉煤;胶带输送机运转监护工发现胶带异常情况,电话通知地面集控中心停止胶带运行,紧急停机后静止的胶带被引燃,胶带阻燃性能不合格、巷道倾角大、上行通风,火势增强,引起胶带和煤混合燃烧;火灾烧毁设备,破坏通风设施,产生的有毒有害高温烟气快速蔓延至 2324-1 采煤工作面,造成重大人员伤亡。

【巩固提升】

1.某煤矿发生瓦斯爆炸,救护队连续工作 20 多小时,先后发现 28 名人员遇难。次日寻找唯一 1 名失踪人员时,井下发生二次爆炸,造成 5 名救护队员死亡。根据《生产安全事故报告和调查处理条例》,这起事故的等级是(　　)。

A.特别重大事故　　B.重大事故　　C.较大事故　　D.一般事故

2.某化工企业发生一起爆炸事故,造成 8 人当场死亡。爆炸后泄漏的有毒气体致使 85 人急性中毒,直接经济损失 4 000 万元。这起生产安全事故是(　　)。

A.一般事故　　B.较大事故　　C.重大事故　　D.特别重大事故

3.某公司发生硝铵自热自分解爆炸事故,事故造成 9 人死亡、16 人重伤、52 人轻伤,损失工作日总数 168 000 个,直接经济损失约 7 000 万元。根据《生产安全事故报告和调查处理条例》,该起事故等级属于(　　)。

A.特别重大事故　　B.重大事故　　C.较大事故　　D.一般事故

【拓展阅读】

1.《〈生产安全事故报告和调查处理条例〉罚款处罚暂行规定》。

2.《国防科研生产安全事故报告和调查处理办法》。

3.《非法违法较大生产安全事故查处跟踪督办暂行办法》。

4.《企业职工伤亡事故经济损失统计标准》。

5.《企业职工伤亡事故分类标准》。

6.《企业职工伤亡事故调查分析原则》。

7.《安全生产领域违法违纪行为政纪处分暂行规定》。
8.《事故伤害损失工作日标准》。

任务四 工伤保险条例

【任务目标】

1.了解《工伤保险条例》的适用范围及费用缴纳的规定。
2.理解工伤保险基金的使用规定。
3.掌握工伤认定与处理的规定、工伤保险违法行为应负的法律责任。

【知识准备】

2003年4月27日,国务院令第375号公布《工伤保险条例》,自2004年1月1日起施行。2010年12月20日,国务院令第586号公布了新修订的《工伤保险条例》,自2011年1月1日起施行。《工伤保险条例》的立法目的是保障因工作遭受事故伤害或者患职业病的职工获得医疗救治和经济补偿,促进工伤预防和职业康复,分散用人单位的工伤风险。

一、适用范围

(一)工伤保险

1.具有补偿性

工伤保险是法定的强制性社会保险,是通过对受害人实施医疗救治和给予必要的经济补偿以保障其经济权利的补救措施。从根本上说,它是由政府监管、社保机构经办的社会保障制度。

2.权利主体

享有工伤保险权利的主体只限于用人单位的职工或者雇工,其他人不能享有这项权利。如果在单位发生生产安全事故时对职工或者雇工以及其他人造成伤害,只有本单位的职工或者雇工可以得到工伤保险补偿,而受到事故伤害的其他人则不能享有这项权利。因此,工伤保险补偿权利的权利主体是特定的。

3.义务和责任主体

依照《安全生产法》和《工伤保险条例》的规定,生产经营单位和用人单位有为从业人员办理工伤保险、缴纳保险费的义务,这就确定了生产经营单位和用人单位是工伤保险的义务和责任主体。不履行这项义务,就要承担相应的法律责任。

4.保险补偿的原则

工伤保险补偿实行“无责任补偿”,即无过错补偿的原则,这是基于职业风险理论确立的。这种理论从最大限度地保护职工权益的理念出发,认为职业伤害不可避免,职工无法抗拒,不能以受害人是否负有责任来决定是否补偿,只要因公受到伤害就应补偿。基于这种理论,工伤保险不强调造成工伤的原因、过错及其责任,只要确认职工在法定情形下发生工伤,就依法享有获得经济补偿的权利。

5.补偿风险的承担

按照无责任补偿原则,工伤补偿风险的第一承担者本应是企业或者业主,但是工伤保险是以社会共济方式确定补偿风险承担者的,因此不需要企业或者业主直接负责补偿,而是将补偿风险转由社保机构承担,由社保机构负责支付工伤保险补偿金。只要企业或者业主依法足额缴纳了工伤保险费,那么工伤补偿的责任就要由社保机构承担。工伤保险实际上是一种转移工伤补偿的风险和责任的社会共济方式。

(二)工伤保险的适用范围

依据《工伤保险条例》第二条规定,中华人民共和国境内的企业、事业单位、社会团体、民办非企业单位、基金会、律师事务所、会计师事务所等组织和有雇工的个体工商户(以下称用人单位)应当依照本条例规定参加工伤保险,为本单位全部职工或者雇工(以下称职工)缴纳工伤保险费。中华人民共和国境内的企业、事业单位、社会团体、民办非企业单位、基金会、律师事务所、会计师事务所等组织的职工和个体工商户的雇工,均有依照本条例的规定享受工伤保险待遇的权利。

依据《工伤保险条例》第六十六条规定,无营业执照或者未经依法登记、备案的单位以及被依法吊销营业执照或者撤销登记、备案的单位的职工受到事故伤害或者患职业病的,由该单位向伤残职工或者死亡职工的近亲属给予一次性赔偿,赔偿标准不得低于本条例规定的工伤保险待遇;用人单位不得使用童工,用人单位使用童工造成童工伤残、死亡的,由该单位向童工或者童工的近亲属给予一次性赔偿,赔偿标准不得低于本条例规定的工伤保险待遇。

上述规定的伤残职工或者死亡职工的近亲属就赔偿数额与单位发生争议的,以及上述规定的童工或者童工的近亲属就赔偿数额与单位发生争议的,按照处理劳动争议的有关规定处理。

(三)公务员和参照公务员法管理的事业单位、社会团体工伤事故的处理

依据《工伤保险条例》第六十五条规定,公务员和参照《公务员法》管理的事业单位、社会团体的工作人员因工作遭受事故伤害或者患职业病的,由所在单位支付费用。

二、缴纳工伤保险费的规定

(一)确定费率的原则

依据《工伤保险条例》的规定,工伤保险费根据以支定收、收支平衡的原则,确定费率。工伤保险实行用人单位缴纳保险费的方式,建立工伤保险社会统筹基金。工伤保险费的缴费方式与养老、医疗、失业保险不同,特别是与基本医疗保险的“以收定支”原则有明显的区别。以支定收、收支平衡,即以一个周期内的工伤保险基金的支付额度,确定征缴的额度。以成本为基础的保险费征缴可以提高工伤保险机构的承付能力。

(二)费率的制定

依据《工伤保险条例》的规定,国家根据不同行业的工伤风险程度确定行业的差别费率,并根据工伤保险费使用、工伤发生率等情况在每个行业内确定若干费率档次。行业差别费率及行业内费率档次由国务院社会保险行政部门制定,报国务院批准后公布施行。

统筹地区经办机构根据用人单位工伤保险费使用、工伤发生率等情况,适用所属行业内

相应的费率档次确定单位缴费费率。

国务院社会保险行政部门应当定期了解全国各统筹地区工伤保险基金收支情况，及时提出调整行业差别费率及行业内费率档次的方案报国务院批准后公布施行。

案例

在我国，行业不同，工伤保险费征收的费率也不同。根据不同行业的工伤风险程度，将行业划分为8个类别：一类行业风险程度较低，二类至八类风险程度依次增高。

根据规定，一类风险行业工伤保险基准费率为用人单位职工工资总额的0.2%左右，二类至八类依次为0.4%，0.7%，0.9%，1.1%，1.3%，1.6%，1.9%。

小强的月薪为1万元，如果他是证券公司、IT公司或其他一类风险行业的职工，那么单位应为他缴纳的工伤保险费为月缴20元。如果他是建筑行业的职工，所在行业属于六类风险行业，那么单位应为他缴纳的工伤保险费就变成了130元。如果他是石油开采或石油加工行业的职工，所在行业属于七类风险行业，那么单位应为他缴纳的工伤保险费又变成了160元。

因此，不同行业，不同对待。

（三）工伤保险费的缴纳

依据《工伤保险条例》的规定，用人单位应当按时缴纳工伤保险费。职工个人不缴纳工伤保险费。用人单位缴纳工伤保险费的数额为本单位职工工资总额乘以单位缴费费率之积。

对难以按照工资总额缴纳工伤保险费的行业其缴纳工伤保险费的具体方式，由国务院社会保险行政部门规定。工资总额是指用人单位直接支付给本单位全部职工的劳动报酬总额。本人工资是指工伤职工因工作遭受事故伤害或者患职业病前12个月平均月缴费工资。本人工资高于统筹地区职工平均工资300%的按照统筹地区职工平均工资的300%计算；本人工资低于统筹地区职工平均工资60%的，按照统筹地区职工平均工资的60%计算。

案例

建筑公司大厦的总经理办公室内，公司人力资源部的刘主任正向陈总汇报工作。陈总向刘主任问道："我昨天问了张总，为什么他们公司和我们公司缴纳的工伤保险费率不一样呢？"刘主任回答说："张总他们是一家设计公司，咱们是建筑公司，所属行业不同，行业的风险等级不一样呢！所以按规定，缴费费率不一样！"陈总思考了一下，说："哦，这样啊！"刘主任接着说："对呀！那些采矿企业的工人，还有化工企业、有毒有害场所工作的工人，他们受到工伤的风险更大。因此，这些企业工伤保险的费率，要比咱更高呢！"陈总点头说："嗯嗯，我懂了！"

三、工伤保险基金的使用

依据《工伤保险条例》的规定，工伤保险基金存入社会保障基金财政专户，用于《工伤保险条例》规定的工伤保险待遇，劳动能力鉴定，工伤预防的宣传、培训等费用，以及法律、法规规定的用于工伤保险的其他费用的支付。工伤预防费用的提取比例、使用和管理的具体办法由国务院社会保险行政部门会同国务院财政、卫生行政、安全生产监督管理等部门规定。任何单位或者个人不得将工伤保险基金用于投资运营、兴建或者改建办公场所、发放奖金，或者挪作其他用途。工伤保险基金应当留有一定比例的储备金，用于统筹地区重大事故的工伤保险待遇支付；储备金不足支付的，由统筹地区的人民政府垫付。储备金占基金总额的具体比例和储备金的使用办法，由省、自治区、直辖市人民政府规定。

🔔**案例**

2015年8月至2017年11月，肖勇华利用担任七星街镇人力资源和社会保障站工作人员便利，挪用该镇居民养老保险费46.82万元用于购买理财产品，非法获利3.22万元。其行为构成挪用公款罪，被判处有期徒刑一年，缓刑二年。2020年11月，肖勇华受到开除公职处分。

四、工伤和劳动能力鉴定的规定

（一）工伤范围

依据《工伤保险条例》第十四条规定，职工有下列情形之一的，应当认定为工伤：

（1）在工作时间和工作场所内，因工作原因受到事故伤害的。

（2）工作时间前后在工作场所内，从事与工作有关的预备性或者收尾性工作受到事故伤害的。

（3）在工作时间和工作场所内，因履行工作职责受到暴力等意外伤害的。

（4）患职业病的。

（5）因工外出期间，由于工作原因受到伤害或者发生事故下落不明的。

（6）在上下班途中，受到非本人主要责任的交通事故或者城市轨道交通、客运轮渡、火车事故伤害的。

（7）法律、行政法规规定应当认定为工伤的其他情形。

（二）视同工伤

依据《工伤保险条例》第十五条规定，职工有下列情形之一的，视同工伤：

（1）在工作时间和工作岗位，突发疾病死亡或者在48小时之内经抢救无效死亡的。

（2）在抢险救灾等维护国家利益和公共利益活动中受到伤害的。

（3）职工原在军队服役，因战、因工负伤致残，已取得革命伤残军人证，到用人单位后旧伤复发的。

职工有上述第一项、第二项情形的，按照本条例的有关规定享受工伤保险待遇；职工有上述第三项情形的，按照本条例的有关规定享受除一次性伤残补助金以外的工伤保险待遇。

《工伤保险条例》规定，因故意犯罪、醉酒或者吸毒、自残或者自杀的等情形，不得认定为工伤或者视同工伤。

🔔**案例**

罗仁均系重庆市涪陵志大物业管理有限公司（以下简称涪陵志大物业公司）保安。2011年12月24日，罗仁均在涪陵志大物业公司服务的圆梦园小区上班（24小时值班）。8时30分左右，在兴华中路宏富大厦附近有人对一过往行人实施抢劫，罗仁均听到呼喊声后立即拦住抢劫者的去路，要求其交出抢劫的物品，在与抢劫者搏斗的过程中，不慎从22步台阶上摔倒在巷道拐角的平台上受伤。

虽然职工不是在工作地点、因工作原因受到伤害，但其是在维护国家利益、公共利益活动中受到伤害的。公民见义勇为，跟违法犯罪行为作斗争，与抢险救灾一样，同样属于维护社会公共利益的行为，应当予以大力提倡和鼓励。因见义勇为、制止违法犯罪行为而受到伤害的，应当适用《工伤保险条例》第十五条第一款第二项的规定，即视同工伤。

（三）工伤认定

1.工伤保险申请时限、时效和申请责任

依据《工伤保险条例》第十七条规定，职工发生事故伤害或者按照《职业病防治法》规定被诊断、鉴定为职业病，所在单位应当自事故伤害发生之日或者被诊断、鉴定为职业病之日起30日内，向统筹地区社会保险行政部门提出工伤认定申请。遇有特殊情况，经报社会保险行政部门同意，申请时限可以适当延长。

用人单位未按上述规定提出工伤认定申请的，工伤职工或者其近亲属、工会组织在事故伤害发生之日或者被诊断、鉴定为职业病之日起1年内，可以直接向用人单位所在地统筹地区社会保险行政部门提出工伤认定申请。

按照上述规定应当由省级社会保险行政部门进行工伤认定的事项，根据属地原则由用人单位所在地的设区的市级社会保险行政部门办理。

用人单位未在上述规定的时限内提交工伤认定申请，在此期间发生符合本条例规定的工伤待遇等有关费用由该用人单位负担。

2.工伤认定申请材料

依据《工伤保险条例》第十八条规定，提出工伤认定申请，应当提交工伤认定申请表、与用人单位存在劳动关系（包括事实劳动关系）的证明材料、医疗诊断证明或者职业病诊断证明（鉴定）书等材料。

工伤认定申请表应当包括事故发生的时间、地点、原因以及职工伤害程度等基本情况。

工伤认定申请人提供材料不完整的，社会保险行政部门应当一次性书面告知工伤认定申请人需要补正的全部材料。申请人按照书面告知要求补正材料后，社会保险行政部门应当受理。

3.工伤认定程序

依据《工伤保险条例》第十九条规定，社会保险行政部门受理工伤认定申请后，根据审核需要可以对事故伤害进行调查核实，用人单位、职工、工会组织、医疗机构以及有关部门应当予以协助。职业病诊断和诊断争议的鉴定，依照《职业病防治法》的有关规定执行。对依法取得职业病诊断证明书或者职业病诊断鉴定书的，社会保险行政部门不再进行调查核实。

职工或者其近亲属认为是工伤，用人单位不认为是工伤的，由用人单位承担举证责任。

依据《工伤保险条例》第二十条规定，社会保险行政部门应当自受理工伤认定申请之日起60日内作出工伤认定的决定，并书面通知申请工伤认定的职工或者其近亲属和该职工所在单位。

社会保险行政部门对受理的事实清楚、权利义务明确的工伤认定申请，应当在15日内作出工伤认定的决定。

作出工伤认定决定需要以司法机关或者有关行政主管部门的结论为依据的，在司法机关或者有关行政主管部门尚未做出结论期间，作出工伤认定决定的时限中止。

社会保险行政部门工作人员与工伤认定申请人有利害关系的，应当回避。

（四）劳动能力鉴定

依据《工伤保险条例》的规定，职工发生工伤，经治疗伤情相对稳定后存在残疾、影响劳动能力的，应当进行劳动能力鉴定。劳动能力鉴定是指劳动功能障碍程度和生活自理障碍程度的等级鉴定。劳动功能障碍分为 10 个伤残等级,最重的为一级,最轻的为十级。生活自理障碍分为 3 个等级:生活完全不能自理、生活大部分不能自理和生活部分不能自理。

劳动能力鉴定由用人单位、工伤职工或者其近亲属向设区的市级劳动能力鉴定委员会提出申请,并提供工伤认定决定和职工工伤医疗的有关资料。省、自治区、直辖市劳动能力鉴定委员会和设区的市级劳动能力鉴定委员会分别由省、自治区、直辖市和设区的市级社会保险行政部门、卫生行政部门、工会组织经办机构代表以及用人单位代表组成。

劳动能力鉴定委员会建立医疗卫生专家库,列入专家库的医疗卫生专业技术人员应当具备下列条件:

(1)具有医疗卫生高级专业技术职务任职资格。

(2)掌握劳动能力鉴定的相关知识。

(3)具有良好的职业品德。

设区的市级劳动能力鉴定委员会收到劳动能力鉴定申请后,应当从其建立的医疗卫生专家库中随机抽取 3 名或者 5 名相关专家组成专家组,由专家组提出鉴定意见。

设区的市级劳动能力鉴定委员会根据专家组的鉴定意见作出工伤职工劳动能力鉴定结论;必要时,可以委托具备资格的医疗机构协助进行有关的诊断。设区的市级劳动能力鉴定委员会应当自收到劳动能力鉴定申请之日起 60 日内作出劳动能力鉴定结论,必要时,作出劳动能力鉴定结论的期限可以延长 30 日,劳动能力鉴定结论应当及时送达申请鉴定的单位和个人。

申请鉴定的单位或者个人对设区的市级劳动能力鉴定委员会作出的鉴定结论不服的,可以在收到该鉴定结论之日起 15 日内向省、自治区、直辖市劳动能力鉴定委员会提出再次鉴定申请。省、自治区、直辖市劳动能力鉴定委员会作出的劳动能力鉴定结论为最终结论。

劳动能力鉴定工作应当客观、公正。劳动能力鉴定委员会组成人员或者参加鉴定的专家与当事人有利害关系的,应当回避。

自劳动能力鉴定结论作出之日起 1 年后,工伤职工或者其近亲属、所在单位或者经办机构认为伤残情况发生变化的,可以申请劳动能力复查鉴定。

五、工伤保险待遇的规定

(一)工伤医疗补偿

依据《工伤保险条例》的规定,职工因工作遭受事故伤害或者患职业病进行治疗,享受工伤医疗待遇。职工治疗工伤应当在签订服务协议的医疗机构就医,情况紧急时可以先到就近的医疗机构急救。治疗工伤所需费用符合工伤保险诊疗项目目录、工伤保险药品目录、工伤保险住院服务标准的,从工伤保险基金支付。工伤保险诊疗项目目录、工伤保险药品目录、工伤保险住院服务标准,由国务院社会保险行政部门会同国务院卫生行政部门、食品药品监督管理部门等部门规定。

职工住院治疗工伤的伙食补助费,以及经医疗机构出具证明,报经办机构同意,工伤职工到统筹地区以外就医所需的交通、食宿费用从工伤保险基金支付,基金支付的具体标准由统筹地区人民政府规定。

工伤职工治疗非工伤引发的疾病,不享受工伤医疗待遇,按照基本医疗保险办法处理。

工伤职工到签订服务协议的医疗机构进行工伤康复的费用,符合规定的,从工伤保险基金支付。

社会保险行政部门作出认定为工伤的决定后发生行政复议、行政诉讼的,行政复议和行政诉讼期间不停止支付工伤职工治疗工伤的医疗费用。

工伤职工因日常生活或者就业需要,经劳动能力鉴定委员会确认,可以安装假肢、矫形器、假眼、假牙和配置轮椅等辅助器具,所需费用按照国家规定的标准从工伤保险基金支付。

(二)停工期间的福利

依据《工伤保险条例》的规定,职工因工作遭受事故伤害或者患职业病需要暂停工作接受工伤医疗的,在停工留薪期内,原工资福利待遇不变,由所在单位按月支付。

停工留薪期一般不超过 12 个月。伤情严重或者情况特殊,经设区的市级劳动能力鉴定委员会确认,可以适当延长,但延长不得超过 12 个月。工伤职工评定伤残等级后,停发原待遇,按照有关规定享受伤残待遇。工伤职工在停工留薪期满后仍需治疗的,继续享受工伤医疗待遇。

生活不能自理的工伤职工在停工留薪期需要护理的,由所在单位负责。

(三)护理费

依据《工伤保险条例》的规定,工伤职工已经评定伤残等级并经劳动能力鉴定委员会确认需要生活护理的,从工伤保险基金按月支付生活护理费。生活护理费按照生活完全不能自理、生活大部分不能自理或者生活部分不能自理 3 个不同等级支付,其标准分别为统筹地区上年度职工月平均工资的 50%,40%或 30%。

(四)一级至四级伤残的待遇

依据《工伤保险条例》的规定,职工因工致残被鉴定为一级至四级伤残的,保留劳动关系,退出工作岗位,享受以下待遇:

(1)从工伤保险基金按伤残等级支付一次性伤残补助金,标准为:一级伤残为 27 个月的本人工资,二级伤残为 25 个月的本人工资,三级伤残为 23 个月的本人工资,四级伤残为 21 个月的本人工资。

(2)从工伤保险基金按月支付伤残津贴,标准为:一级伤残为本人工资的 90%,二级伤残为本人工资的 85%,三级伤残为本人工资的 80%,四级伤残为本人工资的 75%。伤残津贴实际金额低于当地最低工资标准的,由工伤保险基金补足差额。

(3)工伤职工达到退休年龄并办理退休手续后,停发伤残津贴,按照国家有关规定享受基本养老保险待遇。基本养老保险待遇低于伤残津贴的,由工伤保险基金补足差额。

职工因工致残被鉴定为一级至四级伤残的,由用人单位和职工个人以伤残津贴为基数,缴纳基本医疗保险费。

(五)五级至六级伤残的待遇

依据《工伤保险条例》的规定,职工因工致残被鉴定为五级、六级伤残的,享受以下待遇:

(1)从工伤保险基金按伤残等级支付一次性伤残补助金,标准为:五级伤残为 18 个月的本人工资,六级伤残为 16 个月的本人工资。

(2)保留与用人单位的劳动关系,由用人单位安排适当工作。难以安排工作的,由用人单位按月发给伤残津贴,标准为:五级伤残为本人工资的 70%,六级伤残为本人工资的 60%,并由用人单位按照规定为其缴纳应缴纳的各项社会保险费。伤残津贴实际金额低于当地最低工资标准的,由用人单位补足差额。

经工伤职工本人提出,该职工可以与用人单位解除或者终止劳动关系,由工伤保险基金支付一次性工伤医疗补助金,由用人单位支付一次性伤残就业补助金。一次性工伤医疗补助金和一次性伤残就业补助金的具体标准由省、自治区、直辖市人民政府规定。

(六)七级至十级伤残的待遇

依据《工伤保险条例》的规定,职工因工致残被鉴定为七级至十级伤残的,享受以下待遇:

(1)从工伤保险基金按伤残等级支付一次性伤残补助金,标准为:七级伤残为 13 个月的本人工资,八级伤残为 11 个月的本人工资,九级伤残为 9 个月的本人工资,十级伤残为 7 个月的本人工资。

(2)劳动、聘用合同期满终止,或者职工本人提出解除劳动、聘用合同的,由工伤保险基金支付一次性工伤医疗补助金,由用人单位支付一次性伤残就业补助金。一次性工伤医疗补助金和一次性伤残就业补助金的具体标准由省自治区、直辖市人民政府规定

(七)职工死亡的待遇

依据《工伤保险条例》的规定,职工因工死亡,其近亲属按照下列规定从工伤保险基金领取丧葬补助金、供养亲属抚恤金和一次性工亡补助金:

(1)丧葬补助金为 6 个月的统筹地区上年度职工月平均工资。

(2)供养亲属抚恤金按照职工本人工资的一定比例发给由因工死亡职工生前提供主要生活来源、无劳动能力的亲属。标准为:配偶每月 40%,其他亲属每人每月 30%,孤寡老人或者孤儿每人每月在上述标准的基础上增加 10%。核定的各供养亲属的抚恤金之和不应高于因工死亡职工生前的工资。供养亲属的具体范围由国务院社会保险行政部门规定。

(3)一次性工亡补助金标准为上一年度全国城镇居民人均可支配收入的 20 倍。伤残职工在停工留薪期内因工伤导致死亡的其近亲属享受本条第一款规定的待遇。一级至四级伤残职工在停工留薪期满后死亡的,其近亲属可以享受本条第一款第(一)项、第(二)项规定的待遇。

(八)职工因工外出期间发生事故或者在抢险救灾中下落不明的待遇

依据《工伤保险条例》的规定,职工因工外出期间发生事故或者在抢险救灾中下落不明的,从事故发生当月起 3 个月内照发工资,从第 4 个月起停发工资,由工伤保险基金向其供养亲属按月支付供养亲属抚恤金。生活有困难的,可以预支一次性工亡补助金的 50%。职工被人民法院宣告死亡的,按照本条例第三十九条职工因工死亡的规定处理。

(九)停止享受工伤保险待遇

《工伤保险条例》第四十条规定,工伤职工有下情形之一的,停止享受工伤保险待遇:

(1)丧失享受待遇条件的。

(2)拒不接受劳动能力鉴定的。

(3)拒绝治疗的。

(十)分立合并转让的工伤保险责任

依据《工伤保险条例》的规定,用人单位分立、合并、转让的,承继单位应当承担原用人单位的工伤保险责任;原用人单位已经参加工伤保险的,承继单位应当到当地经办机构办理工

伤保险变更登记。

用人单位实行承包经营的，工伤保险责任由职工劳动关系所在单位承担。

职工被借调期间受到工伤事故伤害的，由原用人单位承担工伤保险责任，但原用人单位与借调单位可以约定补偿办法。

企业破产的，在破产清算时依法拨付应当由单位支付的工伤保险待遇费用。

（十一）出境工作的待遇

依据《工伤保险条例》的规定，职工被派遣出境工作，依据前往国家或者地区的法律应当参加当地工伤保险，参加当地工伤保险的，其国内工伤保险关系中止；不能参加当地工伤保险的，其国内工伤保险关系不中止。

六、申请行政复议或者提起行政诉讼的规定

依据《工伤保险条例》的规定，有下列情形之一的有关单位或者个人可以依法申请行政复议，也可以依法向人民法院提起行政诉讼：

（1）申请工伤认定的职工或者其近亲属、该职工所在单位对工伤认定申请不予受理的决定不服的。

（2）申请工伤认定的职工或者其近亲属、该职工所在单位对工伤认定结论不服的。

（3）用人单位对经办机构确定的单位缴费费率不服的。

（4）签订服务协议的医疗机构、辅助器具配置机构认为经办机构未履行有关协议或者规定的。

（5）工伤职工或者其近亲属对经办机构核定的工伤保险待遇有异议的。

七、工伤保险违法行为应负的法律责任

（一）挪用工伤保险基金的法律责任

依据《工伤保险条例》的规定，单位或者个人违反《工伤保险条例》有关规定挪用工伤保险基金构成犯罪的，依法追究刑事责任；尚不构成犯罪的，依法给予行政处分或者纪律处分。对被挪用的基金由劳动保障行政部门追回，并入工伤保险基金；没收的违法所得依法上缴国库。

（二）社会保险行政部门工作人员的法律责任

依据《工伤保险条例》的规定，社会保险行政部门工作人员无正当理由不受理工伤认定申请，或者弄虚作假将不符合工伤条件的人员认定为工伤职工的；未妥善保管申请工伤认定的证据材料，致使有关证据灭失的和收受当事人财物等违法行为的，依法给予处分；情节严重构成犯罪的，依法追究刑事责任。

（三）经办机构的法律责任

依据《工伤保险条例》的规定，工伤保险经办机构有未按规定保存用人单位缴费和职工享受工伤保险待遇情况记录的、不按规定核定工伤保险待遇的和收受当事人财物等违法行为的，由社会保险行政部门责令改正，对直接负责的主管人员和其他责任人员依法给予纪律处分；情节严重，构成犯罪的，依法追究刑事责任；造成当事人经济损失的，由经办机构依法承担赔偿责任。

（四）骗取工伤保险待遇或者工伤保险基金的法律责任

依据《工伤保险条例》的规定，用人单位、工伤职工或者其近亲属骗取工伤保险待遇，医疗机构、辅助器具配置机构骗取工伤保险基金支出的，由社会保险行政部门责令退还，处骗取金额2倍以上5倍以下的罚款；情节严重，构成犯罪的，依法追究刑事责任。

（五）用人单位的法律责任

依据《工伤保险条例》的规定，用人单位依照本条例规定应当参加工伤保险而未参加的，由社会保险行政部门责令限期参加，补缴应当缴纳的工伤保险费，并自欠缴之日起，按日加收万分之五的滞纳金；逾期仍不缴纳的，处欠缴数额1倍以上3倍以下的罚款。

依照本条例规定应当参加工伤保险而未参加工伤保险的用人单位职工发生工伤的，由该用人单位按照本条例规定的工伤保险待遇项目和标准支付费用。

用人单位参加工伤保险并补缴应当缴纳的工伤保险费、滞纳金后，由工伤保险基金和用人单位依照本条例的规定支付新发生的费用。

依据《工伤保险条例》的规定，用人单位违反本条例规定，拒不协助社会保险行政部门对事故进行调查核实的，由社会保险行政部门责令改正，处2 000元以上2万元以下的罚款。

（六）从事劳动能力鉴定的组织或者个人的法律责任

从事劳动能力鉴定的组织或者个人有下列情形之一的，由社会保险行政部门责令改正，处2 000元以上1万元以下的罚款；情节严重，构成犯罪的，依法追究刑事责任：

（1）提供虚假鉴定意见的。

（2）提供虚假诊断证明的。

（3）收受当事人财物的。

【任务训练】

结合以下案例，试分析职工在考勤打卡途中摔伤，是否属于工伤，依据是什么？

小许系开滦（集团）有限集团责任公司钱家营矿业分公司的职工。2018年11月8日，小许上夜班（工作时间20时至次日8时）。18时50分小许乘坐班车到达公司停车场，在经由该公司厂区内部道路进入工作场所打卡时，因该公司内部道路正在进行施工，且无照明设施导致小许摔落施工沟内受伤，被诊断为右大腿、右膝、右小腿、右踝挫伤，右膝内侧半月板损伤，右膝关节髌上囊及关节积液。

【巩固提升】

1.某厂职工李某在下班回家的路上，被一辆卡车撞伤，依据《工伤保险条例》，下列关于李某是否属于工伤的说法中，正确的是（　　）。

A.应当认定为工伤　　B.应当视同为工伤

C.可以视同为工伤　　D.不能认定为工伤

2.依据《工伤保险条例》，工伤职工生活完全不能自理的生活护理费标准为统筹地区上年度职工月平均工资的（　　）。

A.100%　　B.50%　　C.40%　　D.30%

3.某企业新员工李某在作业过程中因工负伤，经鉴定为六级劳动功能障碍。李某尚在试用期内,企业未为其缴纳工伤保险。依据《工伤保险条例》的规定,正确的是(　　)。

A.该企业应从工伤保险基金中一次性支付李某伤残补助金

B.该企业可单方解除与李某的劳动关系,但应该按月发给李某伤残津贴

C.李某主动提出与企业解除劳动关系,该企业不得同意解除

D.李某主动提出与企业解除劳动关系,企业应按标准支付伤残就业补助金和工伤医疗补助金

【拓展阅读】

1.《工伤认定办法》。

2.《工伤职工劳动能力鉴定管理办法》。

3.《最高人民法院关于审理工伤保险行政案件若干问题的规定》。

4.《劳动能力鉴定—职工工伤与职业病致残等级分级》。

5.《职工工伤与职业病致残程度鉴定标准》。

6.《部分行业企业工伤保险费缴纳办法》。

7.《社会保险个人权益记录管理办法》。

8.《伤残抚恤管理办法》。

9.《因工死亡职工供养亲属范围规定》。

10.《非法用工单位伤亡人员一次性赔偿办法》。

11.《社会保险基金先行支付暂行办法》。

模块五
安全生产部门规章

【模块背景】

部门规章是国务院各部门、各委员会、审计署等根据法律和行政法规的规定和国务院的决定，在本部门的权限范围内制定和发布的调整本部门范围内的行政管理关系的，并不得与宪法、法律和行政法规相抵触的规范性文件。部门规章的主要形式是命令、指示、规定等。本模块主要讲解《建设项目安全设施"三同时"监督管理办法》《安全生产事故隐患排查治理暂行规定》《生产经营单位安全培训规定》《特种作业人员安全技术培训考核管理规定》《生产安全事故应急预案管理办法》。

【学习目标】

知识目标：了解本模块涉及的安全生产部门规章制度的制定背景、目的和适用范围，熟悉主要条款，掌握建设项目安全设施"三同时"、事故隐患排查、安全培训、特种作业及应急预案管理等方面的具体要求。

能力目标：能够应用安全生产部门规章进行生产安全事故分析，并提出防范措施和建议。

素质目标：培养学生树立法治意识，增强不伤害自己、不伤害他人、不被他人伤害的安全意识。

任务一　建设项目安全设施"三同时"监督管理办法

【任务目标】

1.了解建设项目安全设施"三同时"的实施背景及意义。

2.理解《建设项目安全设施"三同时"监督管理办法》的适用范围。

3.掌握《建设项目安全设施"三同时"监督管理办法》的相关规定。

【知识准备】

2010 年 12 月 14 日,原国家安全生产监督管理总局制定公布《建设项目安全设施“三同时”监督管理暂行办法》(总局令第 36 号)自 2011 年 2 月 1 日起施行。2015 年 4 月 2 日,根据 2014 版的《安全生产法》和安全生产工作的实际,原国家安全生产监督管理总局进行了修订(总局令第 77 号),将名称改为《建设项目安全设施“三同时”监督管理办法》。制定《建设项目安全设施“三同时”监督管理办法》的目的是加强建设项目安全管理,预防和减少生产安全事故,保障从业人员生命和财产安全,促进安全生产。

对建设项目安全设施“三同时”进行监管,是安全生产监督管理的一项重要内容,也是贯彻落实《安全生产法》第二十八条至第三十一条等条文规定的保证。《安全生产法》对矿山、金属冶炼建设项目和用于生产、储存、装卸危险物品的建设项目安全设施设计审查和竣工验收作出了较为明确的规定,而对其他建设项目“三同时”管理仅作了原则性规定,生产经营单位新建、改建、扩建工程项目的安全设施,必须与主体工程同时设计、同时施工、同时投入生产和使用,安全设施投资应当纳入建设项目概算。加强和规范建设项目安全设施“三同时”管理是从源头上治理和预防安全生产隐患,防止安全设施与建设工程主体项目脱节,避免先天不足的有效措施,也是落实《国务院关于进一步加强企业安全生产工作的通知》中加强建设项目安全管理,建立安全生产长效机制规定的举措之一。

一、适用范围

新建、改建、扩建的建设项目,范围很广,形式多样,有政府或者政府部门投资的项目,有生产经营单位自己投资的项目。根据国务院关于投资体制改革的决定,除政府投资主管部门对建设项目依法审批、核准和备案外,其他建设项目由生产经营单位自主决定。《建设项目安全设施“三同时”监督管理办法》第二条、第三条从 3 个方面作出了规定:

(一)明确了适用范围

《建设项目安全设施“三同时”监督管理办法》第二条第一款规定,经县级以上人民政府及其有关主管部门依法审批、核准或者备案的生产经营单位新建、改建、扩建工程项目(以下统称建设项目)安全设施的建设及其监督管理,适用本办法。对于其他建设项目,由于数量较多、危害程度相对不高等原因,未列入《建设项目安全设施“三同时”监督管理办法》的适用范围。

(二)界定了建设项目安全设施的范围

《建设项目安全设施“三同时”监督管理办法》第三条规定,本办法所称的建设项目安全设施,是指生产经营单位在生产经营活动中用于预防生产安全事故的设备、设施、装置、构(建)筑物和其他技术措施的总称。《职业病防治法》规定的建设项目、涉及职业病危害防护设施等内容实施“三同时”监督管理的要求与安全设施“三同时”的要求有所不同。因此,建设项目安全设施不包括有关职业病危害防护的内容。

(三)规定了排除适用的范围

根据《消防法》等法律、行政法规规定,消防、交通、特种设备等行业或者领域建设项目“三同时”的监管职责分别隶属于国务院其他有关部门。因此,《建设项目安全设施“三同时”

监督管理办法》第二条第二款规定，法律、行政法规及国务院对建设项目安全设施建设及其监督管理另有规定的，依照其规定。

二、建设项目安全设施“三同时”监管的职权划分

为了加强建设项目安全设施“三同时”的监管工作，各级安全生产监督管理部门实行“统一监管，分级负责，属地为主”的原则。《建设项目安全设施“三同时”监督管理办法》从以下 4 个方面作出规定：

（1）原国家安全生产监督管理总局（应急管理部）对全国建设项目安全设施“三同时”实施综合监督管理，并在国务院规定的职责范围内承担有关建设项目安全设施“三同时”的监督管理。

（2）县级以上地方各级安全生产监督管理部门对本行政区域内的建设项目安全设施“三同时”实施综合监督管理，并在本级人民政府规定的职责范围内承担本级人民政府及其有关主管部门审批、核准或者备案的建设项目安全设施“三同时”的监督管理。

（3）跨两个及两个以上行政区域的建设项目安全设施“三同时”由其共同的上一级人民政府安全生产监督管理部门实施监督管理。

（4）上一级人民政府安全生产监督管理部门根据工作需要，可以将其负责监督管理的建设项目安全设施“三同时”工作委托下一级人民政府安全生产监督管理部门实施监督管理。

三、建设项目安全预评价

（一）需要安全预评价建设项目的范围

依据《安全生产法》《建设项目安全设施“三同时”监督管理办法》的规定，下列建设项目（高危建设项目）在进行可行性研究时，生产经营单位应当按照国家规定进行安全预评价：

（1）非煤矿矿山建设项目。

（2）生产、储存危险化学品（包括使用长输管道输送危险化学品）的建设项目。

（3）生产、储存烟花爆竹的建设项目。

（4）金属冶炼建设项目。

（5）使用危险化学品从事生产并且使用量达到规定数量的化工建设项目（属于危险化学品生产的除外，以下简称化工建设项目）。

（6）法律、行政法规和国务院规定的其他建设项目。

（二）安全预评价

安全预评价是指在建设项目可行性研究阶段、工业园区规划阶段或生产经营活动组织实施之前，根据相关的基础资料，辨识与分析建设项目、工业园区、生产经营活动潜在的危险、有害因素，确定其与安全生产法律法规规章、标准、规范的符合性，预测发生事故的可能性及其严重程度，提出科学、合理、可行的安全对策措施建议，做出安全评价结论的活动。依据《建设项目安全设施“三同时”监督管理办法》的规定，建设项目安全预评价遵循以下规定：

（1）生产经营单位应当委托具有相应资质的安全评价机构，对其建设项目进行安全预评价，并编制安全预评价报告。

（2）建设项目安全预评价报告应当符合国家标准或者行业标准的规定。

生产、储存危险化学品的建设项目和化工建设项目安全预评价报告除符合国家标准或者行业标准的规定外，还应当符合《危险化学品建设项目安全监督管理办法》等有关危险化学品建设项目的规定。

（三）其他建设项目的安全生产条件和设施综合分析

对于其他建设项目，国家不作强制规定必须进行安全预评价，由生产经营单位对其安全生产条件和设施进行综合分析。为此，《建设项目安全设施“三同时”监督管理办法》规定，除非煤矿矿山建设项目等高危建设项目外，对于其他建设项目，生产经营单位应当对其安全生产条件和设施进行综合分析，形成书面报告备查。备查的目的是要求生产经营单位必须要做，并要有记录，安全生产监督管理部门将随时对其分析情况报告进行检查。

案例

2021 年 1 月，福建省石狮市农业农村局通过渔船动态监控管理系统发现闽狮渔 06185 渔船轨迹信息存在异常，随即对相关情况进行了核实。经查，闽狮渔 06185 渔船于 2021 年 1 月 7 日从广东神泉渔港出海，出海前将北斗示位仪拆卸并放置于广东神泉渔港内，随后进入相关海域作业；2021 年 1 月 10 日，该船返回福建东山渔港，并将北斗示位仪由广东神泉渔港车载运送到福建东山渔港，重新安装以逃避执法检查。

上述行为违反了《福建省实施〈中华人民共和国渔业法〉办法》第二十九条“渔业船舶应当安装安全救助终端设备，并保证设备的正常运行”的规定。石狮市农业农村局按照《福建省实施〈中华人民共和国渔业法〉办法》第五十一条规定，给予闽狮渔 06185 船长罚款人民币 5 万元的行政处罚。

案例

2017 年 7 月 4 日 13 时 23 分许，吉林省松原市宁江区繁华路发生城市燃气管道泄漏爆炸事故，造成 7 人死亡、85 人受伤。发生原因：施工企业在实施道路改造工程旋喷桩施工过程中，钻漏地下中压燃气管道，导致燃气大量泄漏，扩散到附近建筑物空间内，积累达到爆炸极限，遇随机不明点火源引发爆炸。主要教训：一是施工企业不具备施工能力，以欺骗手段承揽工程，并存在转包、非法分包等违法违规行为，分包工程管理缺失；二是燃气企业未与施工单位制定燃气设施保护方案，未对施工现场进行指导和监护；三是应急处置混乱，未及时关闭泄漏点周边阀门阻断气源，未对现场及周围建筑物的燃气浓度进行检测，未有效组织人员疏散；四是地方有关部门未严格落实监管责任。责任追究：吉林浩源燃气有限公司等 4 家企业法定代表人、总经理、工程技术总监共 16 人因涉嫌重大责任事故罪被移交司法机关追究刑事责任。吉林省宏远建设工程有限公司安全部长等 8 人分别被处以撤职、罚款等处罚。19 名国家工作人员分别被给予政务处分。吉林浩源燃气有限公司等 7 家企业分别被处以 30 万元至 250 万元的罚款、吊销《燃气经营许可证》《建筑业企业资质证书》《安全生产许可证》等行政处罚，并被纳入安全生产不良记录“黑名单”管理。

四、建设项目安全设施设计审查

（一）安全设施设计

《建设项目安全设施“三同时”监督管理办法》从以下 4 个方面作出规定：

（1）生产经营单位在建设项目初步设计时，应当委托有相应资质的初步设计单位对建设项目安全设施同时进行设计，编制安全设施设计。

（2）安全设施设计必须符合有关法律、法规、规章和国家标准或者行业标准、技术规范的规定，并尽可能采用先进适用的工艺、技术和可靠的设备、设施。

（3）高危建设项目安全设施设计还应当充分考虑建设项目安全预评价报告提出的安全对策措施。

（4）安全设施设计单位、设计人应当对其编制的设计文件负责。

案例

2019 年 12 月 3 日 2 时 43 分许，北京京日东大食品有限公司一期生产车间内发生燃气爆炸事故，造成 4 人死亡、10 人受伤。发生原因是，生产车间燃气管道主阀门法兰垫片为甲基乙烯基硅橡胶材质，受液化石油气和二甲醚混合气体长期腐蚀，发育出微小裂隙并逐渐增长，局部发生破损脱落，在管道内部压力作用下形成泄漏口，泄漏出的气体与空气混合形成爆炸性气体，遇电气火花等点火源发生爆炸。主要教训：一是未按标准设置安全设施，部分管道、阀门等燃气设施封闭在通风不良的场所内，且未按照国家标准设置通风、燃气泄漏报警等安全设施；二是燃气企业未对用户燃气设施定期开展安全检查，长期违法供应掺混二甲醚的不合格液化石油气；三是地方有关部门对燃气企业长期销售供应掺混二甲醚的液化石油气等违法违规问题查处不力。责任追究：北京京日东大食品有限公司生产部部长、生活部副部长等 4 人因涉嫌重大责任事故罪，板桥液化气站法定代表人等 3 人因涉嫌生产、销售伪劣产品罪被司法机关追究刑事责任。8 名国家工作人员被给予政务处分。北京京日东大食品有限公司及其法定代表人分别被处以 62 万元、263 922.4 元罚款，事故涉及企业板桥液化气站被处以 60 万元罚款。

（二）安全设施设计内容

为了保证安全设施设计的质量，《建设项目安全设施“三同时”监督管理办法》规定，建设项目安全设施设计内容应当包括下列内容：

（1）设计依据。

（2）建设项目概述。

（3）建设项目潜在的危险、有害因素和危险、有害程度及周边环境安全分析。

（4）建筑及场地布置。

（5）重大危险源分析及检测监控。

（6）安全设施设计采取的防范措施。

（7）安全生产管理机构设置或者安全生产管理人员配备要求。

（8）从业人员教育培训要求。

（9）工艺、技术和设备、设施的先进性和可靠性分析。

（10）安全设施专项投资概算。

（11）安全预评价报告中的安全对策及建议采纳情况。

（12）预期效果以及存在的问题与建议。

（13）可能出现的事故预防及应急救援措施。

（14）法律、法规、规章、标准规定需要说明的其他事项。

这里需要强调的是新建、改建、扩建建设项目的情况不同，编制安全设施设计，应当根据实际情况确定。存在上述情况的,则安全设施设计必须包括相应的内容。

(三)高危建设项目安全设施设计审查

根据《安全生产法》等相关法律法规的规定,高危建设项目安全设施设计审查是政府行政许可行为。

1.提交文件资料

依据《建设项目安全设施“三同时”监督管理办法》的规定,非煤矿矿山建设项目生产、储存危险化学品(包括使用长输管道输送危险化学品)的建设项目;生产、储存烟花爆竹的建设项目;金属冶炼建设项目等高危建设项目,安全设施设计完成后,生产经营单位应当按照建设项目“三同时”安全监管权限划分的规定向安全生产监督管理部门提出审查申请,并提交下列文件资料:

(1)建设项目审批、核准或者备案的文件。

(2)建设项目安全设施设计审查申请。

(3)设计单位的设计资质证明文件。

(4)建设项目安全设施设计。

(5)建设项目安全预评价报告及相关文件资料。

(6)法律、行政法规、规章规定的其他文件资料。

2.受理

安全生产监督管理部门收到申请后,对属于本部门职责范围内的,应当及时进行审查,并在收到申请后5个工作日内作出受理或者不予受理的决定,书面告知申请人;对不属于本部门职责范围内的,应当将有关文件资料转送有审查权的安全生产监督管理部门,并书面告知申请人。

3.审查及作出决定

对已经受理的建设项目安全设施设计审查申请,安全生产监督管理部门应当自受理之日起20个工作日内作出是否批准的决定,并书面告知申请人。20个工作日内不能作出决定的,经本部门负责人批准,可以延长10个工作日,并应当将延长期限的理由书面告知申请人。

(四)其他建设项目安全设施设计审查

依据《建设项目安全设施“三同时”监督管理办法》的规定,除高危建设项目外,其他建设项目安全设施设计,由生产经营单位组织审查,形成书面报告备查。

(五)建设项目安全设施设计不予批准

为了加强建设项目安全设施设计的管理,依据《设项目安全设施“三同时”监督管理办法》规定,建设项目安全设施设计有下列情形之一的,不予批准,并不得开工建设:

(1)无建设项目审批、核准或者备案文件的。

(2)未委托具有相应资质的设计单位进行设计的。

(3)安全预评价报告由未取得相应资质的安全评价机构编制的。

(4)设计内容不符合有关安全生产的法律、法规、规章和国家标准或者行业标准、技术规范的规定的。

(5)未采纳安全预评价报告中的安全对策和建议,且未做充分论证说明的。

(6)不符合法律、行政法规规定的其他条件的。

建设项目安全设施设计审查未予批准的，生产经营单位经过整改后可以向原审查部门申请再审。

（六）建设项目安全设施设计的变更

依据《建设项目安全设施“三同时”监督管理办法》，已经批准的建设项目及其安全设施设计有下列情形之一的，生产经营单位应当报原批准部门审查同意；未经审查同意的，不得开工建设：

（1）建设项目的规模、生产工艺、原料、设备发生重大变更的。

（2）在施工期间重新设计的。

五、建设项目安全设施施工和竣工验收

（一）施工

加强建设项目安全设施施工管理，保证施工质量是加强建设项目“三同时”管理的重要内容。《建设项目安全设施“三同时”监督管理办法》从以下 5 个方面对建设项目安全设施施工作出规定：

（1）建设项目安全设施的施工应当由取得相应资质的施工单位进行，并与建设项目主体工程同时施工。

（2）施工单位应当在施工组织设计中编制安全技术措施和施工现场临时用电方案，同时对危险性较大的分部分项工程依法编制专项施工方案，并附具安全验算结果，经施工单位技术负责人、总监理工程师签字后实施。

（3）施工单位应当严格按照安全设施设计和相关施工技术标准、规范施工，并对安全设施的工程质量负责。

（4）施工单位发现安全设施设计文件有错漏的，应当及时向生产经营单位、设计单位提出。生产经营单位、设计单位应当及时处理。

（5）施工单位发现安全设施存在重大事故隐患时，应当立即停止施工并报告生产经营单位进行整改。整改合格后，方可恢复施工。

（二）监理

《建设项目安全设施“三同时”监督管理办法》从以下 3 个方面对建设项目安全设施的监理作出规定：

（1）工程监理单位应当审查施工组织设计中的安全技术措施或者专项施工方案是否符合工程建设强制性标准。

（2）工程监理单位在实施监理过程中，发现存在事故隐患的，应当要求施工单位整改；情况严重的，应当要求施工单位暂时停止施工，并及时报告生产经营单位。施工单位拒不整改或者不停止施工的，工程监理单位应当及时向有关主管部门报告。

（3）工程监理单位、监理人员应当按照法律、法规和工程建设强制性标准实施监理，并对安全设施工程的工程质量承担监理责任。

案例

2020 年 10 月 8 日 10 时 50 分，广东省汕尾市陆河县看守所迁建工程业务楼的天面构架模板发生坍塌事故，造成 8 人死亡、1 人受伤，事故直接经济损失共约 1 163 万元。事故的直

接原因是违规直接利用外脚手架作为模板支撑体系,且该支撑体系未增设加固立杆,也没有与已经完成施工的建筑结构形成有效的拉结;天面构架混凝土施工工序不当,未按要求先浇筑结构柱,待其强度达到75%及以上后再浇筑屋面构架及挂板混凝土,且未设置防止天面构架模板支撑侧翻的可靠拉撑。事故暴露了参建各方责任悬空,安全工作缺失缺位,建设单位、施工单位、监理单位对相关防范遏制事故要求置若罔闻,隐患排查制度不落实,重大安全隐患未得到消除。

(三)试运行

为了保证建设工程竣工后能够正常投入生产或者使用,借鉴煤矿、化工企业建设项目多年的实践经验,对建设项目试运行作出规定可以有效避免很多生产经营单位的建设项目竣工后,长期试运行,迟迟不报政府验收,迟迟不申请安全生产许可证,逃避政府监管。《建设项目安全设施"三同时"监督管理办法》对高危建设项目竣工后作出试运行规定,其他建设项目暂不要求。

《建设项目安全设施"三同时"监督管理办法》从以下3个方面对高危建设项目试运行作出规定:

(1)高危建设项目竣工后,根据规定建设项目需要试运行(包括生产、使用)的,应当在正式投入生产或者使用前进行试运行。

(2)试运行时间应当不少于30日,最长不得超过180日,国家有关部门有规定或者特殊要求的行业除外。

(3)生产、储存危险化学品的建设项目和化工建设项目,应当在建设项目试运行前将试运行方案报负责建设项目安全许可的安全生产监督管理部门备案。

(四)高危建设项目安全验收评价

安全验收评价是旨在建设项目竣工后正式生产运行前,通过检查建设项目安全设施与主体工程同时设计、同时施工、同时投入生产和使用的情况,检查安全生产管理措施到位情况,检查安全生产规章制度健全情况,检查事故应急救援预案建立情况,审查建设项目满足安全生产法律法规、规章、标准、规范要求的符合性,从整体上确定建设项目的运行状况和安全管理情况,做出安全验收评价结论的活动。安全验收评价对保证建设项目安全设施质量至关重要。《建设项目安全设施"三同时"监督管理办法》对高危建设项目从以下3个方面对安全验收评价作出规定:

(1)建设项目安全设施竣工或者试运行完成后,生产经营单位应当委托具有相应资质的安全评价机构对安全设施进行验收评价,并编制建设项目安全验收评价报告。

(2)建设项目安全验收评价报告应当符合国家标准或者行业标准的规定。

(3)生产、储存危险化学品的建设项目和化工建设项目安全验收评价报告除符合上述规定外,还应当符合有关危险化学品建设项目的规定。

(五)建设项目竣工验收

依据《建设项目安全设施"三同时"监督管理办法》的规定,建设项目竣工投产或者使用前,生产经营单位应当组织对安全设施进行竣工验收,并形成书面报告备查。安全设施竣工验收合格后,方可投入生产和使用。

安全监管部门应当按照下列方式之一对高危建设项目的竣工验收活动和验收结果进行

监督核查:

(1)对安全设施竣工验收报告按照不少于总数10%的比例进行随机抽查。

(2)在实施有关安全许可时,对建设项目安全设施竣工验收报告进行审查。

抽查和审查以书面方式为主。对竣工验收报告的实质内容存在疑问,需要到现场核查的,安全监管部门应当指派两名以上工作人员对有关内容进行现场核查。工作人员应当提出现场核查意见,并如实记录在案。

(六)建设项目竣工验收不合格

依据《建设项目安全设施“三同时”监督管理办法》的规定,建设项目的安全设施有下列情形之一的,建设单位不得通过竣工验收,并不得投入生产或者使用:

(1)未选择具有相应资质的施工单位施工的。

(2)未按照建设项目安全设施设计文件施工或者施工质量未达到建设项目安全设施设计文件要求的。

(3)建设项目安全设施的施工不符合国家有关施工技术标准的。

(4)未选择具有相应资质的安全评价机构进行安全验收评价或者安全验收评价不合格的。

(5)安全设施和安全生产条件不符合有关安全生产法律、法规、规章和国家标准或者行业标准、技术规范规定的。

(6)发现建设项目试运行期间存在事故隐患未整改的。

(7)未依法设置安全生产管理机构或者配备安全生产管理人员的。

(8)从业人员未经过安全生产教育和培训或者不具备相应资格的。

(9)不符合法律、行政法规规定的其他条件的。

六、建设项目违反“三同时”管理的处罚

(一)高危建设项目违反“三同时”的处罚

依据《建设项目安全设施“三同时”监督管理办法》的规定,非煤矿矿山建设项目;生产、储存危险化学品(包括使用长输管道输送危险化学品)的建设项目;生产、储存烟花爆竹的建设项目;金属冶炼建设项目有下列情形之一的,责令停止建设或者停产停业整顿,限期改正;逾期未改正的,处50万元以上100万元以下的罚款,对其直接负责的主管人员和其他直接责任人员处2万元以上5万元以下的罚款;构成犯罪的,依照刑法有关规定追究刑事责任:

(1)未按照本办法规定对建设项目进行安全评价的。

(2)没有安全设施设计或者安全设施设计未按照规定报经安全生产监督管理部门审查同意,擅自开工的。

(3)施工单位未按照批准的安全设施设计施工的。

(4)投入生产或者使用前,安全设施未经验收合格的。

(二)建设项目安全设施违反变更规定的处罚

《建设项目安全设施“三同时”监督管理办法》规定,已经批准的建设项目安全设施设计发生重大变更,生产经营单位未报原批准部门审查同意擅自开工建设的,责令限期改正,可以并处1万元以上3万元以下的罚款。

(三)其他建设项目违反“三同时”规定的处罚

依据《建设项目安全设施“三同时”监督管理办法》的规定,除非煤矿矿山建设项目;生产、储存危险化学品(包括使用长输管道输送危险化学品)的建设项目;生产、储存烟花爆竹的建设项目;金属冶炼建设项目等高危建设项目以外,其他建设项目有下列情形之一的,对生产经营单位责令限期改正,可以并处5 000元以上3万元以下的罚款:

(1)没有安全设施设计的。

(2)安全设施设计未组织审查,并形成书面审查报告的。

(3)施工单位未按照安全设施设计施工的。

(4)投入生产或者使用前,安全设施未经竣工验收合格,并形成书面报告的。

(四)安全评价出具虚假证明的处罚

依据《安全生产法》和《建设项目安全设施“三同时”监督管理办法》的规定,承担建设项目安全评价的机构弄虚作假、出具虚假报告,尚未构成犯罪的,没收违法所得,违法所得在10万元以上的,并处违法所得2倍以上5倍以下的罚款;没有违法所得或者违法所得不足10万元的,单处或者并处10万元以上20万元以下的罚款,对其直接负责的主管人员和其他直接责任人员处2万元以上5万元以下的罚款;给他人造成损害的,与生产经营单位承担连带赔偿责任。

对有前款违法行为的机构,吊销其相应资质。

【任务训练】

依据《建设项目安全设施“三同时”监督管理办法》分析讨论案例中事故责任者的违法行为,并给出违法处理建议。

2014年12月31日9时28分许,位于佛山市顺德区勒流街道港口路的广东富华工程机械制造有限公司(以下简称富华公司)的车轴装配车间发生重大爆炸事故,造成18人死亡、32人受伤,直接经济损失3 786万元。

该起事故的直接原因是事故车间流入车轴装配总线地沟内的稀释剂挥发产生的可燃气体与空气混合形成爆炸性混合物,遇现场电焊作业产生的火花引发爆炸。

调查发现,富华公司新厂项目于2012年1—2月取得顺德区发展规划和统计局批准的核准批复,事故厂房为富华公司新厂车间三,于2012年1月中旬动工建设,2014年3月月初基本完工,2014年5月月底投入筹备使用,至事故发生时止,新厂未履行工程建设、环境保护、消防等竣工验收程序以及建设项目安全设施“三同时”程序。

【巩固提升】

1.依据《建设项目安全设施“三同时”监督管理暂行办法》的规定,下列关于建设项目说法,正确的是(　　)。

A.高危建设项目中的安全设施应当由具有甲级建筑施工资质的单位承建

B.监理单位发现施工现场存在事故隐患应当要求施工单位整改

C.对危险性较大的分部分项工程,设计单位应当编制专项施工方案

D.监理单位对建设项目中的安全设施施工进行监理,并对工程质量和安全负责

2.依据《建设项目安全设施"三同时"监督管理暂行办法》,建设项目安全设施设计完成后,生产经营单位应当按照本办法第五条的规定向安全生产监督管理部门备案,下列不属于应提交的文件资料是(　　)。

A.建设项目审批、核准或者备案的文件

B.建设项目初步设计报告及安全专篇

C.建设项目安全预评价报告

D.建设项目设施设计审查申请

3.根据《建设项目安全设施"三同时"监督管理暂行办法》,在建设项目可行性研究阶段,下列建设项目中,不需要分别进行安全生产条件论证和安全预评价的建设项目是(　　)。

A.省级建材重点建设项目　　B.国家冶金重点建设项目

C.省级烟草重点建设项目　　D.国家体育场馆建设项目

【拓展阅读】

1.《建设项目职业病防护设施"三同时"监督管理办法》。

2.《国务院关于进一步加强企业安全生产工作的通知》。

3.《关于进一步完善建设项目环境保护"三同时"及竣工环境保护自主验收监管工作机制的意见》。

4.《关于进一步完善建设项目环境保护"三同时"及竣工环境保护自主验收监管工作机制的意见》。

5.《建设项目"三同时"管理实施细则》。

任务二　安全生产事故隐患排查治理暂行规定

【任务目标】

1.了解《安全生产事故隐患排查治理暂行规定》的制定目的。

2.理解事故隐患的定义、范围、分级。

3.掌握事故隐患排查的相关要求、违法行为应负的法律责任。

【知识准备】

2007 年 12 月 28 日,原国家安全生产监督管理总局制定公布《安全生产事故隐患排查治理暂行规定》(总局令第 16 号),自 2008 年 2 月 1 日起施行。制定《安全生产事故隐患排查治理暂行规定》的目的是建立安全生产事故隐患排查治理长效机制,强化安全生产主体责任,加强事故隐患监督管理,防止和减少事故。

一、事故隐患

(一)事故隐患的定义和范围

根据《职业安全卫生术语》(GB/T 15236—2008),所谓事故隐患,是指可导致事故发生的物的危险状态、人的不安全行为及管理上的缺陷。但是，在实际执行过程中，人的不安全行为及管理上的缺陷比较难以界定，而且极易发生变化，较多存在的是违反安全生产法律、法规、规章和有关标准、规程要求的物的危险状态。兼顾两方面的因素，《安全生产事故隐患排查治理暂行规定》第三条规定，本规定所称安全生产事故隐患，是指生产经营单位违反安全生产法律、法规、规章、标准、规程和安全生产管理制度的规定，或者因其他因素在生产经营活动中存在可能导致事故发生的物的危险状态、人的不安全行为和管理上的缺陷。

(二)事故隐患的分级

原劳动部《重大事故隐患管理规定》中按照事故可能造成的后果将事故隐患分为3级，然而实际操作过程中小隐患也可能引发大事故。为了方便操作，结合多年的实际情况，根据隐患整改的难易程度将事故隐患分为两级。《安全生产事故隐患排查治理暂行规定》第三条规定，事故隐患分为一般事故隐患和重大事故隐患。一般事故隐患是指危害和整改难度较小，发现后能够立即整改排除的隐患；重大事故隐患是指危害和整改难度较大，应当全部或者局部停产停业，并经过一定时间整改治理方能排除的隐患，或者因外部因素影响致使生产经营单位自身难以排除的隐患。

二、事故隐患排查治理

(一)生产经营单位事故隐患排查治理职责

依据《安全生产事故隐患排查治理暂行规定》的规定，生产经营单位应当履行以下事故隐患排查治理职责：

(1)生产经营单位应当依照法律、法规、规章、标准和规程的要求从事生产经营活动。严禁非法从事生产经营活动。

(2)生产经营单位是事故隐患排查、治理和防控的责任主体。生产经营单位应当建立健全事故隐患排查治理和建档监控等制度，逐级建立并落实从主要负责人到每个从业人员的隐患排查治理和监控责任制。生产经营单位主要负责人对本单位事故隐患排查治理工作全面负责。

(3)生产经营单位应当保证事故隐患排查治理所需的资金，建立资金使用专项制度。

(4)生产经营单位应当定期组织安全生产管理人员、工程技术人员和其他相关人员排查本单位的事故隐患。对排查出的事故隐患，应当按照事故隐患的等级进行登记，建立事故隐患信息档案，并按照职责分工实施监控治理。

(5)生产经营单位应当建立事故隐患报告和举报奖励制度，鼓励、发动职工发现和排除事故隐患，鼓励社会公众举报。对发现、排除和举报事故隐患的有功人员，应当给予物质奖励和表彰。

(6)生产经营单位将生产经营项目、场所、设备发包、出租的，应当与承包、承租单位签订安全生产管理协议，并在协议中明确各方对事故隐患排查、治理和防控的管理职责。生产经营单位对承包、承租单位的事故隐患排查治理负有统一协调和监督管理的职责。

(7)生产经营单位应当每季、每年对本单位事故隐排查治理情况进行统计分析，并分别于下一季度15日前和下一年1月31日前向安全监管监察部门和有关部门报送书面统计分析表。统计分析表应当由生产经营单位主要负责人签字。

🔔**案例**

上海市金山区胜瑞电子科技公司发生较大火灾事故。4月22日，上海金山区胜瑞电子科技公司发生火灾事故，造成6名员工死亡、2名消防员牺牲。经初步核查，涉事企业外来作业人员管理失控、在火灾发生后没有第一时间通知撤离，违规将消防控制室外包给保安公司值守，车间违规使用大量可燃易燃材料，火情巡查制度形同虚设。该事故暴露出企业安全管理混乱，安全生产和消防安全法规制度严重不落实；地方及有关部门日常安全监管不力，执法"宽松软"，对企业长期存在的重大隐患漏管失控。

（二）重大事故隐患报告

依据《安全生产事故隐患排查治理暂行规定》的规定，对于重大事故隐患，生产经营单位除依照前款规定报送外，应当及时向安全监管监察部门和有关部门报告。重大事故隐患报告内容应当包括：

（1）隐患的现状及其产生原因。

（2）隐患的危害程度和整改难易程度分析。

（3）隐患的治理方案。

（三）事故隐患治理

依据《安全生产事故隐患排查治理暂行规定》的规定，对于一般事故隐患，由生产经营单位（车间、分厂、区队等）负责人或者有关人员立即组织整改。

🔔**案例**

2021年4月，上海市农业与农村委员会执法总队在接到上海市公安局边防和港航公安分局移送的案件材料后，立即对其中涉及的未按规定保证渔业船舶符合最低配员标准的行为展开调查。经查，沪浦渔48973、沪浦渔49904船于2021年4月1日在杭州湾水域上海段从事鳗苗捕捞生产，沪浦渔48973船上缺少1名三级轮机长，沪浦渔49904船上缺少1名助理船副和1名三级轮机长，均不符合最低配员标准。

上述行为，违反了《中华人民共和国渔业船员管理办法》第二十三条"船长是渔业安全生产的直接责任人，在组织开展渔业生产、保障水上人身与财产安全、防治渔业船舶污染水域和处置突发事件方面，具有独立决定权，并履行以下职责：（二）确保渔业船舶和船员在开航时处于适航、适任状态，保证渔业船舶符合最低配员标准，保证渔业船舶的正常值班"的规定，上海市农业与农村委员会按照《中华人民共和国渔业船员管理办法》第四十四条规定及渔业船舶、渔港管理行政处罚裁量基准，给予沪浦渔48973船长罚款人民币2 000元的行政处罚，给予沪浦渔49904船长罚款人民币3 000元的行政处罚。

对于重大事故隐患，由生产经营单位主要负责人组织制定并实施事故隐患治理方案。重大事故隐患治理方案应当包括以下内容：

（1）治理的目标和任务。

（2）采取的方法和措施。

（3）经费和物资的落实。

（4）负责治理的机构和人员。

（5）治理的时限和要求。

（6）安全措施和应急预案。

🔔**案例**

2021 年 4 月 4 日 0 时 51 分许(清明节假期),江苏省盐城市响水县沈海高速 K898 处发生一起重大道路交通事故,造成 11 人死亡、19 人受伤。4 月 4 日 0 时 30 分许,冀 J7J828 大货车在 G15 沈海高速上行驶中,右后侧一轮胎脱落在行车道上。0 时 48 分许,辽 BHH576 大货车行至该处,紧急避让时,失控冲过中央隔离护栏,与对向沪 DL4452 大客车相撞,大客车后方行驶的冀 JW8295 大货车追尾碰撞大客车、鲁 FBZ268 大货车追尾碰撞冀 JW8295 大货车。该起事故的主要诱因为前车轮胎脱落。

(四)事故隐患排查治理中的紧急处置

事故隐患排查治理过程中,可能面临不安全的因素,保障隐患排查治理中人员的安全至关重要。《安全生产事故隐患排查治理暂行规定》第十六条规定,生产经营单位在事故隐患治理过程中,应当采取相应的安全防范措施防止事故发生。事故隐患排除前或者排除过程中无法保证安全的,应当从危险区域内撤出作业人员,并疏散可能危及的其他人员,设置警戒标志,暂时停产停业或者停止使用;对暂时难以停产或者停止使用的相关生产储存装置、设施、设备,应当加强维护和保养,防止事故发生。

🔔**案例**

河南焦作市武陟县詹店镇张菜园村委会将非建设用地出租给武陟县瑞都粉业加工厂从事食品生产,武陟县瑞都粉业加工厂又将其中部分场地转让给焦作悯农公司从事食品生产。2020 年 7 月 18 日 18 时许,焦作悯农公司 1 名工人在发酵车间工作时,因操作不当掉入物料罐内,导致中毒窒息死亡,其他工作人员处置不当,盲目施救,致使事故后果扩大,共造成 6 人死亡。主要教训:一是焦作悯农公司未经食品生产许可违法违规生产经营,拒不执行相关部门停产指令违法擅自进行生产;二是焦作悯农公司有限空间管理制度缺失,未组织开展风险辨识和隐患排查治理,现场管理混乱;三是焦作悯农公司安全培训不到位,从业人员安全意识淡薄,应急处置能力差;四是武陟县詹店镇张菜园村委会、武陟县瑞都粉业加工厂违规将非建设用地出租给不具备安全生产条件的焦作悯农公司。追责情况:焦作悯农公司法定代表人因其在事故中死亡,免予追究刑事责任,对武陟瑞都粉业加工厂法定代表人、武陟县詹店镇张菜园村党支部书记两人追究刑事责任;注销焦作悯农公司、武陟瑞都加工厂营业执照,并依法予以查封取缔。

(五)自然灾害的预警

自然灾害极易引发各种事故隐患,给本单位及邻近生产经营单位带来极大危害,加强这类事故隐患的防范和预警,对防止重大事故的发生十分重要。《安全生产事故隐患排查治理暂行规定》第十七条规定,生产经营单位应当加强对自然灾害的预防。对于因自然灾害可能导致事故灾难的隐患,应当按照有关法律、法规、标准和本规定的要求排查治理,采取可靠的预防措施,制定应急预案。在接到有关自然灾害预报时,应当及时向下属单位发出预警通知;发生自然灾害可能危及生产经营单位和人员安全的情况时,应当采取撤离人员、停止作业、加强监测等安全措施并及时向当地人民政府及其有关部门报告。

(六)重大事故隐患治理后的安全评估

生产经营单位存在属于政府部门监督检查中发现、实行挂牌督办并采取局部停产整顿的重大事故隐患,可以判定该生产经营单位局部已不具备安全生产条件。此类事故隐患整改完成后，需要专业技术人员才能较好地判断该生产经营单位是否达到了安全生产条件，最好聘请具备相应资质的安全评价机构对重大事故隐患的整改现状进行评价，这是保证重大隐患治理效果的有效手段。《安全生产事故隐患排查治理暂行规定》第十八条规定，地方人民政府或者安全监管监察部门及有关部门挂牌督办并责令全部或者局部停产停业治理的重大事故隐患，治理工作结束后，有条件的生产经营单位应当组织本单位的技术人员和专家对重大事故隐患的治理情况进行评估；其他生产经营单位应当委托具备相应资质的安全评价机构对重大事故隐患的治理情况进行评估。

（七）重大事故隐患治理的监督检查

为了加强对重大事故隐患的治理，依据《安全生产事故隐患排查治理暂行规定》的规定，应当进行以下监督检查：

（1）地方人民政府或者安全监管监察部门及有关部门挂牌督办并责令全部或者局部停产停业治理的重大事故隐患，经治理后符合安全生产条件的，生产经营单位应当向安全监管监察部门和有关部门提出恢复生产的书面申请。申请报告应当包括治理方案的内容、项目和安全评价机构出具的评价报告等。

（2）安全监管监察部门收到生产经营单位恢复生产的申请报告后，应当在10日内进行现场审查。审查合格的，对事故隐患进行核销，同意恢复生产经营；审查不合格的，依法责令改正或者下达停产整改指令。对整改无望或者生产经营单位拒不执行整改指令的，依法实施行政处罚；不具备安全生产条件的，依法提请县级以上人民政府按照国务院规定的权限予以关闭。

三、生产经营单位违反本规定的处罚

《安全生产事故隐患排查治理暂行规定》第二十五条规定，生产经营单位及其主要负责人未履行事故隐患排查治理职责，导致发生生产安全事故的，依法给予行政处罚。

《安全生产事故隐患排查治理暂行规定》第二十六条规定，生产经营单位违反本规定，有下列行为之一的，由安全监管监察部门给予警告，并处三万元以下的罚款：

（1）未建立安全生产事故隐患排查治理等制度的。

（2）未按规定上报事故隐患排查治理统计分析表的。

（3）未制定事故隐患治理方案的。

（4）重大事故隐患不报或者未及时报告的。

（5）未对事故隐患进行排查治理擅自生产经营的。

（6）整改不合格或者未经安全监管监察部门审查同意擅自恢复生产经营的。

【任务训练】

分析讨论下列案例中事故隐患的级别，根据《安全生产事故隐患排查治理暂行规定》给出整改措施及建议。

内蒙古赤峰山川矿业有限责任公司采用地下开采方式，竖井开拓方式，主要开采铅矿、锌矿，矿区面积0.079 9平方千米，生产能力9万吨/年。2021年，暗查暗访组查阅了该公司的企业管理制度、安全生产责任制、事故隐患治理制度、应急预案及演练、安全风险预警和预防应

急公告制度、安全设施设计等资料,并查阅了当地应急管理局对该矿的部分处罚案例,最后深入井下和尾矿库进行实地检查。

检查共发现了16处问题隐患,其中较为突出的问题隐患有:一是随机抽查了2021年4月份该矿带班下井情况,只有一天有井口下井人员记录,且下井时间为1.5小时,与矿领导带班下井书面记录不一致,存在弄虚作假行为,违反了《金属非金属地下矿山企业领导带班下井及监督检查暂行规定》的要求;二是事故隐患排查治理未向从业人员通报,违反了《安全生产法》第三十八条的规定要求;三是矿区井巷分道口无路标,违反《金属非金属地下矿山紧急避险系统建设规范》(AQ 2033—2011)5.2中"井巷的所有分道口要有醒目的路标,标明其所在地点及通往地面出口的方向"的规定;四是矿山回风井口为主通风机所配备的备用电机露天放置在风机房外部,没有有效保护电机,如果备用电机不能正常工作,相当于主通风机没有配备备用电机;五是井下采空区没有按照安全设施设计要求进行处理;六是尾矿库采用机械排洪;七是对该矿矿长进行安全生产相关规定知识现场考核4个问题,仅能回答1个问题,抽查1名员工的安全培训考试试卷,考试成绩82分,但现场该员工作答相同的试卷,时隔不到1个月,考试成绩只有46分,安全教育培训质量不高、流于形式。

【巩固提升】

1.某县安全监管部门在执法检查中发现某非煤矿山企业存在重大事故隐患,遂依法责令该企业局部停产治理。该企业对隐患治理后,向县安全监管部门提出恢复生产的书面申请。依据《安全生产事故隐患排查治理暂行规定》,县安全监管部门在收到申请报告后,应(　　)。

A.在7天内进行现场审查,经审查认定为仍不合格,提请县人民政府关闭该企业

B.在10天内进行现场审查,经审查认定为仍不合格,对该企业下达停产整改指令

C.在15天内进行现场审查,经审查判定合格后,对该企业的事故隐患进行核销,同意其恢复生产经营

D.在30天内进行现场审查,经审查判定合格后,对该企业的事故隐患不需进行核销,立即同意该企业生产经营

2.依据《安全生产事故隐患排查治理暂行规定》,安全生产监管监察部门在对生产经营单位进行安全生产检查时,发现生产经营场所或者相关设施存在重大事故隐患,应当(　　),并建立信息管理台账。

A.责令停产停业整顿　　B.责令立即停止作业

C.下达整改指令　　D.提请政府挂牌督办

3.根据《安全生产事故隐患排查治理暂行规定》,重大事故隐患治理方案应当包括治理的目标和任务,采取的方法和措施,经费和物资的落实,负责治理的机构和人员,治理的时限和要求,以及(　　)。

A.考核内容和要求　　B.重大危险源辨识和监控

C.安全措施和应急预案　　D.治理效果评估和验收

【拓展阅读】

1.《安全生产事故隐患排查治理体系建设实施指南》。

2.《福建省安全生产事故隐患排查治理和监督管理暂行规定》。

3.《吉林省安全生产事故隐患排查治理责任追究暂行规定》。

任务三　生产经营单位安全培训规定

【任务目标】

1.了解生产经营单位安全培训的意义。

2.理解生产经营单位安全培训的工作内容。

3.掌握生产经营单位安全培训的标准、要求和违法行为应负的法律责任。

【知识准备】

2006 年 1 月 17 日,原国家安全生产监督管理总局公布《生产经营单位安全培训规定》(总局令第 3 号),自 2006 年 3 月 1 日起施行。《生产经营单位安全培训规定》的制定目的是加强和规范生产经营单位安全培训工作,提高从业人员安全素质,防范伤亡事故,减轻职业危害。2013 年 8 月 29 日、2015 年 5 月 29 日,原国家安全生产监督管理总局两次进行了修改。

一、基本要求

(一)《生产经营单位安全培训规定》的适用范围

《生产经营单位安全培训规定》规定,工矿商贸生产经营单位(以下简称生产经营单位)从业人员的安全培训,适用本规定。工矿商贸生产经营单位通常指工业、矿业、商业和贸易领域从事生产、经营活动的单位,这些单位从业人员应当按照《生产经营单位安全培训规定》的要求进行安全培训。除此以外,其他生产经营单位从业人员的安全培训不适用。这里需要明确的是,单位是个中性词,不同于企业,即各种所有制的企业或者其经济组织都可称为单位。

(二)生产经营单位的职责

从业人员的安全培训是生产经营单位自身的职责。生产经营单位应当建立健全安全培训制度,加强对从业人员的安全培训,提高从业人员安全素质和技能,从而促进安全生产。为此,《生产经营单位安全培训规定》规定,生产经营单位负责本单位从业人员安全培训工作。生产经营单位应当按照安全生产法和有关法律、行政法规和本规定,建立健全安全培训工作制度。

案例

2019 年 10 月 13 日 11 时 6 分许,江苏省无锡市锡山区鹅湖双乐小吃店发生一起液化石油气爆炸事故,造成 9 人死亡、10 人受伤。发生原因是,小吃店液化石油气钢瓶使用不符合规定的中压调压阀,导致出口压力过大,加之软管与集气包连接的卡箍缺失,造成软管与集气包连接接头脱落,液化石油气大量泄漏、积聚,与空气混合形成爆炸性气体,遇到电冰箱压缩机启动时产生的电火花而引发爆炸。主要教训:一是小吃店使用虚假证明将住宅作为餐饮场所开展经营活动,气瓶间未设置在单层专用房间且在民用住宅房内,在不具备安全条件的场所储存、使用燃气；二是燃气经营单位未对送气工进行安全教育培训，对违反安全用气规定的用户未停止供气；三是燃气燃具经营单位无资质违规安装；四是地方有关部门对餐饮业燃气安全漏管失管。责任追究：双乐小吃店和无锡裕富宝厨具有限公司主要负责人、合伙人等17人因涉嫌危险物品肇事罪被移交司法机关追究刑事责任。18名国家工作人员被给予政务处分。无锡大众燃气汽车发展有限公司被处以98万元罚款并被吊销《燃气经营许可证》，双乐小吃店等4家企业被吊销《营业执照》。

（三）安全培训的范围及要求

1.基本要求

《生产经营单位安全培训规定》规定，生产经营单位应当进行安全培训的从业人员包括主要负责人、安全生产管理人员、特种作业人员和其他从业人员。生产经营单位从业人员应当接受安全培训，熟悉有关安全生产规章制度和安全操作规程，具备必要的安全生产知识，掌握本岗位的安全操作技能，了解事故应急处理措施，知悉自身在安全生产方面的权利和义务。未经安全培训合格的从业人员，不得上岗作业。依据规定，从业人员是指生产经营单位的全体人员，包括主要负责人、安全生产管理人员、特种作业人员和其他从业人员。法律对不同从业人员的安全培训要求是不一样的，对从业人员的基本要求：熟悉有关安全生产规章制度和安全操作规程，具备必要的安全生产知识，掌握本岗位的安全操作技能，增强预防事故、控制职业危害和应急处理的能力。对主要负责人、安全生产管理人员、高危行业与其他行业的安全培训有不同的要求：煤矿等高危行业的主要负责人、安全生产管理人员必须取得相应的安全合格证，方可任职上岗；其他行业的主要负责人、安全生产管理人员也要经过相应的安全培训；特种作业人员必须接受专门的安全培训，经考核合格，取得特种作业操作资格证书后，方可上岗作业。

案例

2020年10月4日5时30分许（国庆节假期），在吉林省松原市境内514省道（松哈线松原至长春岭段）39千米处发生一起轻型仓栅式货车撞至前方同向行驶的四轮拖拉机拖带的挂车尾部后驶入对向车道，与对面驶来的轻型栏板式货车（核载5人，实载16人）相撞的重大道路交通事故，造成18人死亡、1人受伤，直接经济损失606.1万元。吉A1E19W号轻型仓栅式货车驾驶员，因疲劳驾驶且当时为凌晨阴天，光线较暗，未能及时发现前方同向四轮拖拉机拖带的无尾灯无反光标识的挂车，采取措施不当，发生追尾碰撞后驶入对向车道，与相对方向吉JMK350号轻型栏板式货车发生碰撞。

依据《生产经营单位安全培训规定》，生产经营单位主要负责人是指有限责任公司或者股份有限公司的董事长、总经理，其他生产经营单位的厂长、经理、（矿务局）局长、矿长（含实际控制人）等。生产经营单位安全生产管理人员是指生产经营单位分管安全生产的负责人、安全生产管理机构负责人及其管理人员，未设安全生产管理机构的生产经营单位专、兼职安全生产管理人员等。生产经营单位其他从业人员是指除主要负责人、安全生产管理人员和特种作业人员以外，该单位从事生产经营活动的所有人员，包括其他负责人、其他管理人员、技术人员和各岗位的工人以及临时聘用的人员等。

2.被派遣劳动者的要求

《生产经营单位安全培训规定》规定，生产经营单位使用被派遣劳动者的，应当将被派劳动者纳入本单位从业人员统一管理,对被派遣劳动者进行岗位安全操作规程和安全操作技能的教育和培训。劳务派遣单位应当对被派遣劳动者进行必要的安全生产教育和培训。

3.实习生的要求

《生产经营单位安全培训规定》规定,生产经营单位接收中等职业学校、高等学校学生实习的,应当对实习学生进行相应的安全生产教育和培训,提供必要的劳动防护用品。学校应当协助生产经营单位对实习学生进行安全生产教育和培训。

(四)安全培训的监督管理部门及职责

国家对安全培训实行的是"综合监管、专项监管""分级负责、属地监管"相结合的监督管理体制。《生产经营单位安全培训规定》规定,原国家安全生产监督管理总局(应急管理部)指导全国安全培训工作,依法对全国的安全培训工作实施监督管理。国务院有关主管部门按照各自职责指导监督本行业安全培训工作,并按照本规定制定实施办法。国家煤矿安全监察局指导监督检查全国煤矿安全培训工作。各级安全生产监督管理部门和煤矿安全监察机构(以下简称安全生产监管监察部门)按照各自的职责,依法对生产经营单位的安全培训工作实施监督管理。

二、主要负责人、安全生产管理人员的安全培训

(一)安全培训要求及标准

国家对生产经营单位主要负责人、安全生产管理人员安全培训的要求分两类:一类是达到基本的安全培训要求;另一类是实行考核。《生产经营单位安全培训规定》规定,生产经营单位主要负责人和安全生产管理人员应当接受安全培训,具备与所从事的生产经营活动相适应的安全生产知识和管理能力。煤矿、非煤矿山、危险化学品、烟花爆竹、金属冶炼等生产经营单位主要负责人和安全生产管理人员,自任职之日起6个月内,必须经安全生产监管监察部门对其安全生产知识和管理能力考核合格。生产经营单位主要负责人、安全生产管理人员安全培训的基本要求:通过安全培训,使其具备与所从事的生产经营活动相适应的安全生产知识和管理能力。如何衡量,没有统一的标准,根据各行业的实际情况确定。对于煤矿、非煤矿山、危险化学品、烟花爆竹等高危行业,根据法律法规的规定,除达到基本要求外,还必须经政府主管部门考核合格。根据现有规定,煤矿的主要负责人、安全生产管理人员由煤矿安全监察机构负责考核;非煤矿山、危险化学品、烟花爆竹、金属冶炼等的主要负责人、安全生产管理人员由安全生产监督管理部门负责考核,取得安全合格证书。建筑等行业的主要负责人、安全生产管理人员由建设行政主管部门负责考核。

(二)主要负责人安全培训内容

依据《生产经营单位安全培训规定》,生产经营单位主要负责人的安全培训包括下列内容:

(1)国家安全生产方针、政策和有关安全生产的法律、法规、规章及标准。

(2)安全生产管理基本知识、安全生产技术、安全生产专业知识。

(3)重大危险源管理、重大事故防范、应急管理和救援组织以及事故调查处理的有关规定。

(4)职业危害及其预防措施。

(5)国内外先进的安全生产管理经验。

(6)典型事故和应急救援案例分析。

(7)其他需要培训的内容。

案例

2021年1月,山东省淄博市交通运输综合行政执法支队对淄博市沂源县S220沂源芝芳至张良段改建工程进行现场检查时发现,彩板峪隧道(四川曙卓建设工程有限公司承建)施工中存在隧道施工进洞人员登记表与洞内施工人员不符、隧道内采用烧炭的方法对混凝土进行保温等安全隐患。

上述行为,违反了《山东省安全生产条例》第十二条"生产经营单位应当制定本单位安全生产管理制度和安全操作规程,依法保障从业人员的生命安全,不得有下列行为:(一)违章指挥、强令或者放任从业人员冒险作业"的规定,淄博市交通运输综合行政执法支队按照《山东省安全生产条例》第四十五条规定,给予四川曙卓建设工程有限公司罚款人民币10万元的行政处罚,同时给予该公司派驻现场负责的项目主管人员罚款人民币1万元的行政处罚。

(三)安全生产管理人员安全培训内容

依据《生产经营单位安全培训规定》,生产经营单位安全生产管理人员的安全培训包括下列内容:

(1)国家安全生产方针、政策和有关安全生产的法律、法规、规章及标准。

(2)安全生产管理、安全生产技术、职业卫生等知识。

(3)伤亡事故统计、报告及职业危害的调查处理方法。

(4)应急管理、应急预案编制以及应急处置的内容和要求。

(5)国内外先进的安全生产管理经验。

(6)典型事故和应急救援案例分析。

(7)其他需要培训的内容。

(四)安全培训时间

安全培训时间分两类:一类是初次安全培训时间;另一类是每年再培训时间。《生产经营单位安全培训规定》规定,生产经营单位主要负责人和安全生产管理人员初次安全培训时间不得少于32学时。每年再培训时间不得少于12学时。煤矿、非煤矿山、危险化学品、烟花爆竹、金属冶炼等生产经营单位主要负责人和安全生产管理人员初次安全培训时间不得少于48学时,每年再培训时间不得少于16学时。

(五)安全培训大纲及考核标准

《生产经营单位安全培训规定》从以下3个方面对生产经营单位主要负责人、安全生产管理人员的培训大纲及考核标准作出规定:

(1)非煤矿山、危险化学品、烟花爆竹金属冶炼等生产经营单位主要负责人和安全生产管理人员的安全培训大纲及考核标准由原国家安全生产监督管理总局(应急管理部)统一制定。

(2)煤矿主要负责人和安全生产管理人员的安全培训大纲及考核标准由国家矿山安全监察局制定。

(3)煤矿、非煤矿山、危险化学品、烟花爆竹、金属冶炼以外的其他生产经营单位主要负责人和安全管理人员的安全培训大纲及考核标准,由省、自治区、直辖市安全生产监督管理部门制定。

(六)安全培训的实施

依据《生产经营单位安全培训规定》,生产经营单位主要负责人和安全生产管理人员的安全培训必须依照安全生产监管监察部门制定的安全培训大纲实施。

三、其他从业人员的安全培训

(一)新工人上岗培训要求

1.高危行业新工人上岗

《生产经营单位安全培训规定》规定,煤矿、非煤矿山、危险化学品、烟花爆竹、金属冶炼等生产经营单位必须对新上岗的临时工、合同工、劳务工、轮换工、协议工等进行强制性安全培训,保证其具备本岗位安全操作、自救互救以及应急处置所需的知识和技能后,方能安排上岗作业。

2.其他行业新工人上岗

《生产经营单位安全培训规定》规定,加工、制造业等生产单位的其他从业人员,在上岗前必须经过厂(矿)、车间(工段、区、队)、班组三级安全教育培训。生产经营单位应当根据工作性质对其他从业人员进行安全培训,保证其具备本岗位安全操作、应急处置等知识和技能。

(二)安全培训时间

《生产经营单位安全培训规定》规定,生产经营单位新上岗的从业人员,岗前安全培训时间不得少于 24 学时。煤矿、非煤矿山、危险化学品、烟花爆竹、金属冶炼等生产经营单位新上岗的从业人员安全培训时间不得少于 72 学时,每年再培训的时间不得少于 20 学时。

(三)厂(矿)级岗前安全培训内容

依据《生产经营单位安全培训规定》规定,厂(矿)级岗前安全培训内容包括:

(1)本单位安全生产情况及安全生产基本知识。

(2)本单位安全生产规章制度和劳动纪律。

(3)从业人员安全生产权利和义务。

(4)有关事故案例等。

煤矿、非煤矿山、危险化学品、烟花爆竹、金属冶炼等生产经营单位厂(矿)级安全培训除包括上述内容外,应当增加事故应急救援、事故应急预案演练及防范措施等内容。

(四)车间(工段、区、队)级岗前安全培训内容

依据《生产经营单位安全培训规定》规定,车间(工段、区、队)级岗前安全培训内容包括:

(1)工作环境及危险因素。

(2)所从事工种可能遭受的职业伤害和伤亡事故。

(3)所从事工种的安全职责、操作技能及强制性标准。

(4)自救互救、急救方法、疏散和现场紧急情况的处理。

(5)安全设备设施、个人防护用品的使用和维护

(6)本车间(工段、区、队)安全生产状况及规章制度。

(7)预防事故和职业危害的措施及应注意的安全事项。

(8)有关事故案例。

(9)其他需要培训的内容。

(五)班组级岗前安全培训内容

依据《生产经营单位安全培训规定》规定,班组级岗前安全培训内容包括:

(1)岗位安全操作规程。

(2)岗位之间工作衔接配合的安全与职业卫生事项。

(3)有关事故案例。

(4)其他需要培训的内容。

案例

武汉江夏路桥工程总公司负责江夏区郑店街凤杨大道地下污水管网清淤作业,将清淤作业委托给武汉德乾路桥有限公司。2019 年 9 月 23 日 11 时 30 分左右,武汉德乾路桥有限公司在凤杨大道一排污检查井进行清淤作业,1 名现场人员入井作业时晕倒,现场另 3 人发现后未采取任何防护措施下井救人,发生中毒和窒息事故,最终造成 3 人死亡、1 人受伤,直接经济损失约 391.06 万元。主要教训:一是武汉江夏路桥工程总公司作为发包单位,未与分包单位签订安全生产管理协议,放任分包单位违规作业;二是武汉德乾路桥有限公司作为劳务分包单位,安全生产责任不落实,不具备从事相关作业的安全生产条件,临时招聘人员未经安全教育培训就组织人员开展有限空间作业,现场作业时未采取任何安全防护措施,且在事故发生后,盲目施救导致伤亡扩大。追责情况:武汉德乾路桥有限公司法定代表人和武汉江夏路桥工程总公司项目现场负责人两人被移送司法机关处理;其他 13 人给予党纪政务处分;对两家事故责任单位实施行政处罚。

(六)重新上岗培训要求

从业人员调整工作岗位,或者离岗一年以上重新上岗,必须进行相应的安全培训。生产经营单位采用新工艺、新技术、新材料,也必须对相应的从业人员进行专门安全培训。为此,《生产经营单位安全培训规定》第十七条规定,从业人员在本生产经营单位内调整工作岗位或离岗一年以上重新上岗时,应当重新接受车间(工段、区、队)和班组级的安全培训。生产经营单位采用新工艺、新技术、新材料或者使用新设备时,应当对有关从业人员重新进行有针对性的安全培训。

案例

2019 年 2 月 15 日,广东省东莞市双洲纸业有限公司环保部主任安排 2 名车间主任组织 7 名工人对污水调节池(事故应急池)进行清理作业。当晚 23 时许,3 名作业人员在池内吸入硫化氢后中毒晕倒,池外人员见状立刻呼喊救人,先后有 6 人下池施救,其中 5 人中毒晕倒在池中,1 人感觉不适自行爬出。事故最终造成 7 人死亡、2 人受伤,直接经济损失约 1 200 万元。主要教训:一是企业未履行有限空间作业审批手续,作业前未检测、未通风,作业人员未佩戴个体防护用品,违规进入有限空间作业;二是事故发生后,现场人员盲目施救造成伤亡扩大;三是企业应急演练缺失,作业人员未经培训,缺乏有限空间安全作业和应急处置能力。追责情况:双洲纸业公司法定代表人、生产部负责人、人事行政部经理、安全管理人员、环保部主任及污水处理班班长 6 人被移送司法机关处理,对该公司予以行政处罚。

(七)特种作业人员培训

特种作业人员的培训和考核管理,国家专门制定了《特种作业人员安全技术培训考核管理规定》。因此,《生产经营单位安全培训规定》第十八条规定,生产经营单位的特种作业人员,必须按照国家有关法律、法规的规定接受专门的安全培训,经考核合格,取得特种作业操作资格证书后,方可上岗作业。特种作业人员的范围和培训考核管理办法,另行规定。这是一条衔接性规定。

案例

沈海高速重大道路交通事故。4 月 4 日 0 时 51 分,沈海高速江苏响水 K898 处发生重大道路交通事故,造成 11 人死亡、19 人受伤。经核查,因行车道上河北籍货车轮胎脱落且未及时报告处理,路过的重型半挂货车处置不当,冲过中央隔离护栏与一辆大客车(核载 55 人、实载 26 人)碰撞,大客车失控侧翻后又有两辆货车追尾。该事故暴露出涉事河北籍货车安全技术条件不符合标准,车辆所属公司日常安全管理松懈,对驾驶人员培训和车辆维护保养不到位;高速公路养护部门未能及时发现并清理路面障碍物,形成重大安全隐患。

四、安全培训的组织

依据《生产经营单位安全培训规定》第十九条规定,生产经营单位从业人员的安全培训工作,由生产经营单位组织实施。生产经营单位应当坚持以考促学、以讲促学,确保全体从业人员熟练掌握岗位安全生产知识和技能;煤矿、非煤矿山、危险化学品、烟花爆竹、金属冶炼等生产经营单位还应当完善和落实师傅带徒弟制度。

五、生产经营单位安全培训的职责

《生产经营单位安全培训规定》从以下 4 个方面对生产经营单位安全培训的职责进行了规定:

(1)具备安全培训条件的生产经营单位,应当以自主培训为主;可以委托具备安全培训条件的机构,对从业人员进行安全培训。不具备安全培训条件的生产经营单位,应当委托具备安全培训条件的机构,对从业人员进行安全培训。生产经营单位委托其他机构进行安全培训的,保证安全培训的责任仍由本单位负责。

(2)生产经营单位应当将安全培训工作纳入本单位年度工作计划。保证本单位安全培训工作所需资金。生产经营单位的主要负责人负责组织制定并实施本单位安全培训计划。

(3)生产经营单位应当建立健全从业人员安全生产教育和培训档案,由生产经营单位的安全生产管理机构以及安全生产管理人员详细、准确记录培训的时间、内容、参加人员以及考核结果等情况。

(4)生产经营单位安排从业人员进行安全培训期间,应当支付工资和必要的费用。

六、安全培训的监督管理

(一)监管监察部门的监督检查

依据《生产经营单位安全培训规定》的规定,安全生产监管监察部门要依法对生产经营单位安全培训情况进行监督检查,督促生产经营单位按照国家有关法律法规和《生产经营单位安全培训规定》的要求开展安全培训工作。县级以上地方人民政府负责煤矿安全生产监督管理的部门要对煤矿井下作业人员的安全培训情况进行监督检查。煤矿安全监察机构要对煤矿特种作业人员安全培训及其持证上岗的情况进行监督检查。

依据《生产经营单位安全培训规定》的规定，安全生产监管监察部门检查中发现安全生产教育和培训责任落实不到位、有关从业人员未经培训合格的，应当视为生产安全事故隐患，责令生产经营单位立即停止违法行为，限期整改，并依法予以处罚。

(二)监督检查的内容

依据《生产经营单位安全培训规定》规定，各级安全生产监管监察部门对生产经营单位安全培训及其持证上岗的情况进行监督检查，主要包括以下内容：

(1)安全培训制度、计划的制定及其实施的情况。

(2)煤矿、非煤矿山、危险化学品、烟花爆竹、金属冶炼等生产经营单位主要负责人和安全生产管理人员安全培训以及安全生产知识和管理能力考核的情况；其他生产经营单位主要负责人和安全生产管理人员培训的情况。

(3)特种作业人员操作资格证持证上岗的情况。

(4)建立安全生产教育和培训档案，并如实记录的情况。

(5)对从业人员现场抽考本职工作的安全生产知识。

(6)其他需要检查的内容。

(三)考核

《生产经营单位安全培训规定》规定，安全生产监管监察部门对煤矿、非煤矿山、危险化学品、烟花爆竹、金属冶炼等生产经营单位的主要负责人、安全管理人员应当按照本规定严格考核。考核不得收费。安全生产监管监察部门负责考核的有关人员不得玩忽职守和滥用职权。

七、法律责任

(一)生产经营单位未履行安全培训职责的处罚

依据《生产经营单位安全培训规定》规定，生产经营单位有下列行为之一的，由安全生产监管监察部门责令其限期改正，可以处1万元以上3万元以下的罚款：

(1)未将安全培训工作纳入本单位工作计划并保证安全培训工作所需资金的。

(2)从业人员进行安全培训期间未支付工资并承担安全培训费用的。

(二)生产经营单位从业人员未按规定进行安全培训的处罚

依据《生产经营单位安全培训规定》规定，生产经营单位有下列行为之一的，由安全生产监管监察部门责令其限期改正，可以处5万元以下的罚款；逾期未改正的，责令停产停业整顿，并处5万元以上10万元以下的罚款，对其直接负责的主管人员和其他直接责任人员处1万元以上2万元以下的罚款：

(1)煤矿、非煤矿山、危险化学品、烟花爆竹、金属冶炼等生产经营单位主要负责人和安全管理人员未按照规定经考核合格的。

(2)未按照规定对从业人员、被派遣劳动者实习学生进行安全生产教育和培训或者未如实告知其有关安全生产事项的。

(3)未如实记录安全生产教育和培训情况的。

(4)特种作业人员未按照规定经专门的安全技术培训并取得特种作业人员操作资格证书，上岗作业的。

县级以上地方人民政府负责煤矿安全生产监督管理的部门发现煤矿未按照本规定对井下作业人员进行安全培训的，责令限期改正，处10万元以上50万元以下的罚款；逾期未改正的，责令停产停业整顿。

煤矿安全监察机构发现煤矿特种作业人员无证上岗作业的，责令限期改正，处10万元以上50万元以下的罚款；逾期未改正的，责令停产停业整顿。

（三）工作人员失职渎职的处理

依据《生产经营单位安全培训规定》规定，安全生产监管监察部门有关人员在考核、发证工作中玩忽职守、滥用职权的，由上级安全生产监管监察部门或者行政监察部门给予记过、记大过的行政处分。

【任务训练】

查阅资料，根据《生产经营单位安全培训规定》分析下列事故单位该如何开展安全培训。

2020年10月30日17时许，陕西省榆林神木市陕西精益化工有限公司在生产调试期间，煤焦油预处理装置污水处理罐发生氮气窒息事故，造成3人死亡、1人受伤。初步分析原因为1名当班员工在未对罐内气体检测分析、未办理进入受限空间作业许可、未采取个人防护措施的情况下，违章从人孔进入罐内查看时窒息，另外2人戴长管呼吸器、1人戴空气呼吸器进入罐内施救时发生意外，造成伤亡扩大。主要教训：一是企业安全生产制度落实有漏洞，安全教育培训不实，基层员工安全意识淡薄，风险隐患认知不足，未掌握应知应会技能；二是在开展应急救援时未能正确佩戴使用个人防护用品及救援器材。

【巩固提升】

1.《生产经营单位安全培训规定》规定，煤矿、非煤矿山、危险化学品、烟花爆竹、金属冶炼等生产经营单位从业人员，每年再培训的时间不得少于（　　）学时。

A.12　　B.20　　C.24　　D.48

2.根据《生产经营单位安全培训规定》规定，生产经营单位应当进行安全培训的人员不包括（　　）。

A.安全生产管理人员

B.生产监督管理部门的监督检查人员

C.其他从业人员

D.特种作业人员

3.《生产经营单位安全培训规定》规定，煤矿、非煤矿山、危险化学品、烟花爆竹、金属冶炼等生产经营单位新上岗的从业人员安全培训时间不得少于（　　）学时。

A.12　　B.32　　C.48　　D.72

【拓展阅读】

1.《安全生产培训管理办法》。

2.《特种作业人员安全技术培训考核管理规定》。

3.《关于加强农民工安全生产培训工作的意见》。

4.《国务院安委会办公室关于贯彻落实国务院〈通知〉精神加强企业班组长安全培训工作的指导意见》。

5.《国家安全监管总局关于印发一、二级安全培训机构认定标准(试行)的通知》。

任务四　特种作业人员安全技术培训考核管理规定

【任务目标】

1.了解特种作业人员的范围、条件。

2.掌握特种作业人员的安全技术培训、考核、发证、复审及其监督管理要求。

3.掌握特种作业人员安全技术培训考核违法行为应负的法律责任。

【知识准备】

2010 年 5 月 24 日,原国家安全生产监督管理总局公布《特种作业人员安全技术培训考核管理规定》(总局令第 30 号),自 2010 年 7 月 1 日起施行。1999 年 7 月 12 日原国家经济贸易委员会发布的《特种作业人员安全技术培训考核管理办法》同时废止。2013 年 8 月 29 日、2015 年 5 月 29 日原国家安全生产监督管理总局两次对《特种作业人员安全技术培训考核管理规定》进行了修改。制定《特种作业人员安全技术培训考核管理规定》的目的是规范特种作业人员的安全技术培训考核工作,提高特种作业人员的安全技术水平,防止和减少伤亡事故,促进安全生产。

一、特种作业人员的范围

《特种作业人员安全技术培训考核管理规定》在原国家经贸委令第 13 号的基础上,根据安全生产工作的需要,对有关作业类别、工种进行了重大补充和调整,调整后的特种作业范围共 10 个作业类别。这些特种作业具备以下特点:一是独立性。必须是独立的岗位,由专人操作的作业,操作人员必须具备一定的安全生产知识和技能。二是危险性。必须是危险性较大的作业,如果操作不当,容易对不特定的多数人或物造成伤害,甚至发生重特大伤亡事故。三是特殊性。从事特种作业的人员不能很多,不然难以管理,也体现不出特殊性。总体上讲,每个类别的特种作业人员一般不超过该行业或领域全部从业人员的 30%。

《特种作业人员安全技术培训考核管理规定》规定,本规定所称特种作业,是指容易发生事故,对操作者本人、他人的安全健康及设备、设施的安全可能造成重大危害的作业。特种作业的范围由特种作业目录规定,本规定所称特种作业人员,是指直接从事特种作业的从业人员。特种作业人员的范围实行目录管理,根据安全生产工作的需要适时调整。依据《特种作业人员安全技术培训考核管理规定》的目录规定,目前特种作业人员共有十大类。

(一)电工作业

电工作业是指对电气设备进行运行、维护、安装、检修、改造、施工、调试等作业(不含电力系统进网作业),具体包括高压电工作业、低压电工作业和防爆电气作业 3 个小类。

🔔**案例**

2020年10月1日13时许(国庆节假期),位于山西省太原市迎泽区郝庄镇小山沟村的太原台骀山滑世界农林生态游乐园有限公司冰雕馆发生重大火灾事故,造成13人死亡、15人受伤,其过火面积约2 258平方米,直接经济损失为1 789.97万元。当日景区10千伏供电系统故障维修结束恢复供电后,景区电力作业人员在将自备发电机供电切换至市电供电时,进行了违章操作,带负荷快速拉、合隔离开关,在景区小火车通道照明线路上形成的冲击过电压,击穿了装饰灯具的电子元件造成短路;持续的短路电流造成电子元件装置起火,引燃线路绝缘层及聚氨酯保温材料,进而引燃聚苯乙烯泡沫夹芯板隔墙及冰雕馆内的聚氨酯保温材料导致火灾发生。

(二)焊接与热切割作业

焊接与热切割作业是指运用焊接或者热切割方法对材料进行加工的作业(不含《特种设备安全监察条例》规定的有关作业),具体包括熔化焊接与热切割作业、压力焊作业和钎焊作业3个小类。

(三)高处作业

高处作业是指专门或经常在坠落高度基准面2米及以上有可能坠落的高处进行的作业,具体包括登高架设作业以及高处安装、维护、拆除作业两个小类。

(四)制冷与空调作业

制冷与空调作业是指对大中型制冷与空调设备运行操作、安装与修理的作业,具体包括制冷与空调设备运行操作作业、制冷与空调设备安装修理作业两个小类。

(五)煤矿安全作业

煤矿安全作业具体包括煤矿井下电气作业、煤矿井下爆破作业、煤矿安全监测监控作业、煤矿瓦斯检查作业、煤矿安全检查作业、煤矿提升机操作作业、煤矿采煤机(掘进机)操作作业、煤矿瓦斯抽采作业、煤矿防突作业及煤矿探放水作业10个小类。

(六)金属非金属矿山安全作业

金属非金属矿山安全作业具体包括金属非金属矿井通风作业、尾矿作业、金属非金属矿山安全检查作业、金属非金属矿山提升机操作作业、金属非金属矿山支柱作业、金属非金属矿山井下电气作业、金属非金属矿山排水作业及金属非金属矿山爆破作业8个小类。

(七)石油天然气安全作业

目前,石油天然气安全作业具体指司钻作业。司钻作业是指石油、天然气开采过程中操作钻机起升钻具的作业,适用于陆上石油、天然气司钻(含钻井司钻、作业司钻及勘探司钻)作业。

(八)冶金(有色)生产安全作业

目前,冶金(有色)生产安全作业具体指煤气作业。煤气作业是指冶金、有色企业内从事煤气生产、储存、输送、使用、维护检修的作业。

(九)危险化学品安全作业

危险化学品安全作业是指从事危险化工工艺过程操作及化工自动化控制仪表安装、维修、维护的作业,具体包括光气及光气化工艺作业、氯碱电解工艺作业、氯化工艺作业、硝化工艺作业、合成氨工艺作业、裂解(裂化)工艺作业、氟化工艺作业、加氢工艺作业、重氮化工艺作业、氧化工艺作业、过氧化工艺作业、胺基化工艺作业、磺化工艺作业、聚合工艺作业、烷基化工艺作业及化工自动化控制仪表作业 16 个小类。

（十）烟花爆竹安全作业

烟花爆竹安全作业是指从事烟花爆竹生产、储存中的药物混合、造粒、筛选、装药、筑药、压药、搬运等危险工序的作业，具体包括烟火药制造作业、黑火药制造作业、引火线制造作业、烟花爆竹产品涉药作业及烟花爆竹储存作业 5 个小类。

二、特种作业人员的条件

依据《特种作业人员安全技术培训考核管理规定》规定，特种作业人员应当符合下列条件：

(1)年满 18 周岁，且不超过国家法定退休年龄。

(2)经社区或者县级以上医疗机构体检健康合格，并无妨碍从事相应特种作业的器质性心脏病、癫痫病、美尼尔氏症、眩晕症、癔病、震颤麻痹症、精神病、痴呆症以及其他疾病和生理缺陷。

(3)具有初中及以上文化程度。

(4)具备必要的安全技术知识与技能。

(5)相应特种作业规定的其他条件。

危险化学品特种作业人员除符合上述第一项、第二项、第四项和第五项规定的条件外，还应当具备高中或者相当于高中及以上文化程度。

这里需要说明的是第五项条件，这是针对不同岗位特种作业人员而设立的要求，如有的岗位特种作业人员需对视力有要求。

三、特种作业人员的资格许可及监督管理

（一）特种作业人员的资格许可

根据《行政许可法》的规定，国家对特种作业人员实施资格许可。《特种作业人员安全技术培训考核管理规定》第五条规定，特种作业人员必须经专门的安全技术培训并考核合格，取得《中华人民共和国特种作业操作证》（以下简称特种作业操作证）后，方可上岗作业。这是强制性规定，也是行政许可，特种作业人员未取得特种作业操作证，不得上岗作业。

（二）特种作业人员监督管理部门及职责

原国家安全生产监督管理总局（应急管理部）指导、监督全国特种作业人员的安全技术培训、考核、发证、复审工作；省、自治区、直辖市人民政府安全生产监督管理部门指导、监督本行政区域特种作业人员的安全技术培训工作，负责本行政区域特种作业人员的考核、发证、复审工作；县级以上地方人民政府安全生产监督管理部门负责监督检查本行政区域特种作业人员的安全技术培训和持证上岗工作。

原国家煤矿安全监察局（国家矿山安全监察局）指导、监督全国煤矿特种作业人员（含煤矿矿井使用的特种设备作业人员）的安全技术培训、考核、发证、复审工作；省、自治区、直辖市人民政府负责煤矿特种作业人员考核发证工作的部门或者指定的机构指导、监督本行政区域煤矿特种作业人员的安全技术培训工作，负责本行政区域煤矿特种作业人员的考核、发证、复

审工作。

省、自治区、直辖市人民政府安全生产监督管理部门和负责煤矿特种作业人员考核发证工作的部门或者指定的机构(以下统称考核发证机关)可以委托设区的市人民政府安全生产监督管理部门和负责煤矿特种作业人员考核发证工作的部门或者指定的机构实施特种作业人员的考核、发证、复审工作。

四、特种作业人员的安全培训

(一)培训方式及地点

依据国家有关法律法规的规定,对特种作业人员实行专门培训规定。《特种作业人员安全技术培训考核管理规定》第九条规定,特种作业人员应当接受与其所从事的特种作业相应的安全技术理论培训和实际操作培训。跨省、自治区、直辖市从业的特种作业人员,可以在户籍所在地或者从业所在地参加培训。特种作业人员的培训由安全技术理论培训和实际操作培训组成。对于跨省、自治区、直辖市从业的特种作业人员,可以在户籍所在地参加培训,也可以在从业所在地参加培训,由自己选择。

(二)免予培训

考虑现有职业学校也开展相应的特种作业方面的教育,为使职业教育与特种作业人员培训有效衔接,避免重复培训,根据目前各地的实际情况,对取得职业高中、技工学校及中专以上学历的毕业生从事特种作业的免予相关专业培训。为此,《特种作业人员安全技术培训考核管理规定》第九条规定,已经取得职业高中、技工学校及中专以上学历的毕业生从事与其所学专业相应的特种作业,持学历证明经考核发证机关同意,可以免予相关专业的培训。

(三)培训的要求

对特种作业人员的安全技术培训,具备安全培训条件的生产经营单位应当以自主培训为主,也可以委托具备安全培训条件的机构进行培训。不具备安全培训条件的生产经营单位,应当委托具备安全培训条件的机构进行培训。生产经营单位委托其他机构进行特种作业人员安全技术培训的,保证安全技术培训的责任仍由本单位负责。

依据《特种作业人员安全技术培训考核管理规定》的规定,从事特种作业人员安全培训的机构要符合以下要求:从事特种作业人员安全技术培训的机构应当制定相应的培训计划、教学安排,按照原国家安全生产监督管理总局(应急管理部)、原国家煤矿安全监察局(国家矿山安全监察局)制定的特种作业人员培训大纲和煤矿特种作业人员培训大纲进行特种作业人员的安全技术培训。

五、特种作业人员的考核发证

(一)考核方式

依据《特种作业人员安全技术培训考核管理规定》的规定,对特种作业人员的考核从以下 3 个方面作出了规定:

1.特种作业人员的考核包括考试和审核两部分

考试由考核发证机关或其委托的单位负责。审核由考核发证机关负责。考核发证机关是指省、自治区、直辖市人民政府安全生产监督管理部门和负责煤矿特种作业人员考核发证工作的部门或者指定的机构,考核发证机关也可以委托设区的市人民政府安全生产监督管理部门和负责煤矿特种作业人员考核发证工作的部门或者指定的机构负责。目前,除煤矿以外的特种作业人员由省级或者委托市级安全生产监督管理部门负责。煤矿特种作业人员比较复杂,每个省的情况也不相同,有的由安全生产监督管理部门负责,有的由煤炭管理部门负责,有的由煤矿安全监察机构负责。

2.建立统一考核标准和考试题库

原国家安全生产监督管理总局(应急管理部)、原国家煤矿安全监察局(国家矿山安全监察局)分别制定特种作业人员、煤矿特种作业人员的考核标准,并建立相应的考试题库。

3.必须依照考核标准进行考核

考核发证机关或其委托的单位应当按照原国家安全生产监督管理总局(应急管理部)、原国家煤矿安全监察局(国家矿山安全监察局)统一制定的考核标准进行考核。

(二)考试程序

依据《特种作业人员安全技术培训考核管理规定》的规定,特种作业人员的考试遵循以下程序:

(1)参加特种作业操作资格考试的人员,应当填写考试申请表,由申请人或者申请人的用人单位持学历证明或者培训机构出具的培训证明向申请人户籍所在地或者从业所在地的考核发证机关或其委托的单位提出申请。

(2)考核发证机关或其委托的单位收到申请后,应当在60日内组织考试。

(3)特种作业操作资格考试包括安全技术理论考试和实际操作考试两部分。考试不及格的,允许补考1次。经补考仍不及格的,重新参加相应的安全技术培训。

(4)考核发证机关或其委托承担特种作业操作资格考试的单位,应当在考试结束后10个工作日内公布考试成绩。

(三)发证程序

依据《特种作业人员安全技术培训考核管理规定》,特种作业人员的发证遵循以下程序:

(1)符合特种作业人员条件并经考试合格的特种作业人员,应当向其户籍所在地或者从业所在地的考核发证机关申请办理特种作业操作证,并提交身份证复印件、学历证书复印件、体检证明、考试合格证明等材料。

(2)收到申请的考核发证机关应当在5个工作日内完成对特种作业人员所提交申请材料的审查,作出受理或者不予受理的决定。能够当场作出受理决定的,应当当场作出受理决定;申请材料不齐或者不符合要求的,应当当场或在5个工作日内一次告知申请人需要补正的全部内容,逾期不告知的,自收到申请材料之日起即为受理。

(3)对已经受理的申请,考核发证机关应当在20个工作日内完成审核工作。符合条件的,颁发特种作业操作证;不符合条件的,应当说明理由。

(四)特种作业操作证的有效期

《特种作业人员安全技术培训考核管理规定》第十九条规定,特种作业操作证有效期为6年,在全国范围内有效。特种作业操作证由安全监管总局统一式样、标准及编号。特种作业操作证是特种作业人员从事特种作业的资格许可凭证。为了防止弄虚作假、伪造、冒用、转让等行为,国家对特种作业操作证进行统一式样、标准及编号。用人单位雇用特种作业人员,可以通过考核发证机关查阅其特种作业操作证编号,以防假冒。

(五)特种作业操作证的补发更换及更新

特种作业操作证是IC卡,里面记载特种作业人员有关本人的信息,包括安全培训的信息等。特种作业人员发现特种作业操作证遗失的,必须及时补发;发现有关信息变化或者损毁的,必须及时更换IC卡或者更新有关信息。为此,《特种作业人员安全技术培训考核管理规定》第二十条规定,特种作业操作证遗失的,应当向原考核发证机关提出书面申请,经原考核发证机关审查同意后,予以补发。特种作业操作证所记载的信息发生变化或者损毁的,应当向原考核发证机关提出书面申请,经原考核发证机关审查确认后,予以更换或者更新。

六、特种作业操作证的复审

(一)复审期限

《特种作业人员安全技术培训考核管理规定》第二十一条规定,特种作业操作证每3年复审1次。特种作业人员在特种作业操作证有效期内,连续从事本工种10年以上,严格遵守有关安全生产法律法规的,经原考核发证机关或者从业所在地考核发证机关同意,特种作业操作证的复审时间可以延长至每6年1次。

(二)复审程序

依据《特种作业人员安全技术培训考核管理规定》,特种作业操作证复审遵循下列程序:

(1)特种作业操作证需要复审的,应当在期满前60日内,由申请人或者申请人的用人单位向原考核发证机关或者从业所在地考核发证机关提出申请,并提交社区或者县级以上医疗机构出具的健康证明、从事特种作业的情况、安全培训考试合格记录。

特种作业操作证有效期届满需要延期换证的,应当按照上述规定申请延期复审。

(2)申请复审的,考核发证机关应当在收到申请之日起20个工作日内完成复审工作。复审合格的,由考核发证机关签章、登记予以确认;不合格的,说明理由。

申请延期复审的,经复审合格后,由考核发证机关重新颁发特种作业操作证。

(三)复审培训

为了保证特种作业人员及时掌握有关法律、法规、标准及新工艺、新技术、新装备的知识,规定特种作业人员复审或者延期复审前必须进行必要的培训。《特种作业人员安全技术培训考核管理规定》第二十三条规定,特种作业操作证申请复审或者延期复审前,特种作业人员应当参加必要的安全培训并考试合格。安全培训时间不少于8个学时,主要培训法律、法规、标准、事故案例和有关新工艺、新技术、新装备等知识。

(四)复审或延期复审不予通过

为了保证复审的效果,依据《特种作业人员安全技术培训考核管理规定》第二十五条规定,特种作业人员有下列情形之一的,复审或者延期复审不予通过:

(1)健康体检不合格的。

(2)违章操作造成严重后果或者有2次以上违章行为,并经查证确实的。

(3)有安全生产违法行为,并给予行政处罚的。

(4)拒绝、阻碍安全生产监管监察部门监督检查的。

(5)未按规定参加安全培训,或者考试不合格的。

(6)所持特种作业操作证存在被撤销或者注销情形的。

(五)重新培训

依据《特种作业人员安全技术培训考核管理规定》第二十六条规定,特种作业操作证复审或者延期复审符合不予通过规定条件的第(二)项、第(三)项、第(四)项、第(五)项情形的,按照本规定经重新安全培训考试合格后,再办理复审或者延期复审手续。

(六)特种作业操作证失效

为了加强特种作业操作证的复审工作,《特种作业人员安全技术培训考核管理规定》第二十六条规定,再复审、延期复审仍不合格,或者未按期复审的,特种作业操作证失效。特种作业操作证失效后,特种作业人员必须按照初次申请特种作业操作证的程序,经安全培训合格后重新申请办理。

七、特种作业操作证的监督管理

(一)撤销特种作业操作证

依据《特种作业人员安全技术培训考核管理规定》第三十条规定,有下列情形之一的,考核发证机关应当撤销特种作业操作证:

(1)超过特种作业操作证有效期未延期复审的。

(2)特种作业人员的身体条件已不适合继续从事特种作业的。

(3)对发生生产安全事故负有责任的。

(4)特种作业操作证记载虚假信息的。

(5)以欺骗、贿赂等不正当手段取得特种作业操作证的。

特种作业人员违反上述第四项、第五项规定的,3 年内不得再次申请特种作业操作证。

(二)注销特种作业操作证

依据《特种作业人员安全技术培训考核管理规定》第三十一条规定,有下列情形之一的,考核发证机关应当注销特种作业操作证:

(1)特种作业人员死亡的。

(2)特种作业人员提出注销申请的。

(3)特种作业操作证被依法撤销的。

(三)离岗 6 个月须实际操作考试

《特种作业人员安全技术培训考核管理规定》第三十二条规定,离开特种作业岗位 6 个月以上的特种作业人员,应当重新进行实际操作考试,经确认合格后方可上岗作业。根据此规定,持有特种作业操作证书,离开特种作业岗位 6 个月以上的特种作业人员,重新回到原工作过的岗位上岗前,必须到考核发证机关或者委托的单位进行实际操作考试,经确认合格后方可上岗作业。

(四)考核发证机关的监督检查

依据《特种作业人员安全技术培训考核管理规定》从 4 个方面对考核发证机关的监督检查作出规定:

(1)考核发证机关或其委托的单位及其工作人员应当忠于职守、坚持原则、廉洁自律,按照法律、法规、规章的规定进行特种作业人员的考核、发证、复审工作,接受社会的监督。

(2)考核发证机关应当加强对特种作业人员的监督检查,发现其具有撤销特种作业操作证情形的,及时撤销特种作业操作证;对依法应当给予行政处罚的安全生产违法行为,按照有关规定依法对生产经营单位及其特种作业人员实施行政处罚。

(3)考核发证机关应当建立特种作业人员管理信息系统,方便用人单位和社会公众查询;对于注销特种作业操作证的特种作业人员,应当及时向社会公告。

(4)省、自治区、直辖市人民政府安全生产监督管理部门和负责煤矿特种作业人员考核发证工作的部门或者指定的机构应当每年分别向原国家安全生产监督管理总局(应急管理部)、原国家煤矿安全监察局(国家矿山安全监察局)报告特种作业人员的考核发证情况。

(五)生产经营单位的责任

依据《特种作业人员安全技术培训考核管理规定》,生产经营单位应当加强对本单位特种作业人员的管理,建立健全特种作业人员培训、复审档案,做好申报、培训、考核、复审的组织工作和日常的检查工作。特种作业人员在劳动合同期满后变动工作单位的,原工作单位不得以任何理由扣押其特种作业操作证。生产经营单位不得印制、伪造、倒卖特种作业操作证,或者使用非法印制、伪造、倒卖的特种作业操作证。

(六)特种作业人员的责任

依据《特种作业人员安全技术培训考核管理规定》,跨省、自治区、直辖市从业的特种作业人员应当接受从业所在地考核发证机关的监督管理。特种作业人员不得伪造、涂改、转借、转让、冒用特种作业操作证或者使用伪造的特种作业操作证。

八、生产经营单位、特种作业人员违反规定的处罚

(一)生产经营单位未建立档案的处罚

《特种作业人员安全技术培训考核管理规定》第三十八条规定,生产经营单位未建立健全特种作业人员档案的,给予警告,并处 1 万元以下的罚款。

(二)生产经营单位违反规定使用特种作业人员的处罚

《特种作业人员安全技术培训考核管理规定》第三十九条规定,生产经营单位使用未取得特种作业操作证的特种作业人员上岗作业的,责令限期改正;可以处 5 万元以下的罚款;逾期未改正的,责令停产停业整顿,并处 5 万元以上 10 万元以下的罚款,对直接负责的主管人员和其他直接责任人员处 1 万元以上 2 万元以下的罚款。

煤矿企业使用未取得特种作业操作证的特种作业人员上岗作业的,依照《国务院关于预防煤矿生产安全事故的特别规定》的规定处罚。

(三)生产经营单位非法印制特种作业操作证等行为的处罚

《特种作业人员安全技术培训考核管理规定》规定,生产经营单位非法印制、伪造、倒卖特种作业操作证,或者使用非法印制、伪造、倒卖的特种作业操作证的,给予警告,并处 1 万元以上 3 万元以下的罚款;构成犯罪的,依法追究刑事责任。

(四)特种作业人员违反规定的处罚

《特种作业人员安全技术培训考核管理规定》规定,特种作业人员伪造、涂改特种作业操作证或者使用伪造的特种作业操作证的给予警告,并处 1000 元以上 5000 元以下的罚款。特种作业人员转借、转让、冒用特种作业操作证的,给予警告,并处 2000 元以上 10000 元以下的

罚款。

【任务训练】

结合以下案例，分析讨论案例中事故责任者违反了《特种作业人员安全技术培训考核管理规定》的哪些条款并说明理由。

2019 年 12 月 31 日 20 时许，江苏省徐州天安化工有限公司承包商重庆华为液化空气设备制造有限公司人员在脱硫塔内维修作业时，盲目排放脱硫液造成液封失效，憋压在循环槽上部空间的煤气冲破液封进入塔内，导致塔内 5 名施工人员中毒事故，其中 3 人经抢救无效死亡，直接经济损失约 402 万元。主要教训：一是天安化工安全管理缺失，无法提供脱硫塔变更相关资料，未审核和发现承包商不具备相关资质，未办理受限空间作业票；二是重庆华为非法承接，未对其临时雇员进行安全培训，未提出受限空间作业申请，事故发生时救援不力。追责情况：对天安化工法定代表人、总经理及重庆华为法定代表人等 10 名有关人员追究刑事责任。

【巩固提升】

1.根据《特种作业人员安全技术培训考核管理规定》，施工企业每个类别的特种作业人员一般不超过全体从业人员的(　　)。

A.10%　　B.30%　　C.20%　　D.40%

2.按照《特种作业人员安全技术培训考核管理规定》，特种作业操作资格考试不及格的，允许补考(　　)。

A.1 次　　B.2 次　　C.3 次　　D.5 次

3.按照《特种作业人员安全技术培训考核管理规定》，特种作业人员每(　　)年复审 1 次。

A.1　　B.2　　C.3　　D.5

【拓展阅读】

1.《关于特种作业人员安全技术培训考核工作的意见》。

2.《建筑施工特种作业人员管理规定》。

3.《特种设备作业人员监督管理办法》。

4.《关于做好特种作业(电工)整合工作有关事项的通知》。

任务五　生产安全事故应急预案管理办法

【任务目标】

1.了解《生产安全事故应急预案管理办法》的制定目的。

2.掌握生产安全事故应急预案的编制、评审、公布、备案、实施及监督管理要求。

3.掌握生产安全事故应急预案管理违法行为应负的法律责任。

【知识准备】

2016 年 6 月 3 日,原国家安全生产监督管理总局公布了修订后的《生产安全事故应急预案管理办法》(总局令第 88 号),自 2016 年 7 月 1 日起施行。2019 年 7 月 1 日.应急管理部公布《应急管理部关于修改生产安全事故应急预案管理办法的决定》(部令第 2 号),自 2019 年 9 月 1 日起施行。制定《生产安全事故应急预案管理办法》的目的是规范生产安全事故应急预案管理工作,迅速有效处置生产安全事故。

规范的生产安全事故应急预案管理工作,是及时开展事故应急救援工作,减少人员伤害和事故损失的重要举措。2007 年颁布的《突发事件应对法》对建立应急预案体系作出了明确规定,2019 年颁布的《生产安全事故应急条例》对生产安全事故应急预案作出了详细要求,国务院办公厅相继印发了《国务院关于全面加强应急管理工作的意见》《国务院办公厅关于全面加强基层应急管理工作的意见》等文件,原国家安全监督管理总局(应急管理部)多年来一直致力于以多种形式推进应急预案体系的建设,目前全国生产安全事故应急预案体系基本形成。

一、应急预案管理的原则和政府部门职责

目前,应急预案的种类十分繁杂。根据现行法律法规和国家有关规定,各级政府制定政府应急预案、各个部门制定部门应急预案、生产经营单位制定各自的应急预案,此外,还有综合应急预案,如生产安全事故应急预案;专项应急预案,如危险化学品事故应急预案等。针对这种情况,《生产安全事故应急预案管理办法》第三条规定,应急预案的管理实行属地为主、分级负责、分类指导、综合协调、动态管理的原则。《生产安全事故应急预案管理办法》第四条规定,应急管理部负责全国应急预案的综合协调管理工作。国务院其他负有安全生产监督管理职责的部门在各自职责范围内,负责相关行业、领域应急预案的管理工作。县级以上地方各级人民政府应急管理部门负责本行政区域内应急预案的综合协调管理工作。县级以上地方各级人民政府其他负有安全生产监督管理职责的部门按照各自的职责负责有关行业、领域应急预案的管理工作。《生产安全事故应急预案管理办法》第五条规定,生产经营单位主要负责人负责组织编制和实施本单位的应急预案,并对应急预案的真实性和实用性负责;各分管负责人应当按照职责分工落实应急预案规定的职责。

二、应急预案的编制

(一)编制的基本要求

规范、合理地编制应急预案是保证应急预案质量的基础。依据《生产安全事故应急预案管理办法》,应急预案的编制应当符合下列基本要求:

(1)有关法律、法规、规章和标准的规定。

(2)本地区、本部门、本单位的安全生产实际情况。

(3)本地区、本部门、本单位的危险性分析情况。

(4)应急组织和人员的职责分工明确,并有具体的落实措施。

(5)有明确、具体的应急程序和处置措施,并与其应急能力相适应。

(6)有明确的应急保障措施,满足本地区、本部门、本单位的应急工作需要。

(7)应急预案基本要素齐全、完整,应急预案附件提供的信息准确。

(8)应急预案内容与相关应急预案相互衔接。

(二)生产经营单位应急预案的种类

依据《生产安全事故应急预案管理办法》,生产经营单位应当根据有关法律、法规、规章和相关标准,结合本单位组织管理体系生产规模和可能发生的事故特点,与相关预案保持衔接,确立本单位的应急预案体系,编制相应的应急预案,并体现自救互救和先期处置等特点。生产经营单位的应急预案分为综合应急预案、专项应急预案和现场处置方案。

(1)生产经营单位风险种类多、可能发生多种类型事故的,应当组织编制综合应急预案。综合应急预案应能从总体上阐述事故的应急方针、政策、应急组织结构及相关应急职责、应急行动、措施和保障等基本要求和程序,是应对各类事故的综合性文件。综合应急预案应当规定应急组织机构及其职责、应急预案体系、事故风险描述、预警及信息报告、应急响应、保障措施、应急预案管理等内容。

(2)对于某一种或多种类型的事故风险,生产经营单位可以编制相应的专项应急预案,或将专项应急预案并入综合应急预案。专项应急预案是针对具体的事故类别(如煤矿瓦斯爆炸、危险化学品泄漏等事故)、危险源和应急保障而制定的计划或方案,是综合应急预案的组成部分,应按照综合应急预案的程序和要求组织制定,并作为综合应急预案的附件。专项应急预案应当规定应急指挥机构与职责、处置程序和措施等内容。

案例

上海潜业市政工程有限公司将繁昌经济开发区污水管网修复工程项目中部分辅助工程安排给黄山分公司施工,黄山分公司又口头安排给宁波博昱环境工程有限公司施工。2020 年 5 月 1 日 11 时左右,宁波博昱环境工程有限公司在繁昌经济开发区污水管网非开挖修复二期工程维修施工过程中,因水枪枪头位置不当需要下井调整,1 名施工人员仅穿戴防水衣和安全帽即下井作业,随后晕倒。现场另外 2 人发现后下井施救并晕倒,发生中毒窒息事故,最终造成 3 人死亡,直接经济损失 400 万元。主要教训:一是上海潜业市政工程有限公司作为项目发包单位,对发包项目安全管理缺失,未能及时发现、制止和纠正现场施工人员违章操作;二是宁波博昱环境工程有限公司作为分包单位,组织不具备有限空间作业安全基本知识的工人进行污水管网维修施工作业,未给工人配备必要的劳动防护设备。追责情况:对宁波博昱环境工程有限公司法定代表人等 6 人给予行政处罚;对宁波博昱环境工程有限公司等两家单位给予行政处罚。

(3)对于危险性较大的场所、装置或者设施,生产经营单位应当编制现场处置方案。现场处置方案应根据风险评估及危险性控制措施逐一编制,具体、简单、针对性强。做到事故相关人员应知应会,熟练掌握,并通过应急演练,做到迅速反应、正确处置。现场处置方案应当规定应急工作职责、应急处置措施和注意事项等内容。事故风险单一,危险性小的生产经营单位,可以只编制现场处置方案。

案例

2021 年 6 月 13 日 6 时 42 分许(端午节假期),湖北省十堰市张湾区艳湖社区集贸市场发生燃气爆炸事故,造成 26 人死亡,138 人受伤。天然气中压钢管严重锈蚀破裂,泄漏的天然气在建筑物下方河道内密闭空间聚集,遇餐饮商户排油烟管道排出的火星发生爆炸。事故暴露了违规建设形成隐患、隐患长期得不到排查整改、物业管理混乱、现场应急处置不当等问题。十堰东风中燃公司对事故负有直接责任,公司负责人黄某等 11 名相关人员涉嫌犯罪,已由司法机关采取刑事强制措施。包括 1 名中管干部、11 名省管干部在内的 35 名公职人员受到撤职、免职等处理。

(三)预案的衔接及附件

依据《生产安全事故应急预案管理办法》规定,生产经营单位编制的各类应急预案之间应当相互衔接,并与相关人民政府及其部门、应急救援队伍和涉及的其他单位的应急预案相衔接。生产经营单位应当在编制应急预案的基础上,针对工作场所、岗位的特点,编制简明、实用、有效的应急处置卡。应急处置卡应当规定重点岗位、人员的应急处置程序和措施,以及相关联络人员和联系方式便于从业人员携带。

三、应急预案的评审

(一)应急管理部门预案的评审

为保证应急管理部门预案的质量,《生产安全事故应急预案管理办法》规定,地方各级应急管理部门应当组织有关专家对本部门编制的部门应急预案进行审定;必要时,可以召开听证会,听取社会有关方面的意见。

(二)生产经营单位预案的评审

预案的评审是保证预案质量的关键,但又要避免对所有生产经营单位的预案进行评审,给生产经营单位带来负担。《生产安全事故应急预案管理办法》从以下两个方面对生产经营单位的预案评审作出规定:

(1)矿山、金属冶炼企业和易燃易爆物品、危险化学品的生产、经营(带储存设施的)、储存企业,以及使用危险化学品达到国家规定数量的化工企业、烟花爆竹生产、批发经营企业和中型规模以上的其他生产经营单位,应当对本单位编制的应急预案进行评审,并形成书面评审纪要。

(2)上述规定以外的其他生产经营单位可以根据自身需要对本单位编制的应急预案进行论证。

(三)评审的要求

依据《生产安全事故应急预案管理办法》,应急预案评审或者论证应当符合以下 3 个方面要求:

(1)参加应急预案评审的人员应当包括有关安全生产及应急管理方面的专家。

(2)评审人员与所评审预案的生产经营单位有利害关系的,应当回避。

(3)应急预案的评审或者论证应当注重基本要素的完整性、组织体系的合理性、应急处置程序和措施的针对性、应急保障措施的可行性、应急预案的衔接性等内容。

四、应急预案的备案

应急预案备案工作是指导企业开展应急预案编制,提高应急预案质量的重要措施。《国务院办公厅关于加强基层应急管理工作的意见》明确规定有关部门要加强基层应急预案备案和修订管理工作。《国务院办公厅转发安全监管总局等部门关于加强企业应急管理工作意见的通知》中明确要求，企业应急预案按照“分类管理、分级负责”的原则报当地政府主管部门和上级单位备案，并告知相关单位。备案管理单位要加强对预案内容的审查，实现预案之间的有机衔接。

(一)政府部门预案的备案

《生产安全事故应急预案管理办法》第二十五条规定，地方各级应急管理部门的应急预案，应当报同级人民政府备案，并抄送上一级应急管理部门，并依法向社会公布。其他负有安全生产监督管理职责的部门的应急预案，应当抄送同级应急管理部门。

(二)生产经营单位预案的备案

应急预案的管理遵循“属地为主、分级负责、分类指导、综合协调、动态管理”的原则。《生产安全事故应急预案管理办法》从以下7个方面对生产经营单位预案的备案作出规定:

(1)易燃易爆物品、危险化学品等危险物品的生产、经营、储存、运输单位，矿山、金属冶炼、城市轨道交通运营、建筑施工单位以及宾馆、商场、娱乐场所、旅游景区等人员密集场所经营单位，应当在应急预案公布之日起20个工作日内，按照分级属地原则，向县级以上人民政府应急管理部门和其他负有安全生产监督管理职责的部门进行备案并依法向社会公布。

(2)中央企业总部(上市公司)的应急预案，报国务院主管的负有安全生产监督管理职责的部门备案，并抄送应急管理部。

(3)中央企业总部(上市公司)所属单位的应急预案报所在地的省、自治区、直辖市或者设区的市人民政府主管的负有安全生产监督管理职责的部门备案，并抄送同级应急管理部门。

(4)中央企业总部(上市公司)以外的非煤矿山、金属冶炼和危险化学品、生产、经营、储存企业，以及使用危险化学品达到国家规定数量的化工企业、烟花爆竹生产、批发经营企业的应急预案，按照隶属关系报所在地县级以上地方人民政府应急管理部门备案。

(5)其他生产经营单位应急预案的备案，由省、自治区、直辖市人民政府负有安全生产监督管理职责的部门确定。

(6)油气输送管道运营单位的应急预案，除按照上述规定的备案外，还应当抄送所跨行政区域的县级应急管理部门。

(7)海洋石油开采企业的应急预案，除按照上述规定备案外，还应当抄送所经行政区域的县级人民政府应急管理部门和海洋石油安全监管机构。

(8)煤矿企业的应急预案除按照上述规定备案外还应当抄送所在地的煤矿安全监察机构。

(三)生产经营单位申请备案的材料

依据《生产安全事故应急预案管理办法》，生产经营单位申报应急预案备案，应当提交以下材料:应急预案备案申请表;应急预案评审或者论证意见;应急预案电子文档;风险评估结果和应急资源调查清单。

(四)安全生产监督管理部门的备案审查

依据《生产安全事故应急预案管理办法》，受理备案登记的负有安全生产监督管理职责的部门应当在 5 个工作日内对应急预案材料进行核对,材料齐全的,应当予以备案并出具应急预案备案登记表;材料不齐全的,不予备案并一次性告知需要补齐的材料。逾期不备案又不说明理由的,视为已经备案。对于实行安全生产许可的生产经营单位,已经进行应急预案备案登记的,在申请安全生产许可证时,可以不提供相应的应急预案,仅提供应急预案备案登记表。

五、应急预案的实施

(一)应急预案的宣传教育培训

应急预案需要通过广泛的宣传教育培训,让广大人民群众了解、熟悉,才能提高生产经营单位及从业人员、政府部门工作人员应急处置能力。《生产安全事故应急预案管理办法》第三十条规定,各级应急管理部门、各类生产经营单位应当采取多种形式开展应急预案的宣传教育,普及生产安全事故避险、自救和互救知识,提高从业人员和社会公众的安全意识与应急处置技能。《生产安全事故应急预案管理办法》第三十一条规定,各级应急管理部门应当将本部门应急预案的培训纳入安全生产培训工作计划,并组织实施本行政区域内重点生产经营单位的应急预案培训工作。生产经营单位应当组织开展本单位的应急预案、应急知识、自救互救和避险逃生技能的培训活动,使有关人员了解应急预案内容,熟悉应急职责、应急处置程序和措施。应急培训的时间、地点、内容、参加人员和考核结果等情况应当如实记入本单位的安全生产教育和培训档案。

案例

2021 年 2 月 13 日 15 时 34 分许(春节正月初二),湖南省邵阳市邵阳县五峰铺镇弄子景区大型游乐设施"高空飞翔"运行时发生机械故障,导致 16 人受伤,其中 3 人伤势较重。该大型游乐设施由中山市金博游艺设备有限公司生产并于 2019 年 12 月 25 日现场安装(设备高度 37.5 米,运行高度 29.5 米,座舱数量 18 个,额定乘人 36 人),2020 年 3 月 13 日由邵阳县市场监督管理局办理了使用登记后投入使用。

(二)应急预案的演练

加强应急预案演练,是保证应急预案实效的重要措施,为此,《生产安全事故应急预案管理办法》对有关应急预案的演练作出了明确要求。《生产安全事故应急预案管理办法》第三十二条规定,各级应急管理部门应当至少每两年组织一次应急预案演练,提高本部门、本地区生产安全事故应急处置能力。《生产安全事故应急预案管理办法》第三十三条规定,生产经营单位应当制定本单位的应急预案演练计划,根据本单位的事故风险特点,每年至少组织一次综合应急预案演练或者专项应急预案演练,每半年至少组织一次现场处置方案演练。易燃易爆物品、危险化学品等危险物品的生产、经营、储存、运输单位,矿山、金属冶炼、城市轨道交通运营、建筑施工单位,以及宾馆、商场、娱乐场所、旅游景区等人员密集场所经营单位,应当至少每半年组织一次生产安全事故应急预案演练,并将演练情况报送所在地县级以上地方人民政府负有安全生产监督管理职责的部门。《生产安全事故应急预案管理办法》第三十四条规定,应急预案演练结束后,应急预案演练组织单位应当对应急预案演练效果进行评估,撰写应急预案演练评估报告,分析存在的问题,并对应急预案提出修订意见。

(三)应急预案的修订

应急预案的及时修订是保证应急预案针对性、实效性的重要措施。《生产安全事故应急预案管理办法》第三十四条规定，应急预案演练结束后，应急预案演练组织单位应当对应急预案演练效果进行评估，撰写应急预案演练评估报告，分析存在的问题，并对应急预案提出修订意见。《生产安全事故应急预案管理办法》第三十五条规定，应急预案编制单位应当建立应急预案定期评估制度，对预案内容的针对性和实用性进行分析，并对应急预案是否需要修订作出结论。《生产安全事故应急预案管理办法》第三十六条规定，有下列情形之一的，应急预案应当及时修订并归档：

（1）依据法律、法规、规章、标准及上位预案中的有关规定发生重大变化的。

（2）应急指挥机构及其职责发生调整的。

（3）安全生产面临的风险发生重大变化的。

（4）重要应急资源发生重大变化的。

（5）在应急演练和事故应急救援中发现需要修订预案的重大问题的。

（6）编制单位认为应当修订的其他情况。

六、奖励与处罚

（一）奖励

《生产安全事故应急预案管理办法》第四十三条规定，对于在应急预案管理工作中做出显著成绩的单位和人员，安全生产监督管理部门、生产经营单位可以给予表彰和奖励。

（二）处罚

《生产安全事故应急预案管理办法》第四十四条规定，生产经营单位未按照规定编制应急预案的，未按照规定定期组织应急预案演练的，由县级以上应急管理部门依照《中华人民共和国安全生产法》第九十四条的规定，责令限期改正，可以处 5 万元以下罚款；逾期未改正的，责令停产停业整顿，并处万元以上 10 万元以下罚款，对直接负责的主管人员和其他直接责任人员处 1 万元以上 2 万元以下的罚款。

《生产安全事故应急预案管理办法》第四十五条规定，生产经营单位在应急预案编制前未按照规定开展风险辨识评估和应急资源调查的；未按照规定开展应急预案评审的；事故风险可能影响周边单位、人员的，未将事故风险的性质、影响范围和应急防范措施告知周边单位和人员的；未按照规定开展应急预案评估的；未按照规定进行应急预案修订的；未落实应急预案规定的应急物资及装备的由县级以上人民政府应急管理部门责令限期改正，可以处 1 万元以上 3 万元以下罚款。生产经营单位未按照规定进行应急预案备案的，由县级以上人民政府应急管理等部门依照职责责令限期改正；逾期未改正的，处 3 万元以上 5 万元以下的罚款，对直接负责的主管人员和其他直接责任人员处 1 万元以上 2 万元以下的罚款。

【任务训练】

结合以下案例，查阅相关资料，分析讨论案例中的违法行为，并说明理由。

2021 年 4 月 21 日，黑龙江省绥化市安达市黑龙江凯伦达科技有限公司在三车间制气釜停工检修过程中发生中毒窒息事故。涉事企业在 4 个月的停产期间，制气釜内气态物料未进行退料、隔离和置换，釜底部聚集了高浓度的氧硫化碳与硫化氢混合气体，维修作业人员在没有采取任何防护措施的情况下，进入制气釜底部作业，吸入有毒气体导致中毒窒息。该企业虽然制定了应急预案，但未按要求组织开展应急预案培训及演练，且作业现场未配备足够的应急救援物资和个人防护用品，救援过程中，救援人员在没有采取防护措施的情况下多次向釜内探身、呼喊、拖拽施救，最终造成4人死亡、9人中毒受伤，直接经济损失873万元。

【巩固提升】

1.依据《生产安全事故应急预案管理办法》，(　　)是指生产经营单位为应对某一种或者多种类型生产安全事故，或者针对重要生产设施、重大危险源、重大活动防止生产安全事故而制定的工作方案。

A.综合应急预案　　B.专项应急预案

C.现场处置方案　　D.总体应急预案

2.依据《生产安全事故应急预案管理办法》，生产经营单位编制应急预案应当成立编制工作小组，由(　　)任组长。

A.单位有关负责人　　B.董事长　　C.总经理　　D.法定代表人

3.(多选题)依据《生产安全事故应急预案管理办法》，应急预案的编制应当遵循(　　)的原则。

A.以人为本　　B.依法依规　　C.符合实际　　D.注重实效

【拓展阅读】

1.《国家自然灾害救助应急预案》。

2.《国家防汛抗旱应急预案》。

3.《国家地震应急预案》。

4.《国家突发地质灾害应急预案》。

5.《国家处置重特大森林火灾应急预案》。

6.《国家安全生产事故灾难应急预案》。

7.《国家处置铁路行车事故应急预案》。

8.《国家处置民用航空器飞行事故应急预案》。

9.《国家海上搜救应急预案》。

10.《国家处置城市地铁事故灾难应急预案》。

参考文献

[1] 尚勇,张勇.中华人民共和国安全生产法释义[M].北京:中国法制出版社,2021.

[2] 朱错,马辉.安全生产法律法规简明教程[M].2 版.北京:应急管理出版社,2021.

[3] 中国安全生产科学研究院.安全生产法律法规[M].北京:应急管理出版社,2020.

[4] 陈雄.安全生产法规[M].重庆:重庆大学出版社,2019.

[5] 郭晓晓,陈晨.安全生产法律法规教程[M].成都:西南交通大学出版社,2017.

[6] 全国人大常委会法制工作委员会社会法室.中华人民共和国职业病防治法解读[M].北京:中国法制出版社,2016.

[7] 全国人大常委会法制工作委员会刑法室.中华人民共和国刑法释义及实用指南[M].北京:中国民主法制出版社,2016.

[8] 李刚强.新安全生产法解读与建筑安全管理应用指南[M].北京:中国建筑工业出版社,2015.

[9] 阚珂,蒲长城,刘平均.中华人民共和国特种设备安全法释义[M].北京:中国法制出版社,2013.

[10] 王玉庄,刘文龙.安全生产法律法规[M].北京:中国劳动社会保障出版社,2010.

[11] 全国人大常委会法制工作委员会.中华人民共和国突发事件应对法释义[M].北京:法律出版社,2007.

[12] 苏晓宏.法理学基本问题[M].北京:法律出版社,2006.